大/学/公/共/课/系/列/教/材

大学语文

第2版

DAXUE YUWEN

栗　军

程战芝　张春红　吴　宁

主　编

副主编

北京师范大学出版集团
BEIJING NORMAL UNIVERSITY PUBLISHING GROUP
北京师范大学出版社

图书在版编目（CIP）数据

大学语文 / 栗军主编. —2 版. —北京：北京师范大学出版社，2023.6
（2025.7 重印）

（大学公共课系列教材）
ISBN 978-7-303-28140-4

Ⅰ. ①大… Ⅱ. ①栗… Ⅲ. ①大学语文课－高等学校－教材
Ⅳ. ①H19

中国版本图书馆 CIP 数据核字（2022）第 155355 号

出版发行：北京师范大学出版社 https：//www.bnupg.com
　　　　　北京市西城区新街口外大街 12-3 号
　　　　　邮政编码：100088

印　　刷：北京虎彩文化传播有限公司
经　　销：全国新华书店
开　　本：787 mm×1092 mm　1/16
印　　张：17.75
字　　数：400 千字
版　　次：2023 年 6 月第 2 版
印　　次：2025 年 7 月第 15 次印刷
定　　价：42.00 元

策划编辑：周劲含　　　　　责任编辑：周劲含
美术编辑：李向昕　　　　　装帧设计：李向昕
责任校对：陈　民　　　　　责任印制：马　洁

第 2 版前言

经过七年的教学实践，我们编写的这本《大学语文》教材修订了。此次教材修订坚持弘扬社会主义核心价值观，继续围绕"立人·兴趣·知识"三个中心主旨，在给青年大学生讲授语言文学知识的同时，引导学生如何做人，将课程思政理念贯穿教材始终。此次修订，我们也紧跟"新文科"建设的发展要求，尽力促进相关学科交叉融合，按照中国特色哲学社会科学学科体系建设的要求，尽力构建中国特色哲学社会科学教材体系，在教材建设中体现"中国特色"、"中国风格"和"中国气派"。

2018 年，习近平总书记在给西藏民族大学建校 60 年的贺信中殷切希望我们"紧紧围绕培养什么样的人、怎么培养人、为谁培养人这一根本问题"开展教学工作。总书记的殷切希望为我们广大教师提出了明确的目标，要求我们在教书过程中始终不忘立德树人的根本任务。在过去七年的教学实践中，我们一直遵循着"立人"的理念和主旨，立德树人，以生为本，结合高校"大学语文"课程普遍开设于大学一年级的特点，特别注意培养学生树立"人"的意识，引导学生树立正确的世界观、人生观和价值观。青年大学生自我意识不断增强，但是思想还很不成熟，需要得到正面的引导。因此，我们希望"大学语文"课的教学也能积极引导学生在语言文学知识的熏陶下学会如何做人。如我们选取的课文《忆母校》，讲述的是西藏民族大学一位优秀校友——藏族作家丹增先生的故事。丹增在西藏原是一个小喇嘛，不愿受寺庙的束缚和宗教的禁锢而前往内地求学，而后经过学校的培养和自身的努力成长为当代中国一位优秀的作家。丹增的故事对于青年学生的成长有着重要的启发作用，尤其对于出生在西藏农牧区的孩子们来说，其潜移默化的教育引导作用不言而喻。本教材所选篇目《文成公主的故事》以文学作品的形式再现了近 1400 年前中华大家庭里汉、藏团结的感人故事，以及永不磨灭的汉、藏两族交流、交融的史实。故事在中华大地广为传播，特别在西藏地区深受藏族群众的赞誉。

有学者曾说过：语文课的特点是"随风潜入夜，润物细无声"。①"大学语文"课程的这个特点特别明显，它能持续发挥作用并能激发学生的学习兴趣。因此，在这个基础上，我们教材的"兴趣"主旨就显得尤为重要。我们的教材在使用过程中的确发挥了激发学生学习兴趣的作用。同学们不仅感慨于春秋战国时代孔、孟的经典语录，也对因小朋友以儿歌形式传唱而耳熟能详的《弟子规》很感兴趣；既乐于诵读西藏民歌，又对舒婷、食指等人的现代诗颇为喜爱；既愿意从《古诗词六首》中体会中国诗

---

① 参见陈平原：《读书是件好玩的事情》，104 页，北京，中华书局，2014。

歌的发展历史，也极乐意从《春江花月夜》中欣赏唐朝诗人张若虚笔下的唯美景致。

作为一所拥有 60 多年历史的民族高校，我校学生生源差异性极大，而由于其中相当一部分学生基础比较薄弱，有针对性地对基础"知识"进行补充就成了这部教材一项必不可少的内容。我们这次在原有附录《中国文学史概述》《外国文学概述》《中国历史朝代简表》的基础上，增加了《常用实用文写作简介》，这对于"大学语文"课程中的写作教学有一定的辅助作用。同时，我们在每篇课文最后安排了"拓展阅读书目"板块，供同学们在自主学习的基础上，去进一步探究和学习。

党的十八大以来，习近平总书记曾在多个场合强调文化自信，并在庆祝中国共产党成立 95 周年大会的讲话上，特别对文化自信加以阐释，观点鲜明、态度坚决地传递出了新时代中国特色社会主义文化建设的理念和指导思想。党的二十大报告指出，"全面建设社会主义现代化国家，必须坚持中国特色社会主义文化发展道路，增强文化自信"。文化自信，既包含着文化主体的自我认同，又体现为文化主体从文化角度拓展自我的心理诉求。本教材坚持以马克思主义理论为指导，全面贯彻党的教育方针，落实立德树人的根本任务，扎实推进习近平新时代中国特色社会主义思想进课程、进教材，以中国文化立场和文化眼光审视与梳理了古今中外的文学名篇。我们寄希望于这本教材能为阅读和学习它的青年学生提供一点指引，希望这些后备力量能立足中国大地，打牢中国文化根基，具备放眼世界的视野，紧密围绕中华民族文化建设的现实课题，广泛吸收各个民族的优秀文化成果，提升人文综合素养，做德、智、体、美、劳全面发展的社会主义合格建设者和可靠接班人。本教材积极发挥传承中华优秀传统文化作用的同时，也大力将维护民族团结、促进和谐发展的思想融入相关篇目之中，努力发挥以培养大写的"人"为目标的课程思政的积极作用。我们在使用本教材的基础上，通过知识传授和思想启发，努力帮助青年学生加强文化主体的自我认同，激励他们在奋进中书写民族精神和民族气魄，为实现"两个一百年"奋斗目标和中华民族伟大复兴的中国梦做出新的贡献。

本次修订增添了内容，第一单元由蔡丹老师负责，第二单元由吴宁老师负责，第三单元由程战芝老师负责，第四单元由李冬老师负责，第五单元由张春红老师负责。附录部分增加了李欢老师编写的《常用实用文写作简介》。宁颖同学负责第一、第二、第三单元的校对，佟利君同学负责第三、第四单元校对，李欢老师负责附录部分的校对。

本教材在编写过程中，借鉴了一些专家、学者的观点，选用的一些作家作品，囿于教材体例，未能一一注明，在此均致谢忱。教材的不足之处，我们将在具体的教学实践探索中，不断完善、修改。

编　者
2022 年

第1版前言

"大学语文"作为目前普通高等院校开设的一门基础公共课，是各校非汉语言文学专业一年级新生的必修课。这门课在新中国成立之前就在大学普遍开设，但由于历史原因曾经中断多次，直到 2007 年教育部高教司发布的《高等学校大学语文教学改革研讨会纪要》中明确规定了"在高等教育的课程体系中，大学语文应当成为普通高等院校面向全体学生开设的公共必修课"，各高校才日趋重视。西藏高校也是在此之后普遍开设了大学语文课程的。但是由于西藏高校的特殊情况，这些年来，开设大学语文课程的效果不是非常理想，学生面对课程和教材都有畏难情绪。因此，编写一本适合西藏教育特点的大学语文教材就显得尤为迫切。为此，西藏民族学院作为为西藏培养人才的院校，近年来，在具体的教学实践中不断探寻、摸索；针对学生实际，不断调整教学内容和教学方法，召开了多次大学语文任课教师及相关部门负责人座谈会，听取了各方意见，经过两年的准备，编写了这本教材。这本教材以社会主义核心价值观为核心，结合西藏教育的实际，贯穿了一种全新的教学理念，可以概括为"立人·兴趣·知识"三个中心主旨，力求通过它们，使这本教材能成为我们践行社会主义核心价值观的一个具体实践。

一

鲁迅先生在近 100 年前提出"立人"思想，让中国人民树立起"人"的意识，而我们的教育也必须是"立人的教育"。目前，中国的教育发展越来越注重人文素养的培育，社会的发展也必须重视人的发展。

大学语文教学应该发挥素质教育的基础性作用，将立人的理念贯穿在文化素质提升过程中。西藏社会由于特殊的历史原因，现代教育起步较晚，但这丝毫不影响对"人"的培养。西藏如今已基本建立起包括幼儿教育、中小学教育、特殊教育、职业教育、高等教育和成人教育在内的较为完整的现代民族教育体系。在取得成绩的同时，西藏教育也还存在一定问题，基础教育不均衡，高等教育的生源质量参差不齐，这就给教学带来了难题。但不论怎样，立人是教育的根本。大学语文课程教学在这方面有其独特的优势，因而我们的教材编写主旨也紧紧围绕这一点，不仅所有单元都围绕"人"即活生生的"我"来展开，也围绕"立人"来选定篇目。古代篇目，我们选取了《论语》《墨子》《弟子规》等，现代篇目选取了鲁迅的杂文，同时还选取了培根等哲学家、科学家的文章。

大学语文教学在发挥立人教育作用时要依托传统文化，这样更能促进学生主动接受立人的理念。西藏有浓郁的传统文化，而且这里的传统文化和其他地域或民族的传统文化有很大差异，因而，我们在选编篇目时也充分考虑到了这一点。本书选取了世界上最长的史诗，中国三大史诗之一的《格萨尔王传》中的段落，还选取了有关文成公主的西藏民间故事，也选择了西藏民歌等。中国悠久的文明史是由多民族共同缔造的，藏民族也是中华多民族大家庭中的一员，了解藏民族的传统文化，能促进我们的学生了解中华文明史。通过大学语文教学，这也能让各族学生了解藏族传统文化。

立人教育绝对不能把学生引导成为狭隘的人，而是要教育引导学生成长为"大写的人"，成为有追求、有理想的人，要帮助学生树立积极的心态和远大的理想。因此，我们在编写教材时专门编排了一个单元，从各个层面来看待梦想，启发学生追求梦想。

二

兴趣是最好的老师，激发学生的学习兴趣是引导学生学好大学语文的重要方式。这也是我们这本大学语文教材的编选主旨之一。在以往的教学实践中，大学语文在整个教学安排中所占的课时很少，如何在有限的课时内，达到大学语文课程设置的目的——培养学生汉语言文学方面的阅读、欣赏、理解和表达能力，让学生从以往的应试教育厌倦情绪中解脱出来，培养兴趣无疑是至关重要的。我们在平时教学中也发现，一旦激发出学生对语文学习的兴趣，其潜力是尤为可观的，学生可以顺着课堂讲授内容，拓展阅读很多他们感兴趣的书籍，甚至把学习语文的态度和方法运用到专业学习中去，并且贯彻到整个大学阶段的学习之中。我们也希望这种兴趣不仅能保持在学生的整个大学阶段的学习中，也能保持在他们整个人生的学习中。所以激发兴趣，也许比传授知识更为重要。

为了激发学生的学习兴趣，本教材在内容编排上也专门做了巧妙构思，以"我"作为主线逐层深入递进地安排各单元。第一单元为"我"，主要是唤起每个学生的自我意识；第二单元更进一层，为"我身边的人和事"；第三单元扩大了视野，为"我所生活的世界"；第四单元主要是唤起人的积极心态，为"我的梦想"；第五单元为"我的艺术世界"，侧重艺术欣赏，主要立足文学的审美功能来激发学生的兴趣。同时，每个单元都配有颇具时代特色和亲切感的导读，以增强学生学习大学语文的兴趣。

从激发学生兴趣入手，以对大多数学生来说更熟悉或更有亲近感的形式为抓手，针对西藏高校学生生源大多来自西藏的实际情况，我们选取了多篇藏族传统文学作品，也选取了当代藏族作家丹增的作品，以及中国当代魔幻现实主义作家扎西达娃的小说。由于西藏民族学院地处陕西省咸阳市，为了增强学生对作家和作品的亲近感，我们还着力选择了一些陕西作家的作品。为了提高学生的审美兴趣，我们在多篇文章后也配有拓展阅读书目，让同学们在审美中能得到更多的艺术熏陶。

三

从以往的教学实践看，西藏高校大学语文教学所面对的学生，很多在基础知识上还存有明显欠缺。因此，针对这一现实，我们的教材还比较注重知识性。首先用附录内容给学生补课，附录一是《中国文学史概述》，内容上溯先秦下至 20 世纪末，历史跨度是以往的教材所没有的。附录二是《外国文学概述》，按区域简述了世界各地上下几千年的文学。这也是我们在教学实践中得来的经验，有了简要的文学史，学生就能对浩如烟海的文学作品有个脉络上的认识。附录三是《修辞简述》，对语音修辞、词语修辞、辞格三方面做了通俗易懂的介绍，这对学生阅读、写作都有很大的帮助。附录四《中国历史朝代简表》可配合中国文学史概述一起来看，让学生把文学作品放到当时的历史背景下加深理解。其次考虑到学生的基础，我们尽可能地对所有篇目做注释，包括现代文。再次就是课后"思考与练习"，其中不仅有思考题，也有一些涵盖基础知识的客观性的填空题、选择题。最后，根据我们学生大多数古文基础欠缺的现实情况，我们选取的古典文学篇目相对较少，所选基本是古典文学篇目中的精华。如选取了秦人李斯的《谏逐客书》，就是考虑到它是古典文学篇目中一篇典范的议论文，观点鲜明，论述逻辑清晰，且用了多种论证方法，是非常值得现代议论文借鉴的。而《古诗词六首》也是由于优秀的古典诗词篇目众多，选取不同时代有代表性的即可窥一斑而知全豹。

当然，我们也深知要提高大学生的人文素养，是一项极其艰难的工作，远不是一门大学语文课所能解决的。但我们愿意积极投身其中，针对西藏实际，做我们最大的努力，这也是我们编写这本教材的初衷。

本教材由栗军主编，负责全书的体例设计和文字统撰修改。校对由李美萍、高文华、任珂琳完成。

各章节古典文学篇目主要由袁书会、程战芝、魏春春、张春红、蔡丹完成，现代文学篇目主要由栗军、于宏、陈永、吴宁、康敏完成，外国文学篇目由李祁越、徐晓霞完成。

附录一由栗军完成，附录二由李祁越完成，附录三由张院利完成。

感谢在编写过程中西安科技大学熊艳娥老师的审阅和帮助。

本教材在编写过程中，选用了一些作家的作品，借鉴了一些专家、学者的观点，囿于教材体例，未能一一注明，也有一些作家无法及时联系，在此衷心致以谢忱。限于编者水平有限，全书难免有疏漏，恳请大家提出宝贵意见，我们将不断努力，加以改进。

编　者

2015 年

目　录

第一单元 我

　　"我"是谁？你有没有思考过？"我"是"自己"吗？仅仅是个字的符号，还是一个人称代词？人类经过了上千年的文明历程，你有没有认识到"我"，是像动物一样为生存而生活，还是真正地生活，有尊严地活着？古今中外的有识之士其实对"我"都有过反思。

　　《论语》阐述了"以人为本"的思想，可以说这是最早的体现"人"的思想的经典之一。而墨子的天下"兼爱"思想，又是对孔子思想的进一步补充。虽然在我国古代先贤已对人本思想在各个方面有过阐述，但中国的老百姓一直如鲁迅先生所说生活在黑暗的"大铁屋子"中而不自知。新文化运动让中国人觉醒了"我"的意识，鲁迅、胡适、李大钊等先觉者，竖起了"人"的大旗。在文艺领域，郭沫若、郁达夫、徐志摩、戴望舒等用自己的创作唤起了众多青年的自我意识，郁达夫的《沉沦》就是一部自叙传体小说，写出了青年人的苦闷。在西藏民间，"人"的意识问题虽没有什么长篇大论，但一篇小小的故事，却能告诉你做人的道理。文艺复兴时期的莎士比亚的剧作已成为世界经典，"人"的意识，"我"的存在，在他的剧作中也让人深思。现代科学家爱因斯坦的科学观，更是道出他对"我"的看法。

　　"我"不是任性，而是个性；"我"不是自私，而是"自我"。每个人先了解了自我，才能够学会学习，学会成长。

论语十则①
孔子

【背景知识】

《论语》属语录体散文，是孔子弟子及其再传弟子关于孔子言行的记录，共 20 篇。内容有孔子谈话、答弟子问及弟子间的相互讨论。它是研究孔子思想的重要依据。南宋时，朱熹把它列为"四书"（《孟子》《中庸》《大学》《论语》）之一，成为儒家的重要经典。宋朝宰相赵普曾赞颂说"半部《论语》治天下"。本文所选十则是儒家修身之言，讲的是做人之道。

孔子（前 551—前 479），名丘，字仲尼，春秋末期鲁国陬邑（今山东曲阜）人。他是我国古代著名的思想家、教育家，儒家学派创始人。相传孔子有弟子 3000 人，贤弟子 72 人，孔子曾带领弟子周游列国 14 年。孔子还是一位古文献整理家，曾修《诗》《书》，定《礼》《乐》，序《周易》，作《春秋》。他正直、乐观、积极进取，一生都在追求真、善、美，一生都在追求理想的社会。

孔子

人不知，而不愠②，不亦君子③乎？（《论语·学而第一》）

曾子④曰："吾日三省⑤吾身——为人谋而不忠⑥乎？与朋友交而不信乎？传不习乎？"（《论语·学而第一》）

子曰："吾十有五而志于学，三十而立⑦，四十而不惑⑧，五十而知天命⑨，六十而耳顺⑩，七十而从心所欲，不逾矩⑪。"（《论语·为政第二》）

子曰："里⑫仁为美。择不处仁，焉得知⑬？"（《论语·里仁第四》）

子曰："见贤思齐焉⑭，见不贤而内自省也。"（《论语·里仁第四》）

夫仁者，己欲立而立人，己欲达而达人。（《论语·雍也第六》）

子绝四——毋意，毋必，毋固，毋我。⑮（《论语·子罕第九》）

厩焚。子退朝，曰："伤人乎？"不问马。（《论语·乡党第十》）

颜渊问仁⑯。子曰："克己复礼为仁⑰。一日克己复礼，天下归仁⑱焉。为仁由己⑲，而由人乎哉？"颜渊曰："请问其目⑳。"子曰："非礼勿视，非礼勿听，非礼勿言，非礼勿动。"颜渊曰："回虽不敏，请事斯语矣。㉑"（《论语·颜渊第十二》）

子曰："其身正，不令而行；其身不正，虽令不从。"(《论语·子路第十三》)

(选自杨伯峻译注：《论语译注》，北京，中华书局，2006)

【注释】

①本文节选自《论语》，篇名为编者所拟。正文各条目先后顺序以《论语》各篇目先后为序。

②愠：恼怒，怨恨。

③君子：《论语》书中的君子，或指有德者，或指有位者。此处指孔子理想中具有高尚人格的人。

④曾子：曾参，孔子最优秀的学生之一。姓曾，名参，字子舆，鲁国人，以孝闻名。子，中国古代对有地位、有学问的男子的尊称，有时也泛称男子。

⑤省：自我检讨，反省自己。

⑥忠：诚实，实在。

⑦立：站立，立定，此处指有所成就而在社会上占据一定地位。

⑧不惑：掌握了知识，不被外界事物所迷惑。

⑨知天命：指懂得天道，顺其自然。

⑩耳顺：对此有多种解释，一般而言，指能正确对待各种意见。

⑪从：遵从。逾：越过。矩：规矩。

⑫里：住处，借作动词用。

⑬知：同"智"。聪明，智慧。

⑭贤：形容词，有德行、有才能。这里指有德行、有才能的人。齐：相同。焉：兼词，相当于"与之"。

⑮意：同"臆"，猜想、猜疑。我：这里指自私之心。

⑯颜渊：即颜回，春秋末鲁国人，曹姓，颜氏，名回，是孔子最得意的弟子之一，不幸早死。仁：指的是人生正途。

⑰克己：克制自己。复礼：使自己的言行符合于礼的要求。

⑱归仁：归仁于你，即称赞你有仁德。

⑲由己：指全靠自己。

⑳目：本义指眼睛，比喻引申为网眼，网眼属于纲绳，这里比喻从属于克己复礼的条目、细目。目和纲相对。

㉑不敏：不聪明，不聪慧。事：实行，实践。

【阅读提示】

本文摘录了《论语》中若干集中体现人本思想观念的条目，这些思想概括起来主要有以下几点。

其一，以人为本。面对突发事故，孔子首先想到的是人的安危。孔子退朝下来，听得人说马厩着火了。他问有没有烧伤人，却不问有没有烧伤马。他并非不爱马，但因为人比马更珍贵，故只问有没有伤人，若不伤人，则大事已定，马的伤不伤没那么重要，所以他不问了。

其二，为人之法。最著名的莫过于"吾日三省吾身——为人谋而不忠乎？与朋友交而不信乎？传不习乎？"与此同时，孔子还特别注重自我道德修养，他说："见贤思齐焉，见不贤而内自省也。"这成为后世儒家修身养德的座右铭。

其三，一生何求。孔子毕生致力于学习和修养，并自述了学习和修养的过程。孔子告诉世人，人的道德修养不是一朝一夕的事，不能一下子完成，要经过长时间的学习和锻炼，是一个循序渐进的过程。他还认为道德的最高境界是思想和言行的融合，人应自觉地遵守道德规范，而不是勉强去做。

语录体是《论语》的基本文体特征，它或是记录孔子的只言片语，或是记录孔子与弟子及时人的对话，都比较短小简约，还没有构成形式完整的篇章。《论语》这种在对话中说理的形式，直接影响了先秦说理文的体制。

《论语》的文学色彩在于表现了孔子及其弟子的形象、性格，以及深刻平实、含蓄隽永的语言。言近旨远、词约义丰的说理，深刻隽永的语言，使它成为先秦说理文的典范代表。

思考练习

一、填空题

1.《论语》一书的作者是_____，全书共_____篇，内容主要有_____、_____、_____。

2.《论语》中强调自我反省一句话是：_____。

3. 我国历史上的"半部《论语》治天下"出自_____。

4. 唐太宗有一句名言，"以人为鉴，可以知得失"。由此我们可以联想到《论语》中孔子的话：_____。

二、思考题

1. 结合本文节选的内容，简述《论语》中"以人为本"思想的具体体现和主要内涵。

2.《论语》对于今天的我们，是否还有学习的价值？

拓展阅读书目

1.《论语》，北京，人民教育出版社，2015。

2. 李泽厚：《论语今读》，北京，生活·读书·新知三联书店，2008。

3. 向以鲜：《我的孔子》，北京，人民文学出版社，2016。

4. 石毓智：《非常师生：孔子和他的弟子们》，北京，商务印书馆，2010。

兼爱（上）①
墨子

【背景知识】

墨子（前 476 或 480—前 390 或 420），名翟，鲁国人，一说宋国人，春秋战国之际著名思想家，墨家学派的创始人。曾任宋国大夫。初学儒，后自成学派，广收门徒，游说诸侯，使墨学成为当时的显学。其学说以"兼爱""非攻""尚贤""尚同"为核心，对逻辑学、认识论也有探究。《墨子》分两大部分：一部分记载墨子言行，阐述墨子思想，主要反映了前期墨家的思想；另一部分包括《经上》《经下》《经说上》《经说下》《大取》《小取》六篇，一般被称作"墨辩"或"墨经"，着重阐述墨家的认识论和逻辑思想，还包含许多自然科学的内容，反映了后期墨家的思想。《墨子》今存 53 篇。

圣人以治天下为事者也，必知乱之所自起，焉②能治之；不知乱之所自起，则不能治。譬之如医之攻③人之疾者然，必知疾之所自起，焉能攻之；不知疾之所自起，则弗能攻。治乱者何独不然，必知乱之所自起，焉能治之；不知乱之所自起，则弗能治。

圣人以治天下为事者也，不可不察乱之所自起。当④察乱何自起？起不相爱。臣子之不孝君父，所谓乱也。子自爱不爱父，故亏⑤父而自利；弟自爱不爱兄，故亏兄而自利；臣自爱不爱君，故亏君而自利。此所谓乱也。虽父之不慈子，兄之不慈弟，君之不慈臣，此亦天下之所谓乱也。父自爱也，不爱子，故亏子而自利；兄自爱也，不爱

墨子

弟，故亏弟而自利；君自爱也，不爱臣，故亏臣而自利。是何也？皆起不相爱。虽至天下之为盗贼⑥者，亦然。盗爱其室，不爱异室，故窃异室以利其室；贼爱其身，不爱人，故贼人以利其身。此何也？皆起不相爱。虽至大夫之相乱家、诸侯之相攻国者，亦然。大夫各爱其家，不爱异家，故乱异家以利其家；诸侯各爱其国，不爱异国，故攻异国以利其国。天下之乱物⑦，具此而已矣。

察此何自起？皆起不相爱。若使天下兼相爱，爱人若爱其身，犹有不孝者乎？视父兄与君若其身，恶⑧施不孝？犹有不慈者乎？视子弟与臣若其身，恶施不慈？故不慈不孝亡⑨。犹有盗贼乎？视人之室若其室，谁窃？视人身若其身，谁贼？故盗贼有亡。犹有大夫之相乱家、诸侯之相攻国者乎？视人家若其家，谁乱？视人国若其国，谁攻？故大夫之相乱家、诸侯之相攻国者有亡。若使天下兼相爱，国与国不相攻，家与家不相乱，盗贼无有，君臣父子皆能孝慈，若此则天下治。

故圣人以治天下为事者，恶得不禁恶而劝爱。故天下兼相爱则治，交相恶则

乱。⑩故子墨子曰不可以不劝⑪爱人者，此也。

（选自吴毓江撰，孙启治点校：《墨子校注》，北京，中华书局，2006）

【注释】

①本文选自《墨子》第十四。"兼"的本义是并，字形是一手持二禾，合二为一乃兼并之义。兼爱，指同时爱不同的人或事物。春秋战国之际，墨子提出了一种伦理学说。他针对儒家"爱有等差"的说法，主张爱无差别等级，不分厚薄亲疏。《墨子》中有《兼爱》三篇，阐述了这一主张。

②焉：乃。表示承接，于是，就。下同。

③攻：治疗。

④当：尝试。孙诒让《墨子间诂》："当读为尝，同声假借字……尝，试也。"

⑤亏：减损。

⑥盗贼：上古盗、贼二字跟现代意义正好相反。现代汉语中贼指的是小偷，上古叫"盗"；现代所谓的强盗，上古叫"贼"。

⑦物：事物，事情。孙诒让《墨子间诂》："物亦事也，言天下之乱事毕尽于此。"

⑧恶：读作 wū，疑问代词，相当于"何""安""怎么"。

⑨亡：作"无"解，下同。

⑩此段落有三个"恶"，第一个"恶"作"何"解；后两个"恶"读作 wù，意为仇恨。

⑪劝：奖勉，鼓励。

【阅读提示】

本文篇幅不长，主要围绕着"天下兼相爱则治，交相恶则乱"的中心论点展开论述。文章先用医生治病的比喻说明治乱者必须知道天下大乱的根源；接着写君臣、父子、兄弟之间不相爱而致乱；然后写盗贼不相爱而盗窃；再写大夫与诸侯不相爱则侵夺封邑、相互攻伐。每以"皆起不相爱"作结，以予强调，说明天下大乱的根源起于人和人不相爱。而后以"若使天下人兼相爱"起头，以铺排的句式、反诘的语气，从正面两两对照地进一步论证一旦以"兼爱"取代不相爱，爱人若爱己，也就没有了诸多乱象，天下则可以大治了。由此得出"不可以不劝爱人"的结论。

本文结构缜密，论证充分，论点鲜明，语言平实、简洁，大量使用排比及反诘句，具有不可辩驳的气势。本文又善于用具体事例论证道理，由小及大，层层推理；正反对比，说理清楚；文字质朴，通俗易懂。行文抓住事物的内在联系，揭示相互间的利害关系，如君臣、父子、兄弟、大夫、诸侯之间的爱与不爱的关系，及其正反比对的结果，层层深入，使要表达的意思清楚明了。

《吕氏春秋》把儒、墨两家学术思想归结为"孔子贵仁，墨翟贵兼"。"兼爱"是先秦墨家思想的核心，也是本文的核心。

思考练习

一、选择题

1. 先秦时期主张"兼爱"思想，提出"天下兼相爱则治，交相恶则乱"的观点的人是（　　）。

A. 孔子   B. 庄子

C. 墨子   D. 荀子

2. 墨子的核心思想是（　　）。

A. 兼爱   B. 道法自然

C. 仁爱   D. 礼让

二、思考题

1. 本文在语言和说理方面有何特色？

2. 你是否认同墨子对于社会治乱根源的分析？

3. 今人应如何看待墨子的"兼爱"思想？

拓展阅读书目

1. （清）毕沅校注，吴旭民校点：《墨子》，上海，上海古籍出版社，2014。

2. 《墨子》，昆明，云南教育出版社，2009。

3. 曹胜强、孙卓彩：《墨子研究》，北京，中国社会科学出版社，2008。

我的记忆①

戴望舒

【背景知识】

戴望舒(1905—1950)，原名戴梦鸥，浙江杭州人，中国现代派诗人、文学翻译家。因其成名作《雨巷》在《小说月报》发表，在当时的广为流传，又被称"雨巷诗人"。戴望舒 1923 年考入上海大学中国文学系，后转入震旦大学学习法语，与施蛰存、杜衡同学，人称"文坛三剑客"。1932 年戴望舒赴法国留学，1935 年回上海，积极参加各种文学活动。1938 年他去香港主编《星岛日报·星岛》副刊，1942 年日军占领香港后，因抗日罪被捕，受伤致残，不久保释出狱，抗战胜利后重回上海。戴望舒出版了三本诗集《我底记忆》(1929)、《望舒草》(1932)和《灾难的岁月》(1948)，另有译著数十种。代表诗作是《雨巷》《我的记忆》《我用残损的手掌》。

我的记忆是忠实于我的，
忠实得甚于我最好的友人。

它存在在燃着的烟卷上，
它存在在绘着百合花的笔杆上，
它存在在破旧的粉盒上，
它存在在颓垣②的木莓上，
它存在在喝了一半的酒瓶上，
在撕碎的往日的诗稿上，在压干的花片上，
在凄暗的灯上，在平静的水上，
在一切有灵魂没有灵魂的东西上，
它在到处生存着，像我在这世界一样。

它是胆小的，它怕着人们的喧嚣，
但在寂寥时，它便对我来作密切的拜访。
它的声音是低微的，
但是它的话是很长，很长，
很多，很琐碎，而且永远不肯休：
它的话是古旧的，老是讲着同样的故事，
它的音调是和谐的，老是唱着同样的曲子，
有时它还模仿着爱娇的少女的声音，
它的声音是没有气力的，
而且还夹着眼泪，夹着太息。

戴望舒

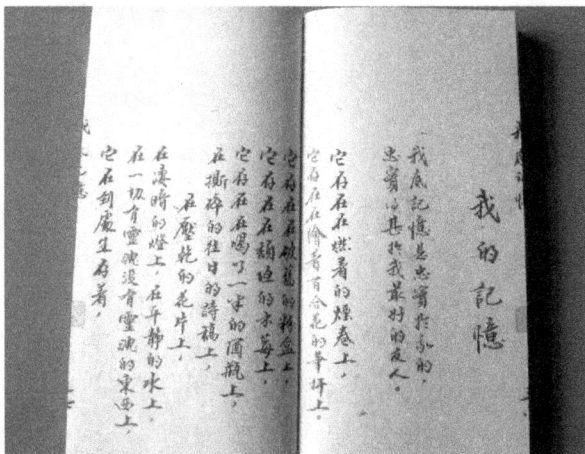

《我的记忆》

它的拜访是没有一定的，
在任何时间，在任何地点，
甚至当我已上床，朦胧地想睡了；
人们会说它没有礼貌，
但是我们是老朋友。

它是琐琐地永远不肯休止的，
除非我凄凄地哭了，或者沉沉地睡了；
但是我是永远不讨厌它，
因为它是忠实于我的。

（选自《戴望舒全集·诗歌卷》，北京，中国青年出版社，1999）

【注释】

①原诗题为《我底记忆》，因"底"的这种用法已不通行，且"底"同"的"，故取"的"改之。诗中其他用"底"处亦改之。

②颓垣（yuán）：坍塌的短墙。

【阅读提示】

戴望舒以《雨巷》成名，但很多人认为《雨巷》太过于追求音律美，而《我的记忆》就是诗人的一次转向。他摆脱了对《雨巷》式外在音乐美的追求，抛弃了虚夸、华丽与娇美，转向在日常生活的物象上捕捉美感，日常琐碎的事物，成为具有丰富象征内涵的意象。燃着的烟卷，破旧的粉盒，颓垣的木莓，压干的花片，凄暗的灯，平静的水……这些无生命的东西不仅有了生命，而且被赋予暗示性的内涵。本诗使用纯然的口语，使叙述同读者的情感拉近了距离，读来很亲切。修饰语也由长而短，内在节奏的加快，更有利于传达记忆无所不在的"诗情程度"。这是用散文写成的诗，在一种亲切的日常说话的调子里，舒卷自如，敏锐精确，又不失它的风姿，显得轻松、灵活，很有韵味。在这里，字句的节奏已经完全被情绪的节奏所代替。

思考练习

一、选择题

1. 戴望舒被称为（ 　　 ）。

A. 爱情诗人　　　　B. 丁香诗人　　　　C. 雨巷诗人　　　　D. 爱国诗人

2. 戴望舒是 20 世纪 30 年代（ 　　 ）的代表诗人。

A. 爱国派　　　　　　　　　　B. 现代派

C. 战国策派　　　　　　　　　D. 无产阶级革命派

3. 中国 20 世纪 30 年代的"文坛三剑客"是指（ 　　 ）。

A. 施蛰存　　　　B. 戴望舒　　　　C. 杜衡　　　　D. 卞之琳

二、思考题

1. 戴望舒的诗歌创作可分为几个阶段？各有什么特色？

2. 请仔细阅读《雨巷》，结合时代背景谈谈《雨巷》与本诗的不同。

拓展阅读

雨巷

戴望舒

撑着油纸伞，独自

彷徨在悠长，悠长

又寂寥的雨巷，

我希望逢着

一个丁香一样地

结着愁怨的姑娘。

她是有

丁香一样的颜色，

丁香一样的芬芳，

丁香一样的忧愁，

在雨中哀怨，

哀怨又彷徨。

她彷徨在这寂寥的雨巷，

撑着油纸伞

像我一样，

像我一样地

默默彳亍着，

冷漠，凄清，又惆怅。

她静默地走近

走近，又投出
太息一般的眼光，
她飘过
像梦一般地，
像梦一般地凄婉迷茫。

像梦中飘过
一枝丁香地，
我身旁飘过这女郎；
她静默地远了，远了，
到了颓圮的篱墙
走近这雨巷。

在雨的哀曲里，
消了她的颜色，
散了她的芬芳，
消散了，甚至她的
太息般的眼光，
她丁香般的惆怅。

撑着油纸伞，独自
彷徨在悠长，悠长
又寂寥的雨巷，
我希望飘过
一个丁香一样地
结着愁怨的姑娘。

（选自《戴望舒全集·诗歌卷》，北京，中国青年出版社，1999）

拓展阅读书目

1.《戴望舒全集》，北京，中国青年出版社，1999。

2.《戴望舒诗选》，南京，江苏文艺出版社，2018。

3. 北塔：《雨巷诗人——戴望舒传》，杭州，浙江人民出版社，2003。

4. 王文彬：《中西诗学交汇中的戴望舒》，合肥，安徽教育出版社，2003。

沉沦①(节选)

郁达夫

【背景知识】

郁达夫(1896—1945),原名郁文,字达夫,浙江富阳人,小说家,创造社的发起人。1920 年郁达夫发表处女作《银灰色的死》,1921 年该文与《沉沦》《南迁》一起结集成书,由上海泰东书局出版,名为《沉沦》,这是中国现代文学史上第一部小说集。1921 年郁达夫与郭沫若、成仿吾、张资平等人在日本东京成立创造社。1923—1926 年他先后在北京大学、武昌师范大学、广东大学任教。1930 年 3 月,中国左翼作家联盟成立,郁达夫为发起人之一。1945 年日本投降后,他在苏门答腊被日本宪兵杀害。

郁达夫在散文、旧体诗词、文学理论方面有独到的贡献,以小说的成就最大。他开创了现代抒情小说(或称"自我小说")的新体式,影响了不少后代作家。尤其是他"五四"时期的小说突出表现了青年人对人性解放的追求和被生活挤出轨道的"零余者"的哀怨。其代表作品有《沉沦》《春风沉醉的晚上》《迟桂花》等。

一

他近来觉得孤冷得可怜。

他的早熟的性情,竟把他挤到与世人绝不相容的境地去,世人与他的中间介在的那一道屏障,愈筑愈高了。

天气一天一天的清凉起来,他的学校开学之后,已经快半个月了。那一天正是九月的二十二日。

晴天一碧,万里无云,终古常新的皎日,依旧在她的轨道上,一程一程的在那里行走。从南方吹来的微风,同醒酒的琼浆一般,带着一种香气,一阵阵的拂上面来。在黄苍未熟的稻田中间,在弯曲同白线似的乡间的官道上面,他一个人手里捧了一本六寸长的 Wordsworth②的诗集,尽在那里缓缓的独步。在这大平原内,四面并无人影;不知从何处飞来的一声两声的吠声,悠悠扬扬的传到他的耳膜上来。他眼睛离开了书,同做梦似的向有犬吠声的地方看去,但看见了一丛杂树,几处人家,同鱼鳞似的屋瓦上,有一层薄薄的蜃气楼,同轻纱似的,在那里飘荡。

"Oh, you serene gossamer! You beautiful gossamer!"

这样的叫了一声,他的眼睛里就涌出了两行清泪来,他自己也不知道是什么缘故。

呆呆的看了好久,他忽然觉得背上有一阵紫色的气息吹来,息索的一响,道旁的一枝小草，竟把他的梦境打破了。他回转头来一看，那枝小草还是颠摇不已，一阵带着紫罗兰气息的和风，温微微的喷到他那苍白的脸上来。在这清和的早秋的世界里，在这澄清透明的以太中，他的身体觉得同陶醉似的酥软起来。他好像是睡在慈母怀里的样子。他好像是梦到了桃花源里的样子。他好像是在南欧的海岸，躺在情人膝上，在那里贪午睡的样子。

他看看四边，觉得周围的草木，都在那里对他微笑。看看苍空，觉得悠久无穷的大自然，微微的在那里点头。一动也不动的向天看了一会，他觉得天空中，有一群小天神，背上插着了翅膀，肩上挂着了弓箭，在那里跳舞。他觉得乐极了。便不知不觉开了口，自言自语的说：

《沉沦》

"这里就是你的避难所。世间的一般庸人都在那里妒忌你，轻笑你，愚弄你；只有这大自然，这终古常新的苍空皎日，这晚夏的微风，这初秋的清气，还是你的朋友，还是你的慈母，还是你的情人，你也不必再到世上去与那些轻薄的男女共处去，你就在这大自然的怀里，这纯朴的乡间终老了吧。"

这样的说了一遍，他觉得自家可怜起来，好像有万千哀怨，横亘在胸中，一口说不出来的样子。含了一双清泪，他的眼睛又看到他手里的书上去。

Behold her, single in the field,
You solitary Highland lass!
Reaping and singing by herself;
Stop here, or gently pass!
Alone she cuts, and binds the grain,
And sings a melancholy strain;
Oh, listen! for the vale profound
is overflowing with the sound.

看了这一节之后，他又忽然翻过一张来，脱头脱脑的看到那第三节去。

Will no one tell me what she sings?
Perhaps the plaintive numbers flow
For old, unhappy far-off things,
And battle long ago：
Or is it some more humble lay,
Familiar matter of today?

Some natural sorrow, loss, or pain,

That has been and may be again!

　　这也是他近来的一种习惯，看书的时候，并没有次序的。几百页的大书，更可不必说了，就是几十页的小册子，如爱美生的《自然论》(Emerson's *On Nature*)，沙罗的《逍遥游》(Thoreau's *Excursion*)之类，也没有完完全全从头至尾的读完一篇过。当他起初翻开一册书来看的时候，读了四行五行或一页二页，他每被那一本书感动，恨不得要一口气把那一本书吞下肚子里去的样子，到读了三页四页之后，他又生起一种怜惜的心来，他心里似乎说：

　　"像这样的奇书，不应该一口气就把它念完，要留着细细儿的咀嚼才好。一下子就念完了之后，我的热望也就不得不消灭，那时候我就没有好望，没有梦想了，怎么使得呢？"

　　他的脑里虽然有这样的想头，其实他的心里早有一些儿厌倦起来，到了这时候，他总把那本书收过一边，不再看下去。过几天或者过几个钟头之后，他又用了满腔的热忱，同初读那一本书的时候一样的，去读另外的书去；几日前或者几点钟前那样的感动他的那一本书，就不得不被他遗忘了。

　　放大了声音把渭迟渥斯③的那两节诗读了一遍之后，他忽然想把这一首诗用中国文翻译出来。

　　《孤寂的高原刈稻者》

　　他想想看，*The Solitary Highland Reaper* 诗题只有如此的译法。

你看那个女孩儿，她只一个人在田里，

你看那边的那个高原的女孩儿，她只一个人冷清清地！

她一边刈稻，一边在那儿唱着不已：

她忽儿停了，忽而又过去了，轻盈体态，风光细腻！

她一个人，刈了，又重把稻儿捆起，

她唱的山歌，颇有些儿悲凉的情味：

听呀听呀！这幽谷深深，

全充满了她的歌唱的清音。

有人能说否，她唱的究竟是什么？

或者她那万千的痴话，

是唱着前代的哀歌，

或者是前朝的战事，千兵万马；

或者是些坊间的俗曲，

便是目前的家常闲说？

或者是些天然的哀怨，必然的丧苦，自然的悲楚，

这些事虽是过去的回思，将来想亦必有人指诉。

他一口气译了出来之后，忽又觉得无聊起来，便自嘲自骂的说："这算是什么东西呀，岂不同教会里的赞美歌一样的乏味么？英国诗是英国诗，中国诗是中国诗，又何必译来对去呢！"

这样的说了一句，他不知不觉便微微儿的笑起来。向四边一看，太阳已经打斜了；大平原的彼岸，西边的地平线上，有一座高山，浮在那里，饱受了一天残照，山的周围酝酿成一层朦朦胧胧的岚气，反射出一种紫不紫红不红的颜色来。

他正在那里出神呆看的时候，喀的咳嗽了一声，他的背后忽然来了一个农夫。回头一看，他就把他脸上的笑容改装了一副忧郁的面色，好像他的笑容是怕被人看见的样子。

二

他的忧郁症愈闹愈甚了。

他觉得学校里的教科书，味同嚼蜡，毫无半点生趣。天气清朗的时候，他每捧了一本爱读的文学书，跑到人迹罕至的山腰水畔，去贪那孤寂的深味去。在万籁俱寂的瞬间，在天水相映的地方，他看看草木虫鱼，看看白云碧落，便觉得自家是一个孤高傲世的贤人，一个超然独立的隐者。有时在山中遇着一个农夫，他便把自己当作了Zarathustra④，把 Zarathustra 所说的话，也在心里对那农夫讲了。他的 megalomania 也同他的 hypochondria 成了正比例，一天一天的增加起来，他竟有连接四五天不上学校去听讲的时候。

有时候到学校里去，他每觉得众人都在那里凝视他的样子。他避来避去想避他的同学，然而无论到了什么地方，他的同学的眼光，总好像怀了恶意，射在他的背脊上面。

上课的时候，他虽然坐在全班学生的中间，然而总觉得孤独得很；在稠人广众之中，感得的这种孤独，倒比一个人在冷清的地方，感得的那种孤独，还更难受。看看他的同学，一个个都是兴高采烈的在那里听先生的讲义，只有他一个人身体虽然坐在讲堂里头，心想却同飞云逝电一般，在那里作无边无际的空想。

好容易下课的钟声响了！先生退去之后，他的同学说笑的说笑，谈天的谈天，个个都同春来的燕雀似的，在那里作乐；只有他一个人锁了愁眉，舌根好像被千钧的巨石锤住的样子，兀的不作一声。他也很希望他的同学来对他讲些闲话，然而他的同学却都自家管自家的去寻欢作乐去，一见了他那一副愁容，没有一个不抱头奔散的，因此他愈加怨他的同学了。

"他们都是日本人，他们都是我的仇敌，我总有一天来复仇，我总要复他们的仇。"

一到了悲愤的时候，他总这样的想的，然而到了安静之后，他又不得不嘲骂自家说：

"他们都是日本人，他们对你当然是没有同情的，因为你想得他们的同情，所以你怨他们，这岂不是你自家的错误么？"

他的同学中的好事者，有时候也有人来向他说笑的，他心里虽然非常感激，想同那一个人谈几句知心的话，然而口中总说不出什么话来；所以有几个解他的意的人，也不得不同他疏远了。

他的同学日本人在那里欢笑的时候，他总疑他们是在那里笑他，他就一霎时的红起脸来。他们在那里谈天的时候，若有偶然看他一眼的人，他又忽然红起脸来，以为他们是在那里讲他。他同他同学中间的距离，一天一天的远背起来，他的同学都以为他是爱孤独的人，所以谁也不敢来近他的身。

有一天放课之后，他挟了书包，回到他的旅馆里来，有三个日本学生系同他同路的。将要到他寄寓的旅馆的时候，前面忽然来了两个穿红裙的女学生。在这一区市外的地方，从没有女学生看见的，所以他一见了这两个女子，呼吸就紧缩起来。他们四个人同那两个女子擦过的时候，他的三个日本人的同学都问她们说：

"你们上哪儿去？"

那两个女学生就作起娇声来回答说：

"不知道！"

"不知道！"

那三个日本学生都高笑起来，好像是很得意的样子；只有他一个人似乎是他自家同她们讲了话似的，害了羞，匆匆跑回旅馆里来。进了他自家的房，把书包用力的向席上一丢，他就在席上躺下了。他的胸前还在那里乱跳，用了一只手枕着头，一只手按着胸口，他便自嘲自骂的说：

"你这卑怯者！

"你既然怕羞，何以又要后悔？

"既要后悔，何以当时你又没有那样的胆量？不同她们去讲一句话？

"Oh, coward, coward！"

说到这里，他忽然想起刚才那两个女学生的眼波来了。

那两双活泼泼的眼睛！

那两双眼睛里，确有惊喜的意思含在里头。然而再仔细想了一想，他又忽然叫起来说：

"呆人呆人！她们虽有意思，与你有什么相干？她们所送的秋波，不是单送给那三个日本人的么？唉！唉！她们已经知道了，已经知道我是支那人了，否则她们何以不来看我一眼呢！复仇复仇，我总要复她们的仇。"

说到这里，他那火热的颊上忽然滚了几颗冰冷的眼泪下来。他是伤心到极点了。这一天晚上，他记的日记说：

我何苦要到日本来，我何苦要求学问。既然到了日本，那自然不得不被他们日本人轻侮的。中国呀中国！你怎么不富强起来，我不能再隐忍过去了。

故乡岂不有明媚的山河，故乡岂不有如花的美女？我何苦要到这东海的岛国里来！

到日本来倒也罢了，我何苦又要进这该死的高等学校。他们留了五个月学回去的人，岂不在那里享荣华安乐么？这五六年的岁月，教我怎么能捱得过去。受尽了千辛万苦，积了十数年的学识，我回国去，难道定能比他们来胡闹的留学生更强么？

人生百岁，年少的时候，只有七八年的光景，这最纯最美的七八年，我就不得不在这无情的岛国里虚度过去，可怜我今年已经是二十一了。

橘木的二十一岁！

死灰的二十一岁！

我真还不如变了矿物质的好，我大约没有开花的日子了。

知识我也不要，名誉我也不要，我只要一个安慰我体谅我的"心"。一副白热的心肠！从这一副心肠里生出来的同情！从同情而来的爱情！

我所要求的就是爱情！

若有一个美人，能理解我的苦楚，她要我死，我也肯的。

若有一个妇人，无论她是美是丑，能真心真意的爱我，我也愿意为她死的。

我所要求的就是异性的爱情！

苍天呀苍天，我并不要知识，我并不要名誉，我也不要那些无用的金钱，你若能赐我一个伊甸园内的"伊扶"⑤，使她的肉体与心灵，全归我有，我就心满意足了。

（选自《郁达夫小说》，杭州，浙江文艺出版社，2017）

【注释】

①小说《沉沦》最初写于1921年5月，后由泰东书局结集出版，全篇共八个小节，本文节选了第一、第二小节。

②Wordsworth：指华兹华斯(1770—1850)，英国浪漫主义诗人，湖畔派诗人的重要代表。

③渭迟渥斯：同②。

④Zarathustra：指查拉图斯特拉。

⑤伊扶：即夏娃，《圣经》故事中上帝所造的女人。

【阅读提示】

郁达夫的小说《沉沦》创作于1921年，当时正是新文化运动的浪潮奔涌之际。小说讲述了一个受到启蒙思想影响的留学青年人的彷徨、苦闷。整篇小说没有曲折的情节，但在当时却引起了强烈的反响。这主要是由于小说突出表现了"五四"青年对人性解放的追求和被生活挤出轨道的"零余者"的哀怨。"零余者"，即"五四"时期一部分歧路彷徨的知识青年，他们是遭社会挤压而无力把握自己命运的小人物，是被压迫、被损害的弱者。《沉沦》中的"我"就是这样一个人物。"我"是一个中国留日学生，由于个性解放（包括性的要求）和爱国情怀的受压抑，以致绝望而麻醉自己、戕害自己。小说一发表就颇受争议，主要是《沉沦》中主人公的自渎以及"性的苦闷"的描写，颓废的气息，色与欲的描写，让郁达夫颇受批判。但是郁达夫的小说是自觉地反叛封建道德、抨击虚伪礼教的叛逆精神的表达，是切合新文化运动的新浪潮的。此后郁达夫的小说大多带有"自叙传"的色彩。他的小说大多以抒情为艺术中轴，没有完整的情节，注重抒发主人公抑郁寡欢、孤独凄凉的情怀，坦诚率真地暴露和宣泄人物感伤的、悲观的甚至厌世颓废的心境。他的小说结构有散文化倾向，文笔流丽、清新。

思考练习

一、选择题

1. 郁达夫是（　　）的发起人之一。

A. 文学研究会　　　B. 创造社　　　　　C. 语丝社　　　　　D. 新月社

2. 中国现代文学史上的第一部小说集是（　　）。

A.《呐喊》　　　　　B.《狂人日记》　　　C.《沉沦》　　　　D.《银灰色的死》

二、思考题

1. 如何看待郁达夫小说中的"零余者"形象？

2. 如何看待《沉沦》的主人公的个性？如何看待自己的个性？

拓展阅读书目

1.《郁达夫小说》，杭州，浙江文艺出版社，2017。

2. 郁达夫著，文明国编：《郁达夫自述》，合肥，安徽文艺出版社，2014。

3. 徐励编著：《读懂郁达夫》，南宁，广西人民出版社，2014。

4.《郁达夫谈旅行》，南昌，百花洲文艺出版社，2016。

我
穆旦

【背景知识】

穆旦(1918—1977)，原名查良铮，笔名梁真，浙江海宁人，出生于天津，中国现代著名爱国主义诗人、翻译家。穆旦1940年毕业于西南联大外文系并留校任教；1948年留学美国芝加哥大学，获文学硕士学位；1953年回国，执教于南开大学。穆旦早期的诗歌创作始于在天津南开中学读高中时。20世纪40年代之前，穆旦受英国浪漫派现代诗风的影响较大。他后来在浪漫主义中融合了现实主义和现代主义的因素，成为现代九叶诗派①的代表诗人之一。穆旦20世纪40年代的诗作有《探险队》《穆旦诗集》《旗》等。20世纪50年代他主要从事外国文学翻译工作，译有普希金、拜伦、雪莱、济慈、布莱克等人的诗作，在译坛享有盛名。现辑有《穆旦诗文集》。

穆旦

从子宫割裂，失去了温暖，
是残缺的部分渴望着救援，
永远是自己，锁在荒野里，

从静止的梦离开了群体，
痛感到时流，没有什么抓住，
不断的回忆带不回自己，

遇见部分时在一起哭喊，
是初恋的狂喜，想冲出樊篱，
伸出双手来抱住了自己，

幻化的形象，是更深的绝望，
永远是自己，锁在荒野里，
仇恨着母亲给分出了梦境。

(选自《穆旦诗全集》，北京，中国文学出版社，1996)

【注释】

①九叶诗派：20世纪40年代中后期形成的一个追求现实主义与现代主义相结合的诗歌流派，以《诗创造》《中国新诗》等刊物为主要阵地，聚集了一群以辛笛、陈敬容、杜运燮、杭约赫(曹辛之)、郑敏、唐祈、唐湜、袁可嘉、穆旦为代表的"自觉的现实主义者"。这个诗派过去被称为"现代

诗派"或"新现代诗派"，直到1981年江苏人民出版社出版了20世纪40年代的九人诗选《九叶集》后，才有了"九叶诗派"之称。

【阅读提示】

1940年8月，穆旦毕业于西南联大外文系，留校任助教。在西南联大读书期间，他曾听过燕卜荪的"当代英诗"课，对西方现代诗有一定了解。1940年11月，22岁的穆旦创作了《我》，这首诗可以说是借鉴了英国现代诗的"玄学思辨"的方式来表达，堪称一首经典的现代主义诗歌。

《我》所表达的是抽象的"我"，即现代人。当"我"从"子宫割裂"，就"失去了温暖"，这既是每个人的生命诞生现象，也是一种隐喻。人一出生，就从母体中分离出来，成为独立的个体，而隐喻的意义，就表明人是现代的"孤儿"，所以总是"伸出双手来抱住了自己"来乞求温暖，也"渴望着救援"来救赎自己。尽管在精神上是孤独的个体，但人总是社会的人，只有在梦中"离开了群体"。每个人都有自己的"初恋的狂喜"、美好的理想，却在孤独中"想冲出樊篱"，而得到的只是"更深的绝望"，因而也非常巧妙地暗合了心里那种"落空"感。现代"孤儿"无处依靠的孤独感是这首诗抒情主体所表达的情绪特征。

《我》使用了"子宫""割裂""残缺""部分""救援"等现代术语，新的意象以及新的想象力，让人对生命的意味有了深深的思索，给人以强烈的震撼。

思考练习

一、选择题

1. 穆旦是（　　）的代表诗人之一。

A. 七月诗派　　　　B. 战国策派　　　　C. 九叶诗派　　　　D. 新月诗派

2. 下面诗人中不属于九叶诗派的是（　　）。

A. 穆旦　　　　　　B. 徐志摩　　　　　C. 辛笛　　　　　　D. 唐祈

二、思考题

1. 试分析《我》中的抒情主体的特征。

2. 阅读穆旦的其他诗作，分析穆旦诗歌的特色。

拓展阅读

赞美

穆旦

走不尽的山峦的起伏，河流和草原，
数不尽的密密的村庄，鸡鸣和狗吠，
接连在原是荒凉的亚洲的土地上，
在野草的茫茫中呼啸着干燥的风，
在低压的暗云下唱着单调的东流的水，

在忧郁的森林里有无数埋藏的年代。
它们静静地和我拥抱：
说不尽的故事是说不尽的灾难，沉默的
是爱情，是在天空飞翔的鹰群，
是干枯的眼睛期待着泉涌的热泪，
当不移的灰色的行列在遥远的天际爬行；
我有太多的话语，太悠久的感情，
我要以荒凉的沙漠，坎坷的小路，骡子车，
我要以槽子船，漫山的野花，阴雨的天气，
我要以一切拥抱你，你，
我到处看见的人民呵，
在耻辱里生活的人民，佝偻的人民，
我要以带血的手和你们一一拥抱。
因为一个民族已经起来。

一个农夫，他粗糙的身躯移动在田野中，
他是一个女人的孩子，许多孩子的父亲，
多少朝代在他的身边升起又降落了
而把希望和失望压在他身上，
而他永远无言地跟在犁后旋转，
翻起同样的泥土溶解过他祖先的，
是同样的受难的形象凝固在路旁。
在大路上多少次愉快的歌声流过去了，
多少次跟来的是临到他的忧患；
在大路上人们演说，叫嚣，欢快，
然而他没有，他只放下了古代的锄头，
再一次相信名词，溶进了大众的爱，
坚定地，他看着自己溶进死亡里，
而这样的路是无限的悠长的
而他是不能够流泪的，
他没有流泪，因为一个民族已经起来。

在群山的包围里，在蔚蓝的天空下，
在春天和秋天经过他家园的时候，
在幽深的谷里隐着最含蓄的悲哀：
一个老妇期待着孩子，许多孩子期待着
饥饿，而又在饥饿里忍耐，
在路旁仍是那聚集着黑暗的茅屋，
一样的是不可知的恐惧，一样的是

大自然中那侵蚀着生活的泥土，

而他走去了从不回头诅咒。

为了他我要拥抱每一个人，

为了他我失去了拥抱的安慰，

因为他，我们是不能给以幸福的，

痛哭吧，让我们在他的身上痛哭吧，

因为一个民族已经起来。

一样的是这悠久的年代的风，

一样的是从这倾圮的屋檐下散开的

无尽的呻吟和寒冷，

它歌唱在一片枯槁的树顶上，

它吹过了荒芜的沼泽，芦苇和虫鸣，

一样的是这飞过的乌鸦的声音。

当我走过，站在路上踟蹰，

我踟蹰着为了多年耻辱的历史

仍在这广大的山河中等待，

等待着，我们无言的痛苦是太多了，

然而一个民族已经起来，

然而一个民族已经起来。

（选自《穆旦诗全集》，北京，中国文学出版社，1996）

拓展阅读书目

1.《穆旦诗集》，北京，人民文学出版社，2019。

2. 易彬：《穆旦评传》，南京，南京大学出版社，2012。

西藏民间故事：卖檀香木的人

【背景知识】

"故事"就是关于过去的事情，在后现代语境中，所有的一切都是故事，我们每天都在讲故事和生产故事。作为一种民间口头文化，西藏民间故事也浩如烟海。民间故事的时间很模糊，但这丝毫不影响其深刻的哲学意义。

从前，有一个人拿着一捆顶好的檀香木，到一个集市上去卖。卖了几天，也没卖掉。这天夜里住了客店，遇到一个卖木炭的人，他们就天南地北地说起来。慢慢说到了各人的买卖，他们都觉得货物在这里不容易卖出去。

第二天，他们都上市集去。不到一会，卖木炭的人就把木炭都卖掉了。卖檀香木的人直等到天黑也没人来买，就把木头原封不动地扛回店里来。他闷闷不乐，怎么办呢？

突然，他眉开眼笑，计上心来，自言自语地说："啊，这可是个好办法！"便赶忙把檀香木烧成了木炭，拿到市集上，果然不一会都卖完了。他很赞赏自己的心眼聪明。

但是，这个人的聪明所得，实在比不上他所失去的檀香木。

（选自曹廷伟编：《中国民间寓言选》，沈阳，辽宁少年儿童出版社，1985）

【阅读提示】

这则短小的故事，把一个卖檀香木的人的前后心理刻画得非常细腻，因此，故事的人物形象非常生动，同时结构也非常巧妙。自以为很聪明的卖檀香木者，其实是愚蠢的。小故事寓意大道理，这则故事中蕴含了丰富的人生哲理。

思考练习

思考题

1. 这则小故事中卖檀香木的人到底是赚钱了还是吃亏了？
2. 在我们现代生活中，你周围有没有像卖檀香木者的这类人？

拓展阅读书目

1. 廖东凡等收集、翻译、整理：《西藏民间故事》，拉萨，西藏人民出版社，1983。
2. 万玛才旦译：《说不完的故事——西藏民间文学经典》，兰州，甘肃民族出版社，2009。

哈姆莱特(节选)

莎士比亚

【背景知识】

威廉·莎士比亚（William Shakespeare，1564—1616），欧洲文艺复兴时期的诗人、剧作家，人类戏剧史上的一座里程碑，全世界最卓越的文学家之一。西方戏剧正是在他手里从"命运悲剧"真正转向了"性格悲剧"。莎士比亚一生流传下来的作品包括38部戏剧、155首十四行诗、2首长叙事诗及其他一些诗歌。他的戏剧有各种主要语言的译本，且表演次数远远超过其他戏剧家的作品。

莎士比亚的创作分为三个时期。第一时期以诗歌、历史剧和喜剧为主。这一时期的创作体现了莎士比亚对人文主义理想的积极乐观态度，著名的剧作主要有《亨利四世》《理查二世》《亨利五世》《错误的喜剧》《第十二夜》《威尼斯商人》等。第二时期是悲剧和悲喜剧创作时期，这是莎士比亚创作的高峰期，代表作为四大悲剧《奥赛罗》《李尔王》《麦克白》《哈姆莱特》。晚期莎士比亚的创作进入传奇剧时期，主要剧作有《暴风雨》《辛白林》《冬天的故事》等。

莎士比亚

本文节选了莎士比亚的代表作《哈姆莱特》中的第三幕第一场。《哈姆莱特》创作于1601年，情节源自12世纪的丹麦历史。该剧以中世纪的丹麦宫廷为背景，写丹麦王子哈姆莱特对谋杀他的父亲、骗娶他的母亲并篡夺了王位的叔父进行复仇的故事。哈姆莱特是一个具有人文主义理想倾向的典型形象。剧作通过描写哈姆莱特与现实之间的不可调和的矛盾，以及他在复仇过程中的犹豫彷徨、忧伤苦闷及其惨遭失败的悲剧结局，深刻地体现出人文主义者要求冲破封建势力束缚的强烈愿望，同时也揭示出英国早期资产阶级的局限性。哈姆莱特是一个刻画得极为成功的艺术形象，以"忧郁的王子"而闻名于世，作者将丰富多彩的人物、生动活泼的语言和富于戏剧性的情节紧密糅合起来，自然生动，引人入胜。

第三幕

第一场　城堡中一室

国王、王后、波洛涅斯、奥菲利娅、罗森格兰兹及吉尔登斯呑上。

国　　王　你们不能用迂回婉转的方法，探出他为什么这样神魂颠倒，让紊乱而危险的疯狂困扰他的安静的生活吗？

罗森格兰兹　他承认他自己有些神经迷惘，可是绝口不肯说为了什么缘故。

吉尔登斯呑　他也不肯虚心接受我们的探问；当我们想要引导他吐露他自己的一

些真相的时候，他总是用假作痴呆的神气故意回避。

王　　后　　他对待你们还客气吗？

罗森格兰兹　　很有礼貌。

吉尔登斯吞　　可是不大自然。

罗森格兰兹　　他很吝惜自己的话，可是我们问他话的时候，他回答起来却是毫无拘束。

王　　后　　你们有没有劝诱他找些什么消遣？

罗森格兰兹　　娘娘，我们来的时候，刚巧有一班戏子也要到这儿来，给我们赶过了；我们把这消息告诉了他，他听了好像很高兴。现在他们已经到了宫里，我想他已经吩咐他们今晚为他演出了。

波洛涅斯　　一点不错；他还叫我来请两位陛下同去看看他们演得怎样哩。

国　　王　　那好极了；我非常高兴听见他在这方面感到兴趣。请你们两位还要更进一步鼓起他的兴味，把他的心思移转到这种娱乐上面。

罗森格兰兹　　是，陛下。（罗森格兰兹、吉尔登斯吞同下。）

国　　王　　亲爱的乔特鲁德，你也暂时离开我们；因为我们已经暗中差人去唤哈姆莱特到这儿来，让他和奥菲利娅见见面，就像他们偶然相遇一般。她的父亲跟我两人将要权充一下密探，躲在可以看见他们，却不能被他们看见的地方，注意他们会面的情形，从他的行为上判断他的疯病究竟是不是因为恋爱上的苦闷。

王　　后　　我愿意服从您的意旨。奥菲利娅，但愿你的美貌果然是哈姆莱特疯狂的原因；更愿你的美德能够帮助他恢复原状，使你们两人都能安享尊荣。

奥菲利娅　　娘娘，但愿如此。（王后下。）

波洛涅斯　　奥菲利娅，你在这儿走走。陛下，我们就去躲起来吧。（向奥菲利娅）你拿这本书去读，他看见你这样用功，就不会疑心你为什么一个人在这儿了。人们往往用至诚的外表和虔敬的行动，掩饰一颗魔鬼般的内心，这样的例子是太多了。

国　　王　　（旁白）啊，这句话是太真实了！它在我的良心上抽了多么重的一鞭！涂脂抹粉的娼妇的脸，还不及掩藏在虚伪的言辞后面的我的行为更丑恶。难堪的重负啊！

波洛涅斯　　我听见他来了；我们退下去吧，陛下。（国王及波洛涅斯下。）

哈姆莱特上。

哈姆莱特　　生存还是毁灭，这是一个值得考虑的问题；默然忍受命运的暴虐的毒箭，或是挺身反抗人世的无涯的苦难，通过斗争把它们扫清，这两种行为，哪一种更高贵？死了；睡着了；什么都完了；要是在这一种睡眠之中，我们心头的创痛，以及其他无数血肉之躯所不能避免的打击，都可以从此消失，那正是我们求之不得的结局。死了；睡着了；睡着了也许还会做梦；嗯，阻碍就在这儿：因为当我们摆脱了这一具朽腐的皮囊以后，在那死的睡眠里，究竟将要做些什么梦，那不能不使我们踌躇顾虑。人们甘心久困于患难之中，也就是为了这个缘故；谁愿意忍受人世的鞭挞和讥嘲、压迫者的凌辱、傲慢者的冷眼、被轻蔑的爱情的惨痛、法律的迁延、官吏的横暴和费尽辛勤所换来的小人的鄙视，要是他只要用一柄小小的刀子，就可以清算他自己的一生？谁愿意负着这样的重担，在烦劳的生命的压迫下呻吟流汗，倘不是因为惧怕不可知的死后，惧怕那从来不曾有一个旅人回来过的神秘之国，是它迷惑了我们的意志，使我们宁愿忍受目前的磨折，不敢向我们所不知道的痛苦飞去？这样，重重的顾虑使我们全变成了懦夫，决心的赤热的光彩，被审慎的思维盖上了一层灰色，伟大的事业在这一种考虑之下，也会逆流而退，失去了行动的意义。且慢！美丽的奥菲利娅！——女神，在你的祈祷之中，不要忘记替我忏悔我的罪孽。

奥 菲 利 娅　我的好殿下，您这许多天来贵体安好吗？

哈 姆 莱 特　谢谢你，很好，很好，很好。

奥 菲 利 娅　殿下，我有几件您送给我的纪念品，我早就想把它们还给您；请您现在收回去吧。

哈 姆 莱 特　不，我不要；我从来没有给你什么东西。

奥 菲 利 娅　殿下，我记得很清楚您把它们送给了我，那时候您还向我说了许多甜言蜜语，使这些东西格外显得贵重；现在它们的芳香已经消散，请您拿回去吧，因为在有骨气的人看来，送礼的人要是变了心，礼物虽贵，也会失去了价值。拿去吧，殿下。

哈 姆 莱 特　哈哈！你贞洁吗？

奥 菲 利 娅　殿下！

哈 姆 莱 特　你美丽吗？

奥 菲 利 娅　殿下是什么意思？

哈 姆 莱 特　要是你既贞洁又美丽，那么你的贞洁应该断绝跟你的美丽来往。

奥 菲 利 娅　殿下，难道美丽除了贞洁以外，还有什么更好的伴侣吗？

哈 姆 莱 特　嗯，真的；因为美丽可以使贞洁变成淫荡，贞洁却未必能使美丽受它自己的感化；这句话从前像是怪诞之谈，可是现在时间已经把它证实了。我的确曾经爱过你。

奥 菲 利 娅　真的，殿下，您曾经使我相信您爱我。

哈 姆 莱 特　你当初就不应该相信我，因为美德不能熏陶我们罪恶的本性；我没有爱过你。

奥 菲 利 娅　那么我真是受了骗了。

哈 姆 莱 特　进尼姑庵去吧；为什么你要生一群罪人出来呢？我自己还不算是一个顶坏的人；可是我可以指出我的许多过失，一个人有了那些过失，他的母亲还是不要生下他来的好。我很骄傲，有仇必报，富于野心，我的罪恶是那么多，连我的思想也容纳不下，我的想象也不能给它们形象，甚至于我都没有充分的时间可以把它们实行出来。像我这样的家伙，匍匐于天地之间，有什么用处呢？我们都是些十足的坏人；一个也不要相信我们。进尼姑庵去吧。你的父亲呢？

奥 菲 利 娅　在家里，殿下。

哈 姆 莱 特　把他关起来，让他只好在家里发发傻劲。再会！

奥 菲 利 娅　嗳哟，天哪！救救他！

哈 姆 莱 特　要是你一定要嫁人，我就把这一个咒诅送给你做嫁奁：尽管你像冰一样坚贞，像雪一样纯洁，你还是逃不过谗人的诽谤。进尼姑庵去吧，去；再会！或者要是你必须嫁人的话，就嫁给一个傻瓜吧；因为聪明人都明白你们会叫他们变成怎样的怪物。进尼姑庵去吧，去；越快越好。再会！

奥 菲 利 娅　天上的神明啊，让他清醒过来吧！

哈 姆 莱 特　我也知道你们会怎样涂脂抹粉；上帝给了你们一张脸，你们又替自己另外造了一张。你们烟视媚行，淫声浪气，替上帝造下的生物乱取名字，卖弄你们不懂事的风骚。算了吧，我再也不敢领教了；它已经使我发了狂。我说，我们以后再不要结什么婚了；已经结过婚的，除了一个人以外，都可以让他们活下去；没有结婚的不准再结婚，进尼姑庵去吧，去。（下。）

奥 菲 利 娅　啊，一颗多么高贵的心是这样殒落了！朝臣的眼睛、学者的辩舌、军人的利剑、国家所瞩望的一朵娇花；时流的明镜、人伦的雅范、举世注目的中心，这样无可挽回地殒落了！我是一切妇女中间最伤心而不幸的，我曾经从他音乐一般的盟誓中吮吸芬芳的甘蜜，现在却眼看着他的高贵无上的理智，像一串美妙的银铃失去了谐和的音调，无比的青春美貌，在疯狂中凋谢！啊！我好苦，谁料过去的繁华，变作今朝的泥土！

国王及波洛涅斯重上。

国　　　王　恋爱！他的精神错乱不像是为了恋爱；他说的话虽然有些颠倒，也不像是疯狂。他有些什么心事盘踞在他的灵魂里，我怕它也许会产生危险的结果。为了防止万一，我已经当机立断，决定了一个办法：他必须立刻到英国去，向他们追索延宕未纳的贡物；也许他到海外各国游历一趟以后，时时变换的环境，可以替他排解去这一桩使他神思恍惚的心事。你看怎么样？

波 洛 涅 斯　那很好；可是我相信他的烦闷的根本原因，还是为了恋爱上的失意。啊，奥菲利娅！你不用告诉我们哈姆莱特殿下说些什么话；我们全都听见了。陛下，照您的意思办吧；可是您要是认为可以的话，不妨在戏剧终场以后，让他的母后独自一人跟他在一起，恳求他向她吐露他的心事；她必须很坦白地跟他谈谈，我就找一个所在听他们说些什么。要是她也探听不出他的秘密来，您就叫他到英国去，或者凭着您的高见，把他关禁在一个适当的地方。

国　　王　就这样吧；大人物的疯狂是不能听其自然的。（同下。）

（选自《莎士比亚悲剧五种》，朱生豪译，北京，人民文学出版社，2014）

【阅读提示】

在 16 世纪的法国、英国，许多作家根据丹麦中世纪史的记载，写哈姆莱特的复仇故事和悲剧。这些剧作只专注于写复仇，渲染流血、死亡、恐怖，拘泥于事实。对主人公来说，只存在一个仇敌，一个对手，其本分就是要对方死。莎剧则不然，剧中第一幕就暗示了凶手是谁，说明作者对谁是凶手这一秘密并不看重，不想以此为悬念，这就降低了谁是凶手这一秘密的重要性，使悬念从为何复仇迅速过渡到如何复仇的问题上。在表现复仇的过程中，作者呈现给我们一个超乎情节线索之外的丰富深邃的世界：哈姆莱特的内心世界。在这里，生活显示了令人惊异的丰富、崇高和奇特，在我们感觉到的表面的、具体的事情下，还有着催人深思、令人难以平静的蕴含之意。这正是莎剧使旧题材焕发新生机、化腐朽为神奇的根本原因，也是本剧阐释不尽的、令人津津乐道的原因。

哈姆莱特是一个具有人文主义思想倾向的典型形象，他的性格丰富复杂，不断发展变化，大致经历了"快乐的王子""忧郁的王子""延宕的王子""悲观宿命论者"四个阶段。促使他性格发生根本变化的原因在于，丑恶的社会现实与他怀有的人文主义理想间的分裂冲突，或者说人文主义理想在现实面前的挫败。

父王在世之际，哈姆莱特地位至尊，人们对他总是笑脸相迎，所以他的性格达观开朗，在威登堡大学读书时接受了人文主义思想熏陶，对天、地、人的认识乐观而积极，认为世界是"一顶覆盖着众生的苍穹，华丽的帐幕"，对人充分肯定和赞赏："人是一件多么了不起的杰作：多么高贵的理性！多么伟大的力量！多么文雅的举止！在行动上多么像一个天使，在智慧上多么像一个天神！宇宙的精华、万物的灵长！"哈姆莱特本人也表现出一种单纯的乐观和谐的精神气质，集合了人文主义理想的优美因素，他是"朝臣的眼睛、学者的辩舌、军人的利剑，国家所瞩望的一朵娇花；时流的明镜、人伦的雅范、举世注目的中心"。但是，这种美好的理想与哈姆莱特精神世界的和谐乐观在剧作一开始就被破坏，他从威登堡大学回国，世界便"颠倒混乱"了，面对父死母嫁、叔叔弑兄篡位的严酷现实和一系列变故，他的精神受到沉重打击。哈姆莱特开始变得颓唐，在痛苦和忧虑中，逐渐变为一个忧郁的王子，开始重新审视身处的社会现实，思索世界与人。

理想破灭，残酷的现实更显黑暗。世界、人类在哈姆莱特眼里蒙上了一层黑色的幕罩，他觉得"人世间的一切在我看来，是多么可笑、陈腐、乏味而无聊"，世界"是一个荒芜不治的荒原，长满了恶毒的莠草"，至于人，"在我看来，这个泥塑的生命算得了什么，人不能使我发生兴趣，不，女人也不"。理想破灭后，哈姆莱特陷入深刻的精神危机的痛苦中。从这个意义上说，哈姆莱特也是一个持价值优先原则的人，在生命价值未能得到最后确立之际，他不会贸然行动，价值优先和价值偏爱决定了他在处理世俗事务的时候，首先着眼的是事情背后的价值意义而非具体的事件与人。在哈姆莱特的内心世界中，一方面是原有生命价值的失落与怀疑，另一方面却是新价值体系的缺席，他为此彷徨挣扎、痛苦迷茫。为重新确立自己的精神信仰，他进一步走向对生命本源性的哲学追问，试图解决精神信仰上的危机，以及理想与现实间的矛盾。

正是在这一思索过程中，哈姆莱特逐渐忽视了复仇行为本身，成为一个思虑深重、行为延宕的王子。也正是在对生命本体性的思索中，哈姆莱特的形象显示了哲学深度。他的思索涉及人性善恶、生命存在的价值意义、生命与死亡等关涉人自身的根本性问题。在对生命本体的探寻中，哈姆莱特逐渐意识到，人非但不像人文主义所颂扬的如神一般圣洁伟岸，相反，人的情欲在失去理性规范制约后会产生无穷无尽的恶，社会秩序混乱一片，人伦颠倒，如他所说："这是一个乾坤颠倒的时代。"哈姆莱特发现人在本体意义上是丑恶的。他身边的人，叔父如恶魔般，为私欲杀兄、娶嫂、篡位；母亲情欲难耐而乱伦；奥菲利娅的单纯无知成为别人利用的工具，她的美丽"可以使贞洁变成淫荡"，情欲来临时，她也会和王后一样；同窗好友成为奸王的密探和工具；昔日老臣趋炎附势、两面三刀；挪威王子福丁布拉斯觊觎丹麦领土。哈姆莱特不仅看到别人的恶，也看到自己心灵的黑暗，"我的罪恶那么多，连我的思想也容纳不下"。世界和人在理想丧失后的哈姆莱特眼里变成了精神的荒原与"牢狱"。

哈姆莱特在重新探寻生命本源问题时，越来越游离于为父复仇的宗法责任和重振乾坤的社会责任，越来越脱离现实的轨道而直逼无意义又无目的存在本身，面对这样的本源性思考，复仇本身已无足轻重了。而且，既然人在本体意义上是恶的，那么为父复仇、重振乾坤、改造社会的对象就不仅是一个人，而是人类本身。而完全消除人身上的恶，等于否定人的现实存在，因此，复仇和重振乾坤的行为本身也毫无意义。人生的意义在忧郁的哈姆莱特眼里，也被彻底否定，他悲观地想到自杀和死亡。在第三幕中，哈姆莱特想到过自杀，他说："生存还是毁灭，这是一个值得考虑的问题……谁愿意负着这样的重担，在烦劳的生命的压迫下呻吟流汗……"但他又恐惧死后的虚无世界，内心矛盾重重，进而走向宿命论，成为一个悲观厌世者。戏剧第五幕，奸王设计让哈姆莱特与雷欧提斯决斗，新的阴谋正在身边酝酿，好友霍拉旭提醒他决斗可能有生命危险，哈姆莱特却以宿命论者的态度视之："无论我们怎么辛苦图谋，我们的结果却早已有一种冥冥中的力量把它布置好了，随它去，随时准备着就是了。"

迷惘、焦虑、悲观的情绪和心态笼罩在哈姆莱特的复仇过程中，也就有了他行动上的犹豫和延宕，使他成为"思想的巨人，行动的矮子"。可见，哈姆莱特的犹豫主要根源还是在他感到人性的不完美，人生的虚无，复仇和重振乾坤的毫无意义。哈姆莱特的形象是莎氏对人文主义信念与理性拯救观念的有限性的深刻反思。哈姆莱特形象的意义在于揭示了人的思想的力量，他身上表现出来的人性的复杂、人性的悖谬、人存在的意义等问题，成为近代欧洲文学关于人本身的思考的基本指向。

第三幕是全剧中心，整个戏剧在这里即将走向高潮，各种人物和事态之间的矛盾冲突在此基本酝酿成熟，几乎达到一触即发的地步。同时，在这一幕中，作者不但展现了各种外在冲突，还通过哈姆莱特的内心独白，揭示了人物的内心冲突，在人物内心世界的剧烈斗争中，展现了哈姆莱特的敏于思考、耽于行动的性格特征，他的悲剧也有自身性格缺陷的原因。这幕剧完美体现了莎士比亚的"性格悲剧"的特征。

思考练习

一、填空题

1. _____、_____、_____和_____被称为莎士比亚的"四大悲剧"。
2. 西方戏剧在莎士比亚手里完成了从"命运悲剧"到_____的转换。
3. 莎士比亚的创作大体可分为_____、_____和_____三个时期。

二、思考题

1. 莎士比亚每个创作阶段的特征是什么？
2. 请说说哈姆莱特在复仇时为什么犹豫延宕。

拓展阅读

《哈姆莱特》全剧梗概

哈姆莱特王子是最近突然驾崩的丹麦国王与王后乔特鲁德的儿子。乔特鲁德在丈夫死后不久就与小叔、继承王位的克劳迪斯结婚，而这对哈姆莱特来说比父亲去世更难以忍受。与此同时，哈姆莱特父亲的鬼魂出现，道出了新王克劳迪斯谋害自己的真相，并命令儿子哈姆莱特向叔父报仇。感性敏锐的哈姆莱特揣测这个奇遇可能是魔鬼意图蛊惑他，所以一直犹豫到底是要报仇还是不要。他为了避免叔父对他的心思产生怀疑，开始装疯卖傻，装作连心爱的奥菲利娅也不认识了。正好这时有一个剧团进城来表演，他便着手写了揭露叔父罪状的剧本，让他们上演。当克劳迪斯看了这出戏后，脸色大变，从大厅跑了出去。这时，哈姆莱特看到他心虚跪地祷告，心中的疑惑一扫而空，确信了父亲的鬼魂所言属实。后来，王后奉国王旨意叫他进宫，他很伤心地责备他的母亲，误杀了布帘后偷听的奥菲利娅的父亲——波洛涅斯。克劳迪斯把哈姆莱特送到了英国，暗中拜托英王杀了他。奥菲利娅遭遇失恋之苦，加上父亲无辜死去，最终精神崩溃，坠入湖中溺死，而她的哥哥雷欧提斯想为父亲报仇，从法国奔了回来，不料被克劳迪斯利用，与哈姆莱特势不两立。而哈姆莱特并没有中计，从前往英国的航行途中折返，回到丹麦后正好遇见奥菲利娅的葬礼，心中大感悲伤。这时，克劳迪斯抓住机会，安排了一场剑术比赛。雷欧提斯用一把尖端没有皮套的毒剑伤了哈姆莱特，后者剑术超他一等，终于击败了他。在临死前，雷欧提斯道出了克劳迪斯的阴谋。事实揭穿后，王后在慌乱中饮鸩——克劳迪斯为哈姆莱特准备的毒酒——而亡。哈姆莱特杀了克劳迪斯，并要他喝下毒酒，阻止了霍拉旭饮下手中的鸩毒。而在这时，哈姆莱特却因中了雷欧提斯的剑，剑毒发作身死。

拓展阅读书目

1.《莎士比亚悲剧五种》，朱生豪译，北京，人民文学出版社，2020。

2.《莎士比亚喜剧五种》，朱生豪译，北京，人民文学出版社，2016。

3. 周姚萍：《莎士比亚》，西安，陕西人民出版社，2014。

我的世界观[①]

爱因斯坦

【背景知识】

　　阿尔伯特·爱因斯坦（Albert Einstein，1879—1955），德裔美国物理学家，世界十大杰出物理学家之一，现代物理学的开创者、集大成者和奠基人，同时也是一位著名的思想家和哲学家。1879年3月爱因斯坦出生于德国乌尔姆镇；1900年毕业于苏黎世工业大学，加入瑞士籍；1913年返回德国，任柏林大学教授；1921年因对理论物理的贡献及发现"光电效应"规律获得诺贝尔物理学奖；1933年因受纳粹政权迫害，迁居美国，任普林斯顿高级研究所教授，从事理论物理研究；1940年加入美国

爱因斯坦

国籍。爱因斯坦在物理学理论上做出了根本性的突破，他所创立的相对论成为现代物理学基础之一，他对量子论的发展也做出重大贡献，他的一些成就大大推动了天文学的发展。爱因斯坦的杰出，不仅在于他的科学成就，也在于他独立的思想、宽阔的胸襟及崇高的人格。他在研究之外还留下了很多关于哲学、社会、政治等方面问题的文字，同样给世人带来了深刻的影响。

　　我们这些总有一死的人的命运多么奇特呀！我们每个人在这个世界上都只作一个短暂的逗留；目的何在，却无所知，尽管有时自以为对此若有所感。但是，不必深思，只要从日常生活中就可以明白：人是为别人而生存的——首先是为那样一些人，他们的喜悦和健康关系着我们自己的全部幸福；然后是为许多我们所不认识的人，他们的命运通过同情的纽带同我们密切结合在一起。我每天上百次地提醒自己：我的精神生活和物质生活都是依靠着别人（包括生者和死者）的劳动，我必须尽力以同样的分量来报偿我所领受了的和至今还在领受着的东西。我强烈地向往着俭朴的生活，并且时常为发觉自己占用了同胞的过多劳动而难以忍受。我认为阶级的区分是不合理的，它最后所凭借的是以暴力为根据。我也相信，简单淳朴的生活，无论在身体上还是在精神上，对每个人都是有益的。

　　我完全不相信人类会有那种在哲学意义上的自由。每一个人的行为，不仅受着外界的强迫，而且还要适应内心的必然。叔本华（Schopenhauer）[②]说："人虽然能够做他所想做的，但不能要他所想要的。"这句话从我青年时代起，就对我是一个真正的启示；在我自己和别人的生活面临困难的时候，它总是使我们得到安慰，并且永远是宽容的源泉。这种体会可以宽大为怀地减轻那种容易使人气馁的责任感，也可以防止我们过于严肃地对待自己和别人；它还导致一种特别给幽默以应有地位的人生观。

要追究一个人自己或一切生物生存的意义或目的，从客观的观点看来，我总觉得是愚蠢可笑的。可是每个人都有一定的理想，这种理想决定着他的努力和判断的方向。就在这个意义上，我从来不把安逸和享乐看作生活目的本身——这种伦理基础，我叫它猪栏的理想。照亮我的道路，并且不断地给我新的勇气去愉快地正视生活的理想，是善、美和真。要是没有志同道合者之间的亲切感情，要不是全神贯注于客观世界——那个在艺术和科学工作领域里永远达不到的对象，那么在我看来，生活就会是空虚的。人们所努力追求的庸俗目标——财产、虚荣、奢侈的生活——我总觉得都是可鄙的。

我对社会正义和社会责任的强烈感觉，同我显然的对别人和社会直接接触的淡漠，两者总是形成古怪的对照。我实在是一个"孤独的旅客"，我未曾全心全意地属于我的国家，我的家庭，我的朋友，甚至我最接近的亲人；在所有这些关系面前，我总是感觉到有一定距离并且需要保持孤独——而这种感受正与年俱增。人们会清楚地发觉，同别人的相互了解和协调一致是有限度的，但这不足惋惜。这样的人无疑有点失去他的天真无邪和无忧无虑的心境；但另一方面，他却能够在很大程度上不为别人的意见、习惯和判断所左右，并且能够不受诱惑要去把他的内心平衡建立在这样一些不可靠的基础之上。

我的政治理想是民主。让每一个人都作为个人而受到尊重，而不让任何人成为崇拜的偶像。我自己受到了人们的过分的赞扬和尊敬，这不是由于我自己的过错，也不是由于我自己的功劳，而实在是一种命运的嘲弄。其原因大概在于人们有一种愿望，想理解我以自己微薄绵力通过不断的斗争所获得的少数几个观念，而这种愿望有很多人却未能实现。我完全明白，一个组织要实现它的目的，就必须有一个人去思考，去指挥，并且全面担负起责任来。但是被领导的人不应当受到强迫，他们必须有可能来选择自己的领袖。在我看来，强迫的专制制度很快就会腐化堕落。因为暴力所招引来的总是一些品德低劣的人，而且我相信，天才的暴君总是由无赖来继承，这是一条千古不易的规律。就是由于这个缘故，我总是强烈地反对今天我们在意大利和俄国③所见到的那种制度。像欧洲今天所存在的民主形式所以受到怀疑，这不能归咎于民主原则本身，而是由于政府的不稳定和选举制度中与个人无关的特征。我相信美国在这方面已经找到了正确的道路。他们选出了一个任期足够长的总统，他有充分的权力来真正履行他的职责。另一方面，在德国的政治制度中，我所重视的是，它为救济患病或贫困的人作出了比较广泛的规定。在人生的丰富多彩的表演中，我觉得真正可贵的，不是政治上的国家，而是有创造性的、有感情的个人，是人格；只有个人才能创造出高尚的和卓越的东西，而群众本身在思想上总是迟钝的，在感觉上也总是迟钝的。

讲到这里，我想起了群众生活中最坏的一种表现，那就是使我厌恶的军事制度。一个人能够洋洋得意地随着军乐队在四列纵队里行进，单凭这一点就足以使我对他轻视。他所以长了一个大脑，只是出于误会；单单一根脊髓就可满足他的全部需要了。文明国家的这种罪恶的渊薮④，应当尽快加以消灭。由命令而产生的勇敢行为，毫无意义的暴行，以及在爱国主义名义下的一切可恶的胡闹，所有这些都使我深恶痛绝！在我看来，战争是多么卑鄙、下流！我宁愿被千刀万剐，也不愿参与这种可憎的勾当。尽管如此，我对人类的评价还是十分高的，我相信，要是人民的健康感情没有被那些通过学校和报纸而起作用的商业利益和政治利益所蓄意败坏，那么战争这个妖魔早就该绝迹了。

我们所能有的最美好的经验是奥秘的经验。它是坚守在真正艺术和真正科学发源地上的基本感情。谁要是体验不到它，谁要是不再有惊奇也不再有惊讶的感觉，他就无异于行尸走肉，他的眼睛是迷糊不清的。就是这样奥秘的经验——虽然掺杂着恐惧——产生了宗教。我们认识到有某种为我们所不能洞察的东西存在，感觉到那种只能以其最原始的形式为我们感受到的最深奥的理性和最灿烂的美——正是这种认识和这种情感构成了真正的宗教感情；在这个意义上，而且也只是在这个意义上，我才是一个具有深挚的宗教感情的人。我无法想象一个会对自己的创造物加以赏罚的上帝，也无法想象它会有像我们自己身上所体验到的那样一种意志。我不能也不愿去想象一个人在肉体死亡以后还会继续活着；让那些脆弱的灵魂，由于恐惧或者由于可笑的唯我论，去拿这种思想当宝贝吧！我自己只求满足于生命永恒的奥秘，满足于觉察现存世界的神奇的结构，窥见它的一鳞半爪，并且以诚挚的努力去领悟在自然界中显示出来的那个理性的一部分，即使只是其极小的一部分，我也就心满意足了。

（选自许良英等编译：《爱因斯坦文集（增补本）》第三卷，北京，商务印书馆，2009）

【注释】

①此文最初发表在 1930 年出版的《论坛和世纪》中，当时用的标题是"我的信仰"，后收入《思想和见解》一书。

②叔本华（1788—1860）：德国哲学家，唯意志论者，致力于柏拉图、康德哲学的研究，认为意志是宇宙的本质。

③第二次世界大战期间，爱因斯坦承认他在战前很长一段时间受了反苏宣传的影响，以后他在一些演讲和书信中对这个问题的看法有一些改变。

④渊薮（sǒu）：比喻人或事物聚集的地方，这里指罪恶聚集之地。薮，水边草地，兽所聚处。

【阅读提示】

文章一开篇就明确表明了爱因斯坦对待生活的看法和他的生活状态：人应当为别人而生存。"首先是为那样一些人，他们的喜悦和健康关系着我们自己的全部幸福；然后是为许多我们所不认识的人，他们的命运通过同情的纽带同我们密切结合在一起。"而爱因斯坦乐意报偿他们，平静地过简单淳朴的生活。虽然原文曾叫作《我的信仰》，但这里真正表达的是爱因斯坦的世界观、人生观的基础和核心。

虽然爱因斯坦并不完成赞同叔本华的哲学思想，但叔本华的"人虽然能够做他所想做的，但不能要他所想要的"对爱因斯坦一直都是个启示，让他有一定的责任感，不过于严肃地对待自己和他人，也让幽默的宽容成为他的人生观。而要由此追问生存的意义和目的，爱因斯坦的回答就是善、美和真。

但这并不能说明爱因斯坦是不食人间烟火的，爱因斯坦对政治理想有明确的表达，他渴望民主，反对专制、反对暴君，也深恶痛绝毫无意义的暴行，绝不愿意参加卑鄙、下流的战争。

对于真正的艺术和真正的科学，在探索的路途上，爱因斯坦把它们称为他的"宗教"，"我们感受到的最深奥的理性和最灿烂的美"，称自己"只求满足于生命永恒的奥秘，满足于觉察现存世界的神奇的结构"，哪怕只得到"一鳞半爪"，"也心满意足了"。这也正体现了科学精神和人文精神在爱因斯坦身上的统一。

有一句熟悉的格言是："任何事物都是相对的。"但爱因斯坦的理论不是哲学式陈词滥调的重复，而更是一种精确的用数学表述的方法。爱因斯坦的文章在表达上同样精确，这位有着自我哲学思想的科学家，能在文章中用清晰淳朴的语言表达深刻的哲理，使这篇文章在全世界范围内广泛传播。

思考练习

思考题

1. 如何理解文中叔本华所说的"人虽然能够做他所想做的，但不能要他所想要的"？

2. 爱因斯坦的政治理想是怎样的？

3. 试用你自己的语言阐述爱因斯坦的世界观、人生观。其世界观、人生观的基础和核心是什么？

拓展阅读书目

1.《爱因斯坦文录》，杭州，浙江文艺出版社，2004。

2.《爱因斯坦自述》，富强译，北京，新世界出版社，2012。

第二单元　我身边的人和事

　　人是社会中的人，我们不能生活在世外桃源，因此总要接触各种各样的人和事，跟各种各样的人打交道。对大多数人来说，年轻意味着还没有经历太多，还未见过太多的坎坷、挫折、风雨，但并不是说平淡的生活就没有价值，阅读一样可以丰富我们的人生，让人无需经历更多的困难和坎坷而获得丰富的人生经验，使个人的精神得到升华。

　　《冯谖客孟尝君》让人看到战国时期有才华的人是如何施展自己的聪明才智的。《鸿门宴》让人看到了一场宴会背后的人和人的关系。陶渊明的诗，表现了诗人不事权贵、弃官归隐、躬耕陇亩的生活态度。《弟子规》是中国古人总结的做人准则。鲁迅先生的《二丑艺术》让人看到了虚伪面具背后的人，一方面，为了钱，做"恶公子"的跟班；另一方面，又站在大众一边，在背地里骂人家两句。丰子恺的《给我的孩子们》体现了父亲对儿女的疼爱，也呼唤成人世界的真诚。老舍的《月牙儿》则是在生存的边缘把旧社会妓女母女的苦难生活表现得淋漓尽致。钱锺书的《围城》被誉为现代生活的"新儒林外史"，展示了知识分子的心理状态。史铁生的《秋天的怀念》是写给已去世的母亲的，母亲生前对瘫痪的儿子悉心照顾，如今儿子的悔恨之情力透纸背。契诃夫的《苦恼》和欧·亨利的《麦琪的礼物》让我们看到了更广阔世界中的人和事。

　　你、我、他/她构成了我们多彩的世界，人与人之间的相互关系，展示给我们的有真情、忠诚、温暖、感动，也有虚伪、狡诈、阴险和烦恼。透过书页，我们将经历一次次浓缩的人生，开启一段段不一样的旅程。

冯谖客孟尝君①

《战国策》

【背景知识】

《战国策》简称《国策》，由战国中后期各国史官编纂或策士辑录，有《国策》《国事》《事语》《短长》《长书》《修书》等不同名称。西汉时，刘向进行了整理，按照东周、西周、秦、齐、楚、赵、魏、韩、燕、宋、卫、中山等国别次序编订，并删除重复之作，刘向"以为战国时，游士辅所用之国，为之策谋，宜为《战国策》"。全书分十二国策，33 篇。其事继春秋以后，始于周贞定王十四年(前 455)，止于秦始皇三十一年(前 216)，共记载了 200 多年的历史，保存了战国时期各国政治、外交、军事等方面大量的珍贵史料，详尽记载了战国期间谋臣策士游说诸国、相互辩难的言行，是一部重要的国别体杂史著作。东汉高诱曾注释《战国策》，北宋时，正文和注解都有散佚，学者曾巩为之校补。南宋时，在曾巩校

《战国策》

本的基础上，出现了姚宏的续注本、鲍彪的重定次序新注本。元代，吴师道在鲍彪注本基础上，又做了补正。《战国策》的文字生动流畅，写人传神，论理透辟，善于运用寓言、故事、譬喻来说明道理，艺术气息浓烈，是一部优秀的散文集，对后世史传文和政论文的发展影响巨大。

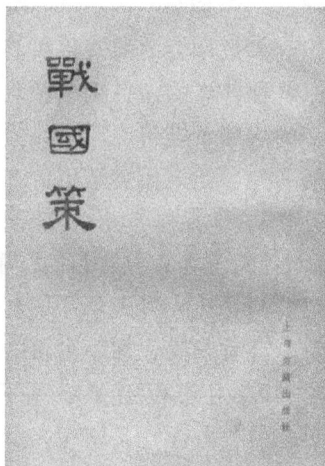

齐②人有冯谖者，贫乏③不能自存，使人属④孟尝君，愿寄食门下。⑤孟尝君曰："客何好?"曰："客无好也。"曰："客何能?"曰："客无能也。"孟尝君笑而受之曰："诺。"左右以君贱⑥之也，食以草具。⑦

居有顷⑧，倚柱弹其剑，歌曰："长铗归来乎！⑨食无鱼。"左右以告。⑩孟尝君曰："食之，比门下之鱼客。⑪"居有顷，复弹其铗，歌曰："长铗归来乎！出无车。"左右皆笑之，以告。⑫孟尝君曰："为之驾⑬，比门下之车客。"于是乘其车，揭其剑，过其友曰⑭："孟尝君客我。"⑮后有顷，复弹其剑铗，歌曰："长铗归来乎！无以为家。"⑯左右皆恶⑰之，以为⑱贪而不知足。孟尝君问："冯公有亲乎?"对曰："有老母。"孟尝君使人给⑲其食用，无使乏。于是冯谖不复歌。

后孟尝君出记⑳，问门下诸客："谁习计会㉑，能为文收责㉒于薛㉓者乎?"冯谖署㉔曰："能。"孟尝君怪㉕之，曰："此谁也?"左右曰："乃歌夫长铗归来者也。"孟尝君笑曰："客果有能也，吾负之，未尝见也。"请而见之，谢㉖曰："文倦于事，愦㉗于忧，而性悗㉘愚，沉于国家之事，开罪于先生。先生不羞㉙，乃有意欲为收责于薛乎?"冯

谖曰："愿之㉚。"于是约车治装㉛，载券契㉜而行，辞曰："责毕收，以何市而反？㉝"孟尝君曰："视吾家所寡有者。"

驱而之薛，使吏召诸民当偿者㉞，悉来合券。㉟券遍合，起，矫命㊱以责赐诸民，因㊲烧其券，民称万岁。

长驱到齐，晨而求见。孟尝君怪其疾也，衣冠㊳而见之，曰："责毕收乎？来何疾也！"曰："收毕矣。""以何市而反？"冯谖曰："君云'视吾家所寡有者'。臣窃计㊴，君宫中积珍宝，狗马实外厩，美人充下陈㊵。君家所寡有者，以义耳！窃以为君市义㊶。"孟尝君曰："市义奈何㊷？"曰："今君有区区㊸之薛，不拊爱子其民㊹，因而贾利之。㊺臣窃矫君命，以责赐诸民，因烧其券，民称万岁。乃臣所以为君市义也。"孟尝君不说，曰："诺，先生休矣㊻！"

后期年㊼，齐王谓孟尝君曰："寡人不敢以先王之臣为臣。㊽"孟尝君就国㊾于薛，未至百里，民扶老携幼，迎君道中。孟尝君顾㊿谓冯谖："先生所为文市义者，乃今日见之。"冯谖曰："狡兔有三窟，仅得免其死耳。今有一窟，未得高枕而卧也。请为君复○51凿二窟。"孟尝君予车五十乘○52，金五百斤○53，西游于梁，谓梁王曰："齐放○54其大臣孟尝君于诸侯，诸侯先迎之者○55，富而兵强○56。"于是梁王虚上位○57，以故相○58为上将军；遣使者，黄金千斤，车百乘，往聘孟尝君。冯谖先驱，诫孟尝君曰："千金，重币○59也；百乘，显使也。齐其闻之矣。"梁使三反○60，孟尝君固辞○61不往也。齐王闻之，君臣恐惧，遣太傅赍○62黄金千斤，文车二驷○63，服剑一○64，封书○65一，谢孟尝君曰："寡人不祥○66，被于宗庙之祟○67，沉○68于谄谀之臣，开罪于君，寡人不足为○69也。愿君顾先王之宗庙，姑反国统万人乎？"冯谖诫孟尝君曰："愿请先王之祭器○70，立宗庙于薛。○71"庙成，还报孟尝君曰："三窟已就，君姑高枕为乐矣。"

孟尝君为相数十年，无纤介○72之祸者，冯谖之计也。

（选自《战国策》，上海，上海古籍出版社，2008。部分用字参其他版本有改动）

【注释】

①选自《战国策》卷十一《齐策四》，篇名为今人所加。冯谖(xuān)：齐国游说之士。谖，又作"爰"，《史记》作"驩"。客：做门客。孟尝君：本名田文，齐国贵族，孟尝君是其封号，与魏国信陵君魏无忌、楚国春申君黄歇、赵国平原君赵胜一起被称为"战国四公子"。

②齐：西周吕尚封国，齐康公十九年(前386)，大夫田和始列为诸侯，迁康公于海滨；康公二十六年(前379)卒，"田氏遂并齐而有之，太公望之后绝祀"。

③贫乏：穷困之意。贫，贫陋，无财。乏，缺乏，匮乏。

④属：同"嘱"，请求。

⑤愿：希望。寄食：依附别人生活。

⑥贱：形容词意动用法，轻视的意思。

⑦食以草具：即食之以草具。食，同"饲"，给食物吃。草具，粗劣的食物。

⑧居有顷：过了一段时间，表示时间。

⑨铗：剑；一说，铗是剑柄。归：回去，离开。来、乎：皆为语气助词。

⑩左右以告：即左右以之告孟尝君的省略。左右，借代孟尝君的属僚。

⑪比：按照。门下之鱼客：门下可食鱼之客。

⑫以告："以之告之"的省略，把冯谖要求"出有车"的事情报告给孟尝君。

⑬为之驾：给他配车。

⑭揭：举着。过：拜访。

⑮孟尝君客我：孟尝君以我为客，或孟尝君以客礼待我。客，名词意动用法。

⑯无以为家：没有能力养家。无以，没有凭恃。为，动词。

⑰恶：厌恶，讨厌。

⑱以为：认为。

⑲给(jǐ)：供给。

⑳记：疏。一说账册的意思，一说是书状类文件。

㉑习：掌握，熟悉。计会(kuài)：会计。会，总合。《周礼·小宰》"要会"注"计最之簿书，月计曰要，岁计曰会"。

㉒责：同"债"，债务。

㉓薛：孟尝君之父靖郭君田婴在齐宣王时的封邑，在今山东省滕县东南，后田文继承该封邑。

㉔署：署名。

㉕怪：形容词意动用法，以……为怪。

㉖谢：致歉。

㉗愦(kuì)：心思烦乱，忧思昏乱。

㉘忄需：同"懦"，怯懦。

㉙不羞：不以之为羞。

㉚之：动词，前去。

㉛约车治装：整备车马，整理行装。约，缠束。治，整理。

㉜券契：债务契约。《说文》释"券"为"契也，以木牍为要约之书，以刀剖之，屈曲犬牙。"契，契约。《礼记正义·曲礼上》中"献粟者执右契"中释"契"为"两书一札，同而别之"。

㉝以何市而反：即"以之市何而反"的省略，用这些欠款买些什么物品回来。反，同"返"。

㉞诸民当偿者：定语后置，应当偿还债务的那些百姓。

㉟悉来合券：都来验合券契。悉，全部。合券，古代契约分为两半，债权人与债务人各执一半，偿还债务时，双方验合以佐证。

㊱矫命：假托命令。

㊲因：并且。

㊳衣冠：名词作动词，穿衣戴帽。

㊴窃计：私下思忖。

㊵下陈：下列。陈，列。

㊶市义：买回(百姓的)恩义，即收买人心。

㊷奈何：怎样，如何。

㊸区区：小而少貌。

㊹拊爱：体恤爱护。子其民：把百姓看作子女。

㊺因而：乘机。贾(gǔ)利之：从他们身上获得利益。贾，求取。

㊻休矣：算了吧。休，息。

㊼期(jī)年：整整一年。

㊽寡人不敢以先王之臣为臣：我不敢把先王的臣子作为自己的臣子。

㊾就国：回到封地。就，靠近。

(50)顾：回头看。

(51)复：再。

(52)乘(shèng)：古制一车四马为一乘。

(53)金：先秦时的金指的是黄铜。

(54)放：放逐。

(55)诸侯先迎之者：定语后置，先聘请孟尝君的诸侯。

(56)富而兵强：国家富裕，军力强大。

(57)虚上位：空出显贵的职位。根据下文，此“上位”当指宰相职位。

(58)故相：前任宰相。

(59)往聘：前去聘请。《公羊传·隐公十一年》：“大夫来曰聘。”

(60)诫：劝诫，告诫，警告。

(61)重币：厚重的财物。币，帛，引申为财物。

(62)齐其闻之矣：齐王大概听说这件事了吧。其，副词，表示推测。

(63)梁使三反：梁国的使节往返了多次。三，虚数。

(64)固辞：坚决推辞。

(65)赍(jī)：以物送人。

(66)文车二驷：四马拉的彩绘的车两辆。驷，四匹马拉的车。

(67)服剑一：佩剑一把，一说齐王所佩之剑。

(68)封书：书信。

(69)寡人不祥：谦辞，意为我糊涂。

(70)被：遭到，受到。宗庙：帝王、诸侯祭祀祖先的祠庙。祟：鬼神的祸害。

(71)沉：沉溺，沉迷。

(72)寡人不足为：谦辞，我不值得你辅弼。

(73)愿：希望。顾：顾念。先王之宗庙：代指齐国。

(74)姑：姑且。反国：返回齐都。统：统率，摄理。万人：代指齐国百姓。

(75)请先王之祭器：意谓请分给孟尝君一些祭祀先王的礼器。

(76)立宗庙于薛：在薛地再建一座齐国宗庙。此是巩固薛地及孟尝君政治地位的重要举措，因为按照惯例，宗庙一立，封地就不能再取消。

(77)纤介：细小，细微。纤，纤小。介，同“芥”，小草。

【阅读提示】

春秋时期礼崩乐坏，士人以一种全新的面貌登上历史舞台，用他们的生命、才华演绎着知识阶层的力量，为战国风云添加了几许靓丽的色彩。《战国策》一书就大量地辑录了当时士人的风采。《冯谖客孟尝君》主要记叙了策士冯谖为报孟尝君的知遇之恩，苦心孤诣为其营就“三窟”、巩固政治地位的故事，同时也呈现出孟尝君蓄士无择、蓄士防患的养士心理。孟尝君以其宽以待人、严以责己、从善如流的个人风范折服了众多士人，而冯谖为了深入了解孟尝君，屡次“弹铗”而“歌”，最终决定辅弼孟尝君。

全篇“弹铗”“市义”“三窟”等故事，皆体现出战国时期“计会”的时代风貌。无论是日常生活、经济生活还是政治生活，无论是冯谖还是孟尝君，最终目的都是实现个人利益的最大化。

本文采取欲扬先抑、层层铺排的方式塑造冯谖的形象，逐步展现其政治视野及其未雨绸缪、深谋远虑的政治才华。

全文情节紧张生动，波澜迭起；人物语言切合身份又不失力度；映衬手法的娴熟使用，尤为动人。

思考练习

一、解释下列"为"的含义

为之驾　无以为家　以为贪而不知足　能为文收责于薛者乎

寡人不敢以先王之臣为臣　寡人不足为也

二、思考题

1. 本文中的外交辞令有哪些？分别有什么作用？

2. 冯谖"弹铗"的意义何在？

3. 结合本文，阐释"士为知己者死"的历史和现实意义。

拓展阅读书目

1.（汉）司马迁：《孟尝君列传》，见《史记》，北京，中华书局，2005。

2. 缪文远等译注：《齐策》，见《战国策》，北京，中华书局，2006。

3.（宋）王安石：《读孟尝君传》，见《名家精译古文观止》，北京，中华书局，2007。

4.《战国策》，见钟基、李先银、王身刚译注：《古文观止》，北京，中华书局，2009。

鸿门宴

司马迁

【背景知识】

司马迁(约前145—?),字子长,夏阳(今陕西韩城南)人,我国古代伟大的史学家和文学家。出身于史官家庭,其父司马谈在汉武帝时任太史令。青年时期司马迁曾多次出外游历,足迹遍及南北各地;30岁为郎中,父去世三年后继任太史令,于太初元年(前104)开始编写《史记》,后因替投降匈奴的李陵辩护,获罪下狱,并受宫刑,出狱后任中书令。他忍辱含垢,发愤著书,终于在征和初年(前92)基本完成了《史记》的写作,不久即离世。

司马迁塑像

《史记》记叙了上自传说中的黄帝,下至汉武帝太初年间共3000多年的历史,是我国第一部纪传体通史。全书包括本纪、世家、列传、书、表五部分,共130篇。《史记》是一部伟大的历史著作,它全面生动地反映了历史的真实;同时它也是一部伟大的传记文学作品,塑造了一大批各阶级、阶层不同类型的人物。作者运用精湛的写作技巧,选取了那些最能表现人物性格特征的典型事件,并且善于通过人物语言和行动的描写、通过细节和场面的描写来刻画人物。《史记》的语言精练生动,质朴酣畅,有感情,有气势,具有很强的表现力。《史记》对后世散文创作产生了极大的影响。

除《史记》外,司马迁现存的完整作品还有《报任安书》。

沛公军霸上①,未得与项羽相见。沛公左司马曹无伤,使人言于项羽曰:"沛公欲王关中,使子婴为相,珍宝尽有之②。"项羽大怒,曰:"旦日飨士卒,为击破沛公军③!"当是时,项羽兵四十万,在新丰鸿门④,沛公兵十万,在霸上。范增说项羽曰:"沛公居山东时,贪于财货,好美姬。今入关,财物无所取,妇女无所幸,此其志不在小⑤。吾令人望其气⑥,皆为龙虎,成五采,此天子气也。急击勿失。"

楚左尹项伯者,项羽季父也,素善留侯张良⑦。张良是时从沛公,项伯乃夜驰之沛公军,私见张良,具告以事⑧,欲呼张良与俱去。曰:"毋从俱死也。"张良曰:"臣为韩王送沛公,沛公今事有急,亡去不义,不可不语⑨。"良乃入,具告沛公。沛公大惊,曰:"为之奈何?"⑩张良曰:"谁为大王为此计者?"⑪曰:"鲰生说我曰:'距关,毋内诸侯,秦地可尽王也。'⑫故听之。"良曰:"料大王士卒足以当项王乎?"沛公默然,曰:"固不如也,且为之奈何?"张良曰:"请往谓项伯,言沛公不敢背项王也。"沛公曰:"君安与项伯有故?"⑬张良曰:"秦时与臣游,项伯杀人,臣活之。今事有急,故幸来告良。"⑭沛公曰:"孰与君少长?"⑮良曰:"长于臣。"沛公曰:"君为我呼人,吾得兄事之。"⑯张良出，要⑰项伯。项伯即入见沛公。沛公奉卮酒为寿，约为婚姻⑱，曰："吾入关，秋豪不敢有所近，籍吏民，封府库，而待将军⑲。所以遣将守关者，备他盗之出入与非常⑳也。日夜望将军至，岂敢反乎！愿伯具言臣之不敢倍德㉑也。"项伯许诺。谓沛公曰："旦日不可不蚤自来谢项王。"㉒沛公曰："诺。"于是项伯复夜去，至军中，具以沛公言报项王。因言曰："沛公不先破关中，公岂敢入乎？今人有大功而击之，不义也，不如因善遇之。"㉓项王许诺。

沛公旦日从百余骑㉔来见项王，至鸿门，谢曰："臣与将军戮力而攻秦，将军战河北，臣战河南，然不自意能先入关破秦，得复见将军于此。今者有小人之言，令将军与臣有郤。"㉕项王曰："此沛公左司马曹无伤言之，不然，籍何以至此㉖？"项王即日因留沛公与饮。项王、项伯东向坐，亚父南向坐㉗。亚父者，范增也。沛公北向坐，张良西向侍。范增数目项王，举所佩玉玦以示之者三，项王默然不应。㉘范增起，出召项庄㉙，谓曰："君王为人不忍，若入前为寿，寿毕，请以剑舞，因击沛公于坐，杀之。不者，若属皆且为所虏。"㉚庄则入为寿。寿毕，曰："君王与沛公饮，军中无以为乐，请以剑舞。"项王曰："诺。"项庄拔剑起舞，项伯亦拔剑起舞，常以身翼蔽沛公㉛，庄不得击。

于是张良至军门，见樊哙。㉜樊哙曰："今日之事何如？"良曰："甚急。今者项庄拔剑舞，其意常在沛公也。"哙曰："此迫矣！臣请入，与之同命。"㉝哙即带剑拥盾入军门。交戟之卫士欲止不内，樊哙侧其盾以撞，卫士仆地，哙遂入，披帷西向立，瞋目视项王，头发上指，目眦尽裂。㉞项王按剑而跽曰㉟："客何为者？"张良曰："沛公之参乘㊱樊哙者也。"项王曰："壮士，赐之卮酒。"则与斗卮酒。哙拜谢，起，立而饮之。项王曰："赐之彘肩。"㊲则与一生彘肩。樊哙覆其盾于地，加彘肩上，拔剑切而啗之。㊳项王曰："壮士，能复饮乎？"樊哙曰："臣死且不避，卮酒安足辞！夫秦王有虎狼之心，杀人如不能举，刑人如不恐胜㊴，天下皆叛之。怀王与诸将约曰：'先破秦入咸阳者王之'。今沛公先破秦入咸阳，毫毛不敢有所近，封闭宫室，还军霸上，以待大王来。故遣将守关者，备他盗出入与非常也。劳苦而功高如此，未有封侯之赏，而听细说㊵，欲诛有功之人。此亡秦之续㊶耳，窃为大王不取也。"项王未有以应，曰："坐。"樊哙从良坐㊷。坐须臾，沛公起如厕㊸，因招樊哙出。

沛公已出，项王使都尉陈平召沛公。㊹沛公曰："今者出，未辞也，为之奈何？"樊哙曰："大行不顾细谨，大礼不辞小让。如今人方为刀俎，我为鱼肉，何辞为。"㊺于是遂去。乃令张良留谢。良问曰："大王来何操㊻？"曰："我持白璧一双，欲献项王，玉斗㊼一双，欲与亚父。会其怒㊽，不敢献。公为我献之。"张良曰："谨诺。"当是时，项王军在鸿门下，沛公军在霸上，相去四十里。沛公则置车骑，脱身独骑，与樊哙、夏侯婴、靳强、纪信等四人持剑盾步走，从郦山下，道芷阳间行㊾。沛公谓张良曰："从此道至吾军，不过二十里耳。度㊿我至军中，公乃入。"

沛公已去，间至军中。(51)张良入谢，曰："沛公不胜杯杓(52)，不能辞。谨使臣良奉白璧一双，再拜献大王足下；玉斗一双，再拜奉大将军足下。"项王曰："沛公安在？"良曰："闻大王有意督过之(53)，脱身独去，已至军矣。"项王则受璧，置之坐上。亚父受玉斗，置之地，拔剑撞而破之，曰："唉！竖子(54)不足与谋。夺项王天下者，必沛公也。吾属今为之虏矣!"沛公至军,立诛杀曹无伤。

[选自(汉)司马迁:《史记》卷七,北京,中华书局,2005]

【注释】

①霸上:地名,即灞水以西的白鹿原,在今陕西省长安县东。

②左司马:官名,执行军法。子婴:秦二世胡亥的侄子。二世三年八月,赵高杀死二世,立子婴为秦王。一个多月后,刘邦军到达霸上,子婴出降。

③旦日:明早。飨(xiǎng):犒赏酒食。为:将,准备。

④新丰:地名,秦时称骊邑,在今陕西省临潼县东。鸿门:山坡名,在新丰东十七里,今名项王营。

⑤山东:泛指战国时六国之地。因其在崤山(在今河南省洛宁县西北)之东,故称山东。幸:亲近,宠爱。

⑥望其气:望刘邦头上的云气。古代迷信,以为观望人头上的云气,可以推断吉凶祸福。

⑦左尹:辅佐令尹的官。项伯:名缠,项羽的族叔。后被高祖封为射阳侯。素:平素。善:交好。张良:字子房,本为韩国人,祖、父都为韩相。秦灭韩,张良蓄意为韩报仇。陈涉起义后,张良亦聚众响应,不久归属刘邦,是刘邦的主要谋士,后封留侯。留:秦县名,在今江苏省沛县东南。

⑧驰之:骑马奔往。具告以事:把项羽打算攻击刘邦的事详细告诉了张良。

⑨臣:古人对自己的谦称。为韩王送沛公:张良曾劝说项梁立韩公子成为韩王,自己做申徒。后来刘邦使韩王成留守阳翟(今河南禹县),张良与刘邦一起西入武关,所以张良托辞说:"臣为韩王送沛公"。

⑩为之奈何:对这件事将怎么办?

⑪谁为大王为此计者:谁替大王制定这种计策?

⑫鲰(zōu)生:人名,姓解。据《史记·高祖本纪》索隐引《楚汉春秋》说:当时劝沛公遣将守函谷关,无纳项王的,是解先生。距:通"拒",守。内:通"纳"。

⑬有故,有交情。故:旧谊。

⑭游:交游,往来。幸:幸好,幸亏。

⑮孰与君少长:项伯同你相比,年纪谁小谁大。

⑯得:应该。兄事之:把他当雄兄长一样对待。

⑰要:通"邀",邀请。

⑱卮(zhī)酒:一杯酒。卮,盛酒的器具。为寿:敬酒祝颂健康长寿。约为婚姻:约定结为姻亲。

⑲秋毫:鸟兽在秋天长出的细毛,比喻细小之物。籍吏民:登记官吏和人民。籍:登记。将军:指项羽。

⑳非常:指意外的变故。

㉑倍德:忘恩负义。倍,同"背"。

㉒蚤:通"早"。谢:谢罪,道歉。

㉓因善遇之:就此好好对待他。

㉔从百余骑(jì):带领一百多骑兵。骑:一人骑一马称一骑。

㉕不自意:自己没有料到。郤(xì):同"隙",嫌隙。

㉖何以至此：何至于如此。

㉗东向坐：面向东坐。古人室内以面向东坐为上位。亚父：仅次于父。这是项羽对范增的尊称。

㉘数(shuò)：屡次。玦(jué)：玉器名，环形而有缺，表示决断。范增以玉玦示项王，是暗示项羽下决心杀掉刘邦。

㉙项庄：项羽的堂弟。

㉚不忍：心不狠，心软。若：你。不(fǒu)者：否则。若属：你们。

㉛翼蔽：像鸟张开翅膀那样遮蔽。

㉜樊哙(kuài)：沛人，原以屠狗为业，随刘邦起义，屡建战功，汉朝建立后曾任左丞相，封舞阳侯。

㉝与之同命：与刘邦同生死。一说，跟项羽拼命。

㉞拥：持，抱。交戟之士：持戟交叉守卫军们的卫士。欲止不内：想阻止他，不让他进去。仆(pū)地：跌倒在地。披帷：掀开帷帐。嗔(chēn)目：睁大眼睛。眦(zì)：眼眶。

㉟按剑而跽：是一种准备应变的姿势。按剑：用手握住剑柄。跽(jì)：长跪。挺起上身，双膝着地。

㊱参乘(shèng)：即骖乘，坐在车右负责护卫的人，又叫陪乘。

㊲彘(zhì)肩：猪前腿。

㊳覆其盾于地：把盾牌反过来放在地上。加彘肩上：把猪腿放在盾牌上。啖(dàn)：吃。

㊴举、胜(shēng)：都是尽的意思。这两句是说，杀人唯恐杀不尽，用刑唯恐不够残酷。

㊵细说：小人之言。

㊶亡秦之续：亡秦的继续。

㊷从良坐：在张良身边坐下。

㊸如厕：上厕所。如：往。

㊹都尉：武官名，比将军略低。陈平：阳武户牖(yǒu)(今河南兰考县境内)人，当是在项羽手下做都尉，第二年归附刘邦，为刘邦谋士，后来是汉朝的丞相。

㊺大行不顾细谨：是说大的行为不必顾及细小方面的谨慎。大礼不辞小让：是说讲究大礼不必回避在小的谦让方面出现的毛病。辞：避。刀俎：刀和砧板。

㊻操：拿，这里是携带的意思。

㊼玉斗：玉制的盛酒器皿。

㊽会：恰逢，刚巧碰上。

㊾置车骑：丢下车马。夏侯婴：沛人，从刘邦起义，汉建国后封汝阴侯。靳(jìn)强：刘邦部属，后封汾阳侯。纪信：刘邦的部将，后被项羽烧死。步走：徒步跟在刘邦马后疾行。骊山：在鸿门西，今西安市临潼区东南。道：取道，经由。芷阳：秦县名，汉改名霸陵，在今西安市东。间(jiàn)行：抄小路走。间：空隙。

㊿度(duó)：估计，揣测。

(51)间至军中：抄小路回到军中。这是张良的揣度。

(52)不胜(shēng)杯杓(sháo)：意思是酒量有限，已经喝醉了。不胜：禁不起。杓：取酒器。

(53)督过之：责备、怪罪他。

(54)竖子：本指童仆。这里是对人的一种蔑称，犹言“小子”。这里是明骂项庄，暗指项羽。

【阅读提示】

本篇选自《史记·项羽本纪》。《项羽本纪》是《史记》中最优秀的人物传记之一，司马迁以秦末农民起义和楚汉战争作为基本素材，用饱含同情和惋惜的笔调，通过一系列重大政治事件和军事斗争的描写，形象地展示了项羽这个悲剧英雄从崛起于民间举兵反秦，一直到乌江自刎的一生经历，生动地刻画了项羽具有深刻内在矛盾的思想性格，既热情歌颂了项羽在推翻秦王朝的过程中所建立的丰功伟绩，充分肯定了他在反秦斗争中的历史作用，又对他的刚愎自用、残暴不仁及策略上的严重失误进行了客观中肯的批评。

《项羽本纪》最精彩的部分包括"巨鹿之战""鸿门宴""垓下之围"等。"鸿门宴"主要描写了反秦战争胜利后，楚汉两军的矛盾日益尖锐。项羽自恃强大，低估了刘邦对他的潜在威胁，在鸿门宴上轻信了刘邦的一番表白，并不顾范增的几次劝告，终于放走刘邦，为自己的失败埋下了祸根。

作者善于选择矛盾冲突尖锐的场面，让人物在斗争和相互映衬中显示自己的个性。项羽的憨直豪爽、粗疏寡谋，刘邦的虚伪狡诈，张良的深谋从容，范增的虑远急躁，樊哙的粗犷机智，项伯的善良愚昧，都相得益彰，传神尽相，如在目前。此外，作者也善于通过人物语言和细节展示人物性格。

思考练习

思考题

1. 概括项羽、刘邦这两个人物形象的性格特征。

2. 找出文中的典型细节描写并指出其表现意义。

3. 试以文中某一人物为例，分析作者是如何运用语言和动作的描写来塑造人物形象的。

拓展阅读书目

1. 韩兆琦译注：《史记》，北京，中华书局，2007。

2.《项羽本纪赞》，见钟基、李先银、王身刚译注：《古文观止》，北京，中华书局，2009。

3.（汉）司马迁：《项羽本纪赞》，见《名家精译古文观止》，北京，中华书局，2007。

归园田居(其二)

陶渊明

【背景知识】

陶渊明(约365—427),又名潜,字元亮,卒后谥号"靖节先生",浔阳柴桑(今江西九江)人。陶渊明曾任江州祭酒、镇军参军、彭泽县令等职,因不事权贵,弃官归隐,躬耕陇亩。陶渊明是东晋杰出的诗人、散文家和辞赋家,其成就最高的是田园诗。他憎恶当时的黑暗现实,向往光明自由的理想生活。他的作品,描写田园风光,歌咏劳动生活,反映农村凋敝,抒写美好理想,曲折地暴露了时政昏暗,具有鲜明的时代特色。陶渊明诗风自然醇和,平淡中见深情,质朴中含韵味。他的田园诗,为中国诗歌开辟了一个新的园地,对后世具有深远影响。现存其诗文130余篇,有《陶渊明集》。

> 野外罕人事,穷巷寡轮鞅。①
> 白日掩荆扉,对酒绝尘想。②
> 时复墟里人,披草共来往。③
> 相见无杂言④,但道桑麻长⑤。
> 桑麻日已长,我土日已广⑥。
> 常恐霜霰⑦至,零落同草莽⑧。

(选自逯钦立校注:《陶渊明集》,北京,中华书局,1979)

【注释】

①罕人事:少与人们交往。穷巷寡轮鞅:偏僻的小巷少车马。轮,车轮。鞅,驾车时马颈上套用的皮带。二者皆以部分代全体,指马车而言。

②白日掩荆扉:白天关着柴门。荆扉,柴门。绝尘想:断绝世俗的向往。

③时复:有时。披草:草,草衣。"披草共来往"与《移居》诗中的"相思则披衣,言笑无厌时"略同,写与晨耕者来往的友谊。

④杂言:闲话。

⑤长(zhǎng):生长。

⑥我土日已广:指开垦种植的土地面积也日渐增多。

⑦霰(xiàn):雪粒。

⑧草莽:野草。

【阅读提示】

本篇写诗人辞官归隐田园以后悠闲自得的劳动生活。前两句写他归田之后就和上层社会疏远，甚至断绝了交往；第三、第四两句，写因没有坐车乘马的贵宾来拜访，所以常关柴门，室居自娱；"时复"四句，与前四句对照，写他与村里农民的关系很好，披草来往，共话桑麻，表现出与下层劳动人民接近，有了共同的语言；末四句，写自己耕种的土地日渐增多，就担心霜雪灾情会使庄稼枯萎零落。这种一则以喜、一则以忧的心情，也说明他和农民有了共同的思想和感情。

全诗感情真实，风格平淡。语言通俗朴素，平易近人，洋溢着浓郁的农村生活气息。

思考练习

思考题

1. 这首诗表现了陶渊明弃官归隐后怎样的心情？

2. 有人说"常恐霜霰至，零落同草莽"两句隐约暗含着诗人对田园生活前景的忧虑，你怎样认为？

3. 人们评价陶渊明诗风格平淡自然、亲切淳真，语言质朴而精工。这首诗是如何体现这些特点的？

拓展阅读书目

1. 袁行霈笺注：《陶渊明集笺注》，北京，中华书局，2018。
2. 叶嘉莹：《叶嘉莹说陶渊明饮酒及拟古诗》，北京，中华书局，2015。
3. 魏耕原：《陶渊明论》，北京，北京大学出版社，2011。
4. 李长之：《陶渊明传论》，天津，天津人民出版社，2015。
5. 张炜：《陶渊明的遗产》，北京，中华书局，2016。

弟子规(节选)①

【背景知识】

《弟子规》，原名《训蒙文》，清朝康熙年间李毓秀所作，后经乾隆年间贾存仁修订，改名为《弟子规》。《弟子规》根据《论语》等经典，集孔、孟等圣贤的道德教育之大成，提倡传统道德教育。全文共360句，1080个字。三字一句，两句或四句连意，合辙押韵，朗朗上口。全篇先为"总序"，然后分为"入则孝""出则悌""谨""信""泛爱众""亲仁""余力学文"七个部分。内容采用《论语》"学而篇"第六条的文义，列述弟子在家、出外及待人接物与学习上应该恪守的规范。

《总叙》

弟子规，圣人训②。首孝悌③，次谨信④。泛爱众，而亲仁。⑤有余力，则学文。⑥

《入则孝》

父母呼，应勿缓⑦。父母命，行勿懒。父母教⑧，须敬听。父母责，须顺承。⑨冬则温，夏则清。晨则省，昏则定。⑩出必告，反⑪必面。居有常，业无变。⑫事虽小，勿擅⑬为，苟擅为，子道亏。物⑭虽小，勿私藏，苟私藏，亲心伤。亲所好，力为具⑮；亲所恶，谨为去。身有伤，贻⑯亲忧；德有伤，贻亲羞。亲爱我，孝何难？亲恶我，孝方贤。⑰亲有过，谏使更，怡吾色，柔吾声。⑱谏不入，悦复谏⑲，号泣随，挞无怨。⑳亲有疾，药先尝，昼夜侍，不离床。丧三年，常悲咽，居处变，酒肉绝。丧尽礼，祭尽诚㉑，事死者，如事生。

(选自李逸安、张立敏译注：《三字经·百家姓·千字文·弟子规·千家诗》，北京，中华书局，2011)

【注释】

①本文选自《弟子规》，篇名为笔者所加。正文各条目先后顺序以《弟子规》各篇目先后为序。

②圣人：这里指孔子。训：遗训，教诲。

③悌：同"弟"，本义为敬爱兄长，这里引申为尊敬长辈上级。

④谨信：谨，出言慎重；信，诚信、诚实。

⑤泛爱众，而亲仁：博爱大众，亲近有仁德的人。

⑥有余力，则学文：有多余的时间和精力，就学习有益的学问。

⑦缓：缓慢。

⑧教：教诲。

⑨父母责，须顺承：做错了事，受到父母的教育和责备时，应当虚心接受，不可强词夺理。

⑩"冬则温"四句：冬天寒冷要提前为父母温暖被窝，夏天酷热要提前帮父母把床铺扇凉；早晨

起床后，先探望父母，向父母请安；晚上伺候父母就寝后，才能入睡（此处引用古代"二十四孝"中的黄香的典故）。定：定省，子女早晚问候父母。这里专指昏定，即晚间服侍父母就寝。

⑪反：同"返"，返回，回家。

⑫居有常，业无变：起居作息，要有规律；事业、职业也不要老更换。

⑬擅：擅自，自作主张。

⑭物：这里指代公物。

⑮力：竭力，努力。为：替，给。具：准备、置办。

⑯贻：遗留，留下。

⑰"亲爱我"四句：父母喜爱我们的时候，孝顺不是困难的事情；父母不喜欢我们或管教过于严厉的时候，孝顺父母才更难能可贵。

⑱"亲有过"四句：父母有过错的时候，应小心劝导使其改过向善；劝导时要和颜悦色，语气柔婉。

⑲谏：劝谏，劝告。

⑳号泣随，挞无怨：父母不听恳劝，我们即使痛哭也要恳求父母改过；纵然遭遇到责打，也无怨无悔（以免陷父母于不义，铸成大错）。

㉑礼：礼仪。诚：诚心诚意。

思考练习

思考题

1. 讨论一下今天我们该如何对待父母及老师、长辈。

2.《弟子规》对今天的我们有何启示？

拓展阅读

《弟子规》全文

《入则孝》（见前）

《出则悌》：兄道友，弟道恭，兄弟睦，孝在中。财物轻，怨何生？言语忍，忿自泯。或饮食，或坐走，长者先，幼者后。长呼人，即代叫，人不在，己即到。称尊长，勿呼名，对尊长，勿见能。路遇长，疾趋揖，长无言，退恭立。骑下马，乘下车，过犹待，百步余。长者立，幼勿坐，长者坐，命乃坐。尊长前，声要低，低不闻，却非宜。进必趋，退必迟，问起对，视勿移。事诸父，如事父；事诸兄，如事兄。

《谨》：朝起早，夜眠迟，老易至，惜此时。晨必盥，兼漱口，便溺回，辄净手。冠必正，纽必结，袜与履，俱紧切。置冠服，有定位，勿乱顿，致污秽。衣贵洁，不贵华，上循分，下称家。对饮食，勿拣择，食适可，勿过则。年方少，勿饮酒，饮酒醉，最为丑。步从容，立端正，揖深圆，拜恭敬。勿践阈，勿跛倚，勿箕踞，勿摇髀。缓揭帘，勿有声，宽转弯，勿触棱。执虚器，如执盈；入虚室，如有人。事勿忙，忙多错，勿畏难，勿轻略。斗闹场，绝勿近；邪僻事，绝勿问。将入门，问孰存；将上堂，声必扬。人问谁，对以名，吾与我，不分明。用人物，须明求，倘不问，即为偷。借人物，及时还；人借物，有勿悭。

《信》：凡出言，信为先，诈与妄，奚可焉！话说多，不如少。惟其是，勿佞巧。刻薄语，秽污词，市井气，切戒之。见未真，勿轻言；知未的，勿轻传。事非宜，勿轻诺，苟轻诺，进退错。凡道字，重且舒，勿急疾，勿模糊。彼说长，此说短，不关己，莫闲管。见人善，即思齐，纵去远，以渐跻。见人恶，即内省，有则改，无加警。惟德学，惟才艺，不如人，当自励。若衣服，若饮食，不如人，勿生戚。闻过怒，闻誉乐，损友来，益友却。闻誉恐，闻过欣，直谅士，渐相亲。无心非，名为错；有心非，名为恶。过能改，归于无，倘掩饰，增一辜。

《泛爱众》：凡是人，皆须爱，天同覆，地同载。行高者，名自高，人所重，非貌高。才大者，望自大，人所服，非言大。己有能，勿自私；人所能，勿轻訾。勿谄富，勿骄贫，勿厌故，勿喜新。人不闲，勿事搅；人不安，勿话扰。人有短，切莫揭；人有私，切莫说。道人善，即是善，人知之，愈思勉。扬人恶，即是恶，疾之甚，祸且作。善相劝，德皆建；过不规，道两亏。凡取与，贵分晓，与宜多，取宜少。将加人，先问己，己不欲，即速已。恩欲报，怨欲忘，报怨短，报恩长。待婢仆，身贵端，虽贵端，慈而宽。势服人，心不然，理服人，方无言。

《亲仁》：同是人，类不齐，流俗众，仁者稀。果仁者，人多畏，言不讳，色不媚。能亲仁，无限好，德日进，过日少。不亲仁，无限害，小人进，百事坏。

《余力学文》：不力行，但学文，长浮华，成何人！但力行，不学文，任己见，昧理真。读书法，有三到，心眼口，信皆要。方读此，勿慕彼，此未终，彼勿起。宽为限，紧用功，工夫到，滞塞通。心有疑，随札记，就人问，求确义。房室清，墙壁净，几案洁，笔砚正。墨磨偏，心不端，字不敬，心先病。列典籍，有定处，读看毕，还原处。虽有急，卷束齐，有缺损，就补之。非圣书，屏勿视，蔽聪明，坏心志。勿自暴，勿自弃，圣与贤，可驯致。

（选自李逸安、张立敏译注：《三字经·百家姓·千字文·弟子规·千家诗》，北京，中华书局，2011）

拓展阅读书目

1. 金滢坤主编：《童蒙文化研究》第二卷，北京，人民出版社，2017。
2. 张国志、刘海霞主编：《中国文化经典读本》，北京，清华大学出版社，2018。
3. 蔡礼旭：《弟子规四十讲》，北京，世界知识出版社，2011。

二丑艺术

鲁迅

【背景知识】

鲁迅（1881—1936），原名周樟寿，后改名周树人，字豫山、豫亭、豫才，浙江绍兴人，中国现代伟大的文学家、思想家、革命家。鲁迅幼年受过诗书经传的传统文化教育，也接触过底层农民生活。1898 年他考入南京江南水师学堂，后改入陆师学堂附设矿务铁路学堂，开始接受西方文化教育，信奉达尔文的进化论学说。1902 年鲁迅赴日本留学，初学医，后弃医从文；1909 年 8 月回国，先后在杭州、绍兴任教；1912 年应蔡元培邀请，到南京临时政府任佥事，5 月随政府迁居北平；1918 年用笔名"鲁迅"在《新青年》杂志上发表第一篇白话文小说《狂人日记》；1920 年起，先后在北京大学、北京女子师范大学、厦门大学、中山大学任教。1927 年 10 月，鲁迅定居上海，开始了"左翼"十年的战斗生活。这一时期，他的思想由进化论发展到阶级论，他由革命民主主义者转变为倾向马克思主义的革命家，成为中国文化革命的巨人。因积劳成疾，鲁迅于 1936 年 10 月 19 日逝世于上海。鲁迅一生文学创作近 400 万字，翻译作品 500 多万字，古籍整理 60 多万字。其代表作有小说集《呐喊》《彷徨》《故事新编》，杂文集《坟》《且介亭杂文》，散文集《朝花夕拾》，散文诗集《野草》等。他的著作已译成英、日、俄、法、德等 50 多种文字，被介绍到世界各地。鲁迅以笔代戈，奋笔疾书，战斗一生，被誉为"民族魂"。"横眉冷对千夫指，俯首甘为孺子牛"，是鲁迅一生的真实写照。鲁迅的著作、译作、书信等是他留给后世的珍贵的文学遗产和精神财富。

鲁迅

浙东的有一处的戏班中，有一种脚色①叫作"二花脸"，译得雅一点，那么，"二丑"就是。他和小丑的不同，是不扮横行无忌的花花公子，也不扮一味仗势的宰相家丁②，他所扮演的是保护公子的拳师，或是趋奉公子的清客③。总之：身份比小丑高，而性格却比小丑坏。

义仆是老生扮的，先以谏诤④，终以殉主⑤；恶仆是小丑扮的，只会作恶，到底灭亡。而二丑的本领却不同，他有点上等人模样，也懂些琴棋书画，也来得行令猜谜，但倚靠的是权门，凌蔑的是百姓，有谁被压迫了，他就来冷笑几声，畅快一下，有谁被陷害了，他又去吓唬一下，吆喝几声。不过他的态度又并不常常如此的，大抵一面又回过脸来，向台下的看客指出他公子的缺点，摇着头装起鬼脸道：你看这家伙,这回可要倒楣^⑥哩!

这最末的一手,是二丑的特色。因为他没有义仆的愚笨,也没有恶仆的简单,他是智识阶级。他明知道自己所靠的是冰山,一定不能长久,他将来还要到别家帮闲,所以当受着豢养,分着余炎^⑦的时候,也得装着和这贵公子并非一伙。

二丑们编出来的戏本上,当然没有这一种脚色的,他那里肯;小丑,即花花公子们编出来的戏本,也不会有,因为他们只看见一面,想不到的。这二花脸,乃是小百姓看透了这一种人,提出精华来,制定了的脚色。

世间只要有权门,一定有恶势力,有恶势力,就一定有二花脸,而且有二花脸艺术。我们只要取一种刊物,看他一个星期,就会发现他忽而怨恨春天,忽而颂扬战争,忽而译萧伯纳^⑧演说,忽而讲婚姻问题;但其间一定有时要慷慨激昂的表示对于国事的不满:这就是用出末一手来了。

这最末的一手,一面也在遮掩他并不是帮闲,然而小百姓是明白的,早已使他的类型在戏台上出现了。

六月十五日

(选自《鲁迅全集》,北京,人民文学出版社,2005)

【注释】

①脚色:等同于"角色",当时的白话文还不规范。
②宰相家丁:宰相家里的佣人。
③清客:指旧时在富贵人家帮闲凑趣的文人或门客、教授吹弹歌唱的艺人。
④谏诤:旧时指臣子规劝君主,这里指奴才规劝主子。
⑤殉主:以死效忠自己的主子。
⑥倒楣:同"倒霉"。
⑦分着余炎:指分享着主子的权势。炎,指权势。
⑧萧伯纳(1856—1950):爱尔兰作家。

【阅读提示】

本文作于 1933 年 6 月 15 日,最初发表于同年 6 月 18 日的《申报·自由谈》上,署名丰之余,后由作者编入杂文集《准风月谈》。

二丑是戏剧舞台上的"二花脸",在浙东农民戏中是一种扮演公子的拳师或清客的角色。作者首先点题,说明二丑的特征:既是"拳师",当然就要帮忙行凶;又是"清客",当然就要成为帮闲。接着,作者的"解剖刀"又深入一层,先将二丑与义仆和恶仆区别开来,然后指出二丑的本领在于他们有帮闲之才,"懂些琴棋书画,也来得行令猜谜"。他们的帮凶或帮忙,也显得特别阴险,尽量不露痕迹。他们既要不失主子的宠幸,又要为自己留下一条退路。在他们看来,义仆是愚笨的,恶仆是简单的。作为"智识阶级",即使在被豢养、受宠幸、得好处之时,他们也要想尽办法表白自己与主子并非一伙,甚至对主子小骂几句。然而这最末的一手,正如作者所指出的,并不能遮掩他们作为帮闲的实质,即便他们自己编的剧本绝不肯让自己出丑,但人民群众还是从长期的斗争经验中创造出了舞台上的二丑这个典型，也就是生活和革命中的两面派。在结构上，鲁迅的论证采用了传统的起承转合的手法，破题鲜明，论证有力，用形象的方式完成了对社会中特定人群的描述。

在艺术特色上，作者抓住典型，巧设比喻，运用漫画式的对比手法饶有趣味地勾勒了戏曲中二丑行当的职能，文章体制短小精悍，语言骈散相间，让读者从具体的角色表演中去认识帮闲文人可恶又可笑的嘴脸，深入浅出，发人深省。

思考练习

一、选择题

1.《二丑艺术》一文收入了鲁迅的杂文集（　　）中。

A.《热风》　　　　B.《华盖集》　　　　C.《且介亭杂气》　　D.《准风月谈》

2. 在《二丑艺术》中，鲁迅以浙东戏剧舞台上的二丑来讽喻（　　）。

A. 拳师　　　　　B. 清客　　　　　C. 帮闲文人　　　　D. 家丁

二、思考题

1. 结合作品分析这篇杂文有怎样的思想内涵。

2. 鲁迅《二丑艺术》的结构形式是怎样的？

拓展阅读书目

1. 鲁迅：《准风月谈》，北京，人民文学出版社，2022。

2. 鲁迅：《中国小说史略》，上海，上海古籍出版社，2019。

3. 钱理群：《鲁迅与当代中国》，北京，北京大学出版社，2017。

给我的孩子们

丰子恺

【背景知识】

丰子恺（1898—1975），原名丰润、丰仁，号子恺，笔名 TK，浙江桐乡石门镇人，散文家、画家、艺术教育家，我国美育教育的先驱者。丰子恺 1914 年秋考入浙江省立第一师范学校，受教于文学家夏丏尊、艺术家李叔同；1919 年毕业后与同学创办上海专科师范学校；1921 年东渡日本学习绘画、音乐和外语；1922 年回国到浙江上虞春晖中学教授图画和音乐，

丰子恺与孩子

与朱自清、朱光潜等人结为好友；1924 年，与友人创办立达学院；1929 年任开明书店编辑。抗战期间曾任教于广西、贵州、重庆等地；1949 年定居上海，曾任中国美术家协会主席、上海中国画院院长等职，1975 年 9 月逝世。其著述主要有《缘缘堂随笔》《缘缘堂再笔》《随笔二十篇》《西洋美术史》《音乐的常识》等。

我的孩子们！我憧憬于你们的生活，每天不止一次！我想委曲地说出来，使你们自己晓得。可惜到你们懂得我的话的意思的时候，你们将不复是可以使我憧憬的人了。这是何等可悲哀的事啊！

瞻瞻！你尤其可佩服。你是身心全部公开的真人。你什么事体都像拼命地用全副精力去对付。小小的失意，像花生米翻落地了，自己嚼了舌头了，小猫不肯吃糕了，你都要哭得嘴唇翻白，昏去一两分钟。外婆普陀去烧香买回来给你的泥人，你何等鞠

丰子恺漫画 1

躬尽瘁地抱他，喂他；有一天你自己失手把他打破了，你的号哭的悲哀，比大人们的破产，失恋，broken heart①，丧考妣②，全军覆没的悲哀都要真切。两把芭蕉扇做的脚踏车，麻雀牌堆成的火车，汽车，你何等认真地看待，挺直了嗓子叫"汪——""咕咕咕……"来代替汽笛。宝姊姊讲故事给你听，说到"月亮姊姊挂下一只篮来，宝姊姊坐在篮里吊了上去，瞻瞻在下面看"的时候，你何等激昂地同她争，说"瞻瞻要上去，宝姊姊在下面看"！甚至哭到漫姑③面前去求审判。我每次剃了头，你真心地疑我变了和尚，好几时不要我抱。最是今年夏天，你坐在我膝上发现了我腋下的长毛，当作黄鼠狼的时候，你何等伤心，你立刻从我身上爬下去，起初眼瞪瞪地对我端相，继而大失所

望地号哭，看看，哭哭，如同对被判定了死罪的亲友一样。你要我抱你到车站里去，多多益善地要买香蕉，满满地擒了两手回来，回到门口时你已经熟睡在我的肩上，手里的香蕉不知落在哪里去了。这是何等可佩服的真率，自然，与热情！大人间的所谓"沉默""含蓄""深刻"的美德，比起你来，全是不自然的，病的，伪的！

你们每天做火车，做汽车，办酒，请菩萨，堆六面画，唱歌，全是自动的，创造创作的生活。大人们的呼号"归自然！""生活的艺术化！""劳动的艺术化！"在你们面前真是出丑得很了！依样画几笔画，写几篇文的人称为艺术家，创作家，对你们更要愧死！

丰子恺漫画2

你们的创作力，比大人真是强盛得多哩：瞻瞻！你的身体不及椅子的一半，却常常要搬动它，与它一同翻倒在地上；你又要把一杯茶横转来藏在抽斗里，要皮球停在壁上，要拉住火车的尾巴，要月亮出来，要天停止下雨。在这等小小的事件中，明明表示着你们的小弱的体力与智力不足以应付强盛的创作欲，表现欲的驱使，因而遭逢失败。然而你们是不受大自然的支配，不受人类社会的束缚的创造者，所以你的遭逢失败，例如火车尾巴拉不住，月亮呼不出来的时候，你们决不承认是事实的不可能，总以为是爹爹妈妈不肯帮你们办到，同不许你们弄自鸣钟同例，所以愤愤地哭了，你们的世界何等广大！

你们一定想：终天无聊地伏在案上弄笔的爸爸，终天闷闷地坐在窗下弄引线的妈妈，是何等无气性的奇怪的动物！你们所视为奇怪动物的我与你们的母亲，有时确实难为了你们，摧残了你们，回想起来，真是不安心得很：阿宝！有一晚你拿软软的新鞋子，和自己脚上脱下来的鞋子，给凳子的脚穿了，划袜立在地上，得意地叫"阿宝两只脚，凳子四只脚"的时候，你母亲喊着"龌龊④了袜子！"立刻擒你到藤榻上，动手毁坏你的创作。当你蹲在榻上注视你母亲动手毁坏的时候，你的小心里一定感到"母亲这种人，何等杀风景而野蛮"罢！

瞻瞻！有一天开明书店送了几册新出版的毛边的《音乐入门》来。我用小刀把书页一张一张地裁开来，你侧着头，站在桌边默默地看。后来我从学校回来，你已经在我的书架上拿了一本连史纸印的中国装的《楚辞》，把它裁破了十几页，得意地对我说："爸爸！瞻瞻也会裁了！"瞻瞻！这在你原是何等成功的欢喜，何等得意的作品！却被我一个惊骇的"哼"字喊得你哭了。那时候你也一定抱怨"爸爸何等不明"罢！

软软！你常常要弄我的长锋羊毫，我看见了总是无情地夺脱你。现在你一定轻视我，想道："你终于要我画你的画集的封面！"⑤

最不安心的，是有时我还要拉一个你们所最怕的陆露沙医生来，教他用他的大手来摸你们的肚子，甚至用刀来在你们臂上割几下，还要教妈妈和漫姑擒住了你们的手脚，捏住了你们的鼻子，把很苦的水灌到你们的嘴里去。这在你们一定认为是太无人道的野蛮举动罢！

孩子们！你们果真抱怨我，我倒欢喜；到你们的抱怨变为感谢的时候，我的悲哀来了！

我在世间，永没有逢到像你们这样出肺肝相示的人。世间的人群结合，永没有像你们样的彻底地真实而纯洁。最是我到上海去干了无聊的所谓"事"回来，或者去同不相干的人们做了叫作"上课"的一种把戏回来，你们在门口或车站旁等我的时候，我心中何等惭愧又欢喜！惭愧我为甚么去做这等无聊的事，欢喜我又得暂时放怀一切地加入你们的真生活的团体。

但是，你们的黄金时代有限，现实终于要暴露的。这是我经验过来的情形，也是大人们谁也经验过的情形。我眼看见儿时的伴侣中的英雄，好汉，一个个退缩，顺从，妥协，屈服起来，到像绵羊的地步。我自己也是如此。"后之视今，亦犹今之视昔"⑥，你们不久也要走这条路呢！

我的孩子们！憧憬于你们的生活的我，痴心要为你们永远挽留这黄金时代在这册子里。然这真不过像"蜘蛛网落花"⑦略微保留一点春的痕迹而已。且到你们懂得我这片心情的时候，你们早已不是这样的人，我的画在世间已无可印证了！这是何等可悲哀的事啊！

（选自丰子恺：《缘缘堂随笔》，天津，天津教育出版社，2007）

【注释】

①broken heart：心碎。

②考妣（bǐ）：已故的父母。妣，已故的母亲。

③漫姑：作者的三姐。

④龌龊（wò chuò）：不干净，脏。

⑤《子恺画集》的封面画是软软所作。

⑥"后之视今，亦犹今之视昔"：出自王羲之的《兰亭集序》，意思是：后人看待今天的人和事，也和我们现在看待过去的人和事一样。

⑦"蜘蛛网落花"：出自南宋词人高观国的《卜算子·泛西湖坐间寅斋同赋》："檐外蛛丝网落花，也要留春住。"

【阅读提示】

丰子恺自幼深受传统文化的熏陶，在师范学校学习期间深受李叔同等老师的影响，学习绘画、音乐等走上了艺术道路。

儿童和艺术一直是丰子恺散文和漫画的重要题材。在这篇散文中，丰子恺写了他自己的几个孩子瞻瞻、软软和阿宝，每个孩子的故事都好像是一幅图画。瞻瞻打碎了泥人之后"全副精力"地号啕大哭，宝姐姐为瞻瞻讲故事，瞻瞻为这没有的事，较真地和宝姐姐争着要坐上吊篮，大闹到漫姑面前求裁判。阿宝给四条腿的椅子穿上自己和软软的鞋子。瞻瞻因为看到过爸爸裁毛边书，后来裁破了爸爸的十几页书。在丰子恺笔下，孩子就好像是"真人"，没有一点的虚伪，孩子们的天真之态、直率之趣和创造欲，是成人世界无法达到的。丰子恺虽写自己的孩子，实则赞美儿童是真实而纯洁的"出肺肝相示的""身心全部公开的真人"。这类作品既表达了作者返璞归真的愿望，又贬斥了成人世俗社会的虚伪污浊。

丰子恺的散文善于从日常琐事中写出耐人寻味的人生意味。他的叙事散文多用随笔体，叙述婉曲，描写细腻，显得亲切、直率。作者运笔如行云流水、自然洒脱，于自然神韵中蓄含深婉情思，自成一种清幽淡远、率真自然的艺术风格。

丰子恺的散文与他的漫画是孪生姐妹，"在得到一个主题以后，宜于用文字表达的就是随笔，宜于用形象表达的就是漫画"。他的散文具有其漫画式的独特视角与幽默表述法。

读丰子恺先生的散文，看他的儿童漫画，让我们这些所谓的"成人"都觉得惭愧。希望我们这个世界，能少一些欺诈，多一分坦诚；少一些功利，多一分自然。

思考练习

一、选择题

1.《缘缘堂随笔》的作者是（　　）。

A. 夏丏尊 　　　　　　　　　　B. 李叔同

C. 丰子恺 　　　　　　　　　　D. 林语堂

2.（　　）和（　　）一直是丰子恺散文和漫画的重要题材。

A. 儿童　艺术 　　　　　　　　B. 宗教　艺术

C. 自然　艺术 　　　　　　　　D. 儿童　自然

二、思考题

1.《给我的孩子们》这篇散文想表达的主题是什么？通过这篇文章可以看出丰子恺散文有怎样的风格特点？

2. 试着读丰子恺的其他一些散文，思考丰子恺散文背后佛教精神的积极意义。

拓展阅读书目

1.《丰子恺作品》，武汉，长江文艺出版社，2012。

2. 丰子恺：《你若爱，生活哪里都可爱》，武汉，华中科技大学出版社，2015。

3. 丰子恺：《禅外阅世》，西安，陕西师范大学出版社，2008。

月牙儿

老舍

【背景知识】

老舍(1899—1966),原名舒庆春,字舍予,笔名老舍,北京人,满族正红旗人,中国现代著名小说家、戏剧家。老舍1918年毕业于北京师范学校,任小学校长和中学教员;1924年赴英国伦敦大学东方学院任汉语教师,并开始从事小说创作,著有《老张的哲学》《赵子曰》《二马》等;1926年加入文学研究会;1930年回国后在齐鲁大学、山东大学任教;抗日战争期间,在重庆中华全国文艺界抗敌协会任理事兼总务部主任;1946年赴美讲学;1949年回国;曾任中国文联副主席、中国作协副主席、北京市文联主席等职。老舍一生创作颇丰,前期主要从事小说创作,后期曾尝试过多种民间体裁,中华人民共和

老舍

国成立后,主要从事话剧的创作。老舍曾因创作了优秀话剧《龙须沟》,被授予"人民艺术家"的光荣称号。其代表作品有长篇小说《骆驼祥子》《四世同堂》,中篇小说《月牙儿》,短篇小说《断魂枪》,话剧《茶馆》等,今辑有《老舍文集》。老舍的作品充满着地域文化色彩,作品大多取材于市民生活,被称为"京味"十足的"市井文学"。老舍笔下多写城市里的小人物,表现他们的生存境况。城市平民的生活题材,加上其幽默风格,使他的小说得到了广大读者的喜爱。

1928年,老舍曾以济南"五三惨案"为背景,创作了长篇小说《大明湖》。这部作品在交到印刷厂后被大火烧掉了。根据《大明湖》的主要情节,也是其中最精彩的一段,老舍创作了中篇小说《月牙儿》。

一

是的,我又看见月牙儿了,带着点寒气的一钩儿浅金。多少次了,我看见跟现在这个月牙儿一样的月牙儿;多少次了。它带着种种不同的感情、种种不同的景物,当我坐定了看它,它一次一次地在我记忆中的碧云上斜挂着。

它唤醒了我的记忆,像一阵晚风吹破一朵欲睡的花。

二

那第一次,带着寒气的月牙儿确是带着寒气。它第一次在我的云中是酸苦,它那

一点点微弱的浅金光儿照着我的泪。那时候我也不过是七岁吧，一个穿着短红棉袄的小姑娘，戴着妈妈给我缝的一顶小帽儿，蓝布的，上面印着小小的花，我记得。我倚着那间小屋的门垛，看着月牙儿。屋里是药味、烟味、妈妈的眼泪、爸爸的病。我独自在台阶上看着月牙儿，没人招呼我，没人顾得给我做晚饭。我晓得屋里的惨凄，因为大家说爸爸的病……可是我更感觉自己的悲惨，我冷、饿，没人理我。一直的我立到月牙儿落下去。什么也没有了，我不能不哭。可是我的哭声被妈妈的压下去。爸，不出声了，面上蒙了块白布。我要掀开白布，再看看爸，可是我不敢。屋里只有那么点点地方，都被爸占了去。妈妈穿上白衣，我的红袄上也罩了个没缝襟边的白袍，我记得，因为不断地撕扯襟边上的白丝儿。大家都很忙，嚷嚷的声儿很高，哭得很恸，可是事情并不多，也似乎值不得嚷：爸爸就装入那么一个四块薄板的棺材里，到处都是缝子。然后，五六个人把他抬了走。妈和我在后边哭。

我记得爸，记得爸的木匣。那个木匣结束了爸的一切：每逢我想起爸来，我就想到非打开那个木匣不能见着他。但是，那木匣是深深地埋在地里，我明知在城外哪个地方埋着它，可它又像落在地上的一个雨点，似乎永难找到。

<h1 style="text-align:center">三</h1>

妈和我还穿着白袍，我又看见了月牙儿。那是个冷天，妈妈带我出城去看爸的坟。妈拿着很薄很薄的一摞儿纸。妈那天对我特别的好，我走不动便背我一程，到城门上还给我买了一些炒栗子。什么都是凉的，只有这些栗子是热的。我舍不得吃，用它们热我的手。走了多远，我记不清了，总该是很远很远吧。在爸出殡的那天，我似乎没觉得这么远，或者是因为那天人多；这次只是我们娘儿俩，妈不说话，我也懒得出声，什么都是静寂的，那些黄土路静寂得没有头儿。天是短的，我记得那个坟：小小的一堆儿土，远处有一些高土岗儿，太阳在黄土岗儿上头斜着。妈妈似乎顾不得我了，把我放在一旁，抱着坟头儿去哭。我坐在坟头的旁边，弄着手里那几个栗子。妈哭了一阵，把那点纸焚化了，一些纸灰在我眼前卷成一两个旋儿，而后懒懒地落在地上。风很小，可是很够冷的。妈妈又哭起来。我也想爸，可是我不想哭他；我倒是为妈妈哭得可怜而也落了泪。过去拉住妈妈的手："妈不哭！不哭！"妈妈哭得更恸了。她把我搂在怀里。眼看太阳就落下去，四外没有一个人，只有我们娘儿俩。妈似乎也有点怕了，含着泪，扯起我就走，走出老远，她回头看了看，我也转过身去：爸的坟已经辨不清了；土岗的这边都是坟头，一小堆一小堆，一直摆到土岗底下。妈妈叹了口气。我们紧走慢走，还没有走到城门，我看见了月牙儿。四外漆黑，没有声音，只有月牙儿放出一道儿冷光。我乏了，妈妈抱起我来。怎样进的城，我就不知道了，只记得迷迷糊糊的天上有个月牙儿。

<h1 style="text-align:center">四</h1>

刚八岁，我已经学会了去当东西。我知道，若是当不来钱，我们娘儿俩就不要吃

晚饭，因为妈妈但分有点主意，也不肯叫我去。我准知道她每逢交给我个小包，锅里必是连一点粥底儿也看不见了。我们的锅有时干净得像个体面的寡妇。这一天，我拿的是一面镜子。只有这件东西似乎是不必要的，虽然妈妈天天得用它。这是个春天，我们的棉衣都刚脱下来就入了当铺。我拿着这面镜子，我知道怎样小心，小心而且要走得快，当铺是老早就上门的。

我怕当铺的那个大红门、那个大高长柜台。一看见那个门，我就心跳。可是我必须进去，似乎是爬进去，那个高门槛儿是那么高。我得用尽了力量，递上我的东西，还得喊："当当！"得了钱和当票，我知道怎样小心地拿着，快快回家，晓得妈妈不放心。可是这一次，当铺不要这面镜子，告诉我再添一号来。我懂得什么叫"一号"。把镜子搂在胸前，我拼命地往家跑。妈妈哭了，她找不到第二件东西。我在那间小屋住惯了，总以为东西不少，及至帮着妈妈一找可当的衣物，我的小心里才明白过来，我们的东西很少、很少。

妈妈不叫我去了。可是，"妈妈咱们吃什么呢？"妈妈哭着递给我她头上的银簪——只有这一件东西是银的。我知道，她拔下过来几回，都没肯交给我去当。这是妈妈出门子时，姥姥家给的一件首饰。现在，她把这末一件银器给了我，叫我把镜子放下。我尽了我的力量赶回当铺，那可怕的大门已经严严地关好了。我坐在那门墩上，握着根银簪，不敢高声地哭，我看着天，啊，又是月牙儿照着我的眼泪！哭了好久，妈妈在黑影中来了，她拉住了我的手，呕，多么热的手，我忘了一切的苦处，连饿也忘了，只要有妈妈这只热手拉着我就好。我抽抽搭搭地说："妈！咱们回家睡觉吧。明儿早上再来！"

妈一声没出。又走了一会儿，"妈！你看这个月牙儿。爸死的那天，它就是这么歪歪着。为什么它老这么斜着呢？"妈还是一声没出，她的手有点颤。

五

妈妈整天地给人家洗衣裳。我老想帮助妈妈，可是插不上手。我只好等着妈妈，非到她完了事，我不去睡。有时月牙儿已经上来，她还哼哧哼哧地洗。那些臭袜子，硬牛皮似的，都是铺子里的伙计们送来的。妈妈洗完这些"牛皮"就吃不下饭去。我坐在她旁边，看着月牙儿，蝙蝠专会在那条光儿底下穿过来穿过去，像银线上穿着个大菱角，极快地又掉到暗处去。我越可怜妈妈，便越爱这个月牙儿，因为看着它，使我心中痛快一点。它在夏天更可爱，它老有那么点凉气，像一条冰似的。我爱它给地上的那点小影子，一会儿就没了，迷迷糊糊的不甚清楚，及至影子没了，地上就特别的黑，星也特别的亮，花也特别的香——我们的邻居有许多花木，那棵高高的洋槐总把花儿落到我们这边来，像一层雪似的。

六

妈妈的手起了层鳞，叫她给搓搓背顶解痒痒了。可是我不敢常劳动她，她的手是洗粗了的。她瘦，被臭袜子熏得常不吃饭。我知道妈妈要想主意了，我知道。她常把衣裳推到一边，楞着。她和自己说话。她想什么主意呢？我可是猜不着。

七

妈妈嘱咐我不叫我别扭，要乖乖地叫"爸"——她又给我找到一个爸。这是另一个爸，我知道，因为坟里已经埋好一个爸了。妈嘱咐我的时候，眼睛看着别处。她含着泪说："不能叫你饿死！"呕，是因为不饿死我，妈才另给我找了个爸！我不明白多少事，我有点怕，又有点希望——果然不再挨饿的话。多么凑巧呢，离开我们那间小屋的时候，天上又挂着月牙儿。这次的月牙儿比哪一回都清楚、都可怕，我是要离开这住惯了的小屋了。妈坐了一乘红轿，前面还有几个鼓手，吹打得一点也不好听。轿在前边走，我和一个男人在后边跟着，他拉着我的手。那可怕的月牙儿放着一点光，仿佛在凉风里颤动。

街上没有什么人，只有些野狗追着鼓手们咬，轿子走得很快。上哪去呢？是不是把妈抬到城外去、抬到坟地去？那个男人扯着我走，我喘不过气来，要哭都哭不出来。那男人的手心出了汗，凉得像个鱼似的，我要喊"妈"，可是不敢。一会儿，月牙儿像个要闭上的一道大眼缝，轿子进了个小巷。

八

我在三四年里似乎没再看见月牙儿。新爸对我们很好，他有两间屋子，他和妈住在里间，我在外间睡铺板。我起初还想跟妈妈睡，可是几天之后，我反倒爱"我的"小屋了。屋里有白白的墙，还有条长桌、一把椅子。这似乎都是我的。我的被子也比从前的厚实暖和了。妈妈也渐渐胖了点，脸上有了红色，手上的那层鳞也慢慢掉净。我好久没去当当了。新爸叫我去上学。有时候他还跟我玩一会儿。我不知道为什么不爱叫他"爸"，虽然我知道他很可爱。他似乎也知道这个，常常对我那么一笑，笑的时候他有很好看的眼睛。可是妈妈偷告诉我叫"爸"，我也不愿十分地别扭。我心中明白，妈和我现在是有吃有喝的，都因为有这个爸，我明白。是的，在这三四年里我想不起曾经看见过月牙儿，也许是看见过而不大记得了。爸死时那个月牙儿，妈轿子前面那个月牙儿，我永远忘不了。那一点点光、那一点点寒气，老在我心中，比什么都亮、都清凉，像块玉似的，有时候想起来仿佛能用手摸到似的。

九

我很爱上学。我老觉得学校里有不少的花，其实并没有，只是一想起学校就想到花罢了，正像一想起爸的坟就想起城外的月牙儿——在野外的小风里歪歪着。妈妈是很爱花的，虽然买不起，可是有人送给她一朵，她就顶喜欢地戴在头上。我有机会便给她折一两朵来。戴上朵鲜花，妈的后影还很年轻似的。妈喜欢，我也喜欢。在学校里我也很喜欢。也许因为这个，我想起学校便想起花来？

十

当我要在小学毕业那年，妈又叫我去当当了。我不知道为什么新爸忽然走了。他上了哪儿，妈似乎也不晓得。妈妈还叫我上学，她想爸不久就会回来的。

他许多日子没回来，连封信也没有。我想妈又该洗臭袜子了，这使我极难受。可是妈妈并没这么打算。她还打扮着，还爱戴花。奇怪！她不落泪，反倒好笑。为什么呢？我不明白！好几次，我下学来，看她在门口儿立着。

又隔了不久，我在路上走，有人"嗨"我了，"嗨！给你妈捎个信儿去！"

"嗨！你卖不卖呀？小嫩的！"我的脸红得冒出火来，把头低得无可再低。

我明白，只是没办法。我不能问妈妈，不能。她对我很好，而且有时候极郑重地说我："念书！念书！"妈是不识字的，为什么这样催我念书呢？我疑心，又常由疑心而想到妈是为我才做那样的事。妈是没有更好的办法。疑心的时候，我恨不能骂妈妈一顿。再一想，我要抱住她，央告她不要再做那个事。我恨自己不能帮助妈妈。所以我也想到：我在小学毕业后又有什么用呢？

我和同学们打听过了，有的告诉我，去年毕业的有好几个做姨太太的。有的告诉我，谁当了暗门子。我不大懂这些事，可是由她们的说法，我猜到这不是好事。她们似乎什么都知道，也爱偷偷地谈论她们明知是不正当的事——这些事叫她们的脸红红的而显出得意。我更疑心妈妈了，是不是等我毕业好去做……这么一想，有时候我不敢回家，我怕见妈妈。妈妈有时候给我点心钱，我不肯花，饿着肚子去上体操，常常要晕过去。看着别人吃点心，多么香甜呢！可是我得省着钱，万一妈妈叫我去……我可以跑，假如我手中有钱。

我最阔的时候，手中有一毛多钱！在这些时候，即使在白天，我也有时望一望天上、找我的月牙儿呢。我心中的苦处假若可以用个形状比喻起来，必是个月牙儿形的。它无依无靠地在灰蓝的天上挂着，光儿微弱，不大会儿便被黑暗包住。

十一

叫我最难过的是我慢慢地学会了恨妈妈。可是每当我恨她的时候，我不知不觉地便想起她背着我上坟的光景。想到了这个，我不能恨她了。我又非恨她不可。我的心像——还是像那个月牙儿，只能亮那么一会儿，而黑暗是无限的。妈妈的屋里常有男人来了，她不再躲避着我。他们的眼像狗似地看着我，舌头吐着，垂着涎。我在他们的眼中是更解馋的，我看出来。在很短的期间，我忽然明白了许多的事。我知道我得保护自己，我觉出我身上好像有什么可贵的地方，我闻得出我已有一种什么味道，使我自己害羞、多感。

我身上有了些力量，可以保护自己，也可以毁了自己。我有时很硬气，有时候很软。我不知怎样好。我愿爱妈妈，这时候我有好些必要问妈妈的事，需要妈妈的安慰。可是正在这个时候，我得躲着她，我得恨她，要不然我自己便不存在了。当我睡不着的时节，我很冷静地思索，妈妈是可原谅的。她得顾我们俩的嘴。可是这个又使我要拒绝再吃她给我的饭菜。我的心就这么忽冷忽热，像冬天的风，休息一会儿，刮得更要猛。我静候着我的怒气冲来，没法儿止住。

十二

事情不容我想好方法就变得更坏了。妈妈问我："怎样？"假若我真爱她呢，妈妈说，我应该帮助她。不然呢，她不能再管我了。这不像妈妈能说得出的话，但是她确是这么说了。她说得很清楚，"我已经快老了，再过两年，想白叫人要也没人要了！"这是对的，妈妈近来擦许多的粉，脸上还露出褶子来。她要再走一步，去专伺候一个男人。她的精神来不及伺候许多男人了。为她自己想，这时候能有人要她——是个馒头铺掌柜的愿要她——她该马上就走。可是我已经是个大姑娘了，不像小时候那样容易跟在妈妈轿后走过去了。我得打主意安置自己。假若我愿意"帮助"妈妈呢，她可以不再走这一步，而由我代替她挣钱。代她挣钱，我真愿意，可是那个挣钱方法叫我哆嗦。我知道什么呢？叫我像个半老的妇人那样去挣钱？！妈妈的心是狠的，可是钱更狠。妈妈不逼着我走哪条路，她叫我自己挑选——帮助她，或是我们娘儿俩各走各的。妈妈的眼没有泪，早就干了。我怎么办呢？

十三

我对校长说了。校长是个四十多岁的妇人，胖胖的，不很精明，可是心热。我是真没了主意，要不然我怎会开口述说妈妈的……我并没和校长亲近过。当我对她说的时候，每个字都像烧红了的煤球烫着我的喉，我哑了，半天才能吐出一个字。校长愿意帮助我。她不能给我钱，只能供给我两顿饭和住处——就住在学校和个老女仆做伴儿。她叫我帮助文书写写字，可是不必马上就这么办，因为我的字还需要练习。两顿饭，一个住处，解决了大大的问题。我可以不连累妈妈了。妈妈这回连轿也没坐，只坐了辆洋车，摸着黑走了。我的铺盖，她给了我。临走的时候，妈妈挣扎着不哭，可是心底下的泪到底翻上来了。她知道我不能再找她去，她的亲女儿。我呢，我连哭都忘了怎么哭了，我只咧着嘴抽搭，泪蒙住了我的脸。我是她的女儿、朋友、安慰。但是我帮助不了她，除非我得做那种我决不肯做的事。在事后一想，我们娘儿俩就像两只没人管的狗，为我们的嘴，我们得受着一切的苦处，好像我们身上没有别的，只有一张嘴。为这张嘴，我们得把其余一切的东西都卖了。我不恨妈妈了，我明白了。不是妈妈的毛病，也不是不该长那张嘴，是粮食的毛病，凭什么没有我们的吃食呢？这个别离，把过去一切的苦楚都压过去了。那最明白我的眼泪怎流的月牙儿这回没出来，这回只有黑暗，连点萤火的光也没有。妈妈就在暗中像个活鬼似的走了，连个影子也没有。即使她马上死了，恐怕也不会和爸埋在一处了，我连她将来的坟在哪里都不会知道。我只有这么个妈妈、朋友。我的世界里剩下我自己。

十四

妈妈永不能相见了，爱死在我心里，像被霜打了的春花。我用心地练字，为是能帮助校长抄抄写写些不要紧的东西。我必须有用，我是吃着别人的饭。

我不像那些女同学，她们一天到晚注意别人，别人吃了什么、穿了什么、说了什么。我老注意我自己，我的影子是我的朋友。"我"老在我的心上，因为没人爱我。我爱我自己，可怜我自己，鼓励我自己，责备我自己；我知道我自己，仿佛我是另一个人似的。我身上有一点变化都使我害怕、使我欢喜、使我莫名其妙。我在我自己手中拿着，像捧着一朵娇嫩的花。我只能顾目前，没有将来，也不敢深想。嚼着人家的饭，我知道那是晌午或晚上了，要不然我简直想不起时间来。没有希望，就没有时间。我好像钉在个没有日月的地方。想起妈妈，我晓得我曾经活了十几年。对将来，我不像同学们那样盼望放假、过节、过年；假期、节、年，跟我有什么关系呢？可是我的身体是往大了长呢，我觉得出，觉出我又长大了一些，我更渺茫，我不放心我自己。

我越往大了长，我越觉得自己好看，这是一点安慰。美使我抬高了自己的身份。可是我根本没身份，安慰是先甜后苦的，苦到末了又使我自傲。穷，可是好看呢！这又使我怕：妈妈也是不难看的。

十五

我又老没看月牙儿了，不敢去看，虽然想看。我已毕了业，还在学校里住着。晚上，学校里只有两个老仆人，一男一女。他们不知怎样对待我好，我既不是学生，也不是先生，又不是仆人，可有点像仆人。晚上，我一个人在院中走，常被月牙儿给赶进屋来，我没有胆子去看它，可是在屋里，我会想象它是什么样，特别是在有点小风的时候。微风仿佛会给那点微光吹到我的心上来，使我想起过去，更加重了眼前的悲哀。我的心就好像在月光下的蝙蝠，虽然是在光的下面，可是自己是黑的——黑的东西，即使会飞，也还是黑的，我没有希望。我可是不哭，我只常皱着眉。

十六

我有了点进款：给学生织些东西，她们给我点工钱。校长允许我这么办。

可是进不了许多，因为她们也会织。不过她们自己急于要用，而赶不来，或是给家中人打双手套或袜子，才来照顾我。虽然是这样，我的心似乎活了一点，我甚至想到：假若妈妈不走那一步，我是可以养活她的。一数我那点钱，我就知道这是梦想，可是这么想使我舒服一点。我很想看看妈妈。假若她看见我，她必能跟我来，我们能有方法活着，我想——可是不十分相信。我想妈妈，她常到我的梦中来。有一天，我跟着学生们去到城外旅行，回来的时候已经是下午四点多了。为是快点回来，我们抄了个小道。我看见了妈妈！

在个小胡同里有一家卖馒头的，门口放着个元宝筐，筐上插着个顶大的白木头馒头。顺着墙坐着妈妈，身儿一仰一弯地拉风箱呢。从老远我就看见了那个大木馒头与妈妈，我认识她的后影。我要过去抱住她。可是我不敢，我怕学生们笑话我，她们不许我有这样的妈妈。越走越近了，我的头低下去，从泪中看了她一眼，她没看见我。我们一群人擦着她的身子走过去，她好像是什么也没看见，专心地拉她的风箱。走出老远，我回头看了看，她还在那儿拉呢。我看不清她的脸，只看到她的头发在额上披散着点。我记住了这个小胡同的名儿。

十七

像有个小虫在心中咬我似的，我想去看妈妈，非看见她我心中不能安静。

正在这个时候，学校换了校长。胖校长告诉我得打主意，她在这儿一天便有我一天的饭食与住处，可是她不能保险新校长也这么办。我数了数我的钱，一共是两块七毛零几个铜子。这几个钱不会叫我在最近的几天中挨饿，可是我上哪儿呢？我不敢坐在那儿呆呆地发愁，我得想主意。找妈妈去是第一个念头。可是她能收留我吗？假若她不能收留我，而我找了她去，即使不能引起她与那个卖馒头的吵闹，她也必定很难过。我得为她想，她是我的妈妈，又不是我的妈妈，我们母女之间隔着一层用穷做成的障碍。想来想去，我不肯找她去了。我应当自己担着自己的苦处。可是怎么担着自己的苦处呢？我想不起。我觉得世界很小，没有安置我与我的小铺盖卷的地方。我还不如一条狗，狗有个地方便可以躺下睡，街上不准我躺着。是的，我是人，人可以不如狗。假若我扯着脸不走，焉知新校长不往外撵我呢？我不能等着人家往外推。这是个春天。我只看见花儿开了、叶儿绿了，而觉不到一点暖气。红的花只是红的花，绿的叶只是绿的叶，我看见些不同的颜色，只是一点颜色。这些颜色没有任何意义，春在我的心中是个凉的死的东西。我不肯哭，可是泪自己往下流。

十八

我出去找事了。不找妈妈，不依赖任何人，我要自己挣饭吃。走了整整两天，抱着希望出去，带着尘土与眼泪回来。没有事情给我做。我这才真明白了妈妈，真原谅了妈妈。妈妈还洗过臭袜子，我连这个都做不上。妈妈所走的路是唯一的。学校里教给我的本事与道德都是笑话，都是吃饱了没事时的玩意。同学们不准我有那样的妈妈，她们笑话暗门子。是的，她们得这样看，她们有饭吃。我差不多要决定了：只要有人给我饭吃，什么我也肯干。妈妈是可佩服的。我才不去死，虽然想到过；不，我要活着。我年轻，我好看，我要活着。羞耻不是我造出来的。

十九

这么一想，我好像已经找到了事似的。我敢在院中走了，一个春天的月牙儿在天上挂着。我看出它的美来。天是暗蓝的，没有一点云。那个月牙清亮而温柔，把一些软光儿轻轻送到柳枝上。院中有点小风，带着南边的花香，把柳条的影子吹到墙角有光的地方来，又吹到无光的地方去。光不强，影儿不重，风微微地吹，都是温柔，什么都有点睡意，可又要轻软地活动着。月牙下边，柳梢上面，有一对星儿好像微笑的仙女的眼，逗着那歪歪的月牙儿和那轻摆的柳枝。墙那边有棵什么树，开满了白花，月的微光把这团雪照成一半儿白亮，一半儿略带点灰影，显出难以想到的纯净。这个月牙儿是希望的开始，我心里说。

二十

我又找了胖校长去，她没在家。一个青年把我让进去。他很体面，也很和气。我平素很怕男人，但是这个青年不叫我怕他。他叫我说什么，我便不好意思不说；他那么一笑，我心里就软了。我把找校长的意思对他说了，他很热心，答应帮助我。当天晚上，他给我送了两块钱来，我不肯收，他说这是他婶母——胖校长——给我的。他并且说他的婶母已经给我找好了地方住，第二天就可以搬过去，我要怀疑，可是不敢。他的笑脸好像笑到我的心里去。我觉得我要疑心便对不起人，他是那么温和可爱。

二十一

他的笑唇在我的脸上，从他的头发上我看着那也在微笑的月牙儿。春风像醉了，吹破了春云，露出月牙儿与一两对儿春星。河岸上的柳枝轻摆，春蛙唱着恋歌，嫩蒲的香味散在春晚的暖气里。我听着水流，像给嫩蒲一些生力，我想象着蒲梗轻快地往高里长。小蒲公英在潮暖的地上生长。什么都在融化着春的力量，然后放出一些香味来。我忘了自己，我没了自己，像化在了那点春风与月的微光中。月牙儿忽然被云掩住，我想起来自己。我失去那个月牙儿，也失去了自己，我和妈妈一样了！

二十二

我后悔，我自慰，我要哭，我喜欢，我不知道怎样好。我要跑开，永不再见他；我又想他，我寂寞。两间小屋，只有我一个人，他每天晚上来。他永远俊美，老那么温和。他供给我吃喝，还给我做了几件新衣。穿上新衣，我自己看出我的美。可是我也恨这些衣服，又舍不得脱去。我不敢思想，也懒得思想，我迷迷糊糊的，腮上老有那么两块红。我懒得打扮，又不能不打扮，太闲在了，总得找点事做。打扮的时候，我怜爱自己；打扮完了，我恨自己。我的泪很容易下来，可是我没法不哭，眼终日老那么湿润润的，可爱。

我有时候疯了似的吻他，然后把他推开，甚至于破口骂他。他老笑。

二十三

我早知道，我没希望。一点云便能把月牙儿遮住，我的将来是黑暗。果然，没有多久，春便变成了夏，我的春梦做到了头儿。有一天，也就是刚响午吧，来了一个少妇。她很美，可是美得不玲珑，像个瓷人儿似的。她进到屋中就哭了。不用问，我已明白了。看她那个样儿，她不想跟我吵闹，我更没预备着跟她冲突。她是个老实人。她哭，可是拉住我的手，"他骗了咱们俩！"她说。我以为她也只是个"爱人"。不，她是他的妻。她不跟我闹，只口口声声的说："你放了他吧！"我不知怎么才好，我可怜这个少妇。我答应了她。她笑了。看她这个样儿，我以为她是缺个心眼，她似乎什么也不懂，只知道要她的丈夫。

二十四

我在街上走了半天。很容易答应那个少妇呀，可是我怎么办呢？他给我的那些东西，我不愿意要。既然要离开他，便一刀两断。可是，放下那点东西，我还有什么呢？我上哪儿呢？我怎么能当天就有饭吃呢？好吧，我得要那些东西，无法。我偷偷的搬了走。我不后悔，只觉得空虚，像一片云那样的无依无靠。搬到一间小屋里，我睡了一天。

二十五

我知道怎样俭省，自幼就晓得钱是好的。凑合着手里还有那点钱，我想马上去找个事。这样，我虽然不希望什么，或者也不会有危险了。事情可是并不因我长了一两岁而容易找到。我很坚决，这并无济于事，只觉得应当如此罢了。妇女挣钱怎这么不容易呢！妈妈是对的，妇人只有一条路走，就是妈妈所走的路。我不肯马上就往那么走，可是知道它在不很远的地方等着我呢。我越挣扎，心中越害怕。我的希望是初月的光，一会儿就要消失。一两个星期过去了，希望越来越小。最后，我去和一排年轻的姑娘们在小饭馆受选阅。很小的一个饭馆，很大的一个老板。我们这群都不难看，都是高小毕业的少女们，等皇赏似的，等着那个破塔似的老板挑选。他选了我。我不感谢他，可是当时确有点痛快。那群女孩子们似乎很羡慕我，有的竟自含着泪走去，有的骂声："妈的！"女人够多么不值钱呢！

二十六

我成了小饭馆的第二号女招待。摆菜、端菜、算账、报菜名，我都不在行。我有点害怕。可是"第一号"告诉我不用着急，她也都不会。她说，小顺管一切的事，我们当招待的只要给客人倒茶、递手巾把，和拿账条，别的不用管。奇怪！"第一号"的袖口卷起来很高，袖口的白里子上连一个污点也没有。腕上放着一块白丝手绢，绣着"妹妹我爱你"。她一天到晚往脸上拍粉，嘴唇抹得血瓢似的。给客人点烟的时候，她的膝往人家腿上倚；还给客人斟酒，有时候她自己也喝了一口。对于客人，有的她伺候得非常的周到；有的她连理也不理，她会把眼皮一耷拉，假装没看见。她不招待的，我只好去。我怕男人。我那点经验叫我明白了些，什么爱不爱的，反正男人可怕。

特别是在饭馆吃饭的男人们，他们假装义气，打架似的让座让账；他们拼命地猜拳、喝酒；他们野兽似的吞吃，他们不必要而故意地挑剔毛病、骂人。

我低头递茶递手巾，我的脸发烧。客人们故意地和我说东说西，招我笑。我没心思说笑。晚上九点多钟完了事，我非常的疲乏了。到了我的小屋，连衣裳没脱，我一直地睡到天亮。醒来，我心中高兴了一些，我现在是自食其力，用我的劳力自己挣饭吃。我很早地就去上工。

二十七

"第一号"九点多才来，我已经去了两点多钟。她看不起我，可也并非完全恶意地教训我，"不用那么早来，谁八点来吃饭？告诉你，丧气鬼，把脸别耷拉得那么长。你是女跑堂的，没让你在这儿送殡玩。低着头，没人多给酒钱。你干什么来了？不为挣子儿吗？你的领子太矮，咱这行全得弄高领子、绸子手绢，人家认这个！"我知道她是好意，我也知道设若我不肯笑，她也得吃亏，少分酒钱，小账是大家平分的。我也并非看不起她，从一方面看，我实在佩服她，她是为挣钱。妇女挣钱就得这么着，没第二条路。但是，我不肯学她。我仿佛看得很清楚：有朝一日，我得比她还开通，才能挣上饭吃。可是那得到了山穷水尽的时候："万不得已"老在那儿等我们女人，我只能叫它多等几天。这叫我咬牙切齿，叫我心中冒火，可是妇女的命运不在自己手里。又干了三天，那个大掌柜的下了警告：再试我两天，我要是愿意往长了干呢，得照"第一号"那么办。"第一号"一半嘲弄、一半劝告地说："已经有人打听你，干吗藏着乖的卖傻的呢？咱们谁不知道谁是怎着？女招待嫁银行经理的，有的是。你当是咱们低贱呢？闯开脸儿干呀，咱们也他妈的坐几天汽车！"这个，逼上我的气来，我问她："你什么时候坐汽车？"

她把红嘴唇撇得要掉下去："不用你耍嘴皮子，干什么说什么。天生下来的香屁股，还不会干这个呢！"我干不了，拿了一块零五分钱，我回了家。

二十八

最后的黑影又向我迈了一步。为躲它，就更走近了它。我不后悔丢了那个事，可我也真怕那个黑影。把自己卖给一个人，我会。自从那回事儿，我很明白了些男女之间的关系。女人把自己放松一些，男人闻着味儿就来了。

他所要的是肉，他发散了兽力，你便暂时有吃有穿；然后他也许打你骂你，或者停止了你的供给。女人就这么卖了自己，有时候还很得意，我曾经觉到得意。在得意的时候说的净是一些天上的话；过了会儿，你觉得身上的疼痛与丧气。不过，卖给一个男人，还可以说些天上的话；卖给大家，连这些也没法说了，妈妈就没说过这样的话。怕的程度不同，我没法接受"第一号"的劝告："一个"男人到底使我少怕一点。

可是，我并不想卖我自己。我并不需要男人，我还不到二十岁。我当初以为跟男人在一块儿必定有趣，谁知道到了一块他就要求那个我所害怕的事。是的，那时候我像把自己交给了春风，任凭人家摆布；过后一想，他是利用我的无知，畅快他自己。他的甜言蜜语使我走入梦里。醒过来，不过是一个梦、一些空虚。我得到的是两顿饭、几件衣服。我不想再这样挣饭吃，饭是实在的，实在地去挣好了。可是，若真挣不上饭吃，女人得承认自己是女人，得卖肉！一个多月，我找不到事做。

二十九

我遇见几个同学，有的升入了中学，有的在家里做姑娘。我不愿理她们，可是一说起话儿来，我觉得我比她们精明。原先，在学校的时候，我比她们傻；现在，"她们"显着呆傻了。她们似乎还都做梦呢。她们都打扮得很好，像铺子里的货物。她们的眼溜着年轻的男人，心里好像作着爱情的诗。我笑她们。是的，我必定得原谅她们，她们有饭吃，吃饱了当然只好想爱情，男女彼此织成了网，互相捕捉：有钱的，网大一些，捉住几个，然后从容地选择一个。我没有钱，我连个结网的屋角都找不到。我得直接地捉人，或是被捉，我比她们明白一些、实际一些。

三十

有一天，我碰见那个小媳妇，像瓷人似的那个。她拉住了我，倒好像我是她的亲人似的。她有点颠三倒四的样儿。"你是好人！你是好人！我后悔了，"她很诚恳地说，"我后悔了！我叫你放了他，哼，还不如在你手里呢！他又弄了别人，更好了，一去不回头了！"由探问中，我知道她和他也是由恋爱而结的婚，她似乎还很爱他。他又跑了。我可怜这个小妇人，她也是还做着梦，还相信恋爱神圣。我问她现在的情形，她说她得找到他，她得从一而终。"要是找不到他呢？"我问。她咬上了嘴唇，她有公婆、娘家还有父母，她没有自由，她甚至于羡慕我，我没有人管着。还有人羡慕我，我真要笑了！

我有自由，笑话！她有饭吃，我有自由；她没自由，我没饭吃。我俩都是女人。

三十一

自从遇上那个小瓷人，我不想把自己专卖给一个男人了，我决定玩玩了。换句话说，我要"浪漫"地挣饭吃了。我不再为谁负着什么道德责任，我饿。

浪漫足以治饿，正如同吃饱了才浪漫，这是个圆圈，从哪儿走都可以。那些女同学与小瓷人都跟我差不多，她们比我多着一点梦想，我比她们更直爽，肚子饿是最大的真理。是的，我开始卖了。把我所有的一点东西都折卖了，做了一身新行头，我的确不难看，我上了市。

三十二

我想我要玩玩，浪漫。啊，我错了。我还是不大明白世故。男人并不像我想的那么容易勾引。我要勾引文明一些的人，要至多只赔上一两个吻。哈哈，人家不上那个当，人家要初次见面便得到便宜。还有呢，人家只请我看电影，或逛逛大街、吃杯冰激凌，我还是饿着肚子回家。所谓文明人，懂得问我在哪儿毕业、家里做什么事。那个态度使我看明白：他若是要你，你得给他相当的好处；你若是没有好处可贡献呢，人家只用一角钱的冰激凌换你一个吻。要卖，得痛痛快快地。我明白了这个。小瓷人们不明白这个。我和妈妈明白，我很想妈了。

三十三

据说有些女人是可以浪漫地挣饭吃，我缺乏资本，也就不必再这样想了。

我有了买卖。可是我的房东不许我再住下去，他是讲体面的人。我连瞧他也没瞧，就搬了家，又搬回我妈妈和新爸爸曾经住过的那两间房。这里的人不讲体面，可也更真诚可爱。搬了家以后，我的买卖很不错。连文明人也来了。

文明人知道了我是卖，他们是买，就肯来了。这样，他们不吃亏，也不丢身份。初干的时候，我很害怕，因为我还不到二十岁。及至做过了几天，我也就不怕了。多咱他们像了一摊泥，他们才觉得上了算，他们满意，还替我做义务的宣传。干过了几个月，我明白的事情更多了，差不多每一见面，我就能断定他是怎样的人。有的很有钱，这样的人一开口总是问我的身价，表示他买得起我。他也很嫉妒，总想包了我；逛暗娼他也想独占，因为他有钱。

对这样的人，我不大招待。他闹脾气，我不怕，我告诉他，我可以找上他的门去，报告给他的太太。在小学里念了几年书，到底是没白念，他唬不住我。

"教育"是有用的，我相信了。有的人呢，来的时候，手里就攥着一块钱，唯恐上了当。对这种人，我跟他细讲条件，他就乖乖地回家去拿钱，很有意思。最可恨的是那些油子，不但不肯花钱，反倒要占点便宜走，什么半盒烟卷呀，什么一小瓶雪花膏呀，他们随手拿去。这种人还是得罪不得，他们在地面上很熟，得罪了他们，他们会叫巡警跟我捣乱。我不得罪他们，我喂着他们；及至我认识了警官，才一个个地收拾他们。世界就是狼吞虎咽的世界，谁坏谁就占便宜。顶可怜的是那像学生样儿的，袋里装着一块钱，和几十铜子，叮当地直响，鼻子上出着汗。我可怜他们，可是也照常卖给他们。我有什么办法呢！还有老头子呢，都是些规矩人，或者家中已然儿孙成群。对他们，我不知道怎样好，但是我知道他们有钱，想在死前买些快乐，我只好供给他们所需要的。这些经验叫我认识了"钱"与"人"。钱比人更厉害一些，人若是兽，钱就是兽的胆子。

三十四

我发现了我身上有了病。这叫我非常的苦痛，我觉得已经不必活下去了。

我休息了，我到街上去走，无目的，乱走。我想去看看妈，她必能给我一些安慰，我想象着自己已是快死的人了。我绕到那个小巷，希望见着妈妈，我想起她在门外拉风箱的样子。馒头铺已经关了门。打听，没人知道搬到哪里去。这使我更坚决了，我非找到妈妈不可。在街上丧胆游魂地走了几天，没有一点用。我疑心她是死了，或是和馒头铺的掌柜的搬到别处去，也许在千里以外。这么一想，我哭起来。我穿好了衣裳，擦上了脂粉，在床上躺着，等死。我相信我会不久就死去的。可是我没死。门外又敲门了，找我的。好吧，我伺候他，我把病尽力地传给他。我不觉得这对不起人，这根本不是我的过错。我又痛快了些，我吸烟，我喝酒，我好像已是三四十岁的人了。我的眼圈发青，手心发热，我不再管。有钱才能活着，先吃饱再说别的吧。我吃得并不错，谁肯吃坏的呢！我必须给自己一点好吃食、一些好衣裳，这样才稍微对得起自己一点。

三十五

一天早晨，大概有十点来钟吧，我正披着件长袍在屋中坐着，我听见院中有点脚步声。我十点来钟起来，有时候到十二点才想穿好衣裳，我近来非常的懒，能披着件衣服呆坐一两个钟头。我想不起什么，也不愿想什么，就那么独自呆坐。那点脚步声，向我的门外来了，很轻很慢。不久，我看见一对眼睛，从门上那块小玻璃向里面看呢。看了一会儿，躲开了。我懒得动，还在那儿坐着。待了一会儿，那对眼睛又来了。我再也坐不住，我轻轻的开了门。"妈!"

三十六

我们母女怎么进了屋，我说不上来。哭了多久，也不大记得。妈妈已老得不像样儿了。她的掌柜的回了老家，没告诉她，偷偷地走了，没给她留下一个钱。她把那点东西变卖了，辞退了房，搬到一个大杂院里去。她已找了我半个多月。最后，她想到上这儿来，并没希望找到我，只是碰碰看，可是竟自找到了我。她不敢认我了，要不是我叫她，她也许就又走了。哭完了，我发狂似的笑起来：她找到了女儿，女儿已是个暗娼！她养着我的时候，她得那样；现在轮到我养着她了，我得那样！女人的职业是世袭的，是专门的！

三十七

我希望妈妈给我点安慰。我知道安慰不过是点空话，可是我还希望来自妈妈的口中。妈妈都往往会骗人，我们把妈妈的诓骗叫作安慰。我的妈妈连这个都忘了。她是饿怕了，我不怪她。她开始检点我的东西，问我的进项与花费，似乎一点也不以这种生意为奇怪。我告诉她，我有了病，希望她劝我休息几天。没有。她只说出去给我买药。"我们老干这个吗？"我问她。她没言语。可是从另一方面看，她确是想保护我、心疼我。她给我做饭，问我身上怎样，还常常偷看我，像妈妈看睡着了的小孩那样。只是有一层她不肯说，就是叫我不用再干这行了。我心中很明白——虽然有一点不满意她——除了干这个，还想不到第二个事情做。我们母女得吃得穿——这个决定了一切。什么母女不母女，什么体面不体面，钱是无情的。

三十八

妈妈想照应我，可是她得听着看着人家蹂躏我。我想好好对待她，可是我觉得她有时候讨厌。她什么都要管管，特别是对于钱。她的眼已失去年轻时的光泽，不过看见了钱还能发点光。对于客人，她就自居为仆人，可是当客人给少了钱的时候，她张嘴就骂。这有时候使我很为难。不错，既干这个还不是为钱吗？可是干这个的也似乎不必骂人。我有时候也会慢待人，可是我有我的办法，使客人急不得恼不得。妈妈的方法太笨了，很容易得罪人。

看在钱的面上，我们不应当得罪人。我的方法或者出于我还年轻、还幼稚；妈妈便不顾一切的单单站在钱上了，她应当如此，她比我大着好些岁。恐怕再过几年我也就这样了，人老心也跟着老，渐渐老得和钱一样的硬。是的，妈妈不客气，她有时候劈手就抢客人的皮夹，有时候留下人家的帽子或值钱一点的手套与手杖。我很怕闹出事来，可是妈妈说得好，"能多弄一个是一个，咱们是拿十年当作一年活着的，等七老八十还有人要咱们吗？"有时候，客人喝醉了，她便把他架出去，找个僻静地方叫他坐下，连他的鞋都拿回来。

说也奇怪，这种人倒没有来找账的，想是已人事不知，说不定也许病一大场。

或者事过之后，想过滋味，也就不便再来闹了，我们不怕丢人，他们怕。

三十九

妈妈是说对了：我们是拿十年当一年活着。干了两三年，我觉出自己是变了。我的皮肤粗糙了，我的嘴唇老是焦的，我的眼睛里老灰渌渌的带着血丝。我起来得很晚，还觉得精神不够。我觉出这个来，客人们更不是瞎子，熟客渐渐少起来。对于生客，我更努力地伺候，可是也更厌恶他们，有时候我管不住自己的脾气。我暴躁，我胡说，我已经不是我自己了。我的嘴不由得老胡说，似乎是惯了。这样，那些文明人已不多照顾我，因为我丢了那点"小鸟依人"——他们唯一的诗句——的身段与气味。我得和野鸡学了。我打扮得简直不像个人，这才招得动那不文明的人。我的嘴擦得像个红血瓢，我用力咬他们，他们觉得痛快。有时候我似乎已看见我的死，接进一块钱，我仿佛死了一点。钱是延长生命的，我的挣法适得其反。我看着自己死，等着自己死。这么一想，便把别的思想全止住了，不必想了，一天一天地活下去就是了，我的妈妈是我的影子，我至好不过将来变成她那样，卖了一辈子肉，剩下的只是一些白头发与抽皱的黑皮。这就是生命。

四十

我勉强地笑，勉强地疯狂，我的痛苦不是落几个泪所能减除的。我这样的生命是没什么可惜的，可是它到底是个生命，我不愿撒手。况且我所做的并不是我自己的过错。死假如可怕，那只因为活着是可爱的。我决不是怕死的痛苦，我的痛苦久已胜过了死。我爱活着，而不应当这样活着。我想象着一种理想的生活，像做着梦似的，这个梦一会儿就过去了，实际的生活使我更觉得难过。这个世界不是个梦，是真的地狱。妈妈看出我的难过来，她劝我嫁人。嫁人，我有了饭吃，她可以弄一笔养老金。我是她的希望。我嫁谁呢？

四十一

因为接触的男子很多了，我根本已忘了什么是爱。我爱的是我自己，及至我已爱不了自己，我爱别人干什么呢？但是打算出嫁，我得假装说我爱，说我愿意跟他一辈子。我对好几个人都这样说了，还起了誓。没人接受。在钱的管领下，人都很精明。嫖不如偷，对，偷省钱。我要是不要钱，管保人人说爱我。

四十二

正在这个期间，巡警把我抓了去。我们城里的新官儿非常地讲道德，要扫清了暗门子。正式的妓女倒还照旧作生意，因为她们纳捐，纳捐的便是名正言顺的、道德的。抓了去，他们把我放在了感化院，有人教给我做工。洗、做、烹调、编织，我都会，要是这些本事能挣饭吃，我早就不干那个苦事了。

我跟他们这样讲，他们不信，他们说我没出息、没道德。他们教给我工作，还告诉我必须爱我的工作。假如我爱工作，将来必定能自食其力，或是嫁个人。他们很乐观。我可没这个信心。他们最好的成绩，是已经有十多个女的，经过他们感化而嫁了人。到这儿来领女人的，只须花两块钱的手续费和找一个妥实的铺保就够了。这是个便宜，从男人方面看；据我想，这是个笑话。我干脆就不受这个感化。当一个大官儿来检阅我们的时候，我唾了他一脸吐沫。他们还不肯放了我，我是带危险性的东西。可是他们也不肯再感化我。我换了地方，到了狱中。

四十三

狱里是个好地方，它使人坚信人类的没有起色；在我做梦的时候都见不到这样丑恶的玩意。自从我一进来，我就不再想出去，在我的经验中，世界比这儿并强不了许多。我不愿死，假若从这儿出去而能有个较好的地方。事实上既不这样，死在哪儿不一样呢。在这里，在这里，我又看见了我的好朋友，月牙儿！多久没见着它了！妈妈干什么呢？我想起来一切。

（选自老舍：《月牙儿》，北京，作家出版社，2017）

【阅读提示】

《月牙儿》写了母女两代烟花女子一直在生存边缘挣扎的悲剧。女主人公"我"的父亲死后，由于生活困窘，母亲不得不以出卖肉体来维持母女俩的生存，而女儿在接受了新式的学校教育和思想后，仍然没能逃脱生存窘境的魔爪，最终走上了母亲的老路。母女两代人的生活道路，揭示了旧社会中国女子的悲惨命运。母女两代人都有坚韧的求生意志，主人公也努力地在同命运抗争，想通过自己的劳动，得到基本的温饱，她不愿丧失做人的尊严，但是社会并没有给她机会，残酷的现实逼迫她坠入风尘。小说的深刻之处就是通过女主人公之口说出了这个世界的本质，"肚子饿是最大的真理"，而这正是作者站在城市贫民立场上，对西方资产阶级个性解放思想的最大批判。

自始至终，月牙儿的形象一直出现在文中，共 32 次，它既是主人公内心的感受，也是一种象征意象。主人公说："我心中的苦处假若可以用个形状比喻起来，必是个月牙儿形的。它无依无靠地在灰蓝的天上挂着，光儿微弱，不大会儿便被黑暗包住。"这无疑把月牙儿当成了自己。月牙儿的残损形象好似她的命运；月牙儿的微弱，像她的虽挣扎却无力；月牙儿的孤单，像她孤独的可怜无助；月牙儿的周围永是暗夜，时时会被吞没，像她的处境；月牙儿的伤感，像她的心情；然而月牙儿的洁白，又是她心灵的象征。并且月牙儿也时现时失，在小说前半部分，月牙儿的形象频繁出现，象征着主人公虽屡受打击，但仍在抗争，仍怀有希望，尽管这种希望渺茫得如月牙儿的微弱的光；而后半部分，月牙儿不再出现，也暗示着主人公被黑暗的社会吞噬，如同月牙儿被黑暗包围。

老舍早期的作品都有浓厚的幽默气息，而在《月牙儿》中，老舍有意识地放弃了幽默笔调，他用第一人称，用接近抒情的方式讲述了一个哀婉凄凉的故事。《月牙儿》是老舍小说中最为别致的一个，也无疑是老舍小说创作中的一篇优秀作品。

思考练习

一、填空

1. 老舍原名_____，字_____，中国现代著名小说家、戏剧家。

2. 老舍的代表作长篇小说《_____》，讲述了一个人力车夫三起三落的个人奋斗史。

3. 中篇小说《月牙儿》中，_____一直作为象征意象出现在文中。

4. 中华人民共和国成立后，老舍致力于话剧的创作，其中《_____》写了三个时代的故事，被誉为"东方舞台上的奇迹"。

二、思考题

1. 如何理解《月牙儿》中的"月牙儿"意象？它的出现有什么意义？

2. 试阅读老舍的其他一些作品，同时结合《月牙儿》分析老舍在国民性的批判上有何特点。

拓展阅读书目

1. 老舍：《我这一辈子 月牙儿》，北京，人民文学出版社，2001。

2. 老舍：《四世同堂》，北京，北京联合出版公司，2017。

3. 老舍：《茶馆》，南京，译林出版社，2018。

4. 老舍：《骆驼祥子》，北京，作家出版社，2017。

5. 傅光明：《老舍与中国现代知识分子命运》，上海，复旦大学出版社，2011。

围城(节选)

钱锺书

【背景知识】

钱锺书(1910—1998),字默存,号槐聚,曾用笔名中书君,江苏无锡人,现代著名学者、文学家。因他周岁"抓周"时抓得一本书,故取名"锺书"。钱锺书早年就读于教会办的苏州桃坞中学和无锡辅仁中学,1933年于清华大学外国语文系毕业后,到上海光华大学任教;1935年与杨绛结婚,同赴英国留学,后随妻赴法国;1938年秋归国,先后任昆明西南联大外文系教授,湖南蓝田国立师范学院英文系主任;1941年回家探亲时,因沦陷而羁居上海,写了长篇小说《围城》和短篇小说集《人·鬼·兽》。其散文大都收录在《写在人生边上》,另有学术著作《谈艺录》《管锥编》享誉世界。1953年后,钱锺书在北京大学文学研究所任研究员,曾任中国社会科学院副院长。

钱锺书

钱锺书的小说善于把深刻的人生哲理思想和对人性弱点的发掘融入讽刺幽默的语言风格中,因此,其小说在引人发笑的同时也促人深思。

刘小姐不多说话,鸿渐今天专为吃饭而来,也只泛泛应酬几句。倒是汪太太谈锋甚健,向刘小姐问长问短。汪处厚到里面去了一会,出来对太太说:"我巡查过了。"鸿渐问他查些什么。汪先生笑说:"讲起来真笑话。我用两个女用人。这个丫头,我一来就用,有半年多了。此外一个老妈子,换了好几次,始终不满意。最初用的一个天天要请假回家过夜,晚饭吃完,就找不见她影子,饭碗都堆着不洗。我想这怎么成,换了一个,很安静,来了十几天,没回过家。我和我内人正高兴,哈,一天晚上,半夜三更,大门都给人家打下来了。这女人原来有个姘头,常常溜到我这儿来幽会,所以她不回去。她丈夫得了风声,就来捉奸,真气得我要死。最后换了现在这一个,人还伶俐,教会她做几样粗菜,也过得去。有时她做的菜似乎量太少,我想,也许她买菜扣了钱。人全贪小利的;'不痴不聋,不作阿家翁',就算了罢。常换用人,也麻烦!和内人训她几句完事。有一次,高校长的朋友远道带给他三十只禾花雀,校长托我替他烧了,他来吃晚饭——你知道,校长喜欢到舍间来吃晚饭的。我内人说禾花雀炸了吃没有味道,照她家乡的办法,把肉末填在禾花雀肚子里,然后红烧。那天晚饭没有几个人,高校长,我们夫妇俩,还有数学系的王先生——这个人很有意思。高先生王先生都说禾花雀这样烧法最好。吃完了,王先生忽然问禾花雀是不是一共三十只,我们以为他没有吃够,他说不是,据他计算,大家只吃了二十——娴,二十几?——二十五只,应该剩五只。我说难道我打过偏手,高校长也说岂有此理。我内人到厨房去细问，果然看见半碗汁，四只——不是五只——禾花雀！你知道老妈子怎么说？她说她留下来给我明天早晨下面吃的。我们又气又笑。这四只多余的禾花雀谁都不肯吃——"

"可惜！为什么不送给我吃！"辛楣像要窒息的人，忽然冲出了煤气的笼罩，吸口新鲜空气，横插进这句话。

汪太太笑道："谁教你那时候不来呀？结果下了面给高校长的。"

鸿渐道："这样说来，你们这一位女用人是个愚忠，虽然做事欠斟酌，心倒很好。"

汪先生抚髭仰面大笑，汪太太道："'愚忠'？她才不愚不忠呢！我们一开头也上了她的当。最近一次，上来的鸡汤淡得像白开水，我跟汪先生说：'这不是煮过鸡的汤，只像鸡在里面洗过一次澡。'他听错了，以为我说'鸡在这水里洗过脚'，还跟我开玩笑说什么'饶你奸似鬼，喝了洗脚水'——"大家都笑，汪先生欣然领略自己的妙语——"我叫她来问，她直赖。后来我把这丫头带哄带吓，算弄清楚了。

《围城》

这老妈子有个儿子，每逢我这儿请客，她就叫他来，挑好的给他躲在米间里吃。我问这丫头为什么不早告诉我，是不是偷嘴她也有分。她不肯说，到临了才漏出来这老妈子要她做媳妇，允许把儿子配给她。你们想妙不妙？所以每次请客，我们先满屋子巡查一下。我看这两个全用不下去了，有机会要换掉她们。"

客人同时开口，辛楣鸿渐说："用人真成问题。"范小姐说："我听了怕死人了，亏得我是一个人，不要用人。"刘小姐说："我们家里的老妈子，也常常作怪。"

汪太太笑对范小姐说："你快要不是一个人了——刘小姐，你哥哥嫂嫂真亏了你。"

用人上了菜，大家抢坐。主人说，圆桌子坐位不分上下，可是乱不得。又劝大家多吃菜，因为没有几个菜。客人当然说，菜太丰了，就只几个人，怕吃不下许多。汪先生说："咦，今天倒忘了把范小姐同房的孙小姐找来，她从没来过。"范小姐斜眼望身旁的辛楣。鸿渐听人说起孙小姐，心直跳，脸上发热，自觉可笑，孙小姐跟自己有什么关系。汪太太道："最初赵先生带了这么一位小姐来，我们都猜是赵先生的情人呢，后来才知道不相干。"辛楣对鸿渐笑道："你瞧谣言多可怕！"范小姐道："孙小姐现在有情人了——这可不是谣言，我跟她同房，知道得很清楚。"辛楣问谁，鸿渐满以为要说到自己，强作安详。范小姐道："我不能漏泄她的秘密。"鸿渐慌得拼命吃菜，不让脸部肌肉平定下来有正确的表情。辛楣掠了鸿渐一眼，微笑说："也许我知道是谁，不用你说。"鸿渐含着一口菜，险的说出来："别胡闹。"范小姐误会辛楣的微笑，心安理得地说："你也知道了？消息好灵通！陆子潇追求她还是这次寒假里的事呢，天天通信，要好得很。你们那时候在桂林，怎么会知道？"

鸿渐情感像个漩涡。自己没牵到，可以放心。但听说孙小姐和旁人好，又刺心难受。自己并未爱上孙小姐，何以不愿她跟陆子潇要好？孙小姐有她的可爱，不过她妩媚得不稳固，妩媚得勉强，不是真实的美丽。脾气当然讨人喜欢——这全是辛楣不好，开玩笑开得自己心里种了根。像陆子潇那样人，她决不会看中的。可是范小姐说他们天天通信，也决不会凭空撒谎。忽然减了兴致。

汪氏夫妇和刘小姐听了都惊奇。辛楣采取大政治家听取情报的态度，仿佛早有所知似的，沉着脸回答："我有我的报道。陆子潇曾经请方先生替他介绍孙小姐，我不赞成。子潇年纪太大——"

汪太太道："你少管闲事罢。你又不是她真的'叔叔'，就是真'叔叔'又怎么样——早知如此，咱们今天倒没有请他们那一对也来。不过子潇有点小鬼样子，我不大喜欢。"

汪先生摇头道："那不行。历史系的人，少来往为妙。子潇是历史系的台柱教授，当然不算小鬼。可是他比小鬼都坏，他是个小人，哈哈！他这个人爱搬嘴。韩学愈多心得很，你请他手下人吃饭而不请他，他就疑心你有阴谋要勾结人。学校里已经什么'粤派'，'少壮派'，'留日派'闹得乌烟瘴气了。赵先生，方先生，你们两位在我这儿吃饭，不怕人家说你们是'汪派'么？刘小姐的哥哥已经有人说他是'汪派'了。"

辛楣道："我知道同事里有好几个小组织，常常聚餐，我跟鸿渐一个都不参加，随他们编派我们什么。"

汪先生道："你们是高校长嫡系里的'从龙派'——高先生的亲戚或者门生故交。方先生当然跟高先生原来不认识，可是因为赵先生间接的关系，算'从龙派'的外围或者龙身上的蜻蜓，呵呵！方先生，我和你开玩笑——我知道这全是捕风捉影，否则我决不敢请二位到舍间来玩儿了。"

范小姐对学校派别毫无兴趣，只觉得对孙小姐还有攻击的义务："学校里闹党派，真没有意思。孙小姐人是顶好的，就是太邋遢，满房间都是她的东西——呃，赵先生，对不住，我忘掉她是你的'侄女儿'。"羞缩无以自容地笑。

辛楣道："那有什么关系。可是，鸿渐，咱们同路来并不觉得她邋遢。"

鸿渐因为人家说他是"从龙派"外围，又惊又气，给辛楣一问，随口说声"是"。汪太太道："听说方先生很能说话，为什么今天不讲话。"方鸿渐忙说，菜太好了，吃菜连舌头都吃下去了。

吃到一半，又谈起没法消遣。汪太太说，她有一副牌，可是家跟学校住得近——汪先生没让她说完，插嘴说："内人神经衰弱，打牌的声音太闹，所以不打——这时候打门，有谁会来？"

"哈，汪太太，请客为什么不请我？汪先生，我是闻着香味寻来的。"高松年一路说着话进来。

大家肃然起立，出位恭接，只有汪太太懒洋洋扶着椅背，半起半坐道："吃过晚饭没有？还来吃一点。"一壁叫用人添椅子碗筷。辛楣忙把自己坐的首位让出来，和范小姐不再连席。高校长虚让一下，泰然坐下，正拿起筷，眼睛绕桌一转，嚷道："这位子不成！你们这坐位有意思的，我真糊涂！怎么把你们俩拆开了；辛楣，你来坐。"

辛楣不肯。高校长让范小姐，范小姐只是笑，身子像一条饧糖粘在椅子里。校长没法，说："好，好！天下大势，合久必分，分久必合。"呵呵大笑，又恭维范小姐漂亮，喝了一口酒，刮得光滑的黄脸发亮像擦过油的黄皮鞋。

鸿渐为了副教授的事，心里对高松年老不痛快，因此接触极少，没想到他这样的和易近人。高松年研究生物学，知道"适者生存"是天经地义。他自负最能适应环境，对什么人，在什么场合，说什么话。旧小说里提起"二十万禁军教头"，总说他"十八般武艺，件件都精"；高松年身为校长，对学校里三院十系的学问，样样都通——这个"通"就像"火车畅通"，"肠胃通顺"的"通"，几句门面话从耳朵里进去直通到嘴里出来，一点不在脑子里停留。今天政治学会开成立会，恭请演讲，他会畅论国际关系，把法西斯主义跟共产主义比较，归根结底是中国现行的政制最好。明天文学研究会举行联欢会，他训话里除掉说诗歌是"民族的灵魂"，文学是"心理建设的工具"以外，还要勉励在坐诸位做"印度的泰戈尔，英国的莎士比亚，法国的——呃——法国的——罗索（声音又像"噜苏"，意思是卢梭），德国的歌德，美国的——美国的文学家太多了。"后天物理学会迎新会上，他那时候没有原子弹可讲，只可以呼唤几声相对论，害得隔了大海洋的爱因斯坦右耳朵发烧，连打喷嚏。此外他还会跟军事教官闲谈，说一两个"他妈的"！那教官惊喜得刮目相看，引为同道。今天是几个熟人吃便饭，并且有女人，他当然谑浪笑傲，另有适应。汪太太说："我们正在怪你，为什么办学校挑这个鬼地方，人都闷得死的。"

"闷死了我可偿不起命哪！偿旁人的命，我勉强可以。汪太太的命，宝贵得很，我偿不起。汪先生，是不是？"上司如此幽默，大家奉公尽职，敬笑两声或一声不等。

赵辛楣道："有无线电听听就好了。"范小姐也说她喜欢听无线电。

汪处厚道："地方偏陋也有好处。大家没法消遣，只能彼此来往，关系就亲密了。朋友是这样结交起来的，也许从朋友而更进一层——赵先生，方先生，两位小姐，唔？"

高校长用唱党歌、校歌、带头喊口号的声音叫"好"！敬大家一杯。

鸿渐道："刚才汪太太说打牌消遣——"

校长斩截地说："谁打牌？"

汪太太道："我们那副牌不是王先生借去天天打么？"不管高松年警告的眼色。

鸿渐道："反正辛楣和我对麻将牌不感兴趣。想买副纸牌来打 bridge①，找遍了镇上没有，结果买了一副象棋。辛楣输了就把棋子拍桌子，木头做的棋子经不起他的气力，进碎了好几个，这两天棋下不成了。"范小姐隔着高校长向辛楣笑，说想不到他这样孩子气。刘小姐请辛楣讲鸿渐输了棋的情状。高校长道："下象棋很好。纸牌幸亏没买到，总是一种赌具，虽然没有声音，给学生知道了不大好。李梅亭禁止学生玩纸牌，照师生共同生活的原则——"

鸿渐想高松年像个人不到几分钟，怎么又变成校长面目了，恨不能说："把王家的麻将公开，请学生也去赌，这就是共同生活了。"汪太太不耐烦地打断高校长道："我听了'共同生活'这四个字就头痛。都是李梅亭的花样，反正他自己家不在这儿，苦的是有家的人。我本来的确因为怕闹，所以不打牌，现在偏要打。校长你要办我就办得了，轮不到李梅亭来管。"

高校长看汪太太请自己办她，大有恃宠撒娇之意，心颤身热，说："哪里的话！不过办学校有办学校的困难——你只要问汪先生——同事之间应当相忍相安。"

汪太太冷笑道："我又不是李梅亭的同事。校长，你什么时候雇我到贵校当——当老妈子来了？当教员是没有资格的——"高松年喉间连作抚慰的声音——"今天星期三，星期六晚上我把牌要回来打它个通宵，看李梅亭又怎么样。赵先生、方先生，你们有没有胆量来？"

高松年叹气说："我本来是不说的。汪太太，你这么一来，我只能告诉各位了。我今天闯席做不速之客，就为了李梅亭的事，要来跟汪先生商量，不知道你们在请客。"

客人都说："校长来的好，请都请不来呢。"汪先生镇静地问："李梅亭什么事？"汪太太满脸厌倦不爱听的表情。

校长道："我一下办公室，他就来，问我下星期一纪念周找谁演讲，我说我还没有想到人呢。他说他愿意在'训导长报告'里，顺便谈谈抗战时期大学师生的正当娱乐——"汪太太"哼"了一声——"我说很好。他说假如他讲了之后，学生问他像王先生家的打牌赌钱算不算正当娱乐，他应当怎样回答——"大家恍然大悟地说"哦"——"我当然替你们掩饰，说不会有这种事。他说：'同学们全知道了，只瞒你校长一个人'——"辛楣和鸿渐道："胡说！我们就不知道。"——"他说他调查得很清楚，输赢很大，这副牌就是你的，常打的是什么几个人，也有你汪先生——"汪先生的脸开始发红，客人都局促地注视各自的碗筷。好几秒钟，屋子里静寂得应该听见蚂蚁在地下爬——可是当时没有蚂蚁。

校长不自然地笑，继续说："还有笑话，汪太太，你听了准笑。他不知道什么地方听来的，说你们这副牌是美国货，橡皮做的，打起来没有声音——"哄堂大笑，解除适才的紧张。鸿渐问汪太太是不是真没有声音，汪太太笑他和李梅亭一样都是乡下人，还说："李瞎子怎么变成聋子了，哪里有美国货的无声麻将！"高校长深不以这种轻薄为然，紧闭着嘴不笑，聊示反对。

汪先生道："他想怎么办呢？向学生宣布？"

汪太太道："索性闹穿了，大家正大光明地打牌，免得鬼鬼祟祟，桌子上盖毯子，毯子上盖漆布——"范小姐聪明地注解："这就是'无声麻将'了！"——"我待得腻了，让李梅亭去闹，学生撵你走，高校长停你职，离开这地方，真是求之不得。"校长一连声 tut！tut！tut！

汪先生道："他无非为了做不到中国文学系主任，跟我过不去。我倒真不想当这个差使，向校长辞了好几次，高先生，是不是？不过，我辞职是自动的，谁要逼我走，那可不行，我偏不走。李梅亭，他看错了人。他的所作所为，哼！我也知道，譬如在镇上嫖土娼。"

汪先生富于戏剧性地收住，余人惊奇得叫起来，辛楣鸿渐立刻想到王美玉。高校长顿一顿说："那不至于罢？"鸿渐见校长这样偏袒，按不下愤怒，说："我想汪先生所讲的话很可能，李先生跟我们同路来，闹了许多笑话，不信只要问辛楣。"校长满脸透着不然道："君子隐恶而扬善。这种男女间的私事，最好别管!"范小姐正要问辛楣什么笑话，吓得拿匙舀口鸡汤和着这问题咽了下去。高校长省悟自己说的话要得罪汪处厚，忙补充说："鸿渐兄，你不要误会。梅亭和我是老同事，他的为人，我当然知道。不过，汪先生犯不着和他计较。回头我有办法劝他。"

汪太太宽宏大量地说："总而言之，是我不好。处厚倒很想敷衍他，我看见他的脸就讨厌，从没请他上我们这儿来。我们不像韩学愈和他的洋太太，对历史系的先生和学生，三日一小宴、五日一大宴的款待；而且妙得很，请学生吃饭，请同事只喝茶——"鸿渐想起那位一夜泻肚子四五次的历史系学生——"破费还是小事，我就没有那个精神，也不像那位洋太太能干。人家是洋派，什么交际、招待、联络，都有工夫，还会唱歌儿呢。咱们是中国乡下婆婆，就安了分罢，别出丑啦。我常说：有本事来当教授，没有本事就滚蛋，别教家里的丑婆娘做学生和同事的女招待——"鸿渐忍不住叫"痛快"! 汪处厚明知太太并非说自己，可是通身发热——"高先生不用劝李梅亭，处厚也不必跟他拼，只要想个方法引诱他到王家也去打一次牌，这不就完了么?"

"汪太太，你真——真聪明!"高校长钦佩地拍桌子，因为不能拍汪太太的头或肩背，"这计策只有你想得出来! 你怎么知道李梅亭爱打牌的?"

汪太太那句话是说着玩儿的，给校长当了真，便神出鬼没地说："我知道。"汪先生也摸着胡子，反复援引苏东坡的名言道："'想当然耳'，'想当然耳'哦!"赵辛楣的眼光像胶在汪太太的脸上。刘小姐冷落在一边，满肚子的气愤，恨汪太太，恨哥嫂，鄙视范小姐，懊悔自己今天的来，又上了当，忽见辛楣的表情，眼稍微瞥范小姐，心里冷笑一声，舒服了好些。范小姐也注意到了，唤醒辛楣道："赵先生，汪太太真利害呀!"辛楣脸一红，喃喃道："真利害!"眼睛躲避着范小姐。鸿渐说："这办法好得很。不过李梅亭最贪小利，只能让他赢；他输了还要闹的。"同桌全笑了。高松年想这年轻人多嘴，好不知趣，只说："今天所讲的话，希望各位严守秘密。"

吃完饭，主人请宽坐。女人涂脂抹粉的脸，经不起酒饭蒸出来的汗汽，和咬嚼运动的震掀，不免像黄梅时节的墙壁。范小姐虽然斯文，精致得恨不能吃肉都吐渣，但多喝了半杯酒，脸上没涂胭脂的地方都作粉红色，仿佛外国肉庄里陈列的小牛肉。汪太太问女客人："要不要到我房里去洗手?"两位小姐跟她去了。高松年汪处厚两人低声密谈。辛楣对鸿渐道："等一会咱们同走，记牢。"鸿渐笑道："也许我愿意一个人送刘小姐回去呢?"辛楣严肃地说："无论如何，这一次让我陪着你送她——汪太太不是存心跟我们开玩笑么?"鸿渐道："其实谁也不必送谁，咱们俩走咱们的路，她们走她们的路。"辛楣道："这倒做不出。咱们是留学生，好像这一点社交礼节总应该知道。"两人慨叹不幸身为青年未婚留学生的麻烦。

刘小姐勉强再坐一会，说要回家。辛楣忙站起来说："鸿渐，咱们也该走了，顺便送她们两位小姐回去。"刘小姐说她一个人回去，不必人送。辛楣连声说："不，不，不! 先送范小姐到女生宿舍，然后送你回家，我还没有到你府上去过呢。"鸿渐暗笑辛楣要撇开范小姐，所以跟刘小姐亲热，难保不引起另一种误会。汪太太在咬着范小姐耳朵说话，范小姐含笑带怒推开她。汪先生说："好了，好了。'出门不管'，两位小姐的安全要你们负责了。"高校长说他还要坐一会，同时表示非常艳羡；因为天气这样好，正是散步的春宵，他们四个人又年轻，正是春宵散步的好伴侣。

（选自钱锺书：《围城》，北京，人民文学出版社，1980）

【注释】

①bridge：桥牌。

【阅读提示】

据杨绛先生回忆，《围城》于1944年动笔，1946年完成，1947年在上海出版。

作者在《围城》初版的序言里曾自述创作意图说："我想写现代的某一部分社会，某一类人物。"参照小说内容，可以看到，作者着意表现的是中国现代知识分子的众生相。通过主人公方鸿渐与几位知识女性的情感、婚恋纠葛，通过方鸿渐由上海到内地的一路遭遇，《围城》以喜剧性的讽刺笔调，刻画了抗战环境下中国一部分知识分子的彷徨和空虚。作者借小说人物之口解释"围城"的题义说：这是从法国的一句成语中引申而来的，即"被围困的城堡"。"城外的人想冲进来，城里的人想逃出来。"小说的整个情节，是知识界青年男女在爱情纠葛中的围困与逃离，而在更深的层次上，则表现了一部分知识分子陷入精神"围城"的境遇，而这正是《围城》主题的深刻之处。

《围城》是钱锺书创作的唯一一部长篇小说，从它的艺术价值来看，它也是中国现代文学中少数可以传世的佳作之一。随着时间的流逝，它的地位越来越得到学术界的肯定，它的幽默讽刺艺术也不断吸引着广大的读者。

思考练习

思考题

1. 从方鸿渐和高校长身上你看到了什么社会内容？
2. 本文在艺术表现手法上有哪些鲜明特点？

拓展阅读书目

1. 钱锺书：《围城》，北京，生活·读书·新知三联书店，2002。
2. 钱锺书：《钱锺书集》，北京，生活·读书·新知三联书店，2011。
3. 钱锺书：《谈艺录》，北京，生活·读书·新知三联书店，2007。
4. 钱锺书：《管锥编》，北京，中华书局，2000。
5. 从茜：《每一天都是最好的生活：杨绛传》，武汉，华中科技大学出版社，2016。
6. 吴泰昌：《我认识的钱锺书》，北京，生活·读书·新知三联书店，2017。

秋天的怀念

史铁生

【背景知识】

史铁生(1951—2010)，生于北京，中国著名作家、电影编剧。史铁生 1958 年入北京东城区王大人胡同小学读书；1967 年毕业于北京清华大学附属中学；1969 年到陕西延川插队落户；1972 年因双腿瘫痪转回北京；1974—1981 年在北京新桥街道工厂做工，后因病停薪留职，回家养病；2010 年突发脑溢血，经抢救无效去世。史铁生 1979 年发表第一篇小说《法学教授及其夫人》。1983 年加入了中国作家协会。小说《我的遥远的清平湾》《奶奶的星星》分别获得 1983 年、1984 年全国优秀短篇小说奖。电影剧本《死神与少女》以其对人生价值的探索于 1989 年获保加利亚第十三届瓦尔纳国际红十字会与健康电影节荣誉奖。1996 年 11 月，短篇小说《老屋小记》获得《东海》文学月刊"三十万东海文学巨奖"金奖，并获首届鲁迅文学奖。2002 年史铁生荣获华语文学传播大奖年度杰出成就奖；同年，《病隙碎笔》获首届老舍散文奖一等奖。史铁生初期的小说，如《午餐半小时》等，带有暴露"阴暗面"文学的特征。成名作《我的遥远的清平湾》在多个层面上被阐释：或说它扩展了"知青文学"的视野，或称它有文学"寻根"上的意义。他的作品温情、感伤、深沉，但又有对荒诞和宿命的抗争，具有浓厚的哲理意味；在表现方法上追求现实主义和象征手法的结合，在真实反映生活的基础上吸收了现代主义的表现技巧。

图片说明：史铁生

　　双腿瘫痪后，我的脾气变得暴怒无常。望着望着天上北归的雁阵，我会突然把面前的玻璃砸碎；听着听着李谷一甜美的歌声，我会猛地把手边的东西摔向四周的墙壁。母亲就悄悄地躲出去，在我看不见的地方偷偷地听着我的动静。当一切恢复沉寂，她又悄悄地进来，眼边红红的，看着我。"听说北海的花儿都开了，我推着你去走走。"她总是这么说。母亲喜欢花，可自从我的腿瘫痪后，她侍弄的那些花都死了。"不，我不去！"我狠命地捶打这两条可恨的腿，喊着："我可活什么劲！"母亲扑过来抓住我的手，忍住哭声说："咱娘儿俩在一块儿，好好儿活，好好儿活……"

　　可我却一直都不知道，她的病已经到了那步田地。后来妹妹告诉我，她常常肝疼得整宿整宿翻来覆去地睡不了觉。

　　那天我又独自坐在屋里，看着窗外的树叶刷刷啦啦地飘落。母亲进来了，挡在窗前："北海的菊花开了，我推着你去看看吧。"她憔悴的脸上现出央求般的神色。"什么时候?""你要是愿意，就明天?"她说。我的回答已经让她喜出望外了。"好吧，就明天。"我说。她高兴得一会儿坐下，一会儿站起："那就赶紧准备准备。""唉呀，烦不烦? 几步路，有什么好准备的!"她也笑了，坐在我身边，絮絮叨叨地说着："看完菊花，咱们就去'仿膳'，你小时候最爱吃那儿的豌豆黄儿。还记得那回我带你去北海吗? 你偏说那杨树花是毛毛虫，跑着，一脚踩扁一个……"她忽然不说了。对于"跑"和"踩"一类的字眼儿，她比我还敏感。她又悄悄地出去了。

她出去了。就再也没回来。

邻居们把她抬上车时，她还在大口大口地吐着鲜血。我没想到她已经病成那样。看着三轮车远去，也绝没有想到那竟是永远的诀别。

邻居的小伙子背着我去看她的时候，她正艰难地呼吸着，像她那一生艰难的生活。别人告诉我，她昏迷前的最后一句话是："我那个有病的儿子和我那个还未成年的女儿……"

又是秋天，妹妹推我去北海看了菊花。黄色的花淡雅，白色的花高洁，紫红色的花热烈而深沉，泼泼洒洒，秋风中正开得烂漫。我懂得母亲没有说完的话。妹妹也懂。我俩在一块儿，要好好儿活……

1981 年

（选自《史铁生散文选集》，天津，百花文艺出版社，2011）

【阅读提示】

《秋天的怀念》这篇课文主要是写自从作者的腿瘫痪以后，他的脾气变得暴怒无常，母亲却默默地忍受，不但不责骂他，反而以一颗慈善、宽容的心来关爱他、照顾他。每当作者摔东西时，母亲没有办法，只好自己躲在角落哭，因为母亲不忍心伤害他的自尊心。后来，母亲重病缠身，还要推着他去看花，结果花还没看，母亲就永远地离开他了。可是母亲临走前，还记挂着作者。作者用凝重的笔调叙述了一件生活小事：母亲三番两次恳求带"我"去北海看菊花，只为"我"能像菊花那样坚强地活出生命的色彩。然而，双腿瘫痪的"我"，没有理解、正视过母亲的那份无言、无私的爱。母亲离世了，在深深的愧疚、自责、后悔中，作者终于学会了乐观、坚强、笑对人生，也明白了母亲那份沉重的爱。本文语言朴实无华，娓娓道来，却感人至深，意味深长。

独特的人生经历使史铁生的创作独具魅力。他的散文多以探寻生命的意义、构筑精神的家园为中心意蕴，并擅长用独特的谈话语式和自言自语的内心独白体表情达意。

思考练习

思考题

1. 试结合课文解释作者对自己母亲发脾气的原因。

2. 本文在写作手法上有什么特点？

拓展阅读书目

1. 史铁生：《原罪·宿命》，北京，人民文学出版社，2018。
2. 史铁生：《我的遥远的清平湾》，长沙，湖南文艺出版社，2016。
3. 史铁生：《向死而生》，南京，江苏凤凰文艺出版社，2016。
4. 李德南：《"我"与"世界"的现象学：史铁生及其生命哲学》，上海，上海文艺出版社，2017。

苦恼

契诃夫

【背景知识】

契诃夫（1860—1904），俄国小说家、戏剧家。1860年契诃夫生于俄国罗斯托夫州亚速海边的塔甘罗格，从小生活艰难。1876 年，由于父亲的商店破产，契诃夫靠担任家庭教师、在仓库工作等方式维持生计。1879年，契诃夫完成高中学业并获得了奖学金得以进入莫斯科大学。这年年底，他完成了处女作《给博学的邻居的一封信》。1884 年契诃夫毕业于莫斯科大学医学系。学生时代契诃夫就以"契洪特"的笔名创作幽默短篇小说和诙谐小品，有投合世俗的平庸之作，也有暴露社会黑暗、针砭时弊的作品，如《小公务员之死》《变色龙》等。1886 年后他的思想巨变，锐意反映人生，创作风格日趋成熟，写出了许多脍炙人口的短篇小说名作，如《万卡》《套中人》《带阁楼的房子》《带狗的女人》《第六病室》等。契诃夫的短篇小说言简意赅，冷峻客观，独树一帜。他与莫泊桑和欧·亨利并称为"世界三大短篇小说家"。契诃夫也是优秀的剧作家，《万尼亚舅舅》《三姊妹》《樱桃园》是他的戏剧名作。

契诃夫

我向谁去诉说我的悲伤？[①]……

暮色昏暗。大片的湿雪绕着刚点亮的街灯懒洋洋地飘飞，落在房顶、马背、肩膀、帽子上，积成又软又薄的一层。车夫姚纳·波达波夫周身雪白，像是一个幽灵。他在赶车座位上坐着，一动也不动，身子往前伛着，伛到了活人的身子所能伛到的最大限度。即使有一个大雪堆倒在他的身上，仿佛他也会觉得不必把身上的雪抖掉似的。……他那匹小马也是一身白，也是一动都不动。它那呆呆不动的姿态、它那瘦骨棱棱的身架、它那棍子般直挺挺的腿，使它活像那种花一个戈比就能买到的马形蜜糖饼干。它多半在想心思。不论是谁，只要被人从犁头上硬拉开，从熟悉的灰色景致里硬拉开，硬给丢到这儿来，丢到这个充满古怪的亮光、不停的喧嚣、熙攘的行人的旋涡当中来，那他就不会不想心事。……

姚纳和他的瘦马已经有很久停在那个地方没动了。他们还在午饭以前就从大车店里出来，至今还没拉到一趟生意。可是现在傍晚的暗影已经笼罩全城。街灯的黯淡的光已经变得明亮生动，街上也变得热闹起来了。

"赶车的，到维堡区去！"姚纳听见了喊声。"赶车的！"

姚纳猛的哆嗦一下，从粘着雪花的睫毛里望出去，看见一个军人，穿一件带风帽的军大衣。

"到维堡区去！"军人又喊了一遍。"你睡着了还是怎么的？到维堡区去！"

为了表示同意，姚纳就抖动一下缰绳，于是从马背上和他肩膀上就有大片的雪撒下来。……那个军人坐上了雪橇。车夫吧哒着嘴唇叫马往前走，然后像天鹅似的伸长了脖子，微微欠起身子，与其说是由于必要，不如说是出于习惯地挥动一下鞭子。那匹瘦马也伸长脖子，弯起它那像棍子一样的腿，迟疑地离开原地走动起来了。……

"你往哪儿闯，鬼东西！"姚纳立刻听见那一团团川流不息的黑影当中发出了喊叫声。"鬼把你支使到哪儿去啊？靠右走！"

"你连赶车都不会！靠右走！"军人生气地说。

一个赶轿式马车的车夫破口大骂。一个行人恶狠狠地瞪他一眼，抖掉自己衣袖上的雪，行人刚刚穿过马路，肩膀撞在那匹瘦马的脸上。姚纳在赶车座位上局促不安，像是坐在针尖上似的，往两旁撑开胳膊肘，不住转动眼珠，就跟有鬼附了体一样，仿佛他不明白自己是在什么地方，也不知道为什么在那儿似的。

"这些家伙真是混蛋！"那个军人打趣地说。"他们简直是故意来撞你，或者故意要扑到马蹄底下去。他们这是互相串通好的。"

姚纳回过头去瞧着乘客，努动他的嘴唇。……他分明想要说话，然而从他的喉咙里却没有吐出一个字来，只发出咝咝的声音。

"什么？"军人问。

姚纳撇着嘴苦笑一下，嗓子眼用一下劲，这才沙哑地说出口：

"老爷，那个，我的儿子……这个星期死了。"

"哦！……他是害什么病死的？"

姚纳掉转整个身子朝着乘客说：

"谁知道呢！多半是得了热病吧。……他在医院里躺了三天就死了。……这是上帝的旨意哟。"

"你拐弯啊，魔鬼！"黑地里发出了喊叫声。"你瞎了眼还是怎么的，老狗！用眼睛瞧着！"

"赶你的车吧，赶你的车吧……"乘客说。"照这样走下去，明天也到不了。快点走！"

车夫就又伸长脖子，微微欠起身子，用一种稳重的优雅姿势挥动他的鞭子。后来他有好几次回过头去看他的乘客，可是乘客闭上眼睛，分明不愿意再听了。他把乘客拉到维堡区以后，就把雪橇赶到一家饭馆旁边停下来，坐在赶车座位上伛下腰，又不动了。……湿雪又把他和他的瘦马涂得满身是白。一个钟头过去，又一个钟头过去了。……

人行道上有三个年轻人路过，把套靴踩得很响，互相诟骂，其中两个人又高又瘦，第三个却矮而驼背。

"赶车的，到警察桥去！"那个驼子用破锣般的声音说。"一共三个人。……二十戈比！"

姚纳抖动缰绳，吧哒嘴唇。二十戈比的价钱是不公道的，然而他顾不上讲价了。……一个卢布也罢，五戈比也罢，如今在他都是一样，只要有乘客就行。……那几个青年人就互相推搡着，嘴里骂声不绝，走到雪橇跟前，三个人一齐抢到座位上去。这就有一个问题需要解决：该哪两个坐着，哪一个站着呢？经过长久的吵骂、变卦、责难以后，他们总算做出了决定：应该让驼子站着，因为他最矮。

"好，走吧！"驼子站在那儿，用破锣般的嗓音说，对着姚纳的后脑壳喷气。"快点跑！嘿，老兄，瞧瞧你的这顶帽子！全彼得堡也找不出比这更糟的了。……"

"嘻嘻……嘻嘻……"姚纳笑着说。"凑合着戴吧。……"

"喂，你少废话，赶车！莫非你要照这样走一路？是吗？要给你一个脖儿拐吗？……"

"我的脑袋痛得要炸开了……"一个高个子说。"昨天在杜克玛索夫家里，我跟瓦斯卡一块儿喝了四瓶白兰地。"

"我不明白，你何必胡说呢？"另一个高个子愤愤地说。"他胡说八道，就跟畜生似的。"

"要是我说了假话，就叫上帝惩罚我！我说的是实情。……"

"要说这是实情，那么，虱子能咳嗽也是实情了。"

"嘻嘻！"姚纳笑道。"这些老爷真快活！"

"呸，见你的鬼！……"驼子愤慨地说。"你到底赶不赶车，老不死的？难道就这样赶车？你抽它一鞭子！嗨，魔鬼！嗨！使劲抽它！"

姚纳感到他背后驼子的扭动的身子和颤动的声音。他听见那些骂他的话，看到这几个人，孤单的感觉就逐渐从他的胸中消散了。驼子骂个不停，诌出一长串稀奇古怪的骂人话，直骂得透不过气来，连连咳嗽。那两个高个子讲起一个叫娜杰日达·彼得罗芙娜的女人。姚纳不住地回过头去看他们。正好他们的谈话短暂地停顿一下，他就再次回过头去，嘟嘟哝哝说：

"我的……那个……我的儿子这个星期死了！"

"大家都要死的……"驼子咳了一阵，擦擦嘴唇，叹口气说。"得了，你赶车吧，你赶车吧！诸位先生，照这样的走法我再也受不住了！他什么时候才会把我们拉到呢？"

"那你就稍微鼓励他一下……给他一个脖儿拐！"

"老不死的，你听见没有？真的，我要揍你的脖子了！……跟你们这班人讲客气，那还不如索性走路的好！……你听见没有，老龙②？莫非你根本就不把我们的话放在心上？"

姚纳与其说是感到，不如说是听到他的后脑勺上啪的一响。

"嘻嘻……"他笑道。"这些快活的老爷……愿上帝保佑你们！"

"赶车的，你有老婆吗？"高个子问。

"我？嘻嘻……这些快活的老爷！我的老婆现在成了烂泥地啰。……哈哈哈！……在坟墓里！……现在我的儿子也死了，可我还活着。……这真是怪事，死神认错门了。……它原本应该来找我，却去找了我的儿子。……"

姚纳回转身，想讲一讲他儿子是怎样死的，可是这时候驼子轻松地呼出一口气，声明说，谢天谢地，他们终于到了。姚纳收下二十戈比以后，久久地看着那几个游荡的人的背影，后来他们走进一个黑暗的大门口，不见了。他又孤身一人，寂静又向他侵袭过来。……他的苦恼刚淡忘了不久，如今重又出现，更有力地撕扯他的胸膛。姚纳的眼睛不安而痛苦地打量街道两旁川流不息的人群：在这成千上万的人当中有没有一个人愿意听他倾诉衷曲呢？然而人群奔走不停，谁都没有注意到他，更没有注意到他的苦恼。……那种苦恼是广大无垠的。如果姚纳的胸膛裂开，那种苦恼滚滚地涌出来，那它仿佛就会淹没全世界，可是话虽如此，它却是人们看不见的。这种苦恼竟包藏在这么一个渺小的躯壳里，就连白天打着火把也看不见。……

姚纳瞧见一个扫院子的仆人拿着一个小蒲包，就决定跟他攀谈一下。

"老哥，现在几点钟了？"他问。

"九点多钟。……你停在这儿干什么？把你的雪橇赶开！"

姚纳把雪橇赶到几步以外去，伛下腰，听凭苦恼来折磨他。……他觉得向别人诉说也没有用了。……可是五分钟还没过完，他就挺直身子，摇着头，仿佛感到一阵剧烈的疼痛似的；他拉了拉缰绳。……他受不住了。

"回大车店去，"他想。"回大车店去！"

那匹瘦马仿佛领会了他的想法，就小跑起来。大约过了一个半钟头，姚纳已经在一个肮脏的大火炉旁边坐着了。炉台上，地板上，长凳上，人们鼾声四起。空气又臭又闷。姚纳瞧着那些睡熟的人，搔了搔自己的身子，后悔不该这么早就回来。……

"连买燕麦③的钱都还没挣到呢，"他想。"这就是我会这么苦恼的缘故了。一个人要是会料理自己的事……让自己吃得饱饱的，自己的马也吃得饱饱的，那他就会永远心平气和。……"

墙角上有一个年轻的车夫站起来，带着睡意嗽一嗽喉咙，往水桶那边走去。

"你是想喝水吧？"姚纳问。

"是啊，想喝水！"

"那就痛痛快快地喝吧。……我呢，老弟，我的儿子死了。……你听说了吗？这个星期在医院里死掉的。……竟有这样的事！"

姚纳看一下他的话产生了什么影响，可是一点影响也没看见。那个青年人已经盖好被子，连头蒙上，睡着了。老人就叹气，搔他的身子。……如同那个青年人渴望喝水一样，他渴望说话。他的儿子去世快满一个星期了，他却至今还没有跟任何人好好地谈一下这件事。……应当有条有理，详详细细地讲一讲才是。……应当讲一讲他的儿子怎样生病，怎样痛苦，临终说过些什么话，怎样死掉。……应当描摹一下怎样下葬，后来他怎样到医院里去取死人的衣服。他有个女儿阿尼霞住在乡下。……关于她也得讲一讲。……是啊，他现在可以讲的还会少吗？听的人应当惊叫，叹息，掉泪。……要是能跟娘们儿谈一谈，那就更好。她们虽然都是蠢货，可是听不上两句就会哭起来。

"去看一看马吧，"姚纳想。"要睡觉，有的是时间。……不用担心，总能睡够的。"

他穿上衣服，走到马房里，他的马就站在那儿。他想起燕麦、草料、天气。……关于他的儿子，他独自一人的时候是不能想的。……跟别人谈一谈倒还可以，至于想他，描摹他的模样，那太可怕，他受不了。……

"你在吃草吗？"姚纳问他的马说，看见了它的发亮的眼睛。"好，吃吧，吃吧。……既然买燕麦的钱没有挣到，那咱们就吃草好了。……是啊。……我已经太老，不能赶车了。……该由我的儿子来赶车才对，我不行了。……他才是个地道的马车夫。……只要他活着就好了。……"

姚纳沉默了一忽儿，继续说：

"就是这样嘛，我的小母马。……库兹玛·姚内奇不在了。……他下世了。……他无缘无故死了。……比方说，你现在有个小驹子，你就是这个小驹子的亲娘。……忽然，比方说，这个小驹子下世了。……你不是要伤心吗？"

那匹瘦马嚼着草料，听着，向它主人的手上呵气。

姚纳讲得入了迷，就把他心里的话统统对它讲了。……

（选自《变色龙：契诃夫短篇小说选》，汝龙译，上海，上海译文出版社，2006）

【注释】

①该句引自宗教诗《约瑟夫的哭泣和往事》。——俄文本编者注

②老龙：原文是"高雷内奇龙"，俄国神话中的一条怪龙。在此用作骂人的话。

③燕麦：马的饲料。

【阅读提示】

这篇小说描写了马车夫姚纳无处述说自己的苦恼的故事，表现了黑暗现实中的小人物悲惨无援的处境和苦恼孤寂的心态，反映了当时社会的黑暗和人的自私、冷漠。《苦恼》不是以动人的故事情节吸引人的，而是以显现人物悲哀的心理世界震撼人。小说以题记"我向谁去诉说我的悲伤……"为情节线索，撰写小人物悲惨无援的处境和苦恼的心态，揭示了19世纪沙皇统治下反动势力最猖獗时期社会的黑暗、冷酷。在小说中，车夫姚纳因为儿子死了，先后四次向军人、三个青年、扫院子的仆人与年轻马夫诉说苦恼，但这些人都漠不关心。最后车夫只有来到小母马前，小母马不仅听他诉说，而且似乎懂人情一样闻闻主人的手。

姚纳的命运是如此的不幸和凄惨。小说深刻地反映了人物的痛苦，不仅写了他的悲惨遭遇，更写出了姚纳精神上的孤寂痛苦。姚纳想把一切痛苦、一切不幸、一切苦恼说给别人听听，通过倾诉或许会有人理解自己的痛苦，或许会减轻自己这无边无际的苦恼。为了突出这一主题，作者通过巧妙的艺术构造，从平凡小事中挖掘丰富的思想蕴含。契诃夫把小说的矛盾与冲突落笔于主人公主观愿望与客观现实的巨大反差上。契诃夫冷静客观而又饱含忧愤地描绘了这一切，用不动声色的叙述，以准确的细节描写，勾勒了人物活动的典型环境和心理变化，突出了主题思想。

为了突出主人公的悲剧形象，作者充分运用了环境烘托。小说开头用朴素的语言描绘了一幅风雪车马图，开头直言"暮色昏暗"，再写"湿雪"懒洋洋地飘飞，不仅落在房顶上，还落在"马背、肩膀、帽子上"。这夜色、这飞雪似乎已吞没一切，比如车夫

姚纳，比如拉车的小母马，因为这车夫、这小母马"也是一身白，也是一动都不动"，一如街上的房屋，没有了生气。这一压抑的环境，就暗示了主人公难以负载的痛苦与烦恼。同时作者巧妙地运用了象征的艺术手法。姚纳伛偻的身形与小母马瘦骨嶙峋的身架，相互映衬。文中的小母马与主人公如影随形地相伴而出，有了乘客后，车夫跟天鹅一样伸出脖子，那小母马也伸出脖子；等候乘客时湿雪又把他和他的瘦马涂得满身是白。车夫姚纳与小母马不仅在苦难生活里相依相伴，而且姚纳的苦恼最后也只有小母马能倾听。小母马在小说中起到了两重作用，一是人与马形成一种对比，暗示人与人的关系还不如人与马的关系；二是把小母马作为人们的象征，揭示他们的非人生活与悲惨遭遇，他们处于社会底层，终日辛苦、生活无依、受尽磨难以致精神麻木。

这篇小说描写人物最出色的是心理描写。《苦恼》堪称抒情心理小说。作品不仅以心理情绪为线索，而且借主人公的心理描写，主观移情，寄寓了自己对小说主人公的同情，对专制社会的深刻认识。姚纳想向人诉说失去儿子的悲苦心理的要求成为一种奢望，他一次又一次尝试，却使苦恼一次又一次地加剧，以至于这苦恼"更有力地撕扯他的胸膛"，"……那种苦恼是广大无垠的。如果姚纳的胸膛裂开，那种苦恼滚滚地涌出来，那它仿佛就会淹没全世界……这种苦恼竟包藏在这么一个渺小的躯壳里，就连白天打着火把也看不见"。这既是对人物心理的客观分析，又是对人物主观感受的生动反映，更是作者强烈感情的直接抒发。对这冷酷黑暗社会的忧愤和苦恼，作者是多么想大声倾诉。姚纳受到看门人的驱赶后，他"听凭苦恼来折磨他……仿佛感到一阵剧烈的疼痛似的；他拉了拉缰绳。……他受不住了"。这一种痛苦的心理，蕴含着作者深深的同情。"那匹瘦马嚼着草料，听着，向它主人的手上呵气"，这一抒情细节的描写，含蓄而又生动地揭示了车夫的心态，具有强烈的艺术感染力。这些细节描写，大大地增强了小说的表现力。

契诃夫小说的特色，就是以小见大，从平淡中挖掘深刻，通过生动的细节描写、浓郁的心理抒情、典型的社会环境，不动声色地以"局外人"的身份述说故事，体现出其冷静客观的艺术风格。

思考练习

思考题

1. 马夫姚纳为什么要一再对人诉说他儿子去世的事？
2. 小说如何将人与人的关系和人与马的关系做对比？这样的对比有何作用？
3. 举例说说本文中的细节描写对刻画人物性格、表现人物心理活动所起的作用。

拓展阅读书目

1.［俄］契诃夫：《套中人》，李辉凡译，上海，上海三联书店，2015。
2.《契诃夫短篇小说选》，汝龙译，北京，人民文学出版社，2015。
3.《契诃夫小说选》，汝龙译，北京，人民文学出版社，2020。

麦琪的礼物

欧·亨利

【背景知识】

欧·亨利（1862—1910），又译奥·亨利，原名威廉·西德尼·波特，20世纪初美国著名短篇小说家，美国现代短篇小说创始人。他一生的经历非常丰富，从15岁起就在一家药房工作，后来由家乡北卡罗来纳州去到得克萨斯州，在那当过牧童、药剂师、办事员、绘图员和银行会计员。他在得克萨斯州奥斯汀第一国民银行工作期间被控贪污公款，被迫逃往洪都拉斯。1897年他返回奥斯汀被捕，受审后在俄亥俄州的哥伦布监狱服刑三年。就是在这里，波特发现了自己的写作才能，开始尝试写作并且以许多不同的笔名发表作品，其中欧·亨利是他最常使用的一个。获释后他在纽约定居，继续自己的文学创作生涯。

欧·亨利

短篇小说在美国曾一度是最受大众欢迎的一种写作形式。在此期间欧·亨利创作了大量的作品表现20世纪初的美国社会。这些作品构思巧妙，描写生动，文字简练，悬念设置出人意料，集矛盾、怪异、幽默为一体，被誉为"美国生活的幽默百科全书"。

欧·亨利一生写了近300篇短篇小说，著名的有《麦琪的礼物》《警察和赞美诗》《没有完的故事》《最后的藤叶》等，从各个角度揭露了资本主义社会的黑暗，描写了社会底层人民的生活和苦痛。他的小说以诙谐幽默见长，往往在幽默中糅进辛酸，形成"含笑的眼泪"的独特风格。小说情节生动，构思巧妙，结局往往出人意外，而又符合真实，令人赞叹。《麦琪的礼物》是欧·亨利短篇小说中最具代表性的作品之一。它通过一对穷困的年轻夫妇为互赠圣诞节礼物而忍痛卖掉引以自豪的长发和金表的故事，反映了美国下层人民生活的艰苦，赞美了主人公的善良心地和纯真爱情。

一块八毛七分钱。全在这儿了。其中六毛钱还是铜子儿凑起来的。这些铜子儿是每次一个、两个向杂货铺、菜贩和肉店老板那儿死乞白赖地硬扣下来的；人家虽然没有明说，自己总觉得这种掂斤播两的交易未免太吝啬，当时脸都臊红了。德拉数了三遍。数来数去还是一块八毛七分钱，而第二天就是圣诞节了。

除了扑在那张破旧的小榻上号哭之外，显然没有别的办法。德拉就那样做了。这使一种精神上的感慨油然而生，认为人生是由啜泣、抽噎和微笑组成的，而抽噎占了其中绝大部分。

这个家庭的主妇渐渐从第一阶段退到第二阶段，我们不妨抽空儿来看看这个家吧。一套连家具的公寓，房租每星期八块钱。虽不能说是绝对难以形容，其实跟贫民窟也相去不远。

下面门廊里有一个信箱，但是永远不会有信件投进去；还有一个电钮，除非神仙下凡才能把铃按响。那里还贴着一张名片，上面印有"詹姆斯·迪林汉·扬先生"几个字。

"迪林汉"这个名号是主人先前每星期挣三十块钱的时候，一时高兴，加在姓名之间的。现在收入缩减到二十块钱，"迪林汉"几个字看来就有些模糊，仿佛它们正在郑重考虑，是不是缩成一个质朴而谦逊的"迪"字为好。但是每逢詹姆斯·迪林汉·扬先生回家上楼，走进房间的时候，詹姆斯·迪林汉·扬太太——就是刚才已经介绍给各位的德拉——总是管他叫做"吉姆"，总是热烈地拥抱他。那当然是很好的。

德拉哭了之后，在脸颊上扑了些粉。她站在窗子跟前，呆呆地瞅着外面灰蒙蒙的后院里，一只灰猫正在灰色的篱笆上行走。明天就是圣诞节了，她只有一块八毛七分钱来给吉姆买一件礼物。好几个月来，她省吃俭用，能攒起来的都攒了，可结果只有这一点儿。一星期二十块钱的收入是不经用的。支出总比她预算的要多。总是这样的。只有一块八毛七分钱来给吉姆买礼物。她的吉姆。为了买一件好东西送给他，德拉自得其乐地筹划了好些日子。要买一件精致、珍奇而真有价值的东西——够得上为吉姆所有的东西固然很少，可总得有些相称才成呀。

房里两扇窗子中间有一面壁镜。诸位也许见过房租八块钱的公寓里的壁镜。一个非常瘦小灵活的人，从一连串纵的片断的映象里，也许可以对自己的容貌得到一个大致不差的概念。德拉全凭身材苗条，才精通了那种技艺。

她突然从窗口转过身，站到壁镜面前。她的眼睛晶莹明亮，可是她的脸在二十秒钟之内却失色了。她迅速地把头发解开，让它披落下来。

且说，詹姆斯·迪林汉·扬夫妇有两样东西特别引为自豪，一样是吉姆三代祖传的金表，另一样是德拉的头发。如果示巴女王①住在天井对面的公寓里，德拉总有一天会把她的头发悬在窗外去晾干，使那位女王的珠宝和礼物相形见绌。如果所罗门王当了看门人，把他所有的财富都堆在地下室里，吉姆每次经过那儿时准会掏出他的金表看看，好让所罗门妒忌得吹胡子瞪眼睛。

这当儿，德拉美丽的头发披散在身上，像一股褐色的小瀑布，奔泻闪亮。头发一直垂到膝盖底下，仿佛给她铺成了一件衣裳。她又神经质地赶快把头发梳好。她踌躇了一会儿，静静地站着，有一两滴泪水溅落在破旧的红地毯上。

她穿上褐色的旧外套，戴上褐色的旧帽子。她眼睛里还留着晶莹的泪光，裙子一摆，就飘然走出房门，下楼跑到街上。

她走到一块招牌前停住了，招牌上面写着："莎弗朗妮夫人——经营各种头发用品"。德拉跑上一段楼梯，气喘吁吁地让自己定下神来。那位夫人身躯肥硕，肤色白得过分，一副冷冰冰的模样，同"莎弗朗妮"这个名字不大相称。

"你要买我的头发吗？"德拉问道。

"我买头发，"夫人说，"脱掉帽子，让我看看头发的模样。"

那股褐色的小瀑布泻了下来。

"二十块钱。"夫人用行家的手法抓起头发说。

"赶快把钱给我。"德拉说。

噢，此后的两个钟头仿佛长了玫瑰色翅膀似的飞掠过去。诸位不必理会这种杂凑的比喻。总之，德拉正为了送吉姆的礼物在店铺里搜索。

德拉终于把它找到了。它准是专为吉姆，而不是为别人制造的。她把所有店铺都兜底翻过，各家都没有像这样的东西。那是一条白金表链，式样简单朴素，只是以货色来显示它的价值，不凭什么装潢来炫耀——一切好东西都应该是这样的。它甚至配得上那只金表。她一看到就认为非给吉姆买下不可。它简直像他的为人。文静而有价值——这句话拿来形容表链和吉姆本人都恰到好处。店里以二十一块钱的价格卖给了她，她剩下八毛七分钱，匆匆赶回家去。吉姆有了那条链子，在任何场合都可以毫无顾虑地看看钟点了。那只表虽然华贵，可是因为只用一条旧皮带来代替表链，他有时候只是偷偷地瞥一眼。

德拉回家以后，她的陶醉有一小部分被审慎和理智所替代。她拿出卷发铁钳，点着煤气，着手补救由于爱情加上慷慨而造成的灾害。那始终是一件艰巨的工作，亲爱的朋友们——简直是了不起的工作。

不出四十分钟，她头上布满了紧贴着的小发卷，变的活像一个逃课的小学生。她对着镜子小心而苛刻地照了又照。

"如果吉姆看了一眼不把我宰掉才怪呢，"她自言自语地说，"他会说我像是康奈岛游乐场里的卖唱姑娘。我有什么办法呢？——唉！只有一块八毛七分钱，叫我有什么办法呢？"

到了七点钟，咖啡已经煮好，煎锅也放在炉子后面热着，随时可以煎肉排。

吉姆从没有晚回来过。德拉把表链对折着握在手里，在他进来时必经的门口的桌子角上坐下来。接着，她听到楼下梯级上响起了他的脚步声。她脸色白了一忽儿。她有一个习惯，往往为了日常最简单的事情默祷几句，现在她悄声说："求求上帝，让他认为我还是美丽的。"

门打开了，吉姆走进来，随手把门关上。他很瘦削，非常严肃。可怜的人儿，他只有二十二岁——就负起了家庭的担子！他需要一件新大衣，手套也没有。

吉姆在门内站住，像一条猎狗嗅到鹌鹑气味似的纹丝不动。他的眼睛盯着德拉，所含的神情是她所不能理解的，这使她大为惊慌。那既不是愤怒，也不是惊讶，又不是不满，更不是嫌恶，不是她所预料的任何一种神情。他只带着那种奇特的神情凝视着德拉。

德拉一扭腰，从桌上跳下来，走近他身边。

"吉姆，亲爱的，"她喊道，"别那样盯着我。我把头发剪掉卖了，因为不送你一件礼物，我过不了圣诞节。头发会再长出来的——你不会在意吧，是不是？我非这么做不可。我的头发长得快极啦。说句'恭贺圣诞'吧！吉姆，让我们快快乐乐的。我给你买了一件多么好——多么美丽的好东西，你怎么也猜不到的。"

"你把头发剪掉了吗？"吉姆吃力地问道，仿佛他绞尽脑汁之后，还没有把这个显而易见的事实弄明白似的。

"非但剪了，而且卖了。"德拉说，"不管怎样，你还是同样地喜欢我吗？虽然没有了头发，我还是我，可不是吗？"

吉姆好奇地向房里四下张望。

"你说你的头发没有了吗？"他带着近乎白痴般的神情问道。

"你不用找啦，"德拉说，"我告诉你，已经卖了——卖了，没有了。今天是圣诞前夜，亲爱的。好好地对待我，我剪掉头发为的是你呀。我的头发也许数得清，"她突然非常温柔地接下去说，"但我对你的情爱谁也数不清。我把肉排煎上好吗，吉姆？"

吉姆好像从恍惚中突然醒过来。他把德拉搂在怀里。我们不要冒昧，先花十秒钟工夫瞧瞧另一方面无关紧要的东西吧。每星期八块钱的房租，或是每年一百万元房租——那有什么区别呢？一位数学家或是一位俏皮的人可能会给你不正确的答复。麦琪②带来了宝贵的礼物，但其中没有那件东西。对这句晦涩的话，下文将有所说明。

吉姆从大衣口袋里掏出一包东西，把他扔在桌上。

"别对我有什么误会，德尔。"他说，"不管是剪发、修脸，还是洗头，我对我姑娘的爱情是决不会减低的。但是只消打开那包东西，你就会明白，你刚才为什么使我愣住了。"

白皙的手指敏捷地撕开了绳索和包皮纸。接着是一声狂喜的呼喊；紧接着，哎呀！突然转变成女性神经质的眼泪和号哭，立刻需要公寓的主人用尽办法来安慰她。

因为摆在眼前的是那套插在头发上的梳子——全套的发梳，两鬓用的，后面用的，应有尽有；那原是百老汇路上一个橱窗里德拉渴望了好久的东西。纯玳瑁做的，边上镶着珠宝的美丽的发梳——来配那已经失去的美发，颜色真是再合适也没有了。她知道这套发梳是很贵重的，心向神往了好久，但从来没有存过占有它的希望。现在居然为她所有了，可是佩戴这些渴望已久的装饰品的头发却没有了。

但她还是把这套发梳搂在怀里不放，过了好久，她才能抬起迷蒙的泪眼，含笑对吉姆说："我的头发长得很快，吉姆！"

接着，德拉像一只给火烫着的小猫似的跳了起来，叫道："喔！喔！"

吉姆还没有见到他的美丽的礼物呢。她热切地伸出摊开的手掌递给他。那无知觉的贵金属仿佛闪闪反映着她快活和热诚的心情。

"漂亮吗，吉姆？我走遍全市才找到的。现在你每天要把表看上百来遍了。把你的表给我，我要看看它配在表上的样子。"

吉姆并没有照着她的话做，却坐到榻上，双手枕着头，笑了起来。

"德尔，"他说，"我们把圣诞节礼物搁在一边，暂且保存起来。它们实在太好啦，现在用了未免可惜。我是卖掉了金表，换了钱去买你的发梳的。现在请你煎肉排吧。"

那三位麦琪，诸位知道，全是有智慧的人——非常有智慧的人——他们带来礼物，送给生在马槽里的圣子耶稣。他们首创了圣诞节馈赠礼物的风俗。他们既然有智慧，他们的礼物无疑也是聪明的，可能还附带一种碰上收到同样的东西时可以交换的权利。我的拙笔在这里告诉了诸位一个没有曲折、不足为奇的故事；那两个住在一间公寓里的笨孩子，极不聪明地为了对方牺牲了他们一家最宝贵的东西。但是，让我们对目前一般聪明人说最后一句话，在所有馈赠礼物的人当中，那两个人是最聪明的。在一切接受礼物的人当中，像他们这样的人也是最聪明的。无论在什么地方，他们都是最聪明的。他们就是麦琪。

（选自《麦琪的礼物——欧·亨利短篇小说选》，王永年译，北京，人民文学出版社，2017）

【注释】

①示巴女王：《圣经》中朝觐所罗门王、用难题考验所罗门的女王，以美貌著称。

②麦琪：Magi，单数为Magus，指圣婴基督出生时来自东方送礼的三贤人，载于《圣经·马太福音》第二章第一节和第七至第十三节。

【阅读提示】

美国著名作家欧·亨利在《麦琪的礼物》这篇小说中，用他笔调幽默又带有淡淡哀伤的艺术语言讲述了一个"没有曲折、不足为奇的故事"。以圣诞前夜馈赠礼物如此平常的题材创构的小说，在西方文坛并非罕见，其中也不乏精心之作，而欧·亨利的《麦琪的礼物》独成绝响，成为这类题材中的杰作，确实是令人深思的。

首先，从内容上看，全篇以馈赠圣诞礼物为中心线，写了美国一对贫穷而恩爱的夫妇。这个家庭的主妇为了节省每个铜子儿，不得不每次一个、两个地从杂货铺、菜贩和肉店老板那儿死乞白赖地硬扣下来。尽管如此，到圣诞前夕家里仍只剩下一块八毛七分钱。作家不用多费笔墨去写这个家庭的拮据困窘，只是简单地用"一块八毛七分钱"引出全篇。深爱丈夫的主妇德拉把这钱数了三遍，并因为无法为丈夫购得一件称心的"麦琪的礼物"而伤心地哭泣。欧·亨利擅长用貌似平淡的话语做素描，去营构一种气氛，让读者沉湎其中，领味和思考人物的命运。"一块八毛七分钱"为这个"没有曲折、不足为奇的故事"营构的忧郁凄凉的气氛始终贯穿全文，即使写到夫妇看到礼物时的瞬时惊喜和欢乐时也明显地带有这种气氛袒露的伤痛。"人生是由啜泣、抽噎和微笑组成的，而抽噎占了其中绝大部分。"这句话似乎折射出欧·亨利对当时美国现实的深沉思考。作家写出了一对贫穷夫妇的痛苦，也在对人物思想性格和故事情节的描写中，把读者的趣味引向高尚的境界，给人以启迪，让人从中获得美的陶冶。这是《麦琪的礼物》这篇小说真正的价值之所在。

小说揭示社会现实不靠说教，而是将人物感情起伏的发展变化引为脉络，启发读者去触摸、感受人物带有悲剧色彩的思想性格。在那个金钱可以买卖爱情，心理和感情出现畸变的社会中，德拉夫妇之间真挚深厚的爱充满了理想主义的色彩。欧·亨利不写这个社会中金钱作践爱情的罪恶，偏去写这个晦暗镜头中的诗情画意，去赞扬德拉夫妇的聪慧，这绝非常人手笔。所以，作品给人的不是消沉和晦暗，而是对美的追求和眷恋，从而把读者引向高尚的境界。

其次，从写作手法上看，《麦琪的礼物》也独具特色。一般说来，短篇小说因其篇幅短小，要求作家以"少少许"胜"多多许"，就必须笔墨凝练，刻画人物风姿只能抓住一两个侧面去做速写勾勒，其难度在某种程度上未必比中、长篇小说小。欧·亨利的短篇小说常以他独具风格的感伤笔调和诙谐轻快的笔锋，去刻画人物和铺展情节，使笔下的形象富有立体感，并给人以不尽的余韵。《麦琪的礼物》正是体现这种艺术特色的代表作。裁剪精到的构思，对话般亲切的语言，微带忧郁的情调，使这个短篇在缕缕情感的光束中显露出丰厚的内涵，激发读者对爱情、金钱的价值的思考。作家细致地写德拉无钱为丈夫买礼物的焦灼心情，写德拉的美发，甚至写德拉上街卖发和买表链的全过程，却惜墨如金地避开了吉姆卖金表、买发梳的经过。作家可以细致地描写吉姆回家后德拉担心失去美发会伤害吉姆的爱所做的一连串解释，却在吉姆讲完卖金表的事之后戛然而止。时而细致入微，时而寥寥数笔，读者仍能从那些不着文字之处领悟作家的弦外之音。这种一虚一实，虚实结合，并兼用暗示和略写的手法，是《麦琪的礼物》的重要特色。

思考练习

一、选择题

1. 麦琪最开始是指（　　）。

A. 文中德拉夫妇　　　　　　　　　B. 带来光明的人

C. 给耶稣送礼物的贤人　　　　　　D. 带来痛苦的人

2.《麦琪的礼物》的语言特点是（　　）。

A. 诙谐幽默　　　B. 平易素朴　　　C. 清新优美　　　D. 雍容典雅

3. 人们以"含泪的微笑"评价《麦琪的礼物》的独特风格，此"含泪的微笑"的意思是（　　）。

A. 悲剧中浸染着喜剧色彩　　　　　B. 喜剧中浸染着悲剧色彩

C. 生活艰难，精神乐观　　　　　　D. 情感真挚，喜极而泣

4.《麦琪的礼物》中男女主人公的名字分别是（　　）。

A. 姚纳和万卡　　　　　　　　　　B. 吉姆和安娜

C. 吉姆和德拉　　　　　　　　　　D. 罗密欧和朱丽叶

二、思考题

1. 分析作品采用"一虚一实，双线并行"结构方式的效果。

2. 分析欧·亨利小说"含泪的微笑"的独特风格和幽默诙谐的语言特色。

扩展阅读书目

1.《麦琪的礼物——欧·亨利短篇小说选》，王永年译，北京，人民文学出版社，2017。

2.《欧·亨利短篇小说精选》，周远一译，沈阳，万卷出版公司，2018。

3.《欧·亨利幽默精品选》，陆巧玲译，北京，北京工业大学出版社，2015。

第三单元　我所生活的世界

　　你生活在哪里？当然是在这个世界上。小时候，我们的世界很小；长大了，我们的世界很大。如果你走出家门，就会知道外边的世界有多大；但是如果你没有机会走出去，阅读，一样可以了解外边的世界。

　　写到我们这个世界的优秀文章太多了。我们可以穿越古今，到李斯的《谏逐客书》、柳宗元的《始得西山宴游记》及范仲淹的《岳阳楼记》中去了解秦人、唐人、宋人所生活的地方，他们的所思所想以及他们的生活方式。有一个世界，也许有人陌生，有人熟悉。这个世界里的格萨尔是藏族人民传说中半人半神的英雄，《格萨尔王传》被公认为是世界上最长的，也是现在仍在传唱的史诗，通过格萨尔我们看到了藏族人民的骄傲，也看到藏族人民热切渴望的美好理想世界。从文成公主和松赞干布的故事中，我们看到世界第三极上的以藏族为主的各族人民在历史的长河中交流融合。在当代，开启西藏魔幻现实主义小说风潮的代表作家扎西达娃，给我们带来了一个全新的世界。当代藏族著名作家丹增的散文《忆母校》情真意切，对母校的情谊、对恩师的难忘浸透字里行间。走进书的世界，我们可以看到陕西作家贾平凹娓娓道来的《秦腔》，也能欣赏日本作家川端康成的《雪国》。

　　一种笔下，一个世界。我们的世界正等着我们用眼睛和心灵去开启。

谏逐客书①

李斯

【背景知识】

李斯（？—前208），楚国上蔡（今河南上蔡）人。李斯年少时做过郡小吏，后与韩非一起从荀卿学"帝王之术"，学成后西入秦，得到秦王器重，拜为客卿。秦统一天下后，为丞相。李斯在帮助秦王嬴政统一中国的事业中起了重要作用。秦统一全国以后，他又积极主张废诸侯、行郡县、书同文、车同轨，对旧的典章制度进行了一系列改革。秦始皇死后，赵高谋立胡亥，李斯被迫胁从。他虽想委曲求全，保住禄位，但终为赵高谗害，被二世腰斩于咸阳，夷灭三族。李斯是秦代唯一有作品传世的作家，他的文章中，《谏逐客书》有较高价值；另还有一些刻石文，都是"颂秦德"之作，无可取。

李斯

臣闻吏议逐客，窃②以为过矣。昔缪公③求士，西取由余于戎④，东得百里奚⑤于宛，迎蹇叔⑥于宋，来丕豹、公孙支于晋⑦。此五子者，不产于秦，而缪公用之，并国二十，遂霸西戎。孝公用商鞅之法⑧，移风易俗，民以殷盛，国以富强，百姓乐用，诸侯亲服，获楚、魏之师⑨，举地千里，至今治强。惠王用张仪之计⑩，拔三川之地⑪，西并巴、蜀⑫，北收上郡⑬，南取汉中⑭，包九夷，制鄢、郢⑮，东据成皋⑯之险，割膏腴之壤，遂散六国之从⑰，使之西面事秦，功施⑱到今。昭王得范雎⑲，废穰侯，逐华阳⑳，强公室，杜私门㉑，蚕食诸侯，使秦成帝业。此四君者，皆以客之功。由此观之，客何负于秦哉？向使四君却客而不内㉒，疏士而弗用，是使国无富利之实而秦无强大之名也。

今陛下致昆山之玉㉓，有和、随之宝㉔，垂明月之珠㉕，服太阿㉖之剑，乘纤离㉗之马，建翠凤之旗㉘，树灵鼍㉙之鼓。此数宝者，秦不生一焉，而陛下说之，何也？必秦国之所生然后可，则是夜光之璧㉚不饰朝廷；犀象之器不为玩好㉛；郑、卫之女不充后宫㉜，而骏良駃騠不实外厩㉝，江南金锡不为用，西蜀丹青㉞不为采。所以饰后宫充下陈㉟娱心意悦耳目者，必出于秦然后可，则是宛珠之簪，傅玑之珥，阿缟之衣，锦绣之饰不进于前㊱，而随俗雅化佳冶窈窕㊲赵女㊳不立于侧也。夫击瓮叩缶㊴弹筝搏髀㊵，而歌呼呜呜快耳（目）者，真秦之声也；郑、卫、桑间、昭、虞、武、象者㊶，异国之乐也。今弃击瓮叩缶而就郑、卫，退弹筝而取昭虞，若是

李斯与秦始皇

者何也？快意当前，适观⑰而已矣。今取人则不然。不问可否，不论曲直⑱，非秦者去，为客者逐。然则是所重者在乎色乐珠玉，而所轻者在乎人民也。此非所以跨海内制诸侯之术也。

臣闻地广者粟多，国大者人众，兵强者则士勇。是以太山不让土壤，故能成其大；河海不择细流，故能就其深；王者不却众庶，故能明其德。是以地无四方，民无异国，四时充美，鬼神降福，此五帝、三王之所以无敌也⑲。今乃弃黔首以资敌国⑳，却宾客以业诸侯，使天下之士退而不敢西向，裹足不入秦，此所谓"藉寇兵而赍盗粮"者也㉑。

夫物不产于秦，可宝者多；士不产于秦，而愿忠者众。今逐客以资敌国，损民以益仇，内自虚而外树怨于诸侯，求国无危，不可得也。

［选自（汉）司马迁：《史记》，北京，中华书局，1959。部分用字参其他版本有改动］

【注释】

①本篇出自《史记·李斯列传》，是李斯的一个奏章，写于秦王政（即后来的秦始皇）十年（前237）。当时李斯已为客卿。在此之前，韩国迎合秦国大事建设的需要，派水工郑国赴秦，劝秦王修筑一条灌溉渠，目的在使秦国消耗财力，不能对韩用兵。不久，秦发觉了韩的这一计谋。于是，秦宗室大臣纷纷建议秦王逐客。李斯也在被逐之列，于是上书劝谏。秦王采纳了李斯的建议，取消了逐客令，并恢复了李斯的官职。

②窃：私下。

③缪公：即秦穆公（前659—前621在位），春秋时五霸之一。缪，古同"穆"。

④由余：春秋时晋人，流亡入戎，奉戎王之命赴秦考察，秦穆公用计离间由余与戎王，于是由余便归降了秦国。后由余为秦定计伐戎，使秦征服了西戎。

⑤百里奚：楚国宛（今河南南阳）人，曾任虞国大夫。晋灭虞后，百里奚被晋国俘去，作为晋献公女儿的陪嫁奴仆入秦。后百里奚逃到楚国，又被楚国边兵俘虏。穆公知道他有才干，以五张黑公羊皮把他赎回，授以国政，相秦七年。

⑥蹇（jiǎn）叔：岐（今陕西境内）人，寓居于宋，是百里奚的好友。经百里奚推荐，穆公厚礼聘为蹇叔上大夫。

⑦丕豹：晋大夫丕郑之子。晋惠公（夷吾）杀了他的父亲，他逃到秦国，穆公任他为大将攻晋，打下八城，并生俘夷吾。公孙支：岐人，寓居于晋，穆公收为谋臣，任大夫。

⑧孝公：即秦孝公（前361—前338在位）。商鞅：战国时卫人，姓公孙，名鞅，又称卫鞅。因秦封他于商，故名商鞅。商鞅任秦相十年，先后两次变法。

⑨获楚魏之师：秦孝公二十二年（前340，亦即楚宣王三十年），封卫鞅于商，南侵楚。同年，卫鞅击魏，虏魏公子卬（áng），魏割西河之地予秦。

⑩惠王：初号惠王君，后称惠文王（前338—前311在位），秦孝公之子。张仪：魏国人，惠文王时为秦相，用连横之计破坏六国合纵，以便秦国各个击破六国。

⑪拔三川之地：三川之地本属韩国，在今河南黄河以南、灵宝以东一带。三川，指黄河、伊水、洛水。惠文王时，张仪请出兵三川，当时并未实现，拔三川之地当是秦武王时的事。

⑫巴、蜀：皆古国名。巴，在今四川东部；蜀，在今四川西部。秦惠文王二十二年（前316），使司马错伐蜀，灭之。秦并吞巴、蜀后，置巴郡、蜀郡。

⑬上郡：本魏地，包括今陕西北部和宁夏、内蒙古的部分地区。秦惠文王十年（前328），公子

华和张仪攻魏，魏以上郡十五县献秦求和。

⑭汉中：本楚地，在今陕西省南部。惠文王二十六年（前 312），秦大破楚军于丹阳，斩首八万，接着攻楚汉中，取地六百里，置汉中郡。

⑮九夷：指当时楚国境内的少数民族地区。鄢郢：楚地名，鄢在今湖北宜城；郢是当时楚国的国都，旧址在今湖北荆州附近。

⑯成皋：又名虎牢，古代军事要地，在今河南荥阳汜水镇。

⑰散六国之从：解散了韩、魏、燕、赵、齐、楚六国的合纵之盟。从：同"纵"。

⑱施（yì）：延续。

⑲昭王：即秦昭襄王（前 306—前 251），惠文王之子，武王异母弟。武王在位仅四年（前 311—前 307）。范雎（jū）：魏国人，受到魏相魏齐迫害，逃到秦国，后为秦昭襄王相，封应侯。他提出远交近攻的策略，使秦国得以逐步征服邻国，扩大疆土。

⑳穰（rǎng）侯：即魏冉，秦昭王母宣太后的异父弟，为秦相，掌政三十余年，封于穰，故称穰侯。华阳：宣太后的同父弟，也因宣太后的关系在朝专权，封于华阳，故称华阳君。昭王听从范雎的劝告，废太后，逐穰侯、华阳君等于关外。

㉑强公室：增强公室的权力。杜私门：抑制贵族豪门的势力。杜，杜绝，抑制。

㉒向使：假如当初。却：使退却，拒绝。

㉓昆山之玉：古代传说昆仑山北麓和田县产美玉。

㉔和、随之宝：指和氏璧与随侯珠。随是周初小国，在今湖北境内。传说随侯用药敷治了一条受伤的大蛇，此蛇后来于夜间衔一宝珠来谢他，此珠便被称为随侯珠。春秋时楚人卞和，相传他在荆山下得一玉璞，献给楚厉王（楚国历史上无"厉王"）。厉王使玉人鉴定，玉人指为石，于是厉王刖（yuè）去和氏左足。武王即位，和氏再献其璞，玉人仍指为石，武王又刖去和氏右足。及至文王即位，和氏又献其璞，结果剖得美玉。于是世称此玉为和氏璧。

㉕明月之珠：夜间光如明月的宝珠。一说即随侯之珠。

㉖太阿（ē）：宝剑名，相传是春秋时吴国名将欧冶子、干将所铸。

㉗纤离：古骏马名。

㉘翠凤之旗：用翠羽为凤形装饰起来的旗子。

㉙鼍（tuó）：鳄鱼类，皮可蒙鼓，声洪大。

㉚夜光之璧：据《战国策·楚策》载，张仪为秦说楚王，楚王乃遣使献夜光之璧于秦王。

㉛犀、象：指犀牛和象牙。不为玩好：不可以作为玩赏的东西。

㉜郑、卫之女：古时认为郑、卫之女善歌舞，这里泛指能歌善舞的美女。

㉝駃騠（jué tí）：骏马名。厩（jiù）：马棚。

㉞丹青：丹砂和青雘（huò），两种颜料。

㉟下陈：后列，即站在后列的人。指侍奉君主的嫔妃、宫女。

㊱宛珠：宛地（今河南南阳）出产的珠子。傅玑之珥：附有玑珠的耳饰。傅，同"附"。玑，不圆的珠子。阿缟：齐国东阿（今属山东）出产的白色丝绸。锦绣：织锦和刺绣。

㊲随俗雅化：随着时尚打扮自己，力求娴雅漂亮。佳冶：美好艳丽。窈窕：体态美好。

㊳赵女：传说古代燕、赵多美女，这里泛指他国美女。

㊴瓮、缶（fǒu）：均瓦制容器，秦人用作打击乐器。

㊵筝：古代秦地的一种弦乐器。搏髀（bì）：拍击大腿，指打拍子。

㊶郑、卫：指郑、卫两国的乐曲。桑间：指卫国濮水之滨（今河南濮阳地区）的音乐。韶虞：相传为虞舜时的乐曲。武象：周武王时的乐舞曲。

㊷适观：适合观赏。

㊸曲直：邪正。

㊹五帝：指黄帝、颛顼、帝喾(kù)、尧、舜。三王：夏禹、商汤、周文王等。

㊺黔首：指百姓。后来秦定天下，尚黑，法定称百姓为黔首。资：助。

㊻藉寇兵：把兵器借给入侵者。藉，借。赍(jī)：给予，赠送。

【阅读提示】

《谏逐客书》写于秦王嬴政十年(前237)，即秦王嬴政统一天下前16年。它的写作意图是劝阻秦王逐客，其主旨是陈说逐客对秦不利。文章开门见山提出一个总的论断："臣闻吏议逐客，窃以为过矣。"指出逐客的主张是错误的。接着文章分三层详说错误所在，阐明中心论点。首先，文章列举秦国历史上四位国君重用客卿成就功业的史实，证明逐客的主张是错误的，在充足的史实基础上引出结论："由此观之，客何负于秦哉?"完全驳倒了"吏议"，说明秦王逐客是没有理由的。其次，作者以秦王自身生活享受方面的琐事为喻，抓住秦王胸怀大志的心理，委婉地说明了任用客卿对于成就"跨海内、制诸侯"大业的重要性和必要性，以小喻大，使秦王嬴政心悦诚服地接受劝说。再次，作者通过古今正反对照，陈述逐客的错误和严重危害。文章末尾对上述三层内容加以概括，对文章开头提出的中心论点再做充分而深刻的阐述。

这篇奏疏在艺术上有两个显著特色：一是善用比喻，增强了议论的形象性和说服力，最突出的例子是用秦王取物的态度为喻，来说明秦王对取人应抱的态度和不应抱的态度；二是气势奔放，文采斐然。作者多用铺陈和夸饰手法、对偶句式及华美的辞藻，使文章音调谐美，极富文采。

思考练习

一、选择题

1.《谏逐客书》中的"客"指的是(　　)。

A. 看客　　　　　　B. 商客　　　　　　C. 游客　　　　　　D. 客卿

2. 在《谏逐客书》中，作者先例举缪公用由余、百里奚，孝公用商鞅，惠王用张仪，昭王用范雎的历史事实，然后得出"此四君者，皆以客之功"的结论，这里采用的论证方法是(　　)。

A. 归纳法　　　　　B. 演绎法　　　　　C. 比较法　　　　　D. 对比法

二、思考题

1. 结合本文所阐述的观点，谈谈在当今社会重视人才、广纳人才的重要性。

2. 文章第一、第二自然段分别采用了哪些论证方法？试举例说明。

拓展阅读书目

1.(汉)司马迁：《史记》(点校本二十四史修订本)，北京，中华书局，2014。

2.(汉)司马迁：《报任安书》，见(汉)班固：《汉书》卷六十二，北京，中华书局，1982。

始得西山宴游记①

柳宗元

【背景知识】

　　柳宗元(773—819)，字子厚，祖籍河东(今山西永济)，唐代文学家、哲学家、政治家，唐宋八大家之一。少有才名，早有大志。贞元年间(785—805)柳宗元中进士，入朝为官，积极参与王叔文集团政治革新，革新失败后遭贬谪，后卒于柳州任所，世称柳河东或柳柳州。柳宗元一生留下诗文作品 600 余篇，其文成就大于诗，有《柳河东集》。

柳宗元

　　自余为僇人①，居是州，恒惴慄③。其隙④也，则施施⑤而行，漫漫⑥而游。日与其徒⑦上高山，入深林，穷回溪⑧，幽泉怪石，无远不到。到则披⑨草而坐，倾壶而醉。醉则更相枕以卧，卧而梦。意有所极，梦亦同趣⑩。觉而起，起而归。以为凡是州之山水有异态者，皆我有也，而未始知西山之怪特⑪。

画作《始得西山宴游记》

　　今年九月二十八日，因坐法华西亭⑫，望西山，始指异之⑬。遂命仆人过湘江，缘染溪⑭，斫榛莽⑮，焚茅茷⑯，穷山之高而上。攀援而登，箕踞而遨⑰，则凡数州之土壤，皆在衽席之下⑱。其高下之势，岈然洼然⑲，若垤⑳若穴，尺寸千里㉑，攒蹙㉒累积，莫得遁隐㉓。萦青缭白㉔，外与天际，四望如一。㉕然后知是山之特立，不与培塿㉖为类，悠悠乎与颢气㉗俱，而莫得其涯；洋洋乎与造物者游㉘，而不知其所穷。引觞满酌㉙，颓然㉚就醉，不知日之入。苍然暮色，自远而至，至无所见，而犹不欲归。心凝形释，与万化冥合。㉛然后知吾向㉜之未始游，游于是㉝乎始，故为之文以志。是岁，元和㉞四年也。

（选自《柳宗元集》，北京，中华书局，1979）

【注释】

①柳宗元在永贞元年(805),因参加王叔文改革集团而获罪,被贬为永州司马。在永州的十年间,他寓情山水,借山水浇愁,抒发被贬后的情怀,留下了许多清丽隽秀的游记作品,其中尤以《始得西山宴游记》《钴鉧潭记》《钴鉧潭西小丘记》《至小丘西小石潭记》《袁家渴记》《石渠记》《石涧记》《小石城山记》八篇游记著名,总称"永州八记"。《始得西山宴游记》是"永州八记"的开篇。西山:位于今湖南永州城西湘江外。

②僇(lù)人:受刑戮的人,即罪人,此指遭贬谪之人。僇,同"戮"。

③恒:常常。惴(zhuì)慄(lì):忧惧的样子。

④隙:空闲。指公务之暇。

⑤施施(yíyí):缓慢行走的样子。

⑥漫漫:舒散无拘束的样子。

⑦徒:随从。

⑧穷:穷尽。回溪:迂回曲折的山溪。

⑨披:分开。

⑩趣:同"趋",往,赴。

⑪未始:不曾。怪特:怪异独特。

⑫法华西亭:法华,寺名,在永州城内东山上。柳宗元于元和四年(809)建亭于寺西庑旁,曾作《永州法华寺新作西亭记》记其事。

⑬始:初次。指异:指点称异。

⑭缘:沿着。染溪:潇水支流冉溪的别名,柳宗元改为愚溪,在湖南零陵县西南。

⑮斫(zhuó)榛(zhēn)莽:砍伐丛生的草木。

⑯茅茷(fá):茂盛的茅草。

⑰箕(jī)踞:坐时两腿前伸,形如簸箕,故名。遨:游览,指观赏风景。

⑱衽(rèn)席之下:形容居高而望,景色仿佛就在坐席之下,离自己很近。衽席,席子。

⑲岈(xiā)然:山谷空阔的样子。洼然:溪谷低下的样子。

⑳垤(dié):蚁穴边的积土。

㉑尺寸千里:千里远景如在尺寸之间,形容登高所见。

㉒攒(cuán)蹙(cù):聚集收拢。

㉓遁隐:隐遁藏匿,指从高处望,景物尽收眼底,没有逃离或隐藏到视线之外的。

㉔萦青缭白:青山白云相互萦绕。

㉕"外与天际"二句:外与天边相接,四面望去,浑如一体。际,接,交会。

㉖培(pǒu)塿(lǒu):小土丘。

㉗颢(hào)气:洁白清新之气。

㉘洋洋乎:广大无边的样子。造物者:指大自然。

㉙引觞满酌:拿起酒杯,斟满酒。

㉚颓然:形容醉酒时东倒西歪、疲乏无力的样子。

㉛"心凝形释"二句:精神专注,形体消散,忘形忘我,与天地万物融为一体。释,解除束缚。

㉜向:从前。

㉝于是:从此。

㉞元和:唐宪宗年号(806—820)。

【阅读提示】

柳宗元山水游记的最大特色，是游迹与心迹融为一体，交相呼应，重在以自然山水之美与人物内在之美相映照，次在鲜明生动地写景状物。本篇是柳宗元山水游记的代表作品。本文记叙了作者游览永州西山的经过，突出了作者在游览中获得的审美感受和精神感悟，体现了他在革新失败、贬谪外放后依然保持特立不流俗的思想品格，并在大自然的壮阔景色中涤荡了心胸，达到了忘形天地、与宇宙万物相合的精神境界。本篇是"永州八记"的首篇，历来也被看作欣赏"永州八记"的钥匙，为后人准确地理解和欣赏"永州八记"中所蕴含的思想与情怀提供了帮助。

"始得"二字，为全文题眼。题目可理解为：开始发现西山的奇特，获得宴游之乐的游记。"始得"作为八记的开头，体现了作者第一次寻访到永州山水之美；"始得"二字又郑重地标明了游览西山以前和这次游览西山的分界；"始得"也标明游览西山对作者有特殊意义。从心境上看，作者由被贬永州后"恒惴慄"的忧惧不安心情到取得了"心凝形释，与万化冥合"的审美体悟；从游览本身看，之前因心境压抑而游玩无乐趣，从游西山获得宴游之乐，才开始真正的游览。

本篇构思精巧，结构非常严谨，善于使用衬托、对照手法，巧妙而自然。文章开始先概写平日游览之胜，继而再写西山之宴游，曲折入题，先写未得西山，再写始得西山，这样安排使游览西山的内容更加突出。铺垫充分，转折自然，说明西山之游，既是昔日游遍诸山的继续，又是一系列新的宴游的开始。全文紧扣"始得"，首尾照应，脉络贯通。文章写平日游览，却先写被贬后的忧惧苦闷，与"山水之乐"形成对比，又与文末的物我合一形成映衬。西山宴游描写，也多从衬托和对照中表达作者的感受。如写"未得"西山的"漫漫而游"，正是为了反衬始识西山的惊喜；写万物的渺小，突出了西山的"特立"。作者写景状物简洁形象，寄情于景，托物寓志，把自己贬谪的愤懑、痛苦，交织渗透在精妙入微的景物描写之中，赋予山水以个人的情志。如写"披草而坐，倾壶而醉"，正是作者孤寂性格的表现。西山的"怪特"正是作者傲世蔑俗的写照。

思考练习

思考题

1. 这篇游记的题目很耐人寻味，如何理解题目中"始得"的含义？

2. 文中写过去的游览经历和游览西山似乎毫无关系，是否多余？如何理解本文在结构上先写平日游览之胜再写西山之宴游这一特点？

3. 找出文中寄情于景、托物寓志的语句，并说明其中寓意。

拓展阅读书目

1.《柳宗元集》，北京，中华书局，1979。

2.（唐）韩愈：《柳子厚墓志铭》，见《韩昌黎文集校注》，上海，上海古籍出版社，2014。

3. 林纾：《韩柳文研究法校注》，北京，北京联合出版公司，2019。

岳阳楼记①

范仲淹

【背景知识】

范仲淹(989—1052),字希文,苏州吴县(今江苏吴县)人,北宋杰出的政治家、军事家、文学家。少孤寒,有大志,常以天下为己任。真宗大中祥符八年(1015)范仲淹中进士,曾受命戍边,任陕西经略副使,遏止西夏入侵,声震边陲,官至枢密副使、参知政事。宋仁宗庆历三年(1043),范仲淹针对当时的朝政弊病提出"十事疏",仁宗采纳他的建议,陆续推行,史称"庆历新政"。可惜不久改革因保守派的反对而失败,范仲淹因此被贬谪,后在赴颍州途中病死,谥文正,世称范文正公。范仲淹诗、文、词俱擅,有《范文正公集》传世。

庆历四年春②,滕子京谪守巴陵郡③。越明年④,政通人和,百废具兴⑤,乃⑥重修岳阳楼,增其旧制⑦,刻唐贤、今人诗赋于其上,属⑧予作文以记之。

予观夫巴陵胜状⑨,在洞庭一湖。衔远山,吞长江,浩浩汤汤⑩,横无际涯⑪,朝晖夕阴⑫,气象万千,此则岳阳楼之大观⑬也,前人之述备矣⑭。然则⑮北通巫峡,南极潇湘⑯,迁客骚人,多会于此⑰,览物之情,得无异乎⑱?

岳阳楼

若夫霪雨霏霏⑲,连月不开⑳,阴风怒号,浊浪排空㉑,日星隐曜,山岳潜形㉒,商旅不行,樯倾楫摧㉓,薄暮冥冥㉔,虎啸猿啼。登斯楼也,则有去国怀乡,忧谗畏讥㉕,满目萧然,感极而悲者矣。

至若春和景明㉖,波澜不惊,上下天光,一碧万顷㉗,沙鸥翔集,锦鳞游泳㉘,岸芷汀兰㉙,郁郁青青。而或长烟一空㉚,皓月千里㉛,浮光跃金㉜,静影沉璧㉝,渔歌互答,此乐何极!登斯楼也,则有心旷神怡㉞,宠辱偕忘㉟,把酒临风㊱,其喜洋洋者矣。

嗟夫㊲!予尝求古仁人之心㊳,或异二者之为㊴,何哉?不以物喜,不以己悲。㊵居庙堂之高,则忧其民㊶;处江湖之远,则忧其君㊷。是进亦忧,退亦忧。㊸然则何时而乐耶?其必曰:先天下之忧而忧,后天下之乐而乐乎!㊹噫!微斯人,吾谁与归!㊺时六年九月十五日。

(选自《范仲淹全集》,成都,四川大学出版社,2002)

【注释】

①岳阳楼：在湖南岳阳，楼高三层，下临洞庭湖，气势雄伟。其前身是三国时期吴国都督鲁肃的阅兵台。唐玄宗开元四年(716)，张说在阅兵台旧址建造楼阁，取名"岳阳楼"，后历史上许多著名诗人都曾登楼赋诗。"庆历新政"失败后，范仲淹贬居邓州。昔日好友滕子京从湖南来信，要他为重新修竣的岳阳楼作记，并附上《洞庭晚秋图》。庆历六年(1046)六月，他就在邓州的花洲书院里挥毫写就了这篇著名的《岳阳楼记》。

②庆历四年：1044 年。庆历，宋仁宗赵祯的年号。

③滕子京谪(zhé)守巴陵郡：滕子京，名宗谅，子京是他的字，范仲淹的朋友。巴陵郡，湖南岳州。谪守，指降职做州郡的长官。

④越明年：到了第二年，就是庆历五年(1045)。越，到了，及。

⑤政通人和：政事顺利，百姓和乐。政，政事。通，通顺。和，和乐。这是赞美滕子京的话。百废具兴：各种荒废的事业都兴办起来了。百，虚指，形容其多。废，这里指荒废的事业。具，同"俱"，全，皆。兴，复兴。

⑥乃：于是。

⑦增：扩大。制：规模。

⑧属(zhǔ)：同"嘱"，嘱托、嘱咐。

⑨胜状：胜景，好景色。

⑩浩浩汤(shāng)汤：水波浩荡的样子。

⑪横无际涯：宽阔无边。横，广远。际涯，边界。

⑫朝晖夕阴：(一天里)或早或晚阴晴多变化。

⑬大观：雄伟景象。

⑭前人之述：指上面说的"唐贤、今人诗赋"。备：详尽，完备。

⑮然则：虽然如此，那么。

⑯南极潇湘：南面直到潇水、湘水。南，向南。极，尽。

⑰迁客骚人，多会于此：被贬谪流迁的人和诗人大多聚集在这里。迁客，降职远调的人。骚人，诗人。战国时屈原作《离骚》，后人因此也称诗人为骚人。

⑱览物之情，得无异乎：观览这里景色时的情感，恐怕会有所不同。

⑲若夫霪雨霏霏：像那阴雨连绵。若夫，用在段首以引起下文，下文的"至若"同此。"若夫"近似"像那"。"至若"近似"至于"。霏霏，雨(或雪)繁密的样子。

⑳开：散开，这里指天气放晴。

㉑阴风怒号(háo)，浊浪排空：寒风呼啸，浑浊的波浪冲向天空。

㉒日星隐曜(yào)，山岳潜形：太阳和星星隐藏起光辉，山岳隐没了形体。曜，日光。潜，潜藏，隐没。

㉓樯倾楫(jí)摧：桅杆倒下，船桨折断。樯，帆船的桅杆。楫，划船的用具。

㉔薄暮冥冥：傍晚天色昏暗。薄，迫近。冥冥，昏暗的样子。

㉕去国怀乡，忧谗畏讥：离开国都，怀念家乡，担心(别人)进谗言，惧怕(别人)讥讽指责。

㉖至若春和景明：至于到了春天，气候和暖，阳光明媚。

㉗上下天光，一碧万顷：天色湖光相接，一片碧绿，广阔无际。

㉘翔集：时而飞翔，时而停歇。游泳：或浮或潜。

㉙岸芷汀兰：岸上与小洲上的芷草与兰花。汀，小洲，水边平地。

㉚长烟一空：大片烟雾完全消散。一，完全。

㉛皓月千里：皎洁的月光照耀千里。

㉜浮光跃金：波光跳动，闪着金色。

㉝静影沉璧：静静的月影倒映在湖中像沉入水中的玉璧。

㉞心旷神怡：心情开朗，精神愉快。

㉟宠辱偕忘：荣耀和屈辱一并都忘了。偕，同"皆"，一起。宠，荣耀。辱，屈辱。

㊱把：持，执。临：面对。

㊲嗟(jiē)夫：语气词，可译为"唉"。

㊳求：探求。古仁人：古时品德高尚的人。心：思想感情(心思)。

㊴或异二者之为：或许不同于(以上)两种心情。二者，这里指前两段所描述的因景物变化的"悲"与"喜"。

㊵不以物喜，不以己悲：不因为外物(好坏)和自己(得失)而或喜或悲。此句为互文。

㊶居庙堂之高，则忧其民：在朝中做官则担忧百姓。庙堂，指朝廷。

㊷处江湖之远，则忧其君：处在僻远的地方做官则为君主担忧。

㊸进：在朝廷做官。退：不在朝廷做官。"进"对应上文的"居庙堂之高"，"退"对应上文的"处江湖之远"。

㊹其必曰：先天下之忧而忧，后天下之乐而乐：那一定会说"在天下人担忧之前先担忧，在天下人享乐之后才享乐"吧。其，语助词，在这里指揣测。

㊺微斯人，吾谁与归：如果没有这样的人，那我同谁一道呢？微，非、不是。谁与归，就是"与谁归"，宾语前置。

【阅读提示】

《岳阳楼记》是范仲淹传颂千古的名作，作于他因"庆历新政"失败后被贬谪外放期间。这篇文章借题生发，通过描绘岳阳楼的景色及迁客骚人登楼览景后产生的不同感情，表达了自己"不以物喜，不以己悲"的旷达胸襟与"先天下之忧而忧，后天下之乐而乐"的政治抱负。本文表现了作者虽身居江湖，但心忧国事；虽遭迫害，仍不放弃理想的顽强意志。同时，这也是对被贬战友的鼓励和安慰。这篇文章共分六段。首段交代作记的缘由。第二段描写洞庭湖的宏伟景观，生发议论，引出两种不同的登楼览景的情怀。第三、第四段是两个排比段，描写一阴一晴两种天气景色，一悲一喜两种"览物之情"，即一种是"去国怀乡，忧谗畏讥"的"因己而悲"的感情；一种是"心旷神怡，宠辱偕忘"的"因物而喜"的感情。第五段是全篇的重心，阐述古仁人之心，"不以物喜，不以己悲"的旷达胸襟，抒发自己"先天下之忧而忧，后天下之乐而乐"的远大抱负。最后标明文章写作时间，与篇首照应。全文结构严整，层次分明，融记叙、写景、抒情、议论为一体；动静相生，明暗相衬，文辞简约，音节和谐，用排偶章法做景物对比，富于创新性。范仲淹的政治抱负体现了中国古代文人士大夫的忧君思想，带有时代的局限性，但是他所提倡的吃苦在前、享受在后的精神，在今天仍然有着借鉴和教育意义。

思考练习

思考题

1. 文中两种不同的"览物之情"分别是什么？作者阐述的主要观点是什么？

2. 全文共分几段？请概括各段段意。

3. 联系全文，谈谈你对"先天下之忧而忧，后天下之乐而乐"的理解。

4. 文中说古仁人"不以物喜，不以己悲"，作为现代人的你能否做到？为什么？请联系自己的生活实际，谈谈你的看法。

拓展阅读书目

1. 诸葛忆兵：《范仲淹传》，北京，中华书局，2012。

2.（宋）范仲淹：《邠州建学记》，见《范仲淹全集》，成都，四川大学出版社，2002。

格萨尔王传（节选）

【背景知识】

《格萨尔王传》是藏族人民集体创作的一部伟大的英雄史诗，历史悠久，结构宏伟，卷帙浩繁，内容丰富，气势磅礴，流传广泛。史诗从生成、基本定型到不断演进，包含了藏民族文化的全部原始内核，具有很高的学术价值、美学价值和欣赏价值，是研究古代藏族社会的一部百科全书，是公认的世界上最长的一部史诗，被誉为"东方的荷马史诗"。《格萨尔王传》是世界上唯一的活史诗，至今仍有上百位民间艺人，在中国的西藏、四川、内蒙古、青海等地传唱着英雄格萨尔王的丰功伟绩。整个史诗主要分成三部分：第一，降生，即格萨尔降生部分；第二，征战，即格萨尔降伏妖魔的过程；第三，结束，即格萨尔返回天界。三部分中，第二部分"征战"内容最为丰富，篇幅也最为宏大。除著名的四大降魔史——《北方降魔》《霍岭大战》《保卫盐海》《门岭大战》外，还有 18 大宗、18 中宗和 18 小宗，每个重要故事和每场战争均构成一部相对独立的史诗。史诗《格萨尔王传》虽然非常宏大，但在思想内容上主要集中于为民除害，保护老百姓；发展生产，改善百姓生活；反对侵略，保卫祖国等方面。当然史诗中也有很多宗教成分，需要区别对待。在艺术成就上，《格萨尔王传》是一部鸿篇巨著，具有宏大的气魄，同时也具有浓郁的浪漫主义特征，刻画人物生动鲜活。此外，这部史诗也采用了很多民间文学的形式、内容和方式来进行表达。

第四回
圆满成就觉如欢喜
万念俱灰晁通忧愁

盛大的赛马会如期举行，美丽可爱的玛隆草原充满了欢乐的气氛，杜鹃在唱，阿兰雀在叫，天空蓝得像宝石，白云白得像锦缎。花儿红了，草儿绿了，草原似乎变得更广阔了。达塘查茂会场上，人头攒动，如山似海。岭地的赛马英雄和勇士们个个英姿飒爽，好不威风。没有人不认为自己是胜利者，没有人以为自己不会夺得王位。人人都在祈祷天神，而且坚信护法会帮助自己。

达绒长官晁通王，还有他的儿子东赞和众弟兄们，把头昂得高高的。在他们看来，举行赛马大会的预言是马头明王讲给晁通王的，这是天神给他们的护佑。而玉佳马又是岭噶布公认最快的骏马，必胜无疑。

琪居、珍居、琼居即长、仲、幼三个部落的百姓分别坐在自己的位置上，深信自己会取得胜利。

以总管王绒察查根为首的琼居即幼系家族，更是心中有底。12 年前天神早已预言，这次赛马会就是为觉如准备的，就是要让觉如堂而皇之地登上岭国的王位。可是，觉如并没有在他们的行列中。觉如到哪里去了？怎么还不来？总管王和嘉察用眼睛扫视着四周，琼居的弟兄们也焦急地寻找着觉如。

此时，觉如正在珠牡家中，接受嘉洛·敦巴坚赞的赠品和祝愿：

> "送上九宫四方的毡垫，
> 愿觉如登上四方的黄金座；
> 送上镂花的金宝鞍，
> 愿觉如做杀敌卫国的大丈夫；
> 送上'如意珠'和'愿成就'，
> 愿觉如做邪鬼恶魔的降伏者；
> 送上饰着白螺环的宝镫，
> 愿觉如为众生做出大事业；
> 送上'如愿成就'的藤鞭，
> 愿觉如扬弃不善的国王，
> 做我女儿森姜珠牡的好丈夫。"

祝福之后，家人已将宝马饰物全部准备停当，嘉洛父女二人眼看着觉如骑上千里宝驹向赛马场飞驰而去，父女二人也忙朝观看赛马的帐篷走去。

"觉如来了！"人群中不知是谁大喊了一声。这下可好了，大家都知道达绒·东赞的对手来了，玉佳马的对手来了。森姜珠牡也来到了姐妹们身边，她心中暗自高兴：在人们面前出现的，将是打扮得富丽堂皇的觉如，是自己未来的丈夫，是岭噶布的大王。

珠牡这样想着，注目观看，可是她一下愣住了。她怀疑自己的眼是否出了毛病，便使劲地揉了一下。没错，是觉如。可他，他怎么会是这副样子呢？只见他：

头戴一顶又破又不合尺寸的黄羊皮宽檐帽，身穿一件绽开口子的牛犊皮硬边破袄，脚踩一双露出了脚趾的皮制红腰靴子，连马上的金鞍和银镫也变得破烂不堪了。这哪里是来参加比赛的，分明是个叫花子。

珠牡简直不能相信面前这个要饭花子将成为自己的丈夫，她钻心地难受。忽然，一只蜜蜂飞来，在珠牡耳边轻轻唱了几句，珠牡顿时明白了，眼前的觉如，不过又是他的化身而已。自己一时心急，竟忘了觉如的神变本领。

琼居的众弟兄一见觉如这副落魄样，顿时大失所望。一个个垂头丧气地走开了，生怕他的晦气玷污了他们。只有嘉察和总管王心中清楚，不管怎样，岭噶布的王位定是觉如无疑。

达绒晁通王见了觉如这副样子非常高兴。这下可好了，马头明王的预言无比正确，达绒家的胜利已经注定。晁通对琼居那些神情沮丧的弟兄们高声喊道：

"弟兄们，准备好呵！打起精神，赛马就要开始了。"

这喊声分明透露出得意和骄狂。当然，一看到觉如那副落魄可怜的样子，再看看晁通那春风得意的神情，人们确信：今日得胜者，除晁通以外，不会是别人。

在阿玉底山下，众家勇士们不先不后，一字排开了，只听得一声法号长鸣，宣布赛马开始。一匹匹骏马像一团团滚动着的云彩，在草原上向前飞驰着。很快，岭噶布大名鼎鼎的三十位英雄跑到了前面。

在古热石山上，有十三个供烧香敬神的房间，人们烧起柏树枝和叫"桑"①的树枝。顿时香烟缭绕，布满天空。佛灯也在神器的坛城周围燃起，灯火闪耀。只听螺号阵阵，人们五体投地，口中念诵着咒语，向佛菩萨、护法神祈祷，为战神唱赞歌。

在鲁底山上观看赛马的人们，心情一点也不比参加赛马的人轻松。就连那平日最活泼的七姊妹，也紧张得瞪大眼睛，惟恐漏掉赛马场上每一个细小的变化。

眼看赛马场上的马群越来越远，莱琼·鲁姑查娅忽然想起一件事，便低声对珠牡说：

"珠牡姐姐，我昨晚忽然做了个梦，梦见……"

"别那么小声，老跟珠牡嘀嘀咕咕！有什么话，大声讲出来，让我们也听听！"卓洛·拜噶娜泽故意对莱琼说。

"是嘛，也让我们听听。"几个姑娘纷纷凑近了。她们看不清赛马场上的情景，又不甘寂寞，就恢复了她们活泼风趣的本性。

"嗯，好吧！"莱琼·鲁姑查娅把水灵灵的俏眼一扬，她见众姐妹把目光都聚在自己身上，心中好不得意，便道：

"昨夜我梦见在玛隆义吉金科地，大鹏高飞，苍龙游舞，狮虎奔驰，大象行走，出现了一位惊天地、泣鬼神的勇士，他凌越太空，震慑大地。还梦见古日的天湖中太阳浓云相互竞技，烈日升空，光芒遍照。"

"这是什么意思呢？"晁通的女儿晁姆措显然没听懂。不仅她没听懂，旁边几个姑娘也直摇头。只有珠牡心如明镜，却含而不露，微笑不语。

"哪位姐姐能解我的梦呢？"莱琼又扬了扬眉毛。

"我试试！"总管王的女儿玉珍是个心急嘴快、机敏聪慧的姑娘，她看了看周围的姐妹道：

> "琼居的神魄依大鹏，
> 珍居的神魄依青龙，
> 琪居的神魄依雄狮，
> 达绒的神魄依猛虎，
> 弟兄们的神魄依大象。
> 倘若武勇上能凌太空，
> 下能镇大地，
> 定是神武无比的好象征。
> 太阳和浓云在天湖上竞争，
> 象征着觉如是龙所生，
> 烈日将升上天空，
> 这是觉如登上王位的好兆头，

> 光辉照遍全世界，
> 是觉如圆满造福大众的象征。"

玉珍说罢，不仅莱琼高兴，珠牡也微微点头同意。只是那晁姆措像被激怒了的母狮子，头发像黄牛尾巴似地甩来甩去，她真是气极了。既然玉佳马是岭噶布公认的快马，那么她阿爸坐王位已确定无疑，可这两个臭丫头却胡说王位是觉如的。这还了得！不要说觉如得不到王位，就是这样说说也是不可以的。于是，晁姆措气急败坏地说道：

"坏阿妈的丫头多么诡诈，竟能颠倒是非黑白，还说得头头是道。你说觉如是好象征，那么你去等吧；觉如是好兆头，你去婚配吧。"

莱琼和玉珍刚要回敬，珠牡轻轻拽了一下她俩的袍襟，示意不要理她。莱琼把小嘴一撇，很不高兴。玉珍却明白了珠牡的用意，不再与她计较。

那晁姆措见沿人搭腔，以为众人被她说得无言以对，便更加肆无忌惮起来：

> "黄金宝座将属玉佳马，
> 森姜珠牡将属晁通王，
> 嘉洛的财富要归达绒仓，
> 岭噶布定属我父王。
> 觉如的马儿像老鼠，
> 掉在弟兄们后面像啄食，
> 又像达勒虫儿用鼻向前拱，
> 倒数第一的锦旗虽然少，
> 觉如一定能拿到。"

众家姐妹虽不理会晁姆措的恶言恶语，但莱琼和玉珍的脸却早被气得通红。只有珠牡像是什么也没听见似的，依旧笑着，微微昂起头，细细地观察赛马场。

那赛马场上，比赛进行得正激烈。晁通骑着玉佳马跑在最前头，觉如骑着江噶佩布落在最后面，嘉察一边扬鞭催马，一边不时回头望着觉如。可觉如偏不看他，倒像是要观察大地的美丽风景，非常轻松地一路慢跑着……

赛马会盛况空前，路程已经跑了一小半，觉如不由自主地用腿夹了一下马肚子，千里驹加快了速度。其他各家英雄们更是扬鞭打马。晁通和他的玉佳马始终跑在最前面。

正在此时，天空出现了一小团乌云。不知怎地，这乌云越来越大，天色变得越来越黑。接着，一声霹雳划破了云层，眼看就要降下一场冰雹。

是气候变化无常呢，还是护法神故意考验大家？不是，都不是。原来是这阿玉底山的虎头、豹头、熊头三妖魔在作怪。那虎头妖说：

"今天岭噶布举行赛马会，弄得满山尘土飞扬，还有马的粪便，到处都是。这些脏东西都丢给我们，怎么得了……"

"不仅如此，他们还把雪山踏得摇晃，草原也破坏了……"这是憨声憨气的熊头妖。

"今天我们要不给他们点颜色看看，以后随便什么人都敢在山上胡闹。那些官人、牧人乃至穷汉，再也不会供奉我们。这还了得！"一向舌尖嘴巧的豹头妖喋喋不休地说着。

于是三妖召集了属下的黑暗魔军，布上乌云，撒下霹雳。当三妖正要把冰雹降下的时候，突然觉得周身不自在起来。

原来，那觉如早把三妖的行为看在眼里。偌大一个赛马会，岂有被妖魔搅了的道理？如不降伏这三妖，岭噶布的人们迟早要受害。顷刻间，觉如已将神索抛向空中，三妖一下子被缚到觉如的马前。

三妖顿时失了灵气，连连叩头，表示愿意归顺，为觉如效力。

觉如命他们立即收起乌云，回归山门听命，从今往后再不准作恶伤人，否则决不轻饶。

乌云顿时散去，阳光比先前更加灿烂、明媚，玛麦地方的仙女立即给觉如献上了三件宝：水晶甘露净瓶、开启古热石山宝矿的钥匙和一条八宝三吉祥丝绸哈达。觉如降妖有功，不仅为凡间众生免除了灾祸，也为仙家减去了不少麻烦。

觉如谢过仙女，立即打马追赶赛马的队伍，一瞬间就赶上了走在最后的驼背古如。觉如一见古如那一弓一弓吃力的样子，觉得好笑，就故意逗他：

"我是觉如②向上翘，你是古如③驼着腰，我、你二人相配合，你看这样好不好？觉如、古如相伴行，我俩一同来赛跑，得了彩注我俩分，欠了债务我俩还。"

那古如一听，顿时烦躁起来。他看觉如这副穷酸相，还说什么能得彩注；跑在了最后，还要和我配合，这配合大概没有别的意思，一定是要我和他平分债务。我决不能和他作伴配合，我可不愿意替他还债。让他死了这条心吧！于是，古如虎着脸对觉如说：

"你别打我的主意了，古如没有那么傻，平白无故替你还债。现在我俩早就失去获得彩注的希望了。如果天神肯帮助我获得彩注，我决不和你平分；如果你得了彩注，我也不希罕。我更不会替你还债。你我是白雪与红火，两者不相容，更说不上什么配合。"

"古如呵，我觉如可是一片好心，我是看你驼着背，怪可怜的，真心愿意帮助你，你怎么这样说话呢？你不后悔吗？"觉如还想给古如一个机会。

古如一听此话，不禁哈哈大笑：

"可怜？帮助？哈哈……你大概还不知道我驼背的好处吧。我古如，上为岭噶布的神驼，若没有我则神仙要衰败；我中为岭噶布的富驼，若没有我则富者要衰败；我下为岭噶布的福驼，若没有我则福禄要衰败。你没听那岭噶布人唱的歌么？

> "上弦的月牙弯着好，
> 它把碧空装饰得好；
> 丰年的穗头弯着好，

> 填满众生的仓房好；
> 太空的彩虹弯着好，
> 天地靠它衔接好。
> 男子汉驼时武艺强，
> 女人们驼时见识高，
> 兵器弯时好厮杀，
> 坡路弯时好赛跑。"

"觉如啊，我虽比不得那富翁，但比起你觉如来也算是个富人。我有九头犏牛、九块水田、九个儿子和九个女儿，春冬两季不会缺水酒，秋夏两季我家的乳酪多。觉如呵，你怎么可以和我相配合？我是决不和你配合的。"

觉如见古如的这种态度，只觉得又好气又好笑。气那古如有眼不识真菩萨，笑那驼背气冲牛斗的好气魄。可又跟他说不清楚。觉如待要不理他呢，又不甘心就这么算了。特别是古如对自己驼背的赞颂，更是叫人从心底里发笑，凭这一点也该回敬他几句才是：

> "弯刀会刺伤自身，
> 弯角会戳瞎自己眼睛，
> 弯臂的手会打自己的脸，
> 驼背的嘴会啃自己的腿，
> 倒扣的瓶子盛不了水，
> 弯曲的彩虹不能当衣服。
> 外面身体弯曲是由于病，
> 病若发作小心要老命；
> 里面心意弯曲是自私，
> 私心太重会变成疯子。
> 百人走向山上去，
> 驼子就像头当腿；
> 百人向上立起时，
> 驼子就像向下睡；
> 弟兄们跑马向前去，
> 古如跑马向后退。"

觉如唱完，打马就要向前跑。古如被觉如的歌气得直发抖。他拼命地想直起腰，和觉如讲理，可那驼背却怎么也直不起来。古如想：赛马的彩注，我和觉如反正都没份了，可这坏觉如太气人，说什么也不能让他跑到我的前面去。于是，他举起马鞭朝自己的白额驼马没头没脑地乱打起来。那马被古如这一打，顿时乱蹦乱跳，左右闪动，把觉如挡在了后面。觉如心中暗笑古如的愚蠢，轻轻拍了一下江噶佩布的右耳，那宝驹立即明白了主人的意思，腾起一蹄，把古如的白额驼马踢到路旁的一个土坑里；与此同时，又把离了鞍尚未落地的古如吞入口中。古如像是走进了一座神庙，有金顶红墙，还有闪闪发光的金佛像。古如正待跪下求神灵保佑，那宝驹又一使劲，把古如连同一团粪便一起送到了外面。古如一屁股坐在马粪上，一点也没有摔伤。他那坐骑白额驼马立即走上前来，舔着古如的手。古如颤抖着站起身来，望着早已跑得没有踪影的觉如，心中一阵懊悔，不觉长叹一声，垂头丧气地骑着马转了回去。

宝驹江噶佩布载着觉如飞也似地向前奔去，越过了一群又一群赛马人。很快，他赶上了岭噶布三个美男子之一的仓巴俄鲁。

觉如看了看仓巴俄鲁，闪光的额头，玫瑰色的腮，珍珠般的牙齿，星星般的眼睛；身着素白锦缎袍，胯下一匹"藏地雪山"马，好一个银装素裹的美少年。觉如心中暗自称赞，但不知这美少年心地如何，还要试上一试。

"喂，俊美的俄鲁，你可认识我？"

俄鲁只顾赛马，并未注意觉如对他的观察。听见叫他，回头见是觉如，立即回答：

"当然，岭噶布的人可以不认识狮子，可没有人不认识觉如您哪！"

"哦？那我要你帮帮忙行吗？"

"当然，请说吧！"俄鲁毫不犹豫地回答。

"你看我们两人，多么不一样呵！你那么俊美，我这么丑陋；你那么富有，我这么穷困；你肯帮助我像你一样漂亮、富有吗？"觉如说完话便使劲盯住他。

"这个？……当然，我愿意帮助你，等赛过马，你到我家，把财产分给你一半就是。"俄鲁只犹豫了一下，仍不失慷慨。

"可我等不了那么久呀？"

"那我现在有什么东西可以给你呢？嗯，这样吧，就把我这顶珍贵的禅帽送给你吧。"

觉如当然知道这顶帽子的好处，并且已经看出这美少年的心地确实也同外表一样美。可这帽子的好处，俄鲁是否也知道呢？该不是把它当作一件普通的礼物送给我的吧？想到此，觉如故意不屑地说：

"送顶帽子管什么用呢？它能使我变得俊美，还是富有？"

"觉如啊，难道你不知道这顶帽子的好处？这是我们长系供奉的宝物，它虽不能使你漂亮，却能给你比漂亮更多的好处。"

"哦？那你说说看。"

"戴上它走遍四方无阻拦，五害④三毒不染身，自心光明如日月，六道众生得解脱，知识智慧用不尽。"

觉如心中暗喜，接过法帽戴在头上，把自己的黄羊皮帽子揣在怀中。他把玛麦仙女所献的水晶净瓶和八宝三吉祥哈达送给了俄鲁。

觉如又向前跑去，超过了许多兄弟。他忽然看见算卦人衮喜梯布，人人都说他算卦最灵验，现在时间还早，我何不让他给我算一卦。他来到衮喜梯布的身旁，与他并辔而行：

"大卦师，久闻大名，我觉如也想请您算一卦。"

"噢，觉如公子想问什么？"衮喜梯布并未减慢速度。

"哦，我在想，无上的宝座和壮丽的河山，还有那十八个边地国家的王位，这些都不是凭快马得来的，可我们岭噶布为什么要凭快马来夺天下呢？马快就能成王，马慢就将沦为奴隶，这不是件很荒唐的事吗？"

"这不是我能回答的问题。"衮喜梯布皱了皱眉头。

"这我知道，我并不要你回答，我只是请大卦师算算我觉如能不能得到彩注？"

"觉如公子，若在平日，我可以澄神静虑，至诚至信地为您祈祷卦神。可在今天这鞭缰争先后、马耳分高低的时候，我只能为您用布卦的绳子算个速卦，望公子不要见怪。"

"当然，只要算得准，我一定重重谢你！"

衮喜梯布一边跑马，一边祈祷打卦。不一会儿，卦师兴奋地喊了起来：

"觉如啊，这真是个好卦象，好卦象呵！"

"卦上显示你能镇住江山，做岭噶布的王，能使百姓安居乐业，同时合家团圆，象征着你能做珠牡的如意郎。"

觉如笑了，这衮喜梯布果然名不虚传。觉如献给他一条洁白如雪的哈达作酬谢。

觉如又跑了一阵，突然痛苦地呻吟起来，身体也像支持不了似的，一下子滚鞍落马，趴在地上。

"哎呀呀，我好痛，好痛哟！"

大医师贡噶尼玛恰巧从觉如身边走过，他赶忙勒住马询问：

"觉如公子怎么了，病了吗？"

"八年来的流浪生活，使我痼疾缠身。医生呵，能不能给我点药吃啊？"

贡噶尼玛为难了，因为药囊没有带在身边，虽有些救急的药品，但不知是不是能治觉如的病。一看觉如那副疼痛不堪的样子，大医师立即下马，蹲在觉如面前：

"觉如啊，很痛吗？是哪里痛？待我替你把把脉，再给你一些药吃。"

医生把手按在觉如的手腕上，他用奇异的目光看着觉如：

"病分风、胆、痰三种，由贪、瞋、痴而生。这三者相互混合，才生出四百二十四种疾病。我看你这脉中四大调和无渣滓，缘起之脉澄又清。要么是我医生诊断错误，要么这脉相是幻觉，要么是觉如在装病。觉如呵，不必如此，你的脉相好，事业会成功，彩注自然归你得。"

觉如一下从地上跳起来，脸上的病相早已烟消云散。他一边把哈达缠在医生的脖子上，一边笑着说：

"岭噶布都说贡噶尼玛的医道高明，今日一试，果然是真。医生呵，赛马会后再见吧。"

觉如上马急驰，刹那间追上了总管王绒察查根。觉如笑嘻嘻地叫了一声：

"叔叔！"

"这半日你到哪里去了？你若再不快些赶上，晁通就要抢下王位了。"绒察查根虎着脸，责怪道。

"怎么会呢？叔叔，您心里应该清楚，上天安排的宝座，怎么会让畜生夺去呢？我在赛马途中，已经为大家办了不少好事。当然，还看到不少热闹。"觉如想起刚才的一切，不由得又笑了起来。

"觉如，不可把赛马当儿戏，快跑吧。不然天神也不会保佑你。"总管王打了一下觉如的马屁股，宝驹江噶佩布猛地向前一蹿，远远地离绒察查根而去。

那晁通骑在骏马上，好不悠闲自在，眼见相距终点古热石山已经不远，他高兴得不得了。本来赛马会的劲敌只有觉如一个，可到现在，却不见觉如的踪影。王位、七宝，还有美丽无双的森姜珠牡……

晁通正乐不可支的时候，忽见觉如已经跑到自己眼前。顿时，就像在燃烧的干柴上泼了一瓢冷水似的，晁通的喜悦心情踪迹皆无，可表面上还要装出一副镇定自若的样子。他笑容可掬地问觉如：

"侄儿！你怎么现在才跑到这儿？你看谁能得到今天的彩注？"

觉如故意要捉弄一下这位自作聪明的人：

"叔叔呵，我已经在金座前跑了两次了，但并不敢坐上去。现在参加赛马的众家兄弟，一个个累得满头大汗，马累得四腿打颤，谁知还能不能有人跑到终点，坐上金座呢?!"

晁通听说觉如已经在金座前跑了两次，不禁心头一紧；当听到觉如说没敢坐那金座，突然又松了一口气。但他还得想办法稳住这个叫花子，说服觉如自动放弃夺取王位的念头。于是，他又笑眯眯地说：

"跑到终点的人是会有的，可坐上王位也不见得是件好事。这赛马的彩注，不过是引诱年轻人的工具。得到彩注，说不定会给家庭增加麻烦和困难，给自己带来不利。叔叔是一片好心，不要再为彩注奔忙了吧。"

觉如冷笑了一声说：

"既然赛马的彩注会带来厄运，那么你还是不要受害了吧，我觉如是什么都不怕的。觉如从来都把好处让别人，把坏处留给自己。现在，就让我觉如去承担这彩注带来的恶果吧。"说着，他扬鞭打马而去。

晁通顿时醒悟过来，自己被觉如捉弄了。他又气又恼，但又不甘心，扬鞭催马，继续往前跑。

转瞬间，觉如追上了嘉察协噶。望着哥哥的背影，觉如突然心生一计。

只见嘉察身穿白镜甲，胯下"嘉佳白背"马，腰间佩带宝刀，正在奋力打马前进。那白背马已累得鬃毛汗湿，四蹄打颤，连长嘶的劲儿似乎都没有了。突然，嘉察面前出现了一黑人黑马，挡住了他的去路。嘉察只听那黑人说：

"喂，嘉察，听人说，嘉洛家的财富和森姜珠牡都交给你了，你快快连人带物一起交出来，留你一条活命；如果敢说个'不'字，马上叫你鲜血流满三条谷。"

嘉察一听此言，气得牙齿咬得格格响：

"黑人妖魔，你别梦想，我们岭噶布的七宝和姑娘岂能交与你？就连我也没有权力享用。能够称王的，只有我的弟弟觉如，他才有这种权力，如果你识相的话，趁早闪开一条路，不然叫你下地狱。"

"我要是不闪开呢?"黑人妖魔狞笑着,露出一排带血的牙齿。

"那好!"嘉察从怀中抽出宝刀,向黑魔用力劈去。嘉察的宝刀劈了个空,险些从马上闪下来。黑人黑马早就不见了,只见觉如端端正正地坐在宝马江噶佩布背上。他对嘉察协噶微笑着说:

"协噶哥哥,请你不要劈!不要怪我,我是怕万一岭噶布发生什么事情,特别是弟兄们发生争斗时,你是不是能秉公处理,我是在试探你呀!"

嘉察方知是碰上了觉如的化身,马上正色道:

"我的好弟弟,哥哥的心意你不用试,天神对你早有预言——降伏四魔,天上地下,所向无敌。我嘉察除了为弟弟效劳,并无别的想法,请弟弟快快扬鞭飞马,早早夺得王位。"

"怎么?哥哥你不想要王位和岭噶布吗?你若不想要,我这个叫花子更不需要它!"说着,觉如翻身下马,把身上的牛犊皮袄也脱了下来,安闲地坐在地上不动了。

嘉察一见,也慌忙下马。

"觉如弟弟呵,重要的不是王位,而是为众生办好事,为了众生的事业,我们在所不辞。现在你若松懈麻痹,不仅会丧失王位,还会给百姓带来灾祸。你看,万一在公众面前被晁通夺去了王位,你觉如就是再有神变,又有什么用呢?觉如呵,为了岭噶布的百姓,你快快上马飞驰吧!"

觉如一听,嘉察哥哥的话句句在理。再看天色也不早了,晁通已遥遥领先,距金座很近了,再要耽误一会儿,将终生遗憾。

觉如飞身上马,朝终点驰去。

晁通心里别提多高兴了。现在距金座只有咫尺之遥,只要玉佳马再向前一跃,他就可以稳坐金座了。

在这关键时刻,奇怪的事情发生了,玉佳马并没有像晁通所希望的那样向前奔驰,反而腾空向后退去。晁通惊得大叫一声,他要勒住马缰,可玉佳马不但没有停下来,反倒更快地向后奔跑。晁通急中生智,立即滚下马来,要徒步跑到金座上去。

玉佳马一下子跌翻在地,呼呼地喘着粗气,哀哀地鸣叫着。晁通又跑了回来,他实在不忍心把自己的宝马扔下。他又用力拉了拉马缰,想让它和自己一起走。玉佳马瞪着两只悲哀的眼睛,像是在说:"主人家,救救我吧,救救我吧!"它是再也走不动了。晁通把心一横,决定丢下他的玉佳马,用力朝金座奔跑。但是那两只不听使唤的脚,像是踏在滚筒上一般,无论怎么跑,都不能靠近金座,只是在原地踏步。

就在此时,觉如骑着宝驹江噶佩布风驰电掣般飞到了眼前。晁通一见觉如,浑身的肌肉一阵发紧,又猛地朝金座跑去。觉如见他如此模样,冷笑了两声。

晁通怒火中烧:

"臭叫花子,你在笑我吗?"

"尊贵的叔叔,你是在和我说话吗?"

晁通王索性不跑了,质问觉如道:

"你为什么要和我过不去,为什么偏要夺我达绒家的金座?"

"谁说金座是你达绒家的?"

"那当然。这是马头明王早已预言过的，岭噶布哪个不知？谁人不晓？"

"那么，好吧，我站着不动，让你自己去跑，怎么样？"

"觉如，你不要再给我耍这套把戏，你不离开这里，我是没法靠近金座的。"

"那是为什么？刚才我并不在你身边呀！"

晁通暗想：对呀，刚才觉如并不在我身边，莫非马头明王的预言错了？难道这金座不属我达绒家？难道这赛马的彩注不该被我得到？晁通望着玉佳马那可怜的目光，扑通一声跪在地上，抱着它的脖子大哭起来。

"叔叔，你还想得到赛马的彩注吗？"

"不！不！我什么都不想，什么都不要。只是，我的玉佳马，我的玉佳马呀！"晁通声嘶力竭地哭叫着。

"那么，如果我能医好你的玉佳马，你肯把它借给我用用吗？"

晁通的哭声戛然止住，连连点头道：

"任凭觉如吩咐，只要玉佳马同以前一样。"

"我要往汉地驮茶叶，借它去驮一趟，你看怎么样？"

"好，好！"晁通现在早已把金座置之度外，一心只希望玉佳马赶快好起来。

觉如把马鞭向上一挑，玉佳马"嚯"地站了起来。觉如又在玉佳马的耳边低语了几句，玉佳马一扫刚才那副疲惫不堪的神态，变得像赛马前那样精神抖擞了。

晁通一见玉佳马恢复了神气，那夺金座的欲望又开始熊熊燃烧。他一把拉过玉佳马的缰绳，翻身就要上马，却被觉如止住了：

"叔叔，玉佳马只能往回走。如果你再想去夺金座，那么玉佳马就会永远站不起来了。"

晁通虽不甘心，却也无可奈何。他再次感到觉如的力量，不敢轻举妄动；既然金座已经无望得到，还是保全玉佳马的性命要紧。

觉如来到金座前面站定，并不忙着坐上去，而是细细地打量着眼前这辉煌耀眼的金座。为了它，晁通不惜花费重金举办赛马会；为了它，连我的宝马也显得不轻松。它仅仅是个金座椅吗？不！它是权力的象征，是财富的象征，是……觉如环顾四周：天，蓝蓝的；草，青青的；雪山闪着银光，岩石兀然耸立。这一切的一切，都要归登上金座的人统理了。想到此，觉如安然地登上了金座。

刹那间，天空出现了朵朵祥云，穹隆中，吉祥长寿五天女乘着色彩缤纷的长虹，拿着五彩装饰的箭和聚宝盆；王母曼达娜泽捧着箭囊和宝镜；嫂嫂郭嘉噶姆掌着宝矿之瓶，率领着部属和众多空行显现在宝座前。

千里驹江噶佩布立于金座一侧，长长地嘶鸣了三声，顿时，大地摇动，山岩崩裂，水晶山石的宝藏之门洞开。玛沁邦惹、厉神格卓、龙王邹纳仁庆等人献茶，众神捧着胜利白盔，青铜铠甲，红藤盾牌，玛茂神魄石镶着劲带，战神神魄所依的虎皮箭囊，威尔玛神魄所依的豹皮弓袋，千部不朽的长寿内衣，战神的长寿结腰带，威镇天龙八部的战靴，……觉如被众神恭恭敬敬地围绕着，一一穿戴整齐。曜主的大善知识又献上宝雕弓，玛沁邦惹拿出犀利无比的宝剑，格卓捧出征服三界仇敌的长矛，龙王拿出九庹长青蛙神变索，多吉勒巴拿出能运千块磐石的投石索，战神念达玛布拿出霹雳铁所制的水晶小刀，嘉庆辛哈勒拿出劈山斧。这种种宝物皆饰于觉如身上，加上华丽的服饰，顿时使他变成了仪表堂堂、威武雄壮的伟丈夫。

哥哥东琼噶布、弟弟龙树威琼、妹妹姐莱威噶、嫂嫂郭嘉噶姆等变化为许多童子，手持法鼓、法螺、铙钹、令旗等，吹奏仙乐，热烈地祝贺觉如登上王位。

前来参观赛马的人们被眼前的盛况惊呆了。他们有生以来，还是第一次享受到众神如此美妙的歌舞和仙乐，恍然若梦，怔怔地不知道自己该做些什么好了。

自从降生以来，觉如犹如被乌云遮住的太阳，又像那陷在污泥中的莲花，虽然为众生做了许许多多的好事，却不为人所知，反而处处受贬，被迫漂流四方，历尽艰辛，这大概也是天神令其吃遍人间之苦，再做君王，方能体谅下情，为众生多办好事。

至此，觉如登上岭国国王的金座，并正式取名，称作世界雄狮大王格萨尔洛布扎堆⑤。

众神随着奇妙的仙乐，热烈祝贺，虔诚祈祷，然后慢慢地飘然离去。岭噶布的人们呼啦啦地拥向金座，向雄狮大王格萨尔欢呼。岭噶布终于有了自己的君王，众生就要过上和平安宁的日子了。这发自心底的欢呼声，震得山摇地动，天上的彩云随之飘舞，海中的浪花随之翻飞。

人们欢呼呵，太阳终于驱散了乌云，莲花终于冲破了污泥，岭噶布终于有了自己的君王，众生就要过上和平安宁的日子了。

雄狮大王格萨尔从金灿灿的宝座上站了起来，看着欣喜若狂的百姓们，他略微思考，便开口道：

"参加赛马的众弟兄呵，岭噶布的众百姓，我本是天神之子、龙王的外孙，今日自称为雄狮大王格萨尔洛布扎堆。我降临人间已经一十二载，历尽艰辛，遍尝苦难。今日终于登上金座，乃是天神的旨意，不知众生是否诚服。"

岭噶布的百姓们匍匐在地。他们早已看见格萨尔登上金座的时候，上有天神撒花雨，中有厉神布彩虹，下有龙神奏仙乐。他们怎能不服从？他们不但心悦诚服，而且感到这是他们虔诚地祈祷的结果。

格萨尔见众人心悦诚服，虔诚之至，便开始封臣点将：

"既然如此，我来封臣：奔巴·嘉察协噶为镇东将军，防御萨丹王的姜国人；森达穆江噶布为镇南将军，防御南方魔王辛赤；察香丹玛为镇西将军，防御黄霍尔人；念察阿旦为镇北将军，防御戎、魔二地人。……"

封臣点将之后，格萨尔庄严宣告："除了岭国的公敌外，我格萨尔并无私敌；除了黑头藏民的公法外，我格萨尔并无私法。从今以后，我们岭噶布的众百姓，有了十善的法纪，就要把那十恶的法纪抛弃。只要我们齐心努力，众生就能长享太平。"

万众同声欢呼，心悦诚服地拥戴格萨尔为岭噶布的雄狮大王。

在众人的欢呼声中，总管王绒察查根捧着穆布董氏的家谱和五部法旗，一起献给了雄狮大王，并热烈地祝福：

"在那黄金宝座上，
坐着世界雄狮王，
面如重枣牙如雪，
格萨尔本领世无双。
上有稀奇宝幢与旗幡，
中有众人在歌唱，
下有龙族的好供养，
甘霖普泽花开放。
上天神仙喜洋洋，
世间百姓欢舞且歌唱，
下界群龙高兴布祥云，
地狱魔类失败在悲伤。
这一面白色旗，
是象征太阳光辉的旗；
这一面黄色旗，
是赞颂权势的旗；
这一面红色旗，
是象征吉祥的旗；
这一面绿色旗，
是拜谒天母的见面旗；
这一面青色旗，
是龙王邹纳的见面旗。
将这家谱献给您，
愿您和臣民不分离；
将这法旗献给您，
愿您为众生谋福利。"

接着岭噶布众兄弟纷纷上前献礼。
众家兄弟齐声祝愿威猛的雄狮大王格萨尔：

"愿您镇压黑魔王，
愿您铲除辛赤王，
愿您打败霍尔王，
愿您降伏萨丹王，
愿您征服四大魔，
愿您把四方黑暗齐扫光！"

晁通也走上前来，叩首庆贺。此时的晁通王，只有仇恨和忧愁，他恨不得把觉如一口吞在嘴里嚼烂。有朝一日，他必将报此大仇，以平息自己心头之恨。晁通现在虽然心中有千仇万恨，但却不能表现出来，表面上仍旧装着高兴的样子，庆贺觉如称王。格萨尔佯装不知，不但收下了他的哈达，还把先前答应给他达绒仓的所依品——苦行时用的棍棒和财神的布袋——赐给了他，又嘱咐他说：

"这是我的化身之物，今日赐给你，日后在射杀魔王鲁赞时，我还要借来一用。"

晁通连连叩首：

"大王放心，我一定精心保管，何时需用，一定及时奉上。"

森姜珠牡从轻歌曼舞的姑娘们中间走出来了，用长哈达托着嘉洛仓的福庆所依的宝物——财神所用的长柄吉祥碗，内盛长寿圣母的寿酒和甘露精华，笑吟吟地献到了雄狮大王面前。然后，为格萨尔唱了一支美好的祝愿歌：

> "尊贵的雄狮王格萨尔呵，
> 我是嘉洛·森姜珠牡女。
> 献上拜见的彩绫十三种，
> 还有美酒吉祥碗中盛。
> 在您金山似的身体上，
> 犹如彩霞环绕相拥抱，
> 愿武器的光泽和您的光辉，
> 永远灿烂辉煌！
> 在您雄伟的身体上，
> 放射着珍宝的彩光，
> 愿常享受福利的甘雨，
> 与众生永不离，
> 雄狮王！
> 在我娇嫩的身体上，
> 俏丽面庞邬波罗花上，
> 荡漾着灵活的眼睛，
> 敬献给您，
> 雄狮王！
> 在曲折的道路上，
> 在为众人的大事中，
> 我犹如影子随你身，
> 永不分离，
> 雄狮王！"

众姐妹随着珠牡的歌声，跳得更加欢快、轻盈。珠牡的眼睛里荡漾着快乐的光彩，比平日更显得婀娜妩媚，楚楚动人。格萨尔的心猛地一动，立刻走下金座，与珠牡二人双双起舞，走进了众臣民中间，陶醉在众百姓欢歌曼舞的喜庆之中。

（选自降边嘉措、吴伟编译：《格萨尔王传》，北京，五洲传播出版社，2018）

【注释】

①桑：柏树枝或一种油性很大的树枝，焚烧树枝叫"煨桑"，是一种向神佛祈祷的仪式。

②觉如：意为向上翘、挺起。

③古如：意为俯下、驼背。

④五害：水、旱、风雾雹霜、疫、火五种灾害。

⑤洛布扎堆：意为降敌法宝。

【阅读提示】

　　《格萨尔王传》是一部讲唱文学作品，是一部著名的藏族史诗，被公认为是世界上最长的史诗。因为它的内容是开放性的，在主人公格萨尔王降妖伏魔的过程中，即第二部分"征战"中，就可以增加很多内容。本篇出自《格萨尔王传》的第一部分，即有名的"赛马称王"。在这部分之前，格萨尔虽是天界派到藏地降妖伏魔的天神，但他幼年的除魔行动，却蒙蔽了很多人，无奈和母亲一起被流放他乡。终于，等到领地要举办赛马称王的大会，格萨尔回来了，有人收到神明的指示，知道格萨尔将称王。有人却受到另一种错误的暗示，如格萨尔的叔叔晁通。故事就是在这样的背景下产生的。本段可以说是《格萨尔王传》中最为精彩的一段。在结构上，本段的叙述颇为曲折。本来登上王位是铁板钉钉的事情，总管王绒察查根、美丽的森姜珠牡都得到了预言，但史诗却采用了欲扬先抑的方法。觉如出现时，叫花子的形象让人觉得丧气，只是后来森姜珠牡想到了觉如能幻化的本领，才稍稍平复。而在赛马的途中，觉如总是戏弄他人，让总管王和觉如的哥哥都替他捏一把汗。到最后取得王位，众神出来烘托，觉如被命名为格萨尔时光彩照人地出现，又让人觉得眼前一亮。形象塑造上，史诗也把鲜活生动的人物带到了人们面前，格萨尔、森姜珠牡、晁通、驼背古如、医生等都刻画得活灵活现，非常富有生活气息。在艺术特征上，本段采用了很多对话和心理描写的方法来刻画人物，推动情节发展；同时，也采用了铺陈的方法来烘托格萨尔在称王后的非凡气度。

思考练习

一、思考题

　　1. 在选取的这段故事中，格萨尔登上宝座前，都追上了哪些人？这些人在故事情节中的作用是什么？

　　2. 从史诗《格萨尔王传》如今的传播情况来思考该如何继承民族文化传统。

拓展阅读书目

　　1. 降边嘉措、吴伟编纂：《格萨尔王全传》，北京，作家出版社，1997。

　　2. 降边嘉措编纂：《英雄格萨尔》，北京，作家出版社，2018。

　　3. 诺布旺丹主编：《格萨尔史诗通识读本——朝向地方知识的现代性阐释》，北京，中国社会科学出版社，2020。

文成公主的故事

王文成、祁连休搜集整理

【背景知识】

文成公主的故事产生于汉藏交往之中，汉藏民族交往源于何时，文字历史已不可考。但在西藏吐蕃时期，你来我往的记录就已很多。两个民族之间有关打仗的记录最多，前后打了500多仗，双方有输有赢。文成公主、金城公主正是在这个背景下先后嫁往吐蕃"和亲"的。在唐朝，史书记载先后有15位公主嫁到边远少数民族地区。对于处在西南边陲的吐蕃来说，唐朝公主的到来是一件大事。640年，松赞干布派吐蕃大相噶尔·东赞组成请婚使团，前往唐朝都城长安求婚。641年，唐王室文成公主出嫁吐蕃，从此，唐、蕃间建立了亲密关系。除了在史书上有记载外，在藏族民间故事中，关于文成公主也有一系列传说故事。

文成公主坐姿塑像

很早很早以前，西藏有一个藏王叫松赞干布。藏王松赞干布那时候，西藏还没有家种的五谷，吃的是一种野生的燕麦，老百姓的生活非常苦。藏王松赞干布听人说，内地汉区的光景很好，吃的、穿的啥也不用还愁；还听说内地有个文成公主，人年轻，又长得漂亮。他心里就想：内地的汉人真能干呀！要是把这个文成公主娶来，内地一定会派很多人来帮助西藏。这样，老百姓的日子就好过了。

藏王松赞干布要派人到内地去求婚。他手下有个大臣叫嘎瓦①，聪明能干办法多，又到内地学过木匠和铁匠，藏王就把他派去了。大臣嘎瓦动身的时候，藏王叫他带了许许多多的礼物，又是金银，又是珠宝，又是大象，又是骏马，尽是些贵重的东西。

当时，不光是西藏派人去了，就在大臣嘎瓦到内地的时候，印度、波斯等好些国家也派了使臣到内地求婚。

使臣们到内地以后，朝见了皇帝。皇帝对他们说：

"你们这些国家都要求娶公主，我只有这一个公主，我不能让她远远离开爹娘，嫁到你们那儿去啊！"

后来，皇帝决定让求婚的使臣们比赛智慧，说："哪个最聪明，就把公主许配到他们那里去。"

第一次，皇帝派人牵来一百匹马驹，一百匹母马，叫使臣们找出马驹的妈妈，看哪匹马驹是哪匹母马生的。别个使臣都抢先跑去，他们把毛色相同的分在一块，只当是黄色的马驹就是黄色母马生的，结果都分错了。西藏使臣嘎瓦是最后去分的。他先把马驹同母马分开关起来，隔了一夜才把母马一匹匹地放到马驹当中去，马驹一看自己的妈妈来了，忙去吃奶。就这么一匹匹地放，一匹匹地找，不一会全分出来了。

嘎瓦虽是成功了，可皇帝说，光是这一次不行。又派人找来一百只小鸡，一百只母鸡，叫使臣们把哪只小鸡是哪只母鸡孵的，都给认出来。别个使臣都觉得很头疼，有的说：

"这件事儿很难办，小鸡又不是我孵的，我怎么认得出来啊！"

另一些使臣也是直叹气。他们硬着头皮到鸡群里面胡乱认了一阵，没有一个认对头的。嘎瓦喂过鸡，他晓得吃食物时，小鸡老爱跟着母鸡在一起。于是先把小鸡、母鸡分开，到喂鸡食的时候，把母鸡一只只叫到小鸡群中，小鸡一见母鸡，就跟着啄食物去了。不到半天工夫，全认出来了。

皇帝又出了个难题，要各个使臣在一天内把一只羊的肉全吃光，皮子鞣出来，还要喝一坛酒，自个儿走回住处去。到时候，别的使臣连半个羊也没吃完，连半坛酒也没喝完，就胀的胀倒，醉的醉倒，一个个都不行了。嘎瓦去的时候拿一团线，把一头拴在住处的门闩上，边走边松放着线团到皇宫去。他边喝酒吃肉，边鞣羊皮，不知不觉羊肉吃完了，羊皮鞣出来了，酒也喝光了。他也有些醉了，可是他边走边缠线团，还是走回去了。这还不算，嘎瓦回去以后，又故意打了一壶酒来慢慢喝。皇帝派人来看嘎瓦，瞧见他还在喝酒，十分惊讶，赶忙跑去对皇帝讲：

"了不得，了不得！别人都醉得不省人事，我去看那个西藏的使臣呀，走回去了还在喝咧！"

皇帝一听，也非常诧异。

第二天，皇帝又把各个使臣叫去，给了一块很大的玉石，要他们把上边的一个洞眼用线穿起来。这个洞眼呀，很小很小，从这面到那面，要经过一条曲曲弯弯的孔道，很长很长。那些使臣以为好穿，都争着要，可是任他怎么穿也穿不好，时间长了，有的把老闭着的一只眼睛都眯得睁不开了，有的把脖子也给弄歪了。嘎瓦可有些为难了，他没有同他们抢，悄悄坐在一棵大树底下想办法。他忽然看见一只蚂蚁从小洞里爬出来，灵机一动，就想出一个好办法。轮到西藏使臣穿玉石时，嘎瓦把丝线拴在一只蚂蚁的腰上，然后把它放到洞眼上去慢慢吹气，蚂蚁一步步地往里爬，整整四天工夫才从那一个洞眼爬出来。现在，蚂蚁的腰为啥很细呀，就是那个时候穿洞跟给勒细的。蚂蚁替嘎瓦把玉石穿通了，功劳很大。后来嘎瓦回西藏的时候就从内地带了好些蚂蚁回来。从那时起，西藏就有蚂蚁了。

嘎瓦把穿好的玉石送去交给皇帝看了。皇帝说，还不行。没有等几天，皇帝又把各个使臣叫在一起，对大家说：

"过两天，我叫五百个姑娘来，文成公主也在里面，大家都去挑选好了，哪个认得出来，就一定把公主嫁到哪一国去。"

嘎瓦回去以后，心里很着急，觉得这件事真是难办。你想吧，他从前虽说到过内地，可从来也没有见过文成公主，怎么有把握认得出来呢！后来，他找到一个邻居的汉族老妈妈。嘎瓦对老妈妈说：

"过两天，皇帝爷就要叫我们去认文成公主啦！那里共有五百个穿戴一样的姑娘在一起，我从来也没有见过公主，怎么认得出来呢！阿妈，请您帮帮忙吧。"

老妈妈很乐意帮助嘎瓦。她的女儿在宫里当侍女，她也知道这件事情，就悄悄告诉嘎瓦：

"一半姑娘在前边，一半姑娘在后边，文成公主在中间。公主的脸色不太白，牙齿非常整齐，公主的头上有两只蜜蜂在绕圈，一只是金蜂，一只是玉蜂。"

临挑选的头一天晚上，别的使臣到处打听文成公主是什么样儿，忙得连觉也没有睡，结果半点风声也没有打听到。

第二天，挑选的时候到了。宫殿上站着五百个姑娘。五百个姑娘的穿戴都一模一样。每个使臣的手里都拿了一杆小旗，要选中哪个姑娘，就把小旗插在她的背上。别的使臣抢先挑选，每个人都找了一个姑娘，后来一看都不是文成公主。嘎瓦拿着小旗在姑娘们的身边走来走去，装着决定不了的样子，可是他早看见有两只蜜蜂在一个姑娘的头上绕着，他认出是文成公主，就走到公主身边把小旗插上。

所有的难题都一个个被西藏使臣解开了，皇帝暗暗称赞嘎瓦。

他想一个使臣这么聪明能干，不用说，藏王就更聪明能干了。想来想去都觉得很不错，就答应把公主嫁到西藏去。

文成公主快要动身了，内地有一个大臣对皇帝说：

"让公主先走吧，最好把西藏的使臣留下来，他很聪明能干，办法多，有什么事办不了就可以找他。"

皇帝觉得很有道理，就把嘎瓦留下了。

文成公主先出发到西藏来了。她从内地带了青稞、豌豆、油菜籽、小麦、荞麦等五种粮食种子，带了耕牛和奶牛，带了白的、黑的、蓝的、黄的、绿的五种颜色的羊，还有许多内地的铁匠、木匠、石匠，也跟着文成公主一起进了西藏，就从这个时候起，西藏才有了五谷，老百姓才学会了耕种和工艺。

半路上，文成公主过一条大河时，正好碰上涨大水，把羊给冲跑了。公主很着急，直叫"白羊、黑羊快回来"，把那三种羊给忘了。结果那三种羊被冲跑了，一直没有回来，所以现在西藏只有黑白两种颜色的羊。

进西藏境内以后，文成公主到了工布。在工布一个叫"路纳"的地方，遇见一条小河，过不去。公主找了一根树干横在上面，搭了一座桥过去了。后来，我们老百姓就把公主亲手搭的这座桥叫作"甲纳桑巴"（"汉桥"）。

过河以后，一只小鸟飞来说：

"公主，公主，这儿过不去！"

文成公主听了，马上拔一把羊毛撒在大地上，就走过去了。大家说因为文成公主撒了这把羊毛，所以路纳地方的牛羊，一直都长得又肥又壮。

文成公主又过了一座大山。后来，我们老百姓就把这座山叫作"甲惹"（"公主山"）。

文成公主到了"达尤龙真"地方的时候，可恶的乌鸦飞来说了坏话，它问：

"公主，公主，你要到哪儿去呀？"

文成公主说：

"我要去找藏王松赞干布"。

"哎呀，藏王已经死了，你还去干什么？"

公主听说藏王已经死了，心里说不出的难过。就在达尤龙真这儿修了一座石屋子住下来，还咬破了指头，在石壁上写了血书来纪念藏王。文成公主心里难过极了，没有心思梳妆，右边的头发散了也没管它。因此，这块地方雅鲁藏布江北岸树木稀，南岸的树木密，两边长得不一样。

过了好些日子，文成公主心里想："就是藏王真死了，我也应该去看看呀！"碰巧这个时候，神鸟天鹅从远方飞来说：

"公主，公主，不要难过，快到拉萨去吧，藏王的身体很健康！公主，公主，不要住在这儿，请到拉萨去吧，一切都会吉祥如意！"

文成公主听了，十分感激神鸟天鹅，马上就动身往拉萨赶去。

走着走着，乃巴山把路给挡住了，大伙走起来很不方便。文成公主就动手把乃巴山背到旁边去了。背山的那个时候，一只狗向文成公主咬来，直到现在，乃巴山下边还留有文成公主的脚印和狗爪印。

（林芝县邦纳乡达瓦措姆等讲述）

（选自《西藏民间故事选》，拉萨，西藏人民出版社，1984）

【注释】

①嘎瓦：即为噶尔·东赞。

【阅读提示】

这个故事是文成公主故事群中最精彩的一个。故事的中心人物是代表松赞干布请婚的使者嘎瓦。他机智聪明，有着超群智慧，在众多请婚使中脱颖而出。面对唐朝皇帝的一道又一道难题，他不仅认真准备，而且心中有着很多基本的民间知识，顺利分出了母马和马驹、母鸡和小鸡。他做事准备周全，留有后路，比如唐朝皇帝宴请请婚使吃肉、喝酒，目的是考验他们，他也能在喝酒前给自己留个线团，让自己回到住处。最有智慧的是蚂蚁穿玉石，这一点特别能体现民间故事神奇的特点，老天如果眷顾，连蚂蚁也来帮忙。故事的高潮是在五百个姑娘中找公主的情节，嘎瓦事前找到邻居老妈妈，知道了公主的特征，而且知道有两只蜜蜂围着公主转，最终找到公主，为松赞干布迎娶文成公主立下汗马功劳。这则故事里还有一个尾巴，涉及公主如何千辛万苦来到西藏，给西藏人民带来了五谷和牧羊。

民间故事一般都比较简单，也不一定符合真正的历史事实，如青稞在西藏很早就有了，但民间故事把它的出现说成是文成公主带来的，可见藏族人民对文成公主的爱戴。民间故事最大的特点是情节生动曲折，在这个故事里，嘎瓦费劲周折比赛，最终获得胜利，特别引人入胜。

思考练习

思考题

1. 从这则故事中，你能总结出民间故事有哪些叙事特点？

2. 文成公主故事具有怎样的现实意义？

拓展阅读书目

1.《藏族民间故事选》，上海，上海文艺出版社，1980。

2. 李学琴、鄢玉兰编：《西藏民间故事》，拉萨，西藏人民出版社，1993。

3. 程忠红、牛娟编：《西藏寓言故事选编》，拉萨，西藏人民出版社，2015。

4. 林继富：《汉藏民间叙事传统比较研究：基于民间故事类型的视角》，北京，人民文学出版社，2016。

西藏民歌七首

【背景知识】

西藏有谚语说：在西藏"会说话的人就会唱民歌，会走路的人就会跳锅庄"。这句谚语形象地说明了西藏人民的喜歌善舞，西藏也被誉为"歌舞的海洋"。西藏民歌在藏族民间文学中占有极其重要的地位，在形式上不仅有"谐体民歌""鲁体民歌""自由体民歌"三大类，在内容表现上也非常广泛，不仅有情歌、生活歌、酒歌、讽喻歌、仪式歌等，还有记载历史故事、汉藏和亲、抗击英国侵略者的民歌。另外，在西藏，其他形式的民间口承文学，老百姓也喜爱用民歌表现，比如很多神话都被编成长篇问答歌流行于世，如《斯巴宰牛歌》《斯巴形成歌》《青稞歌》《吉祥羊歌》等。最值得藏族人民骄傲和深受西藏人民喜爱的宏大史诗《格萨尔王传》使用韵散结合的讲唱方式流传，很多唱词都采用了鲁体民歌和自由体民歌的形式。西藏民歌有着自己浓郁的民族风格和显著特色，在区域文化的作用下，反映了独有的高原文化特色，这些特色与藏民族本身有着密切关联，每种特色都承载了浓厚的文化因素，这也是西藏民歌独特的魅力所在。

显示神威真壮观

（一）

一声复仇的怒吼，
响彻次松塘领空，
犹如杜鹃鸟飞落，
冲入敌军兵营中。

英雄好似格萨尔，
挥刀杀了外国军，
显示神威真壮观，
吓得英军逃无踪。[①]

（采录者：格桑群佩，采录于拉萨城关区）

打中英军鼻子

柔和羊毛编的，
九眼抛石带子，
抛自曲米仙郭[②]，
打中英军鼻子。

（采录者：格桑群佩，采录于拉萨城关区）

春播

春播大忙时刻，

大家特别忙碌，

即使老弱妇女，

也会拔刀相助。

想到高处雪山，

山下种下庄稼，

太阳不化雪山，

庄稼遭到干旱。

（采录者：曲丹多吉，1988 年采录于乃东县）

堆禾像座座小山

汉地打的多齿叉，

是汉地产的青铁；

藏区打制的铁环，

是藏区产的青铁。

叉把子是檀香木，

叉牙木是神柏树；

禾堆上压的石头，

是印度的神白石。

在禾堆上面的人，

是英雄格萨尔王；

抱着禾把的帮手，

是王妃森姜珠牡。

前面放着的禾堆，

像座座小山一样；

后面堆起的土块，

就像那座海布山。

（演唱者：扎西顿珠，采录者：丹达尔、普巴，采录于贡嘎县）

我要听动情的歌

甘登神山之上，

开着妙色黄花，

祈祷别降霜雹，

冬夏都能见到。

柳树比那松树绿，
那是甲珠林柳树。
但愿来世化为鸟，
甲珠林地画眉鸟。

我要是一匹马，
该有多么好啊！
如若旦增③阿哥，
跨上骏马更好。

天空传来妙音，
那是仙女话声。
美丽的仙女啊！
请你露出真容。

姑娘幼年恋人，
就像十五月亮，
请莫东升西落，
永留空中多棒。

云烟莫遮山岭，
我要见一面恋人；
江河莫响波涛，
我要听动情歌声。

（演唱者：玉祥，采录于贡嘎县）

（以上五首选自《中国歌谣集成·西藏卷》，北京，中国 ISBN 中心，1995）

新民歌两首

在那东方山顶，
升起金色的太阳，
这不是金色的太阳，
是毛主席的光芒。

（选自段宝林：《中国民间文学概要》，北京，北京大学出版社，1985）

天上洁白的仙鹤，

请借我一双翅膀，

我不飞往别处去，

只到北京转一趟。

（选自耿予方：《西藏50年·文学卷》，北京，民族出版社，2001）

【注释】

①本首附记：1904年英国侵略军抵达拉萨，扎营在拉萨以北次松塘时，色拉寺和哲蚌寺一些僧人密谋，决定冲入敌营，杀掉全部英军军官。巴日库和娘热等拉萨以北郊区的农民与改穿俗装的僧人，在几天内佯装向英军营地卖蔬菜等物，暗地侦察军官住处。待摸清敌情之后，确定时间，集中起来假装去卖菜，进入敌营准备杀掉主要军官。第二天，僧人未汇集之前，一位色拉寺武僧，抢先来到预定地点，他等不及伙伴们，独自闯入英军兵营，冲进了英军军帐内，抽出刀子杀了一名军官，并杀伤数名英军，在一阵混乱中，这位武僧被帐绳绊倒在地，立即被英军捕住杀害，并将武僧的尸体放在流沙河，向拉萨市民示众七日以示威吓。这样更激起了拉萨市民的愤慨，为了歌颂这位色拉寺武僧，人们在大街小巷，张贴颂词，或作歌传唱。

②曲米仙郭：第二次抗英斗争时期，江孜和帕里之间的一个战场。传说有一个牧羊人曾在这里用牧羊的抛石器扔石块打击英国侵略者。

③旦增：西藏人名，多用于男性。

【阅读提示】

本篇所选为两首西藏人民抗击英国侵略者的民歌，两首劳动歌，一首情歌，以及两首谐体民歌中的新民歌。

在历史上，英国侵略者一直窥视我国的领土，曾多次入侵西藏。1904年，英帝国主义侵略军相继占领了西藏一些地区，兵锋直指日喀则的江孜。这年4月，英军600余人从亚东向北入侵江孜，在宗山受到江孜军民和自居寺僧侣的拼死抵抗；7月初英军在炮兵支援下多次进攻宗山，宗山上藏族军民约5000人用土火枪、大刀、弓箭、抛石器击退英军，宗山堡垒中的火药库被英军炮火击中，英军乘机占领宗山，西藏军民只有少部分人突围，其他人与敌人展开肉搏战坚持抗击，最后全部牺牲。《显示神威真壮观》《打中英军鼻子》就是描写藏族军民勇敢抗击英国侵略者的英雄气度的。除了抗英民歌之外，西藏还有很多表现劳动生产、放牧劳作、驮盐、洗衣等的劳动歌，本篇所选劳动歌《春播》《堆禾像座座小山》描写了西藏农业区的春耕以及丰收后的场景。情歌在西藏民歌中占有重要地位，也占有极大比例，它是老百姓抒发情感的重要工具。情歌《我要听动情的歌》就表现了爱恋中的男女相互依恋的情感。西藏人民在民歌传承方面，既有对传统的承继，又有善于学习和创新的一面。新民歌就是对谐体西藏民歌的一种传承和改造。第一首新民歌原诗为："在那东山顶上，/升起皎洁月亮。/仙女般情人的脸庞，/浮现在我心上。"两首诗都用东方山顶来开头，但一个用太阳、一个用月亮来起兴抒情，一个表现了对毛主席的敬爱，另一个表现了对姑娘的思恋之情。这样的诗在藏族新民歌中比比皆是，后一首新民歌中诗人向往的地方也就变成了西藏人民所心系的党中央所在地首都北京。

西藏民歌语言朴实无华,活泼生动,清新明快,平易通俗,老百姓多能随口而出,是民间文学大家庭中一朵美丽的格桑花,质朴而鲜艳。

思考与练习

思考题

1. 西藏民歌有什么思想上的特色和艺术上的特点?

2. 西藏民歌与老百姓的生活有怎样的联系?

拓展阅读书目

1.《中国歌谣集成·西藏卷》,北京,中国 ISBN 中心,1995。

2.《西藏民间歌谣选》,拉萨,西藏人民出版社,1985。

3. 宋兴富编:《藏族民间歌谣》,成都,巴蜀书社,2004。

4. 耿予方:《西藏 50 年·文学卷》,北京,民族出版社,2001。

5.《藏族民歌选》,上海,上海文艺出版社,1981。

西藏，系在皮绳扣上的魂

扎西达娃

【背景知识】

　　扎西达娃，藏族作家，1959年生，四川巴塘县人，20世纪70年代末开始创作，代表作品有《西藏，系在皮绳扣上的魂》《西藏，隐秘岁月》等短、中篇小说。他有意识地采用魔幻现实主义的手法，借助神话传说、象征暗示，创造出一种魔幻的艺术境界；同时遵循"变现实为幻想而不失其真"的原则，通过魔幻境界的折射，真实地展现了西藏民族处于历史变革时期的社会生活。

　　现在很少能听见那首唱得很迟钝、淳朴的秘鲁民歌《山鹰》。我在自己的录音带里保存了下来。每次播放出来，我眼前便看见高原的山谷。乱石缝里蹿出的羊群。山脚下被分割成小块的田地。稀疏的庄稼。溪水边的水磨房。石头砌成的低矮的农舍。负重的山民。系在牛颈上的铜铃。寂寞的小旋风。耀眼的阳光。

　　这些景致并非在秘鲁安第斯山脉下的中部高原，而是在西藏南部的帕布乃冈山区。我记不清是梦中见过还是亲身去过。记不清了。我去过的地方太多。

　　直到后来某一天我真正来到帕布乃冈山区，才知道存留在我记忆中的帕布乃冈只是一幅康斯太勃①笔下的十九世纪优美的田园风景画。

　　虽然还是宁静的山区，但这里的人们正悄悄享受着现代化的生活。这里有座小型民航站，每星期有五班直升飞机定期开往城里。附近有一座太阳能发电站。在哲鲁村口自动加油站旁的一家小餐厅里，与我同桌的是一位喋喋不休的大胡子，他是城里一家名气很大的"喜马拉雅运输公司"的董事长，在全西藏第一个拥有德国进口的大型集装箱车队。我去访问当地一家地毯厂时，里面的设计人员正使用电脑程序设计图案。地面卫星接收站播放着五个频道，每天向观众提供三十八小时的电视节目。

　　不管现代的物质文明怎样迫使人们从传统的观念意识中解放出来，帕布乃冈山区的人们，自身总还残留着某种古老的表达方式：获得农业博士学位的村长与我交谈时，嘴里不时抽着冷气，用舌头弹出"啰啰"的谦卑的应声。人们有事相求时，照样竖起拇指摇晃着，一连吐出七八个"咕叽咕叽"的哀求。一些老人们对待远方的城里人，仍旧脱下帽子捧在怀中站到一旁表示真诚的敬意。虽然多年前国家早已统一了计量法，这里的人们表示长度时还是伸直一条胳膊，另一只手掌横砍在胳膊的手腕、小臂、肘部直到肩臂上。

　　桑杰达普活佛快要死了，他是扎妥寺的第二十三位转世活佛。高龄九十八岁。在他之后，将不再会转世继位。我想为此写篇专题报道。我和他以前有过交道。全世界最深奥和玄秘之一的西藏喇嘛教（包括各教派）在没有了转世继位制度从而不再有大大小小的宗教领袖以后，也许便走向了它的末日。形式在一定程度上也支配着意识，我说。

扎妥·桑杰达普活佛摇摇头，表示否认我的观点。他的瞳孔正慢慢扩散。

"香巴拉，"他蠕动嘴唇，"战争已经开始。"

根据古老的经书记载，北方有个"人间净土"的理想国——香巴拉。据说天上瑜伽密教起源于此，第一个国王索查德那普在这里受过释迦的教诲，后来宏传密教《时轮金刚法》。记载上说，在某一天，香巴拉这个雪山环抱的国家将要发生一场大战。"你率领十二天师，在天兵神将中，你永不回头，骑马驰骋。你把长矛掷向哈鲁太蒙的前胸，掷向那反对香巴拉的群魔之首，魔鬼也随之全部除净。"这是《香巴拉誓言》中对最后一位国王神武轮王赞美的描写。扎妥·桑杰达普有一次跟我说起过这场战争。他说经过数百年的恶战，妖魔被消灭后，甘丹寺②里的宗喀巴③墓会自动打开，再次传布释迦的教义，将进行一千年。随后，就发生风灾、火灾，最后洪水淹没整个世界。在世界末日到达时，总会有一些幸存的人被神祇救出天宫。于是当世界再次形成时，宗教又随之兴起。

扎妥·桑杰达普躺在床上，他进入幻觉状态，跟眼前看不见的什么人在说话："当你翻过喀隆雪山，站在莲花生大师④的掌纹中间，不要追求，不要寻找。在祈祷中领悟，在领悟中获得幻象。在纵横交错的掌纹里，只有一条是通往人间净土的生存之路。"

我恍惚看见莲花生离开人世时，天上飞来了一辆战车，他在两位仙女的陪伴下登上战车，向遥远的南方凌空驶去。

"两个康巴地区的年轻人，他们去找通往香巴拉的路了。"活佛说。

我疲惫地看着他。

"你要说的是，在 1984 年，这里来了两个康巴人，一男一女?"我问。

他点点头。

"男的在这里受了伤?"我又问。

"你也知道这件事。"活佛说。

扎妥·桑杰达普活佛闭上眼，断断续续回忆起当年那两个年轻人来到帕布乃冈山区的事，他讲起那两个人告诉他一路上的事。我听出扎妥活佛是在背诵我虚构的一篇小说。这篇小说我给谁都没有看过，写完锁进了箱里。他几乎是在逐字逐句地背诵，地点是一路上直到帕布乃冈一个叫甲的村庄。时间是 1984 年。人物一男一女。这篇小说没给别人看的原因就是到最后我也不知道主人公要去什么地方。经活佛点明我现在才清楚。唯一不同的一点是结尾时主人公是坐在酒店里有一位老人指路。我没写老人指的是什么路，当时连我自己也不知道。而扎妥活佛说是在他的房子里给那两人指的路，但这里还有一个巧合，即老人与活佛都谈起过关于莲花生的掌纹。

最后，其他人进屋来围在活佛身边，活佛眼睛半睁，渐渐进入了失去知觉和思想的状态。

我研究过一点临终术，根据有关经书的叙述，从活佛脸上的光泽和瞳孔扩散的度数看，他正开始进入死与再生之间的第三个阶段。这中间共有七个阶段，每一阶段又细分为七阶段，据说四十九天的祈祷祭祀便是表示七乘七的再生过程。

有人开始准备后事了。扎妥活佛将被火葬，我知道有人想拾到活佛的舍利作为永久的收藏和纪念。

与扎妥·桑杰达普诀别后，我在回家的路上开始考虑有关文学创作的动机问题："一篇作品就像一场白日梦一样，是幼年时曾做过的游戏的继续，也是它的替代物。"（西格蒙·弗洛伊德）"纯粹的精神的无意活动……在不受理性的任何控制，又没有任何美学或道德的成见时，思想的自由活动。"（安德列·布列东）"是某种感觉的需要，那就是感觉到人与世界的关系中，我们是本质的。"（让-保尔·萨特）还有一种罕见的事实，即客观事物的物象通过意念的力量成为生物感应信息传递到作者大脑，像一部启示录。我曾在同一时刻记录下了两个康巴人来到帕布乃冈的经过。之所以对后来的事不甚明了，定是某个信息发生了紊乱。

回到家，我打开贴有"可爱的弃儿"题词的箱子盖。里面整齐地排列着上百只牛皮纸袋，我所有不被发表或我不愿发表的作品都存在里面。我取出一个编码是 840720 的纸袋，里面是一个短篇小说，还没有取名。下面是这篇小说的原文：

嫦赶着她的二十几只羊下山的时候，站在半山腰。她看见山脚底下那一条宽阔蜿蜒、砾石累累的枯干的河床有个蚂蚁般的小黑点在缓缓移动。她辨认出那是一个男人，正朝她家的方向走来。嫦挥挥羊鞭，匆匆把羊往山下赶。

她粗略算了算，那人得走到天黑时才能到这儿。周围荒野只有这隆起的小山岗上有几间鹅卵石垒起的矮房，房后是羊圈，一共两户人家：嫦和她的爸爸，还有一个五十多岁的哑女人。爸爸是个说《格萨尔》①的艺人，常常被几十里地的外村人请去说唱，有时还被请到更远的镇里。短则几天，长则数月。来人骑马，还牵匹空马来到小山岗，把身背长柄六弦琴的爸爸请上马。随后马蹄伴着铜铃声有节奏地久久敲响着荒野里的寂静。嫦站在岗上，一手抚摩坐立在她裙边的大黑狗，一直望到两匹马拐过前面的山弯。

嫦从小就在马蹄和铜铃单调的节奏声中长大，每当放羊坐在石头上，在孤独中冥思时，那声音就变成一支从遥远的山谷中飘过的无字的歌，歌中蕴含着荒野中不息的生命和寂寞中透出的一丝苍凉的渴望。

哑女人整天织氆氇，每天早晨站在小山岗上，向空中撒出一把豌豆糌粑，呼喊着观音菩萨。然后手摇一柄浸满油污的经轮筒，朝东方喃喃祈祷。偶尔在半夜时分，爸爸爬起身去女人房里，天蒙蒙亮时头顶蒙着长长的袍子又钻进自己的羊皮垫里。早晨嫦起来挤完奶打好茶，喝糌粑糊。然后背上装了一天口粮的小羊皮口袋，背一只小黑锅，去房后拉开羊圈栅栏，软鞭一挥，赶着羊群上山。生活就是这样。

嫦把食物和热茶准备好，趴在毯子上等待来客。室外的狗叫了，她冲出门，月亮刚刚升起。她拉住狗链，不见四周有人，一会儿，从她前面的坡下冒出个脑袋。

"来吧，不要紧，我抓住狗的。"嫦说。

来人是一位顶天立地的汉子。

"辛苦，大哥。"嫦说。她把汉子领进了房里，他礼帽下的额边垂着一绺鲜红的丝穗。爸爸不在家，去说《格萨尔》了。隔壁传来哑女人织氆氇时木棰砸下的梆梆声。这位疲惫的汉子吃过饭道完谢后便倒在嫁的爸爸床上睡了。

嫁在门外站了会儿，天空繁星点点，周围沉寂得没有一点大自然的声音，眼前空旷的峡谷地带在月光下泛着青白色。大黑狗被铁链拴着在原地转圈，嫁过去蹲下身搂着它的脖子。想起自己在这寂寞简朴的小山岗上度过的童年和少年时代，想起每次来接爸爸上马的都是些沉闷不语的人，想到屋里那位从远方来明天又要去远方的酣睡的旅人。她哭了，跪在地上捧着脸，默默祈求爸爸的宽恕，然后将眼泪在黑狗的皮毛上蹭擦干，起身回屋。

黑暗中，她像发疟疾似地浑身打颤，一声不响地钻进了汉子的羊毛毯里。

当东方的启明星刚刚升起，在摇曳的酥油灯下，嫁把自己的薄毯裹成一个卷，在一只布袋里塞了些牛肉干，揉糌粑的皮口袋，粗盐和一块酥油，又背上天天放羊时在山上熬茶用的小黑锅，一个姑娘该带的都在她背上了。她最后巡视一眼昏暗的小屋。

"好了。"她说。

汉子吸完最后一撮鼻烟，拍拍巴掌上的烟末，起身。摸她头顶。搂住她肩膀，两人低头钻出小屋，向黑魆魆的西方走去。嫁全身负重，身上的东西一路上叮咚响。她根本不想去打听汉子会把她带向何处，她只知道她永远要离开这片毫无生气的土地了。汉子手中只提着一串檀香木佛珠，他昂首阔步，似乎对前方漫漫的旅途充满了信心。

"你腰上挂条皮绳干什么？像只没人牵的小狗。"塔贝问。

"用它来计算天数，你没见上面打了五个结吗！"嫁告诉他，"我离开家有五天了。"

"五天算什么，我生来没有家。"

她跟着塔贝徒步行走，一路上，有时在村庄的麦场上过夜，有时住羊圈里，有时卧在寺庙废墟的墙角下，有时住山洞，运气好时，能在农人外屋借宿，或是在牧人的帐篷里。

每进一个寺庙，他俩便逐一在每个菩萨像的座台前伸出额头触碰几下，膜拜顶礼。在寺庙外，道路旁，江河边，山口上，只要看见玛尼堆，都少不了拾几块小白石放在上面。一路上还有些磕等身长头的佛教徒，他们一步一磕，系着厚帆布围裙，胸部和膝部磨穿了，又补了几层厚补钉。他们脸上突出的地方全是灰，额头上磕了一个鸡蛋大的肉瘤，血和土粘在一起。手掌上钉铁皮的木板护套在他们身体俯卧的两边地上印出两道深深的擦痕。塔贝和嫁没有磕长头，他俩是走路，于是超过了他们。

西藏高原群山绵延，重重叠叠，一路上人烟稀少。走上几天看不到一个人影，更没有村庄。山谷里刮来呼呼的凉风。对着蓝色的天空仰望片刻，就会感到身体在飘忽上升，要离开脚下的大地。烈日烤炙，大地灼烫。在白昼下沉睡的高原山脉，永恒与无极般宁静。塔贝的身体矫健灵活，上山时脚尖踩着一块块滑动的石头步步上蹿，他径直攀上一块圆石，回头看见嫁被甩下好长一截，便坐下来等她。他们在赶路时总是默默无言，嫁有时在难以忍受的沉默中突然爆发出她的歌声，像山谷里的一只母兽在仰天吼叫。塔贝并不转过头看她一眼，只顾行路。嫁过一会不唱了，周围又是死一般沉寂。嫁低头跟在他身后，只有坐下来小憩时才说说话。

"不流血了吧？"

"它现在一点也不疼。"

"我看看。"

"你去给我捉几只蜘蛛来，我捏碎了涂在上面就会好得快。"

"这儿没有蜘蛛。"

"去找找，石头缝里，你扒开石块会有的。"

婛在四周扒开一块块半掩在土中的石块，认真地寻找蜘蛛。一会儿她就捉了五六只，握在掌中，走过来扳开塔贝的手掌放在上面。他一只只捏碎后涂在小腿的伤口上。

"那条狗好凶，我跑跑跑跑，背上的锅老碰我的后脑勺，碰得我眼睛都花了。"

"当初我该拔出刀宰了它。"

"那女人给我们这个，"她模仿着做了个最污辱人的下流动作，"真吓人。"

塔贝又抓起一把土撒在伤口上，让太阳晒着。

"她钱放在哪儿的？"

"在酒店里屋柜子里，有这么厚一叠。"他亮亮巴掌，"我只拿了十几张。"

"你用它想买什么呢？"

"我要买什么？前面山下有个次古寺，我给菩萨送去。我还要留一点。"

"好的。你现在好点了吗？不疼了吧？"

"不疼了。我说，我口干得要冒烟。"

"你没见我把锅已经架上了吗？我就去捡点干刺枝。"

塔贝懒洋洋躺在石头上，将宽礼帽拉在眼睛上挡住阳光，嘴里嚼着干草。婛趴在三颗白石垒成的灶前，脸贴着地，鼓起腮帮吹火熬茶。火苗"嘭"地燃烧起来。她跳起身，揉揉被烟熏得灼辣的眼，拉下前额的头发看看，已经被火舌燎焦了。

远处高山之巅上有两个黑影，大约是牧羊人，一高一矮，像是盘踞在山顶岩石上的黑鹰。他们一动也不动。

婛也看见了他们，挥起右手在空中划圈向他们招呼，上面的人晃动起来，也划起圈向她致意。距离太远，扯破嗓子喊互相也听不见。

"我还以为这里只有我们两个人。"婛对塔贝说。

"我在等你的茶。"他闭上眼。

婛忽然想起了什么，她从怀里掏出一本书，很得意地向塔贝展示自己的猎物，那是昨晚上在村里投宿时从一个往她耳里灌满了甜言蜜语，行为并不太规矩的小伙子屁股兜里偷来的。塔贝接过一看，他不认识这种文字和一些机械图，封面印的是一幅拖拉机。

"这玩意儿没一点用处。"他扔给婛。

婛很沮丧，下一次烧茶时她一页页撕下用来作引火的燃料了。

走到黄昏，站在山弯远远看见前面一个被绿树环抱的村庄时，婛的精神重新振奋起来，她又唱起歌了，抡起挂棍在地边的马兰草堆里乱舞，又端起棍子小心翼翼地戳戳塔贝的胳肢窝和腰下想逗他发痒。塔贝不耐烦地抓住棍梢往外一甩，拽得她趔趄跌倒在地，哭笑不得，困惑地愣上半天神。

　　进了村，塔贝自己一个人去喝酒或者干别的什么去了。他俩约好在村里小学校边一幢刚刚盖好还没有安装门窗的空房子里住宿。村里的广场晚上演电影，有人在木杆上挂银幕。琼在一片林子里拾柴火时被一群小孩围住，孩子们趴在墙头朝她扔石头。有一颗打在她肩上，她没有回头，直到一个戴黄帽子的年轻人把孩子们轰走。

　　"他们扔了八颗石头，有一颗打中你了。"黄帽子笑眯眯说，他手中握着一只电子计算机。摊在琼跟前，显示屏显出一个阿拉伯数字"8"，"你从哪儿来？"

　　琼看着他。

　　"你记不记得你走了多少天？"

　　"我不记得。"琼撩起皮绳说，"我数数看。你帮我数数。"

　　"这一个结算一天吗？"他跪在她跟前，"有意思……九十二天。"

　　"真的？"

　　"你没数过吗？"

　　琼摇摇头。

　　"九十二天，一天按二十公里计算。"他戳戳计算机上的数字键码，"一千八百四十公里。"

　　琼没有数字概念。

　　"我是这儿的会计。"小伙子说，"我在想一个问题，用它来帮我解答。"

　　"这是什么？"琼问。

　　"是电子计算机，好玩极了。它知道你今年多大。"他按出一个数字给琼看。

　　"多大？"

　　"十九岁。"

　　"我今年十九岁吗？"

　　"那你说。"

　　"我不知道。"

　　"我们藏族以前从不计算自己的年龄。但它却知道。看，上面写的是十九吧。"

　　"不像。"

　　"是吗？我看看。哦，刚开始看有些不习惯，它的数字有点怪。"

　　"它能知道我名字吗？"

　　"当然。"

　　"叫什么？"

　　他一连按出八位数，把显示屏显得满满的。

　　"怎么样？它知道吧。"

　　"叫什么？"

　　"你连自己的名字还看不出来？笨蛋。"

　　"怎么看？"

　　"你这样看。"他竖着给她看。

　　"这是叫琼吗？"

　　"当然叫琼，洽霞布久曲呵琼。"

"嘿!"她兴奋地叫道。

"嘿什么,人家外国人早用了。我在想一个问题,以前我们没日没夜地干活,用经济学的解释是输出的劳动力应该和创造的价值成正比。"他信口开河起来,把工分值、劳动值以及商品值和年月日加减乘除一通。又显出数字,"你看看,计算出来倒成了负数。结果到年终我们还要吃返销粮,向国家伸手要粮,这是违反经济规律的……你瞪我干什么?想吃掉我?"

"如果你没晚饭吃,就在这儿吃好了,我拾了柴就烧菜。"

"他妈的。你是从中世纪走来的吗?或者你是……是叫什么外星人。"

"我从很远的地方来,走了……"她又撩起皮绳。"刚才你数了多少?"

"我想想,八十五天。"

"走了八十五天。不对,你刚才说九十二天,你骗我。"嫁咯咯笑起来。

"啊嚏嚏!菩萨哟,我快醉了。"他闭眼喃喃道。

"你在这儿吃吗?我还有点肉干。"

"姑娘,我带你去一个地方好吧?有快活的年轻人,有音乐、有啤酒,还有迪斯科。把你手上那些烂树枝扔掉吧!"

塔贝从黑压压一片看电影的人群中挤出来。他没被酒灌醉,倒被那银幕上五光十色、晃来晃去、时大时小的景物和人物弄得昏头胀脑,疲惫不堪,拖着脚步回到那幢空房里。小黑锅架在石头上,石头是冰凉的。嫁的东西都放在角落边。他端起锅喝了几口凉水,便背靠墙壁对着天空冥思苦想。越往后走,所投宿的村庄越来越失去了大自然夜晚的恬静,越来越嘈杂,喧嚣,机器声、歌声、叫喊声。他要走的决不是一条通往更嘈杂和各种音响混合声的大都市,他要走的是……

嫁撞撞跌跌回来,她靠着没有门框的土坯墙,隔着一段距离塔贝就闻到她身上发出的酒气,比他喷出的酒气要香一些。

"真好玩,他们真快活,"嫁似哭似笑地说。"他们像神仙一样快活。大哥,我们后……大后天再走。"

"不行。"他从不在一个村里住两个晚上。

"我累了,我很疲倦。"嫁晃着沉甸甸的脑袋。

"你才不懂什么叫累,瞧你那粗腿,比牦牛还健壮。你生来就不懂什么叫累。"

"不,我说的不是身体。"她戳戳自己的心窝。

"你醉了,睡觉。"他扳住嫁的肩头将她按倒在满是灰土的地上。最后替她在皮绳上系了个结。

嫁越来越疲倦了,每次在途中小憩时,她躺下就不想继续往前走。

"起来,别像贪睡的野狗一样赖着。"塔贝说。

"大哥,我不想走了。"她躺在阳光下,眯起眼望着他。

"你说什么?"

"你一人走吧,我不愿再天天跟着你走啊走啊走啊走。连你都不知道该去什么地方,所以永远在流浪。"

"女人,你什么都不懂。"但是他知道该往哪个方向走。

"是，我不懂。"她闭上眼，蜷缩成一团。

"滚起来，"他在嫦屁股上踹了两脚，高高扬起巴掌，做出砍下来的样子，"要不，我揍你。"

"你是个魔鬼！"嫦哼哼唧唧爬起身。塔贝先走了，她拄着棍子跟在后面。

嫦在一个她认为适当的机会时逃跑了。他俩睡在山洞里，半夜时她爬起身，没忘记背上她的小黑锅，借着星光和月光朝山下往回跑。她觉得自己像出笼的小鸟一样自由。到第二天中午，在一边是深谷的岩边休息时，从对面山脊出现了一个黑点，就像那天她放羊回家时所看见的一样。塔贝截住了她。走来。她气得发抖，抢起小黑锅向他头上死命砸去，那其大无比的力量足以使一头野公牛的脑浆飞迸出来。塔贝惊骇机智地闪过，抬头一拨，黑锅从她手中飞脱，叮叮咣咣滚下深谷里。他俩互相看看，听见那声音响了好一阵。最后嫦只得呜呜咽咽攀下深谷，几个时辰后才把锅捡上来。锅身碰满了大大小小的凹坑。

"你赔我的锅。"嫦说。

"我看看。"他接过来。两人仔细检查了一阵，"只有一条小缝，我能补好。"

塔贝走了，嫦垂头丧气地跟着。

"哎——"她用大得出奇的声音唱起一首歌，把整个山谷震得嗡嗡响。

大概有那么一天，塔贝对嫦也厌倦了，他想：只因我前世积了福德和智慧资粮，弃恶从善，才没有投到地狱，生在邪门外道，成为饿鬼痴呆。而生于中土，善得人身。然而在走向解脱苦难终结的道路上，女人和钱财都是身外之物，是道路中的绊脚石。

不久，他俩来到名叫"甲"的村庄。这个时候，嫦的腰间那根皮绳已系了一串密密麻麻的结。他俩没想到甲村的人们会敲锣打鼓站在村口迎接他俩。民兵组成仪仗队背着半自动步枪站在两旁，为了保险起见，枪口都塞了红布卷。两头由四个村民装扮的牦牛在夹道中跳着舞蹈。村长和几个姑娘捧着哈达和壶嘴上沾着酥油花的银壶在最前面迎接。原来这里一直大旱。前不久有人打了卦，今天黄昏时会有两个从东边来的人进村，他们将带来一场琼浆般吉祥的雨水，使久旱的庄稼得到好收成。他俩果然出现了，人们认为这是一个好兆头。欢天喜地将塔贝和嫦扶上挂满哈达的铁牛拖拉机簇拥着进了村。男女老少都穿着新衣，家家户户的屋顶都换了新的五色经幡布。有人从嫦的音容、谈吐和体态上看出了她有转世下凡的白度母的特征，于是塔贝被撇在了一边。但是塔贝知道嫦决不是白度母的化身。因为在嫦睡熟的时候，他发现她的睡相丑陋不堪，脸上皮肉松弛，半张的嘴角流出一股口涎。所以塔贝知道嫦不是白度母的化身。

他一人闷闷不乐地去酒店喝酒，他想惹点事，最好有人讨厌他，跟他过不去，他就有事干了。打上一场，那人敢跟他拼刀子更好。

酒店只有一个老头在喝酒，苍蝇在他头顶飞来飞去。塔贝进去后，带着挑衅的神气坐在他对面。一个包花头巾的农家姑娘取一只玻璃杯放在他桌前，斟满酒。

"这酒像马尿。"他喝了一口大声说。

没有人回答。

"你说像不像?"他问老头。

"要说马尿,我年轻时喝过。那真正是用嘴对着公马底下那玩意喝的。"

塔贝得意地笑起来。

"为了把我牛羊从阿米丽尔大盗手中夺回来,我从格则一直追到塔克拉玛干沙漠。"

"阿米丽尔是谁?"

"嘿,那是几十年前从新疆那边来的一支强盗的女首领,是哈萨克人,在阿里和藏北一带赫赫有名。一个万户数不清的牛羊群在一夜之间就从草原上带走,第二天从帐篷出来一看,白茫茫一片,留下的只有数不清的蹄印,连噶厦政府派出的藏兵也治不了她。"

"后来?"

"刚才你说马尿。是啊,我背着叉子枪,骑马追我的牛羊,在那大沙漠里,就是那几口马尿救了我的命。"

"再后来?"

"再后来,女首领要留我,留我给她当……"

"丈夫?"

"羊倌。我是万户的儿子啊!她娘的长得真漂亮,她简直是太阳,谁都不敢对直看她一眼,我逃了回来。你说说,我除了地狱和天堂,还有什么地方没去过?"

"我要去的地方你就没去过。"塔贝说。

"你准备去哪儿?"老头问。

"我,不知道。"塔贝第一次对前方的目标感到迷惘,他不知道该继续朝前面什么地方去。老头明白他的心思。

老头指着他身后的一座山说:"谁也没有往那边去过。我们甲村以前是驿站,通四面八方,可就是没人往那边去。1964 年时候,"他回忆起来,"这里开始办人民公社,大家都讲走共产主义道路,那时没有一个人讲得清楚共产主义是什么,反正它是一座天堂。在哪儿,不知道。问卫藏的来人说,没有。问阿里的来人说,没有。康藏的人也说没看见。那只有喀隆雪山没人去过。村里就有几个人变卖了家产,背着糌粑口袋,他们说去共产主义,翻越喀隆雪山,从此没回来。后来,村里人没一个再去那边,哪怕日子过得再苦。"

塔贝用牙咬住玻璃杯口,翻起眼看他。

"但是我知道有关喀隆雪山下的一点秘密。"老头眨眨眼。

"说吧。"

"你准备去那边吗?"

"也许。"

"爬到山顶,你会听见一种奇怪的哭声,像一个被遗弃的私生子的哭声,不要紧,那是从一个石缝里吹来的风声。爬完七天,到山顶时刚好天亮,不要急着下山。太阳下,雪的反光会刺瞎你的眼,等天黑后再下山。"

"这不是秘密。"塔贝说。

"对,这不是秘密。我要说的是,下山走两天,能看见山脚下时,那底下有数不清的深深浅浅的沟壑。它们向四面八方伸展,弯弯曲曲。你走进沟底就算是进了迷宫。对,这也不是什么秘密,别打断我的话,你知道山脚为什么有比别的山脚多得多的沟壑吗?那是莲花生大师右手的掌纹。当年他与一个叫喜巴美如的妖魔在那里混战一百零八天不分胜负,大师施出种种法力未能降伏喜巴美如。当妖魔变成一只小小的虱子想使对手看不见时,莲花生举起了神奇的右手,口中高声念诵着咒经,一巴掌盖向大地,把喜巴美如镇到了地狱中,从此在那里留下了自己的掌纹。凡人只要走到那里面就会迷失方向。据说在这数不清的沟壑中只有一条能走出去,剩下的全是死路。那条生路没有任何标记。"

塔贝神情严肃的看着老头。

"这是一个传说,我也不知道走出去以后前面是个什么世界。"老头摇摇头,咕噜道。

塔贝准备去那边了。老头后来向他提出要求,请他将婛留下。他家有个儿子,最近刚买了一台拖拉机。现在家家都想买拖拉机。大清早,隆隆的机器声掩盖了千百年雄鸡的打鸣声。道路上的马车和毛驴被挤到了边上。人们喝着从雪山流下的纯洁透明的溪水时,也嗅到一股淡淡的柴油气味。老头自己经营着一座电机磨房,老伴耕种着十几亩田地。前不久,老头还去大城市出席了一个"治穷致富先进代表大会",领到奖状和奖品,报纸上也登过他的四寸大照片。他们世世代代没像现在这么富裕过,也世世代代没像现在这么忙碌过。需要一个操持家务的媳妇。说话的时候,他儿子进来了,掏出一沓花花绿绿的钞票,想在外乡人面前炫耀。儿子戴着电子表,腰间挂着小巧的放声机,从头上的耳机里随着别人听不见的音乐节奏扭着舞步。他把城里公子哥儿的派头学到了家了。塔贝对此无动于衷,只是门外停着的那辆没熄火的手扶拖拉机的突突声牵动了一下他的心弦。他起身走向拖拉机旁,摸摸扶手。

"好的,婛留给你了。"塔贝说。

小伙子大概刚从婛那里得到了一点什么,笑眼朦胧。

"我能坐坐你这玩意儿吗?"塔贝问。

"当然,半个小时保你会开。"小伙子上前教他操作常识,教他怎样控制油门,教他怎样换挡、离合器怎样配合、怎样起步和刹车。

塔贝慢慢开动了拖拉机,行驶在黄昏的乡村土道上。婛在一旁看着他。她要留下来了。她愉快地流着眼泪。这时后面开来一辆速度很快的带拖斗的铁牛拖拉机,塔贝不知道怎么办。旁边是条浅沟,小伙子在后面高声喊他开进沟里。塔贝从驾驶座跳到了路中间,手扶拖拉机自己慢慢溜进了沟里。他被来不及刹车的"铁牛"后面的拖斗撞倒在地。大家全围上前。塔贝爬起身,拍拍土。他的腰部被撞了,他说没什么,一点事也没有。大家松了口气。

塔贝要走了,他第一次摆弄机器就被它咬了一口。他抱住婛,跟她行了个碰头礼,往喀隆雪山那边去了。到夜晚时,果然下了场雨,村里人高高兴兴唱起歌。塔贝离开甲村,一人进了山。在半路上,他吐了一口血,他的内脏受了伤。

小说到此结束。

我决定回到帕布乃冈，翻过喀隆雪山，去莲花生的掌纹地寻找我的主人公。

从甲村翻过喀隆雪山到掌纹地的路途比我预料的要遥远得多。雇的一匹骡子在途中累倒下了。它卧在地上，口中流着白沫，用临死前那样一种眼光看着我。我只得卸下它驮的包囊背在自己身上，在它嘴边放了几块捏碎的压缩面包。一翻过喀隆雪山，首先听见海啸般轰轰的巨声，山下的雪堆像云朵般上下翻卷，脚下的雪粒像急流的河水。但是我的整个身体一点没感到风的吹动，空气就像无风的冬夜一样寒冷而静谧。我戴着防护镜，所以用不着等到天黑才下山。整个山面是被厚雪覆盖的一片平滑的大斜坡，看上去没什么凹凸障碍，我背着囊包走"Z"形缓慢下山。沉重的囊包从背上慢慢坠到腰间，就在我收腹挺胸耸肩想把囊包提起来时，由于猛烈的失重，脚下站立不稳，一个跟头朝前跌倒。我知道已经无法再站起来，身体正快速往下滑动，于是手脚抱成一团，接着天旋地转向山下滚去。

万幸的是，还没掉进雪窝里去。等我醒来，已躺在平整松软的雪地上，我已到了山脚，向上望去，在雪坡中一道深深的条痕通到高处雪雾飘渺的空间。

在山顶时我看了一次表，时间是九点四十六分，此刻再次看表时，指针却指向八点零三分。走下雪线便进入草苔地带，再往下是草地，高寒灌木丛，小树林，接着是一片大森林。穿出森林，树木植物又渐渐稀少，呈现出光秃秃的荒凉的山石，空坝。整个途中，我不时地看表，把心里估计的时间和表上的时间不断加以对照，计算一番后得出了结论：翻过喀隆雪山以后，时间开始出现倒流现象，右手腕上这块精工牌全自动太阳能电子表从月份数字到星期日历全向后翻，指针向逆方向运转，速度快于平常的五倍。

越往前走，映入视线中的自然景象也越来越产生了形的异变：一株株长着卵形叶子，枝干黄白的菩提树，根部像生长在输送带上一样整整齐齐从我眼前缓缓移过。旁边有座古代寺庙的废墟。在一片广阔的大坝上走来一只长着天梯般长脚的大象。它使我想起了萨尔瓦多·达利的《圣安东尼的诱惑》，我小心翼翼避开这一切，加快脚步，并不回头再望一眼。一直走到蒸腾着热气的温泉边才歇息一会。我实在太累了，但不敢睡，我知道一旦合上眼皮，将永远长眠不醒了。透过温泉的热气，前面有些不知哪个时代遗弃在这里的金马鞍、弓箭铁矛、盔甲、转经筒和法号，还有破布条的黄旗，这里很像是一个古战场。如果我不那么累的话，我会走过去仔细看看，也许能考证出《格萨尔》史诗中所描写的某一战场是在这里。现在我只能坐在一旁远远地观看。这些金属被温泉长时间的高温熔化了，软绵绵摊在那里，失去了视觉上的硬度感，有的已无法辨认出它本身的形状，变成稀释的物质四处流溢，颇有规律地排列组合成像玛雅文字一样难解的符号。起先我怀疑眼前这一切物象是由于患上了孤独症而错误地感知外界客体产生形的异变，但马上又排斥了这个想法，因为我大脑的思维是有逻辑性的，记忆力和分析能力都良好。太阳自始至终由东向西，宇宙不管怎样还是在按照自身的规律存在和运动。虽然白昼和黑夜交替出现，但由于手表上的指针继续向反时针方向作快速运行，日历和星期月份牌不断向后翻，这使我心理上产生一种体内生物钟的紊乱，甚至身体出现失重现象。我想这种反应要比从东方乘飞机跨越太平洋向南美洲作洲际旅行由时间差引起的不适感强烈得多。

等我从一个黎明醒来，发现自己睡在一块高大无比的红色巨石下面。我是在一个呈放射型向前延伸的数不清沟壑的汇聚点上。一定是这又凉又潮的寒意把我冻醒了，加上从四处沟底吹来的风更冷得我牙齿打颤。我急忙攀上眼前约有七八米高乱石突出的沟壁，探出头一看，前面是一望无际的地平线，我已经到了掌纹地。数不清的黑沟像魔爪一样四处伸展，沟壑像是干旱千百年所形成无法弥合的龟裂的地缝，有的沟深不见底。竟然找不到一棵树，一根草。一片蛮荒，它使我想起一部描写核战争电影最后一个广角镜头：在世界末日的焦土上，一东一西两个男女主人公慢慢抬起头，费力地向对方爬去，最后这两个世界上唯一的幸存者终于爬到一起，拥抱。苦难的眼光。定格。他们将成为又一对亚当和夏娃。

扎妥·桑杰达普的躯体早已被火葬，大概有人在烫手的灰烬中拣到了几块珍宝般的舍利。我的主人公却没有在眼前出现。

"塔——贝！你——在——哪——儿?"我放开声音喊叫，我觉得他走不出这块地方。声音传得很远，却没有一点回音。

不一会儿，我便看见了奇迹：一两公里外的前面出现了一个黑点。我沿着垄沟朝前飞跑，一面喊着我的主人公的名字。等我看清时，惊讶得站住了：是嫦！这是我万万没预料到的。

"塔贝要死了。"她哭哭啼啼走过来说。

"他在哪儿?"

嫦把我带到她身边的沟底下。塔贝躺在地上，他脸色苍白，憔悴，沉重地呼吸着。沟边长着苔藓的石缝里滴着水，在地上积成个小水洼，嫦不停地用腰带蘸一点水，滴在他半张的嘴里。

"先知，我在等待，在领悟，神会启示我的。"塔贝睁眼看着我说。

"他腰上的伤很严重，需要不停地喝水。"嫦在我耳边低语。

"你为什么没留在甲村?"我问。

"我为什么要留在甲村呢?"她反问。"我根本没这样想过，他从来没答应我留在什么地方。他把我的心摘去系在自己腰上，离开他我准活不了。"

"不见得。"我说。

"他一直想知道那是什么。"嫦指着我身后，我回过头，从沟底往回望去，这是一条笔直的深沟，一直可见到头，前面那座红色巨石正是我昨晚过夜的地方。现在才看清，红色的心脏上刻着一个雪白的"ᢒ"。站在红石下仰起头是无法看见的。"ᢒ"通常是喇嘛念"唵吗呢叭咪哄"六字真言一百遍时要喊出的一个音节。它刻在红石上。据我所知，要么，就是此地是神灵鬼怪出没的地方，要么，这里曾埋葬过一位伟人的英灵。在从江孜到帕里的一个名叫曲米新古河边的一块岩石上也刻着这样一个"ᢒ"，那是为纪念一九〇四年为抵抗英国人的侵略在那里献身的藏军首领二代本拉丁而刻的。但这一切我觉得没有对塔贝再解释的必要。

此时此刻，我才发现一个为时过晚的真理，我那些"可爱的弃儿"们原来都是被赋予了生命和意志的。我让塔贝和嫦从编有号码的牛皮纸袋里走出来，显然是犯了一个不可弥补的错误。为什么我至今还没塑造出一个"新人"的形象来？这更是一个错误。对人物的塑造完成后，他们的一举一动即成客观事实，如果有人责问我在今天这个伟大的时代为什么还允许他们的存在，我将作何回答呢？

怀着最后的一丝侥幸心理，我俯在塔贝耳边，轻声细语地用各种他似乎能理解的道理说服他，使他相信他要寻找的地方是不存在的，就像托马斯·莫尔创造的《乌托邦》，就那么回事一样。

晚了，在他生命的最后一刻要让他放弃多少年形成的信仰是不可能了。他翻了个身，将脑袋贴在地面。

"塔贝，"我说，"你会好起来的，你等我一会，我的东西全放在那边，里面还有些急救药……"

"嘘！"塔贝制止住我，耳朵贴紧冰凉潮湿的地面。"你听！听！"

好半天，我只听见自己心律跳动中出现的一点微弱的杂音。

"扶我上去！我要到上面去！"塔贝坐起身，挥舞着手喊道。

我只得扶起他。嫦先爬到沟上面，我在下托住塔贝，他身体居然很沉。我扛着他，一手小心护着他腰，另一只手扭住锋利突出的岩石块，一点点把他往上托。接着两只脚也踩在外凸的石块上。攀石的那只手被划了一下，先是麻木，接着灼痛，热呼呼的血流了出来，顺着胳膊流到衣袖里。嫦趴在上面，伸下两只手夹住了塔贝的肢窝，一个在上面拽，一个在下面托，费好大的劲才把他抬上沟来。太阳正要从地平线上升起，东边辉映着一派耀眼的光芒。他贪婪地吸了一口早晨的空气，眼睛警觉地四处搜寻，想要发现什么。

"它说的是什么，先知？我听不懂，快告诉我，你一定听懂了，求求你。"他转过身匍匐在我脚下。

他耳朵里接收的信号比我早几分钟，随后我和嫦都听见了一种从天上传来的非常真实的声音。我们注意聆听。

"是寺庙屋顶的铜铃声。"嫦喊道。

"是教堂的钟声。"我纠正道。

"山崩了，好吓人。"嫦说。

"不，这是气势庞大的鼓号乐和千万人的合唱。"我再次纠正道。嫦困惑地看我一眼。

"神开始说话了。"塔贝严肃地说。

这次我没敢纠正。是一个男人用英语从扩音器里传来的声音。我怎么也不能告诉他，这是在美国洛杉矶举行的第二十三届奥林匹克运动会的开幕式，电视和广播正通过太空向地球上的每一个角落报着这一盛会的实况。我终于获得了时间感。手表上的指针和日历全停止了，整个显出的数字告诉我：现在是公元一千九百八十四年七月北京时间二十九日上午七时三十分。

"这不是神的启示，是人向世界挑战的钟声、号声，还有合唱声，我的孩子。"我只能对他这样讲。

不知他听见没有，或者他什么都明白了。他好像很冷似的蜷缩起身子，闭上眼，跟睡着了一样。

我放下塔贝，跪在他身边，为他整理着破烂的衣衫，将他的身体摆成一个弓形，由于我右手上的血沾在了他衣衫上，这使我感到很内疚。是我害了他，也许，这以前我曾不止一次地将我其他的主人公引向死亡的路。是该好好内省一番了。

"现在，只剩下我一个人了。"嫦可怜巴巴地说。

"你不会死。嫦，你已经经历了苦难的历程，我会慢慢地把你塑造成一个新人的。"我仰面望着她说，我从她纯真的神情中看见了她的希望。

她腰间的皮绳在我鼻子前晃荡。我抓住皮绳，想知道她离家的日子，便顺着顶端第一个结认真地往下数："五……八……二十五……五十七……九十六……"

数到最后一个结是一百零八个，正好与塔贝手腕上念珠的颗数相吻合。

这时候，太阳以它气度雍容的仪态冉冉升起，把天空和大地辉映得黄金一般灿烂光明。

我代替了塔贝，嫦跟在我后面，我们一起往回走。时间又从头算起。

（选自《西藏文学》，1985 年第 1 期）

【注释】

①康斯太勃：英国皇家美术学院院士，19 世纪英国伟大的风景画家。1776 年 6 月 11 日康斯太勃出生于英国萨福克郡一个优美的小山村，长大后，在皇家美术学院学画，后认为临摹古典风景画不如向大自然学习。其作品真实生动地表现了瞬息万变的大自然景色，画风对后来法国风景画的革新和浪漫主义绘画有着很大的启发作用。

②甘丹寺：该寺是黄教六大寺中地位最特殊的一座，它是由藏传佛教格鲁派的创始人宗喀巴于1409 年亲自筹建的，可以说是格鲁教派的祖寺，清世宗曾赐名为永寿寺。

③宗喀巴（1357—1419）：是藏传佛教格鲁派（黄教）的创立者、佛教理论家。

④莲花生大师：印度佛教史上最伟大的成就者之一。8 世纪，应藏王赤松德赞迎请入藏弘法，成功创立了西藏第一座佛、法、僧三宝齐全的佛教寺院——桑耶寺。藏传佛教尊称他为咕汝仁波切（意为大宝上师）、邬金仁波切（乌仗那宝），通称贝玛迥乃（莲花生）。

⑤《格萨尔》：即《格萨尔王传》，是世界上迄今为止发现的演唱篇幅最长的史诗，它既是族群文化多样性的熔炉，又是多民族民间文化可持续发展的见证。这一为多民族共享的口头史诗是草原游牧文化的结晶，代表着古代藏族、蒙古族民间文化与口头叙事艺术的最高成就。无数游吟歌手世代承袭着有关它的吟唱和表演。

【阅读提示】

《西藏，系在皮绳扣上的魂》将借用神话传说创造的虚幻境界与现实生活场景有机结合，是一篇典型的西藏魔幻小说。小说开头部分写"我"和桑杰达普活佛的对话，活佛处于临终弥留之际，仍在幻觉中向人们复述有关香巴拉的神话与两个康巴人的传说。更加令人惊奇的是，活佛回忆的情景竟与"我"未曾公开的一篇小说内容完全一致。中间部分写两个康巴人的传说。塔贝与嫦不辞劳苦跋山涉水寻找通往香巴拉的道路，且进入人迹罕至的喀隆雪山下深谷底部的掌纹地带。结尾部分写"我"去掌纹地带寻找自己小说的主人公，终于在一块红色巨石下发现将死的塔贝，而这位苦修者依然神往着通向天国的道路。最后由"我"领着嫦往回走，重新回到现实世界。

我们透过这些神奇虚幻的故事，不难看出它的寓意所在。这个"魂"虽难于把握，但细心的读者仍会发现这是一个民族心理的负载，一个生死攸关的时代象征。只要联系西藏今天的现实生活与其往昔发展的历史，就会理解小说中人物各自神秘的象征意义。苦修者塔贝在活佛的指引下执着地寻觅通往"人间净土"的道路，尽管他已走得精疲力尽，仍对理想国坚信不移，直到死于喀隆雪山，成为封建观念的牺牲品。嫦则是个盲从者，既渴望离开"毫无生气的土地"，又不知道路在哪里，只好跟着塔贝盲目寻求。甲村的现代文明与世俗欢乐使她从愚昧中苏醒，终于留下来开始新的生活。两个人物的不同经历具有深刻的现实意义。在西藏的现实生活中，既有社会主义建设事业的不断发展，又有传统宗教意识根深蒂固的影响，从而构成这块神奇土地旧的观念形态与现代物质文明不协调的独特社会矛盾。这是西藏从中世纪迅速走向社会主义进程中势必会产生的社会现象。塔贝与嫦正是今日西藏不少藏族同胞精神状态的反映。嫦从家乡走到甲村是从过去走到现在，而由甲村再去翻越喀隆雪山，寻找通往天国的道路，又是返回到中世纪，塔贝的死就是明证。这就意味着：只有正视西藏近百年来的历史，正确理解"系在皮绳扣上的魂"，放弃寻求"香巴拉道路"的幻想，才能走向通往真正的"人间净土"——实现"四化"的道路。

这篇小说充满西藏的地域特色与宗教神秘的氛围，一眼就能看出是产生于这块土地上的魔幻小说。"我"的活动已超越时空限制，时而与活佛对话，时而在复述传说，时而进入传说中莲花生掌纹地带，而活佛与老人更带有浓重的神秘色彩。小说中既有往昔的神话传说，又有现代色彩的生活场景，巧妙地将过去、现在、未来糅合在一起，构成了扑朔迷离、令人神往的艺术世界。当然，这篇魔幻小说出于一位年轻的、艺术上尚处于"试笔"阶段的作家之手，就"变现实幻想"而言，似仍囿于我国传统小说模式，未能完全放开手脚；此外对魔幻外衣下的现实生活也还可以表现得更为准确一些。

思考练习

思考题

1. 本文使用了典型的现代主义手法，请在文中找出带有魔幻色彩的句子，并指出这种手法的特点。

2. 阅读扎西达娃其他的作品，试分析西藏地域文化特点。

拓展阅读书目

1. 扎西达娃：《骚动的香巴拉》，北京，作家出版社，1993。

2. 扎西达娃：《西藏隐秘岁月》，北京，长江文艺出版社，1993。

3.《扎西达娃文集》，北京，作家出版社，2010。

忆母校（节选）

丹增

【背景知识】

丹增，1946年12月出生，西藏比如人。1960年7月至1966年6就读于西藏民族学院。1966年参加工作，任《西藏日报》社记者。1973年到上海复旦大学新闻系学习，1976年毕业。后陆续担任《西藏日报》社记者、记者站长、采通部副主任及主任、副总编辑，西藏自治区党委常委，西藏文化局党组书记、局长，西藏自治区党委副书记，中共云南省委副书记，中共第十二、第十三、第十四、第十五届中央候补委员。1980年开始发表作品。1987年加入中国作家协会，曾任中国作协副主席。

丹增

丹增的著作在全国影响很大，论文《从西藏稳定和发展论军政军民团结的重要作用》获1992年全国优秀论文奖，报告文学《来自世界屋脊的报告》获1979年西藏自治区优秀短篇小说奖。2005年他出版了文化专著《文化产业发展论》，2014年出版小说散文合集《小沙弥》，2015年出版散文精选集《我的高僧表哥》。

说起来，我对现代教育最初的、最基本的认识——教育能够改变人的命运，是从坐落在陕西咸阳的西藏公学①开始的。

1958年创建于古都咸阳的西藏公学（后更名为西藏民族学院），是我认识和接受现代教育的开端，它也是我最早的母校。对于母校，我有着忠诚而又别样的赤子情怀。

西藏公学创建之初，有人说它是"四不像"。既不像小学，也不像中学；既不像大学，也不像干校。这话，有人对它很反感，也有人对它感到很新奇。有人对它进行深思，也有人对它进行研究。但直到现在，人们也无法为当时的西藏公学给出一个准确的定位。因为它是那样的特殊，在古今中外的教育史上恐怕也难找出第二所这样的学校。其实学校究竟像什么并不重要，重要的是这所学校能够培养出什么样的人才。而我们现在可以非常肯定的一点就是，西藏公学培养了一大批在西藏乃至全国都是拔尖的、一流的人才。其中的关键是，西藏公学在建校伊始就拥有一支经过革命战火锤炼的干部队伍和一支从全国各著名高等院校毕业的业务过硬、作风正派、情操高尚、诲人不倦的优秀教师队伍。

在建校两年之后的1960年，我便从藏北草原深处的一所古寺中，脱去袈裟，先走路、后骑马、再坐车，最后乘火车，历时两个多月，行程近3000公里才来到这所学校里。这一年，我仅仅 13 岁。

我刚进校时，学生中有年近 40 岁的，也有十二三岁的。有的学生在学习小学课本，也有学生在攻读大学课程。有许多学生是刚放下牧鞭的放牧孩子、是刚离开农舍的放猪娃子，也有刚脱下袈裟的贫穷喇嘛，还有的是从县级领导岗位上来到学校上学的。你说，这是一所什么样的学校？据统计，50 年来，这所学校共培养了 3 万多名各族学生。在西藏民族学院 40 周年校庆的时候有过一个统计，当时西藏自治区的党政领导干部中，三分之一是这所学校培养的。而西藏近半数地厅级领导干部，教育、卫生、科技战线相当一批学科带头人出自这所学校。你说，这是一所什么样的学校。西藏公学（西藏民族学院）可谓是硕果累累，桃李满天下。这是我们每一位从这所学校走出来的学生的骄傲，这是母校的光荣，我们为母校自豪！

正是我在母校几年的学习和生活，让我真正认识了现代教育，让我真正懂得了人生的哲理，也让我对教育有了更深的理解和思索。

在雪域西藏，圣洁的珠穆朗玛直插云霄，俯瞰着藏区大地。千百年来，它以其永恒不变的庄严护佑着一代又一代的藏族子民繁衍不止，生生不息。但是，在往昔，由于地域的限制和社会制度的束缚，藏民子女除了能够接受一定的宗教教育之外，很少能受到与时代同步的现代教育。这种状况直到西藏解放才开始发生变化。

在辽阔西藏，我看到一座座冰川雪峰的同时，更看到一个个藏族儿女渴望知识、渴求教育的目光，那是一种使人刻骨铭心的目光，其间流露出来的，是真正发自内心的千年期盼！至今回想起来，还历历在目。同时，我看到了更多人被教育这把金钥匙改变了命运的事实，看到了自治区的兴旺发展，看到了藏民族的进步。毋庸置疑，这些变化，无不与教育有关。

所有这些，都让我不断加深对教育的认识，不断增进对教育改革和教育发展的思考，不断增强做好教育工作的责任感、紧迫感。

当我从藏北腹地来到陕西咸阳，从雪域高原来到北京，再到彩云之南，回望人生历程中的每一个步履，我始终对教育充满了无限的崇仰与感激。在我心中，教育就像高原一般壮阔浩瀚，像哈达一样圣洁高贵。教育与人类的活动始终息息相关、命运与共，它犹如一盏明灯、一座航标，始终映照着人类历史长河，擦亮了文明，点燃了希望。教育就是使人成其为人的桥梁和纽带，引领着人类一步步从遥远的过去走向现在、走向未来。穿越历史时空，我们看到，教育就是永不熄灭的火炬，照亮了历史，辉映了文明；翻开史册篇章，我们看到，教育就是经久不衰的润滑剂，延续了历史，传承了文明；回首往昔岁月，我们更看到，教育就是灵动不朽的钥匙，改变了历史，开启了文明。

是教育改变了我的人生轨迹，是教育改变了我的命运，也是教育使我学会了关注教育、感激教育、热爱教育并投身教育。

西藏公学不仅是我接受现代教育的起点，也是我人生历程迈出的第一步，更是我人生的一个重大转折点。进入西藏公学之前，我几乎没有接触过汉语，连一句汉话都不会讲。到学校后，我开始学习汉语拼音，从"你、我、他""吃饭、睡觉"开始学起。筹建不久的校舍算不上富丽堂皇、宏伟壮观，但简朴大方、干净整洁。闪着亮光的黑板，乳白色的日光灯，厚重崭新的红木课桌，创造了优雅清静的学习环境。三年困难时期，师生每天一律只吃两餐，玉米、红薯、槐树花是主食，大米、白面只能偶尔吃上一次。有一个现象至今难忘，那就是学生食堂的伙食比教师食堂的好。

我还记得我的班主任老师姓倪，他个子颇高，走路极快，威仪俨然。在我的印象中，他对我们要求非常严格，同学们都有点怕他，白天见到他都要绕着走。但他严厉的外表包

西藏民族学院校门

裹着的却是一颗对学生慈祥的爱心，晚上当夜幕降临、学生们入睡之后，他就挨个到学生宿舍查铺，轻轻地把被同学们蹬开了的被子重新盖上，把慈父般的大爱深深地融入这悄然无息之中。我们的汉语老师姓陈，他能讲一口流利、标准的藏语，他相貌堂堂、衣冠整齐，并且能歌善舞，据说是从部队文工团转业过来的。所有同学都特别喜欢他，他对同学们从学习到生活都关怀备至，哪个男生的头发长了，他就帮着理发。甚至在冬天有同学被冻出了鼻涕，他会过来帮你轻轻地擦掉。他们是父亲吗？不是。他们是母亲吗？也不是。但他们胜似父母。这样的老师还有很多，他们的人格平凡中流淌着高尚，他们的情感严厉中饱含着挚爱，他们的作风朴实中透露着硬朗。他们就是我们最为可亲、可敬、可爱的人，我们永远尊敬他们、爱戴他们、想念他们。至今，他们和颜悦色的音容笑貌依然萦绕在我的脑海之中，想起来还历历在目。

就我个人而言，有一个老师给我留下了刻骨铭心的印象。他姓赵，教写作。他是陕西师范大学中文系毕业的高才生，能写小说，有人说他是作家，我对此倒没有考证过。不知出于什么原因，他很欣赏我的作文。每次把全班学生的作文簿批改完后，就在课堂上亲手发给每一位学生。他先发最差的，依次而下，把最好的留在最后发。作文后面他都写上评语，一般写上差、好或是鼓励几句。最差的和最好的，他都写上详细的原因。我和一位女同学的作文经常是最后发，有许多次他亲自将我的作文朗读给全班同学听，有时他还把我的作文从作文簿里撕下来，连同评语一道贴在教室的墙上让大家看。当时也不知是出于上进心，还是出于虚荣心，反正是老师这么一捧，我可来劲了。3000 个单字还没有塞满我那小小的脑袋，就到图书馆借来《红楼梦》《家》《春》《秋》等名著，半通半不通地阅读，梦想着将来当个作家。因为作家这个称谓对我来说，是那样的高贵，是那样的神圣，是"人类灵魂的工程师"。"作家"两字就似灯塔、就似航标，一直引领着我不断进步。从此，写作成为我最大的爱好。我至今不敢以作家自居，可我始终仰慕那些为中国文坛树碑立传、为人类文明进步发展推波助澜的作家。

正是这些老师对我无微不至的关怀，对我孜孜不倦的教诲，使我迈出了人生最坚实的第一步。请记住，教育最宝贵的财富并不是高级的校舍，也不是现代化的教学仪器设备。固然它们都非常重要，但教育最宝贵的财富还是教师，教师是教育的第一资源。

写到这里，我越来越多地回忆起那些教过我的老师来。他们的身影依次浮现在眼前，我内心深处的感激之情也油然而生。我今天的点点滴滴，有哪一样不归功于我的老师呢？我尤其怀念那些已不在世的老师，比如，戴着黑框深度近视眼镜、腋下始终夹着皮包的张老师；经常身着灰布衣衫、脚穿圆口布鞋的高老师；说话有点磕巴、几缕白须飘拂胸前的周老师；还有邓老师、王老师……当我每次听到有哪一位老师不幸辞世时，总是震惊多于哀悼，惋惜多于忆念。生老病死是自然规律，任何人都无法改变。但是，我的这些老师走过曲曲折折、坎坎坷坷之路，一生追求真理、向往光明，忠诚于自己的事业，他们仰不愧于天，俯不怍于地。我对先走的老师们的缅怀犹如烈酒、犹如火焰，燃烧着我的灵魂。我的眼眶湿润了，我的视线模糊了，泪水顺着面颊不断地往下流。安息吧，已经离开我们的老师们！

岁月如梭，人世沧桑，我已经渐入老境。我以一个成熟的人生，回忆、怀顾我那些在世的、不在世的老师。他们对西藏民族学院这所远离辖地、困难重重、独具特色的学校爱校如家，为学校的建设添砖加瓦、为学校的荣誉增光添彩；他们对那些天真而幼稚的学生，平易近人、光风霁月、菩萨慈眉；他们对丑陋可憎的事物又是那样的疾恶如仇、横眉冷对、金刚怒目。在我的认识里，那时的老师对上级没有阿谀奉承、媚俗取巧的习惯；对同事没有投机说谎、装腔作势的作风。所有人几乎都淡泊名利，评职称推着，提工资让着，提了职务的没有见哪个兴高采烈、欢天喜地。学府就是学府，不像商府、不像官府。教师就是教师，教书育人、钻研学问，别无他求。刚正不阿的铮铮铁骨就是中国历代知识分子的最优秀传统。他们可敬吧，他们可爱吧。我祝愿那些仍然健在的老师们，要始终保持大海般宽广的胸怀，天天快乐、年年健康，充满信心地过上 88 岁的"米寿"，仰望 108 岁的"茶寿"。

一位语言学家曾经说过，"在我所知道的世界语言中，只有汉语把'恩'和'师'紧密地嵌在一起，成为一个不可分割的名词。这只能解释为中国人最懂得报师恩，这是为其他民族所望尘莫及的"。我一向认为，知恩图报是做人的根本准则之一，人人都应该拥有一颗感恩的心。我最看不起的人就是那种背槽抛粪、忘恩负义的人，即便他是高官、是富翁、是商贾，他的脑袋也是一个粪坑。我无法尽数报答母校、老师们的恩情，但我无论是过去、现在还是将来，都会始终关心、关注着母校的发展变化，我也会始终牢记着母校对我的教育之恩，始终牢记着母校老师们对我的教诲之情。我衷心地祝愿我的母校越办越好，不仅为西藏的建设，而且为全中国的建设培养出更多的优秀人才！

回忆虽然如云如烟，但是感情都是真实的。文体选的究竟是散文、还是杂文，抑或是纪实文，我并没有过多地考虑。我只是想把我最真实的情感自由地表达出来，把对母校、对老师、对教育的深深挚情充分地抒发出来，这对我就足够了。

（选自《十月》，2008 年 5 期）

【注释】

①西藏公学：即西藏民族大学前身。西藏民族大学位于渭水之滨的古都咸阳，是西藏和平解放

后党中央在祖国内地为西藏创办的第一所高等学校，创建之初名为西藏公学。1965年，经国务院批准，西藏公学更名为西藏民族学院。2015年4月，西藏民族学院获教育部批准，更名为西藏民族大学。

【阅读提示】

有谁能够想象一个13岁的藏族少年，刚刚脱下袈裟，就来到内地学习汉语，而且日后成为著名的作家？有谁能够想象当年的老师们如何面对这样一群渴望知识的孩子？在这里我们可以看到慈父般的老师们，帮学生理发、帮学生盖被、帮学生擦鼻涕……这里的老师通常都非常认真地教书，认真地批阅学生的作业，对每一位学生都不放松。这篇文章在艺术上并不能算作散文中的经典，但是它的取材却是任何一个作家和写作者都没有经历过的，这种相差悬殊的人生经历本身就是一个新颖而奇异的故事。

作者在文章开篇介绍自己毕业于西藏民族学院，并谈了民院对西藏教育的意义。文章的重点是对恩师的回忆和评价，末尾用吉祥的话语祝福恩师和母校。在文中，作者描写老师，点面结合，形象突出。有严厉而内心温暖的班主任倪老师，有能歌善舞、会讲流利藏语、备受学生喜爱的陈老师，有在课堂表扬作者的写作老师赵老师，此外还有更多的老师，虽然作者都是一笔带过，但那时老师们的品行却是无可挑剔的。作为藏族作家，作者在散文中把如"雪域西藏""冰川雪峰""菩萨慈眉""金刚怒目"等带有藏族特征的词语运用其中，令人有新颖奇异的感受。

文章给人感触最大的就是作者的真挚感情，对母校的情谊、对恩师的难忘浸透字里行间。丹增的身份很多，除了磨灭不了的藏族身份外，他做过记者、编辑、作家、领导干部，作为领导、知识分子，丹增先生特别关注教育事业，关注民族文化发展；但作为一个人，人是世间最普通的感情动物，人与人之间的关怀、帮助，每个人都是能够体会到的，正所谓：投之以桃，报之以李。丹增先生用自己的文笔，报答了母校的恩情。对丹增来说，母校难忘，母校的老师的精神品格更让他永生难忘。

思考练习

思考题

1. 文章中主要写了几位老师？这些老师都有怎样的品格？

2. 学校在每个人的成长过程中都有着极为重要的作用，你的母校有哪些令你难忘的事情？

拓展阅读书目

1. 丹增：《小沙弥》，重庆，重庆出版社，2013。

2. 丹增：《我的高僧表哥——丹增散文精品选》，昆明，云南人民出版社，2015。

3. 丹增：《雪域心灯》，北京，作家出版社，2018。

秦腔①

贾平凹

【背景知识】

贾平凹，原名贾平娃，当代著名作家。贾平凹 1952 年 2 月 21 日生于陕西省商洛市丹凤县棣花镇；1974 年开始发表作品；1975 年毕业于西北大学中文系；1982 年发表作品《鬼城》《二月杏》；1992 年创办散文期刊《美文》；1993 年创作《废都》；1997 年凭借《满月儿》获得首届全国优秀短篇小说奖；2003 年，先后担任西安建筑科技大学人文学院院长、文学院院长；2008 年凭借《秦腔》获得第七届茅盾文学奖；2011 年凭借《古炉》获得施耐庵文学奖。贾平凹在当代文坛可谓是一位高产作家，目前已出版了《商州》《浮躁》《秦腔》《高兴》等 20 余部长篇小说，创作有《腊月·正月》《小月前本》《天狗》等 10 余部中短篇小说集，另有《爱的踪迹》《我是农民》《坐佛》等 20 余部散文集。

山川不同，便风俗区别，风俗区别，便戏剧存异；普天之下人不同貌，剧不同腔，京，豫，晋，越，黄梅，二簧，四川高腔②，几十种品类；或问：历史最悠久者，文武最正经者，是非最汹汹者？曰：秦腔也。正如长处和短处一样突出便见其风格，对待秦腔，爱者便爱得要死，恶者便恶得要命。外地人——尤其是自夸于长江流域的纤秀之士——最害怕秦腔的震撼；评论说得婉转的是：唱得有劲；说得直率的是：大喊大叫。于是，便有柔弱女子，常在戏台下以绒堵耳，又或在平日教训某人：你要不怎么怎么样，今晚让你去看秦腔！秦腔成了惩罚的代名词。所以，别的剧种可以各省走动，唯秦腔则如秦人一样，死不离窝；严重的乡土观念，也使其离不了窝：可能还在西北几个地方变腔走调的有些市场，却绝对冲不出往东南而去的潼关③呢。

但是，几百年来，秦腔却没有被淘汰，被沉沦，这使多少人在大惑而不得其解。其解是有的，就在陕西这块土地上。如果是一个南方人，坐车轰轰隆隆往北走，渡过黄河，进入西岸，八百里秦川大地，原来竟是：一抹黄褐的平原；辽阔的地平线上，一处一处用木椽夹打成一尺多宽墙的土屋，粗笨而庄重；冲天而起的白杨，苦楝，紫槐，枝杆粗壮如桶，叶却小似铜钱，迎风正反翻覆……。你立即就会明白了：这里的地理构造竟与秦腔的旋律惟妙惟肖的一统！再去接触一下秦人吧，活脱脱的一群秦始皇兵马俑的复出：高个，浓眉，眼和眼间隔略远，手和脚一样粗大，上身又稍稍见长于下身。当他们背着沉重的三角形状的犁铧，赶着山包一样团块组合式的秦川公牛，端着脑袋般大小的耀州瓷碗，蹲在立的卧的石碌子碌磙④上吃着牛肉泡馍，你不禁又要改变起世界观了：啊，这是块多么空旷而实在的土地，在这块土地挖抓滚打的人群是多么"二愣"⑤的民众！那晚霞烧起的黄昏里，落日在地平线上欲去不去的痛苦的妊娠，五里一村，十里一镇，高音喇叭里传播的秦腔互相交织，冲撞，这秦腔原来是秦川的天籁，地籁，人籁的共鸣啊！于此，你不渐渐感觉到了南方戏剧的秀而无骨吗？

不深深的懂得秦腔为什么形成和存在而占却时间、空间的位置吗？

八百里秦川，以西安为界，咸阳，兴平，武功，周至，凤翔，长武，岐山，宝鸡，两个专区几十个县为西府，三原，泾阳，高陵，户县，合阳，大荔，韩城，白水，一个专区十几个县为东府。秦腔，就源于西府。在西府，民性敦厚，说话多用去声，一律咬字沉重，对话如吵架一样，哭丧又一呼三叹。呼喊远人更是特殊：前声拖十二分地长，末了方极快地道出内容。声韵的发展，使会远道喊人的人都从此有了唱秦腔的天才。老一辈的能唱，小一辈的能唱，男的能唱，女的能唱；唱秦腔成了做人最体面的事，任何一下乡下男女，只有唱秦腔，才有出人头地的可能，大凡有出息的，是个人才的，哪一个未曾登过台，起码不能吼一阵乱弹呢?!

农民是世上最劳苦的人，尤其是在这块平原上，生时落草在黄土炕上，死了被埋在黄土堆下；秦腔是他们大苦中的大乐，当老牛木犁疙瘩绳，在田野已经累得筋疲力尽，立在犁沟里大喊大叫来一段秦腔，那心胸肺腑，关关节节的困乏便一尽儿涤荡净了。秦腔与他们，要和"西凤"白酒，长线辣子，大叶卷烟，牛肉泡馍一样成为生命的五大要素。若与那些年长的农民聊起来，他们想象的伟大的共产主义生活，首先便是这五大要素。他们有的是吃不完的粮食，他们缺的是高超的艺术享受，他们教育自己的子女，不会是那些文豪们讲的，幼年不是祖母讲着动人的迷丽的童话，而是一字一板传授着秦腔。他们大都不识字，但却出奇地能一本一本整套背诵出剧本，虽然那常常是之乎者也的字眼从那一圈胡子的嘴里吐出来十分别扭。有了秦腔，生活便有了乐趣，高兴了，唱"快板"，高兴得像被烈性炸药爆炸了一样，要把整个身心粉碎在天空！痛苦了，唱"慢板"，揪心裂肠的唱腔却表现了多么有情有味的美来，美给了别人以享受，美也熨平了自己心中愁苦的皱纹。当他们在收获时节的土场上，在月在中天的庄院里大吼大叫唱起来的时候，那种难以想象的狂喜，激动，雄壮，与那些献身于诗歌的文人，与那些有吃有穿却总感空虚的都市人相比，常说的什么伟大的永恒的爱情是多么渺小、有限和虚弱啊！

我曾经在西府走动了两个秋冬，所到之处，村村都有戏班，人人都会清唱。在黎明或者黄昏的时分，一个人独独地到田野里去，远远看着天幕下一个一个山包一样隆起的十三个朝代帝王的陵墓，细细辨认着田埂上，荒草中那一截一截汉唐时期石碑上的残字，高高的土屋上的窗口里就飘出一阵冗长的二胡声，几声雄壮的秦腔叫板，我就痴呆了，感觉到那村口的土尘里，一头叫驴的打滚是那么有力，猛然发现了自己心胸中一股强硬的气魄随同着胳膊上的肌肉疙瘩一起产生了。

每到农闲的夜里，村里就常听到几声锣响：戏班排演开始了。演员们都集合起来，到那古寺庙里去。吹，拉，弹，奏，翻，打，念，唱，提袍甩袖，吹胡瞪眼，古寺庙成了古今真乐府，天地大梨园。导演是老一辈演员，享有绝对权威，演员是一家几口，夫妻同台，父子同台，公公儿媳也同台。按秦川的风俗：父和子不能不有其序，爷和孙却可以无道，弟与哥嫂可以嬉闹无常，兄与弟媳则无正事不能多言。但是，一到台上，秦腔面前人人平等，兄可以拜弟媳为帅为将，子可以将老父绳绑索捆。寺庙里有窗无扇，屋梁上蛛丝结网，夏天蚊虫飞来，成团成团在头上旋转，薰蚊草就墙角燃起，一声唱腔一声咳嗽。冬天里四面透风，柳木疙瘩火当中架起，一出场一脸正经，一下场凑近火堆，热了前怀，凉了后背。排演到什么时候，什么时候都有观众，有抱着二尺长的烟袋的老者，有凳子高、桌子高趴满窗台的孩子。庙里一个跟头未翻起，窗外就哇地一声叫倒好，演员出来骂一声：谁说不好的滚蛋！他们抓住窗台死不滚去，倒要连声讨好：翻得好！翻得好！更有殷勤的，跑回来偷拿了红薯、土豆，在火堆里煨熟给演员作夜餐，赚得进屋里有一个安全位置。排演到三更鸡叫，月儿偏西，演员们散了，孩子们还围了火堆弯腰踢腿，学那一招一式。

一出戏排成了，一人传出，全村振奋，扳着指头盼那上演日期。一年十二个月，正月元宵日，二月龙抬头，三月三，四月四，五月五日过端午，六月六日晒丝绸，七月过半，八月中秋，九月初九，十月一日，再是那腊月五豆，腊八，二十三……月月有节，三月一会，那戏必是上演的。戏台是全村人的共同的事业，宁肯少吃少穿也要筹资积款，买上好的木石，请高强的工匠来修筑。村子富不富，就比这戏台阔不阔。一演出，半下午人就扛凳子去占地位了，未等戏开，台下坐的、站的人头攒拥，台两边阶上立的卧的是一群顽童。那锣鼓就叮叮咣咣地闹台，似乎整个世界要天翻地覆了。各类小吃趁机摆开，一个食摊上一盏马灯，花生，瓜子，糖果，烟卷，油茶，麻花，烧鸡，煎饼，长一声短一声叫卖不绝。锣鼓还在一声儿敲打，大幕只是不拉，演员偶尔从幕边往下望望，下边就喊：开演呀，场子都满了！幕布放下，只说就要出场了，却又叮叮咣咣不停。台下就乱了，后边的喊前边的坐下，前边的喊后边的为什么不说最前边的立着；场外的大声叫着亲朋子女名字，问有坐处没有，场内的锐声回应快进来；有要吃煎饼的喊熟人去买一个，熟人买了站在场外一扬手，"日"地一声隔人头甩去，不偏不倚目标正好；左边的喊右边的踩了他的脚，右边的叫左边的挤了他的腰，一个说：狗年快完了，你还叫啥哩？一个说：猪年还没到，你便拱开了！言语伤人，动了手脚；外边的趁机而入，一时四边向里挤，里边向外扛，人的旋涡涌起，如四月的麦田起风，根儿不动，头身一会儿倒西，一会儿倒东，喊声，骂声，哭声一片；有拼命挤将出来的，一出来方觉世界偌大，身体胖胖，但差不多却光了脚，乱了头发。大幕又一挑，站出戏班头儿，大声叫喊要维持秩序，立即就跳出一个两个所谓"二干子"⑥人物来。这类人物多是头脑简单，四肢发达，却十二分忠诚于秦腔，此时便拿了树条儿，哪里人挤，哪里打去，如凶神恶煞一般。人人恨骂这些人，人人又都盼有这些人，叫他们是秦腔宪兵，宪兵者越发忠于职责，虽然彻夜不得看戏，但大家一夜满足了，他们也就满足了一夜。

终于台上锣鼓停了，大幕拉开，角色出场。但不管男的女的，出来偏不面对观众，一律背身掩面，女的就碎步后移，水上漂一样，台下就叫：瞧那腰身，那肩头，一身的戏哟！是男的就摇那帽翎，一会双摇，一会单摇，一边上下飞闪，一边纹丝不动，台下便叫：绝了，绝了！等到那角色儿猛一转身，头一高扬，一声高叫，声如炸雷豁啷啷直从人们头顶碾过，全场一个冷颤，从头到脚，每一个手指尖儿，每一根头发梢儿都麻酥酥的了。如果是演《救裴生》⑦，那慧娘站在台中往下蹲，慢慢地，慢慢地，慧娘蹲下去了，全场人头也矮下去了半尺，等那慧娘往起站，慢慢地，慢慢地，慧娘站起来了，全场人的脖子也全拉长了起来。他们不喜欢看生戏，最欢迎看熟戏，那一腔一调都晓得，哪个演员唱得好，就摇头晃脑跟着唱，哪个演员走了调，台下就有人要纠正。说穿了，看秦腔不为求新鲜，他们只图过过瘾。

在这样的地方，这样的环境，这样的气氛，面对着这样的观众，秦腔是最逞能的，它的艺术的享受，是和拥挤而存在，是有力气而获得的。如果是冬天，那风在刮着，像刀子一样，如果是夏天，人窝里热得如蒸笼一般，但只要不是大雪，冰雹，暴雨，台下的人是不肯撤场的。最可贵的是那些老一辈的秦腔迷，他们没有力气挤在台下，也没有好眼力看清演员，却一溜一排地蹲在戏台两侧的墙根，吸着草烟，慢慢将唱腔品赏。一声叫板，便可以使他们坠入艺术之宫，"听了秦腔，肉酒不香"，他们是体会得最深。那些大一点的，脾性野一点的孩子，却占领了戏场周围所有的高空，杨树上，柳树上，槐树上，一个枝杈一个人。他们常常乐而忘了险境，双手鼓掌时竟从树杈上掉下来，掉下来自不会损伤，因为树下是无数的人头，只是招致一顿臭骂罢了。更有一些爬在了场边的麦秸积上，夏天四面来风，好不凉快，冬日就趴个草洞，将身子缩进去，露一个脑袋。也正是有闲阶级享受不了秦腔吧，他们常就瞌睡了，一觉醒来，月在西天，戏毕人散，只好苦笑一声悄然没声儿地溜下来回家敲门去了。

当然，一次秦腔演出，是一次演员亮相，也是一次演员受村人评论的考场。每每角色一出场，台下就一片喊喊喳喳：这是谁的儿子，谁的女子，谁家的媳妇，娘家何处？于是乎，谁有出息，谁没能耐，一下子就有了定论。有好多外村的人来提亲说媒，总是就在这个时候进行。据说有一媒人将一女子引到台下，相亲台上一个男演员，事先夸口这男的如何俊样，如何能干，但戏演了过半，那男的还未出场，后来终于出来，是个国民党的伪兵，还持枪未走到中台，扮游击队长的演员挥枪一指，"叭"地一声，那伪兵就倒地而死，爬着钻进了后幕。那女子当下哼了一声，闭了嘴，一场亲事自然了了。这是喜中之悲一例。据说还有一例，一个老头在脖子上架了孙孙去看戏，孙孙吵着要回家，老头好说好劝只是不忍半场而去，便破费买了半斤花生，他眼盯着台上，手在下边剥花生，然后一颗一颗扬手喂到孙孙嘴里，但喂着喂着，竟将一颗塞进孙孙鼻孔，吐不出，咽不下，口鼻出血，连夜送到医院动手术，花去了七十元钱。但是，以秦腔引喜的事却不计其数。每个村里，总会有那么个老汉，夜里看戏，第二天必是头一个起床往戏台下跑。戏台下一片石头，砖头，一堆堆瓜子皮，糖果纸，烟屁股，他掀掀这块石头，踢踢那堆尘土，少不了要捡到一角两角甚至三元四元钱币来，或者一只鞋，或者一条手帕。这是村里钻刁人干的营生，而馋嘴的孩子们有的则夜里趁各家锁门之机，去地里摘那香瓜来吃，去谁家院里将桃杏装在背心兜里回来分红。自然少不了有那些青春妙龄的少男少女，则往往在台下混乱之中眼送秋波，或者就悄悄退出，相依相偎到黑黑的渠畔树林子里去了……

秦腔在这块土地上，有着神圣的不可动摇的基础。凡是到这些村庄去下乡，到这些人家去做客，他们最高级的接待是陪着看一场秦腔，实在不逢年过节，他们就会要合家唱一会乱弹，你只能点头称好，不能耻笑，甚至不能有一点不入神的表示。他们一生最崇敬的只有两种人，一是国家领导人，一是当地的秦腔名角。既是在任何地方，这些名角没有在场，只要发现了名角的父母，去商店买油是不必排队的，进饭馆吃饭是会有座位的，就是在半路上挡车，只要喊一声：我是某某的什么，司机也便要嘎地停车。但是，谁要侮辱一下秦腔，他们要争死争活地和你论理，以至大打出手，永远使你记住教训。每每村里过红白丧喜之事，那必是要包一台秦腔的，生儿以秦腔迎接，送葬以秦腔致哀，似乎这个人生的世界，就是秦腔的舞台，人只要在舞台上，生，旦，净，丑，才各显了真性，恶的夸张其丑，善的凸现其美，善的使他们获得美的教育，恶的也使丑里化作了美的艺术。

广漠旷远的八百里秦川，只有这秦腔，也只能有这秦腔，八百里秦川的劳作农民只有也只能有这秦腔使他们喜怒哀乐。秦人自古是大苦大乐之民众，他们的家乡交响乐除了大喊大叫的秦腔还能有别的吗？

一九八三年五月二日草于五味村

（选自《贾平凹散文选集》，天津，百花文艺出版社，2009）

【注释】

①秦腔：中国汉族最古老的戏剧之一，起于西周，成熟于秦。秦腔源于西府［核心地区是陕西省宝鸡市的岐山（西岐）与凤翔（雍城）］，流行于中国西北的陕西、甘肃、青海、宁夏、新疆等地，其中以宝鸡的西府秦腔口音最为古老，保留了较多古老发音。秦腔也称乱弹，又因其以枣木梆子为击节乐器，因此又叫"梆子腔"，俗称"桄桄子"（因为梆击节时发出"桄桄"声）。2006年5月20日，经国务院批准列入第一批国家级非物质文化遗产名录。

②京，豫，晋，越，黄梅，二簧，四川高腔：指中国剧目的不同分类。

③潼关：潼关位于陕西省渭南市潼关县北，北临黄河，南踞山腰，是关中的东大门，位于关中平原东部，雄踞秦、晋、豫三省要冲之地，形势非常险要，历来为兵家必争之地。

④碌碡：用来碾谷脱粒或平整场地的农具，圆柱形，大多是石制，亦或有木制的。

⑤二楞：陕西方言，形容一个人很直，脑子不转弯。

⑥二杆子：陕西方言。

⑦《救裴生》：秦腔传统剧目，小生、花旦表演代表剧目。剧情是：贾似道怒杀慧娘后，又命爪牙廖寅连夜杀害囚禁冷房中的裴生。慧娘鬼魂以土地神所赐之阴阳宝扇搭救裴生逃出险境。《救裴生》这场戏演出很流行，其中的"吹火"特技和特殊身段，颇为精彩。

【阅读提示】

散文《秦腔》为我们展示了一幅色彩鲜明的陕西关中民俗画，也表达了作者浓烈的乡情。秦腔是流行于西北地区的传统剧种，其立足于三秦这片"广漠旷远的八百里秦川"。它"那种难以想象的狂喜、激动、雄壮"正展示了秦腔的风格。贾平凹在作品中充分展示了这种北方剧种的豪迈之处，并把自己浓烈的家乡情怀融入其中，让人感受到这一方土地人民的耿直、豪爽、旷达。

虽是散文，作者却并未如教科书一样向我们介绍秦腔这一剧种，而是娓娓道来，给我们展示了一幅幅色彩浓郁的陕西关中民俗画卷。在文章中我们可以了解到秦腔的悠久历史、秦腔所流传的地域、秦腔的演唱时间和地点以及乡间对秦腔的极度重视。在结构上《秦腔》似传统散文"形散而神不散"，作者的每句话都看似无意，实际上却用意颇深。一开篇，作者先提了个问题，说秦腔是"爱者便爱得要死，恶者便恶得要命"，但是几百年来却没有被淘汰，原来是一方水土养一方人，因此，作者的重点便落在了这方土地和这方土地上的人上。贾平凹通过富有神韵的笔触，三言两语，描绘了一幅写意画，将人们在黄土地上演唱叫板、人们看戏时的各种状态表现了出来，同时也把秦腔博大而厚重的思想内涵及意趣传达给了读者。

思考练习

一、选择题

1. 贾平凹获得第七届茅盾文学奖的长篇小说是（　　）。

A.《商州》　　　　　　　　　　B.《浮躁》

C.《秦腔》　　　　　　　　　　D.《高兴》

2. 贾平凹除了小说外，也创作了大量散文作品，形成了自己的风格，而且创办了（　　）杂志。

A.《美文》　　　　　　　　　　B.《读者》

C.《山花》　　　　　　　　　　D.《延河》

3. 秦腔是流行于（　　）地区的一个剧种。

A. 北京　　　　　　　　　　　B. 河南

C. 陕西　　　　　　　　　　　D. 浙江

二、思考题

1. 从散文《秦腔》中可以看出爱听秦腔的秦人有怎样的性格特点？

2. 试读贾平凹的一两部小说作品，并结合其散文创作分析其创作风格。

拓展阅读书目

1.《贾平凹长篇散文精选》，西安，陕西人民出版社，2003。

2. 贾平凹：《秦腔》，北京，作家出版社，2005。

3. 段建军主编：《贾平凹研究论集》，西安，西北大学出版社，2020。

雪国（节选）

川端康成

【背景知识】

　　川端康成（1899—1972），日本新感觉派作家，1899 年 6 月 14 日生于日本大阪，幼年父母双亡，其后姐姐和祖父母又陆续病故，他被称为"参加葬礼的名人"。川端康成一生多旅行，心情苦闷忧郁，逐渐形成了感伤与孤独的性格，这种内心的痛苦与悲哀成为他的文学底色。1924 年川端康成从东京大学国文专业毕业，同年和横光利一创办《文艺时代》杂志，后成为由此诞生的日本新感觉派的中心人物之一。新感觉派衰落后，他参加了新兴艺术派和新心理主义文学运动。川端康成担任过国际笔会副会长、日本笔会会长等职，1957 年被选为日本艺术院会员，曾获日本政府的文化勋章，法国政府的文化艺术勋章等。川端康成一生创作小说 100 多篇，中短篇作品多于长篇作品。作品富抒情性，追求人生升华的美，并深受佛教思想和虚无主义影响。早期多以下层女性作为小说的主人公，写她们的纯洁和不幸。后期一些作品更加深了对情爱心理的表现，手法纯熟，浑然天成。成名作《伊豆的舞女》(1926)描写了一个高中生"我"和流浪艺人的感伤及不幸生活。其代表作有《伊豆的舞女》《雪国》《千只鹤》《古都》《睡美人》等。1968 年川端康成获诺贝尔文学奖，他是首位获得该奖项的日本作家。他的多部作品已经在中国翻译出版。

川端康成

　　大概为了避免积雪，顺着客栈的墙临时挖了一条小沟，将浴池溢出的热水引到大门口，汇成了一个浅浅的水潭。一只壮硕的黑色秋田狗蹲在那里的一块踏石上，久久地舔着热水。门口晾晒着成排客用滑雪板，那是从库房里刚搬出来的，还发出轻微的霉味。这种霉味也被蒸汽冲淡了。就连从杉树枝头掉落下来的雪，在公共浴池房顶上遇到热气，也融化变形了。

　　女子从山上客栈的窗口俯视黎明前的坡道。过些时候，从年底到正月这段日子，这条坡道将会被暴风雪埋没。那时赴宴就得穿雪裤①、长统胶靴，还得披斗篷，戴头巾呢。到了那时节，积雪会有丈把厚。岛村现在正下这条坡道。不过，他从路旁高高地晾晒着的尿布下面，倒是可以望见县境的山峦，上面的积雪熠熠生辉，显得格外晴朗。绿色的葱还没被雪埋掉。

　　村里的孩子正在田间滑雪。

　　一走进村里的街道，就听到从屋檐滴落下来的轻轻的滴水声。

檐前的小冰柱闪着可爱的亮光。

一个从浴池回来的女人，仰头望着在屋顶扫雪的汉子说：

"喂，请你顺便扫一扫我们的屋顶好吗？"

女人感到有点晃眼，用湿手巾揩了揩额头。她大概是个女侍，趁着滑雪季节早早赶来的吧。隔壁是一家茶馆，玻璃窗上的彩色画已经陈旧不堪，屋顶也倾斜了。

一般人家的屋顶都茸上细木板，铺上石子。那些圆圆的石子，只有阳光照到的一面，在雪中露出黑糊糊的表层。那不是潮湿的颜色，而是久经风雪剥蚀，像墨一般黑，一排排低矮的房子静静地伏卧在大地上，给人这样的感觉：家家户户好像那些石子一样。真是一派北国的风光。

一群孩子将小沟里的冰块抱起来扔在路上，嬉戏打闹。大概是冰块碎裂飞溅起来的时候发出闪光非常有趣吧。站在阳光底下，觉得那些冰块厚得令人难以置信。岛村继续看了好一阵子。

一个十三四岁的少女独自靠在石墙上打毛线。她穿着雪裤，还穿上高齿木屐，却没有穿袜子，可以看得见在冻红了的赤脚板上长着的冻疮。坐在旁边柴堆上的一个约莫三岁的小女孩，心不在焉地拿着毛线团。从小女孩这边牵到大女孩那边的一根灰色旧毛线，发出了柔和的光。

从相隔七八家的一所滑雪板工厂传来了刨木的声音。另一边的屋檐下，有五六个艺妓站着聊天，那个女子可能也站在那里。直到今晨才从客栈女侍那里打听到她的艺名叫驹子。果然女子一本正经地瞧着他走过来。女子必定满脸通红，佯装若无其事的样子，岛村还没这么想，驹子已经连脖子都涨红了。她本可以背过脸去，但却窘得垂下了视线。而且，当他走近时，她慢慢地把脸移向他那边去。

岛村感到自己的脸颊好像也在发烧了，正要急步走过去，驹子却立刻追赶上来。

"到这种地方，真难为情啊！"

"要说难为情，我才难为情呢！你们那么一大堆人，吓得我不敢过去。你们经常是这样的吗？"

"是啊，过了晌午饭常常是这样。"

"你这样红着脸，嘎达嘎达地追上来，不是更难为情吗？"

"那倒无所谓。"

驹子断然说过之后，脸颊又飞红起来，就地停下脚步，攀住路旁的柿子树。

"想请你到我家来坐坐，才跑过来的啊。"

"你家就在这里吗？"

"嗯。"

"要是让我看看日记，去坐坐也不妨。"

"我要把那些东西烧掉再死。"

"可是，你家里不是有病人吗？"

"哦？你了解得这么详细呀！"

"昨晚你不也到车站去接了吗，是不是披着一件深蓝色斗篷？我也是乘那趟火车来的，就坐在病人的附近。那位姑娘侍候病人真认真，真亲切啊。是他的妻子吧？是从这去接，还是从东京来的？简直像慈母一样，我看了很受感动啊！"

"这件事你昨晚为什么不告诉我？为什么不说一声？"

驹子变了脸色。

"是他的妻子吧？"

但是，驹子没有回答这个问题，却又问道：

"为什么昨晚不告诉我？你这个人真奇怪！"

岛村不喜欢女人家这样厉害。但是使她这么厉害的，倒不是岛村或驹子本人有什么道理，这也许可以看作是驹子性格的一种表现吧。总之，在她这样反复追问之下，他好像觉得被击中要害似的。今晨看见映着山上积雪的镜中的驹子时，岛村自然想起映在暮霭中的火车玻璃窗上的姑娘，但他为什么没把这件事告诉驹子呢？

"有病人也没关系，不会有人到我房间里来的。"

驹子说着，走进了低矮的石墙后面。

右边是覆盖着白雪的田野，左边沿着邻居的墙根种满了柿子树。房前像个花坛。正中央有个小荷花池，池中的冰块已经被捞到池边，红鲤在池里游来游去。房子也像柿子树干一样，枯朽不堪了。积雪斑斑的屋顶，木板已经陈腐，屋檐也歪七扭八了。

一进土间②，觉得静悄悄，冷飕飕的，什么也看不见，岛村就被领着登上了梯子。这是名副其实的梯子。上面的房子也是名副其实的顶楼。

"这里本来是放蚕的房间，你吓了一跳吧？"

"醉醺醺地回来，爬这种梯子，多亏你没摔下来。"

"摔过哩！不过，这种时候多半一钻进楼下的被炉里就睡着了。"

驹子说着，把手伸进被炉支架上的被子里试了试，然后站起来取火去了。

岛村把这间奇特的房子扫视了一圈。只有南面开了一个低矮的窗，但细格的纸门却是新糊的，光线很充足。墙壁也精心地贴上了毛边纸，使人觉得恍如钻进了一个旧纸箱。不过头上的屋顶全露出来，连接着窗子，房子显得很矮，黑压压的，笼罩着一种冷冷清清的气氛。一想起墙壁那边不知是个什么样子，也就感到这房子仿佛悬在半空中，心里总是不安稳。墙壁和铺席虽旧，却非常干净。

他想：驹子大概也像蚕蛹那样，让透明的身躯栖居在这里吧。

被炉支架上盖着一床同雪裤一样的条纹棉被。衣柜虽旧，却是上等直纹桐木造的，这是驹子在东京生活的一个痕迹吧。梳妆台非常粗糙，同衣柜很不相称。朱漆的针线盒闪闪发亮，显得十分奢华。钉在墙壁上的一层层木板，也许是书架吧，上面垂挂着一块薄薄的毛织帘子。

昨晚赴宴的衣裳还挂在墙上，露出了衬衫的红里子。

驹子拿着火铲轻巧地登上了梯子。

"虽是从病人房间里拿来的，但据说火是干净的。"

驹子说着，俯下刚梳理好的头，去拨弄被炉里的炭火。她还告诉岛村：病人患肠结核，是回家乡等死的。

说是"家乡"，其实他并不是在这个地方出生。这里是他母亲的老家。母亲在港市不当艺妓之后，就留在那里当了舞蹈师傅。她还不到五十岁得了中风症，就回到这个温泉来疗养了。他则自幼爱摆弄机器，特意留在这个港市，进了一家钟表店。不久，好像到东京上夜校去了。也许是积劳成疾吧，今年才二十六岁。

驹子一口气说了这么许多，但是陪他回来的那位姑娘是谁？她为什么住在这人家里？对于这些，驹子却依然只字未提。在像是悬在半空中的这间房子里，驹子即使只说了这些，她的声音也会在每个角落里旋荡。岛村有点不安了。

正要走出房门，他眼里闪现一件微微发白的东西，回头看去，原来是一个桐木造的三弦琴盒，看起来要比实际的三弦琴盒大而长，简直无法令人相信，她竟背着这个赴宴。这么想着的时候，被烟熏黑了的隔扇门开了。

"驹姐，可以从它上面跨过去吗？"

这是清澈得近乎悲戚的优美的声音，像是从什么地方传来的一种回响。

岛村曾听过这种声音。这是那位在雪夜中探出窗外呼喊站长的叶子的声音。

"行啊。"驹子答应了一声，叶子穿着雪裤轻盈地跨过了三弦琴盒。她手里提着一个夜壶。

无论从她昨晚同站长谈话时那种亲昵的口气，还是从她身上穿的雪裤来看，叶子显然是这附近地方的姑娘。那条花哨的腰带在雪裤上露出了一半，所以雪裤红黄色和黑色相间的宽条纹非常显眼，因而毛料和服的长袖子也显得更加鲜艳了。裤腿膝头稍上的地方开了叉，看起来有点臃肿，然而却特别硬挺，十分服帖，给人一种安稳的感觉。

但是，叶子只尖利地瞅了岛村一眼，就一声不吭地走过了土间。

岛村走到外面，可是叶子那双眼神依然在他的眼睛里闪耀，宛如远处的灯光，冷凄凄的。为什么会这样呢？大概是回忆起了昨晚的印象吧。昨晚岛村望着叶子映在窗玻璃上的脸，山野的灯火在她的脸上闪过，灯火同她的眼睛重叠，微微闪亮，美得无法形容，岛村的心也被牵动了。想起这些，不禁又浮现出驹子映在镜中的在茫茫白雪衬托下的红脸来。

于是，岛村加快了脚步。尽管是洁白的小脚，可是爱好登山的岛村，一边走着一边欣赏山景，心情不由得变得茫然若失，不知不觉间脚步也就加快了。对经常容易突然迷离恍惚的他来说，不能相信那面映着黄昏景致和早晨雪景的镜子是人工制造的。那是属于自然的东西。而且是属于遥远的世界。

（选自［日］川端康成：《雪国》，叶渭渠、唐月梅译，天津，天津人民出版社，2005）

【注释】

①雪裤：冬天套在和服外面穿的一种裤子。

②土间：过去日本式房子进门入口处为土地，叫作土间。

【阅读提示】

《雪国》是作者在被授予诺贝尔文学奖时被评奖委员会提到的三部小说之一（另外两部是《古都》和《千只鹤》）。《雪国》以有钱有闲的舞蹈研究者岛村与一位艺伎和一位纯情少女之间的感情纠葛为主线，为读者展现了一个哀怨和冷艳的世界。

本篇是川端康成的第一部中篇小说《雪国》的节选，节选部分描述了岛村和驹子认识第二天的场景，在这里作者对雪国景致的描写，对日本风俗的刻画都非常细腻，尤其是对人物的心理刻画，用语简明，描写精准。

《雪国》的女主人公驹子虽为艺伎，但她所渴求的只是普通女孩应该得到的权利和爱情，她对这种生活和爱情的态度是坦荡的、纯真的，生活在纸醉金迷的环境中，她有时自暴自弃，有时无可奈何。而岛村就把驹子这种追求"徒劳"爱情的状态，以及叶子姑娘的美丽的幻影看成是一种朦胧、虚无，融入痛苦、哀伤、虚幻的世界中去表达。

审视川端康成的作品，那种深刻的日式哀婉之美是令人感动的。川端康成的小说颇接近口头语言，读来丝毫没有繁冗之感。他对于自己所描写的对象观察细致，熟谙于心，展现了日本式文学作品温婉细腻的独特风情。

思考练习

一、选择题

1. 川端康成是日本（   ）作家。

A. 新感觉派　　　　B. 无赖派　　　　C. 太阳族　　　　D. 荒原派

2. （   ）不是川端康成在被授予诺贝尔文学奖时被评奖委员会提到的三部小说之一。

A.《雪国》　　　　B.《古都》　　　　C.《睡美人》　　　　D.《千只鹤》

二、思考题

1. 在《雪国》中，作者对哪些景致做了详尽的描绘？这些描绘和人物的心境有没有契合？

2. 试阅读川端康成的其他小说作品，分析他小说的特色。

拓展阅读书目

1.《川端康成作品集》，北京，团结出版社，2016。

2. 张恩辉：《川端康成传》，北京，时代文艺出版社，2013。

3.《川端康成三岛由纪夫往来书简》，许金龙译，北京，外国文学出版社，2009。

第四单元　我的梦想

　　梦想是一缕充满希望的阳光，梦想是一盏黑暗中闪亮的明灯，梦想是指引我们远航的风帆。人生的路途上，梦想是每个人的信念。有了梦想人生才真正地有了意义。因而有人说过："梦想，是来自宇宙的财富。"是啊！你如何来迎接这些财富，问题是你有怎样的梦想？

　　回溯历史，我们从宋人王禹偁的散文《黄州新建小竹楼记》中，看到他为梦想坚持的人格操守；从辛弃疾的豪放诗词中，看到他为梦想从不轻言放弃收复中原、抗金救国。而当近代中国面对西方帝国列强弱肉强食的时候，鲁迅先生的杂文《中国人失掉自信力了吗》不仅有理有据地反驳自信力失掉了的论调，同时为每个中华儿女的自信力打气。一个历经坎坷的中国，一个多灾多难的中国，也没有让中国人失去梦想。诗人食指用自己的诗歌唱着《相信未来》，女诗人舒婷也唱出了《祖国呵，我亲爱的祖国》。当然，也许有人会说，我没有那么高远的梦想，但就算是平凡的人，就算是简单的爱情，也是可以有梦想的。路遥的《平凡的世界》让我们看到了平凡人执着奋斗的理想精神；舒婷的《致橡树》是渴望平等的爱情梦想。走向世界，马丁·路德·金的《我有一个梦想》的演讲在我们脑中回响，我们在佩服他反抗种族歧视、争取民主和自由的时候，有没有想过一个科学家或一个学者是怎样拥有他们的梦想的？这或许可以在培根的《论学问》和约翰·波拉尼的《为什么要有科学家》中得到答案。

　　梦想不分大小高低，只要你有梦想，这个世界就是多彩的。

黄州新建小竹楼记

王禹偁

【背景知识】

王禹偁（954—1001），字元之，济州巨野（今属山东）人，北宋著名文学家。王禹偁出身贫寒，为太平兴国八年（983）进士，历任右拾遗、左司谏、知制诰等职，因同情民生疾苦，直言敢谏，主张改革朝政，屡遭贬谪。后奉召入京，因撰修《太祖实录》获咎，于咸平二年（999）再次贬知黄州（今湖北黄冈），后又改知蕲州（今湖北蕲县），死于任所。王禹偁的散文风格简雅古淡，语言平易流畅，以"传道而明心"自励，继承了唐代韩愈、柳宗元的古文精神，对宋代散文风貌的形成有积极影响。其诗学白居易，多为反映民生疾苦之作，自编诗文为《小畜集》，后人又辑其佚文为《小畜外集》。

本文写在王禹偁第二次贬官期间。997年，刚即位的宋真宗把王禹偁召回京师，从而结束了他的第一次贬谪生活。但是，王禹偁依旧直言敢谏，不畏权贵，跟宰相张齐贤、李沆产生了深刻矛盾。所以时隔一年，正当千家万户送旧迎新、京城内外爆竹声声的时候，王禹偁再一次"拜受"了贬官诏令。第二年暮春三月，他怀着无限怅恨离开京城。999年的中秋佳节，身在湖北黄州的王禹偁，眼望着溶溶月色，禁不住千思万虑涌上心头，奋笔写下此文，表达了他遭贬之后恬淡自适的生活态度和庄重自持的思想情操。

王禹偁

黄冈①之地多竹，大者如椽②。竹工破③之，刳去其节④，用代陶瓦。比屋皆然⑤，以其价廉而工省也。子城⑥西北隅，雉堞圮毁⑦，蓁莽⑧荒秽⑨，因作小楼二间，与月波楼通。远吞山光，平挹江濑⑩，幽阒辽夐⑪，不可具状⑫。夏宜⑬急雨，有瀑布声；冬宜密雪，有碎玉声。宜鼓琴，琴调和畅；宜咏诗，诗韵清绝；宜围棋，子声丁丁⑭然；宜投壶⑮，矢声铮铮然：皆竹楼之所助也。

公退之暇，被鹤氅⑯衣，戴华阳巾⑰，手执《周易》一卷，焚香默坐，消遣世虑⑱。江山之外，第⑲见风帆沙鸟烟云竹树而已。待其酒力醒，茶烟歇，送夕阳，迎素月，亦谪居之胜概也。

彼齐云、落星⑳，高则高矣！井幹、丽谯㉑，华则华矣！止于贮妓女，藏歌舞，非骚人之事，吾所不取。吾闻竹工云："竹之为瓦，仅十稔㉒，若重覆㉓之，得二十稔。"噫！吾以至道乙未岁㉔，自翰林出滁上㉕，丙申移广陵㉖；丁酉，又入西掖㉗。戊

戌岁除日⊗，有齐安⊗之命。己亥闰三月到郡。四年之间，奔走不暇；未知明年又在何处！岂惧竹楼之易朽乎？后之人与我同志⊗，嗣而葺之⊗，庶⊗斯楼之不朽也。

［选自（清）吴楚材、吴调侯编选：《古文观止》，北京，人民文学出版社，2021］

【注释】

①黄冈：地名，今属湖北。

②椽（chuán）：放置在屋檐上架屋顶的木条。

③破：剖开。

④刳（kū）：剖，削。节：竹节。

⑤比：全。然：如此。

⑥子城：大城所附庸的小城，又称月城、瓮城。

⑦雉堞：城墙上的女墙部分。圮（pǐ）：坍塌。

⑧蓁莽（zhēn mǎng）：草木丛生。

⑨荒秽：荒芜，腌臜。

⑩挹（yì）：舀取。濑（lài）：沙石上流水。

⑪阒（qù）：静。敻（xiòng）：远。

⑫不可具状：不可言传。

⑬宜：适合。

⑭丁丁（zhēngzhēng）：拟声词，形容棋子落秤的声音。

⑮投壶：古代的一种游戏。众人依次向壶中投箭，不中者、少中者罚酒。

⑯鹤氅：鸟羽缝制的风衣。

⑰华阳巾：道士所戴的头巾。

⑱消遣世虑：消除世间的烦恼。消，除。遣，排除。

⑲第：且，但，只。

⑳齐云：古楼名。齐云，言其高与云齐。较为著名者有二：其一故址在江苏苏州子城上，唐曹恭王所建。唐白居易《齐云楼晚望》诗："齐云楼北面，半日凭栏干。"宋代朱长文《吴郡图经续记》："白乐天于西楼命宴，齐云楼晚望，皆有篇什。所谓池阁者，盖今之后楼也；西楼者，盖今之观风楼也；齐云楼者，盖今之飞云阁也。"其二故址在陕西省华县城内。《旧唐书·昭宗纪》："〔乾宁四年〕七月甲戌，帝与学士、亲王登齐云楼，西望长安，令乐工唱御制《菩萨蛮》词。"《新五代史·杂传二·韩建》："昭宗登齐云楼，西北顾望京师，作《菩萨蛮》辞三章以思归。"落星：古楼名，三国孙权所建，故址在今南京市东北临江的落星山上。《文选·左思〈吴都赋〉》："数军事乎桂林之苑，飨戎旅乎落星之楼。"刘逵注："吴有桂林苑、落星楼，楼在建业东北十里。"前蜀韦庄《春日》诗："落星楼上吹残角，偃月营中挂夕晖。"

㉑井幹（hán）：古楼名，汉武帝所建，故址在汉建章宫北部。丽谯（qiáo）：古楼名，三国曹操所建。

㉒稔（rěn）：谷物一熟为稔，引申为年。

㉓重覆：再盖上一层竹瓦。

㉔至道乙未岁：宋太宗至道元年（995）。

㉕出：京官外调地方官。滁上：今安徽滁州。

㉖广陵：今江苏扬州。

㉗西掖：中书省，朝廷的中枢机构。

㉘戊戌：宋真宗咸平元年(998)。岁除日：除夕。

㉙齐安：黄冈的别称，又称齐安郡。

㉚同志：志同道合。

㉛嗣：承嗣，继承。葺：修葺。

㉜庶：大概。

【阅读提示】

　　本文通过作者对谪居黄冈荒郊所建小竹楼生活的描写，表达了作者秉承"达则兼济天下，穷则独善其身"的传统知识分子的操守，进行了关于人生价值的探讨。

　　竹楼在文章中不仅是实物性的存在，更是作者"屈身而不屈于道"的精神象征。第一段写了居于竹楼中，一年四季的生活情趣，通过"宜……"的句式连缀起作者雅致、高洁的情趣；第二段以闲暇的"公退"为契机，展现了作者畅享饱满精神世界的情致，在虚静的心灵空间中完成自我身体的审美式的圆满；第三段先通过竹楼与其他名楼的对比，强调"骚人"居所的文化意义，践行着"丽以则"价值追寻，然后抒发了仕宦生涯的飘零之感，更着重呈现作者对于"不朽"的深层次理解，楼易朽而精神永垂世范，这是作者对小楼所赋予的人文精神意义之所在。

　　在构思方面，作者采用了对比手法：以闹中显静的小楼偏安荒僻映现作者力图远离世俗、构建精神乐土的文化希冀；通过竹楼与齐云楼、落星楼、井幹楼、丽谯楼的对比，凸显骚人之情致；以竹楼之易朽与人格追求的不朽相对照，彰显作者向道而安置生命价值的生存样态。

　　本文寓情于景，情中景与景中情的抒发相得益彰；融理于情，情理通融。在形式上，本文骈散结合，既有骈文的整饬雅丽，亦有散文的流畅舒缓。

思考练习

思考题

　　1. 本文情景交融的艺术特色是如何实现的？

　　2. 概述本文小楼的象征意义。

　　3. 分析"宜……"句式的特点及其精神追求。

拓展阅读书目

　　1. 曾枣庄：《宋代文学与宋代文化》，上海，上海人民出版社，2006。

　　2. 王水照主编：《宋代文学通论》，郑州，河南大学出版社，1997。

　　3. 张健：《宋代文学论考》，北京，中华书局，2019。

贺新郎①
同父②见和，再用韵答之③
辛弃疾

【背景知识】

辛弃疾（1140—1207），南宋词人，字幼安，号稼轩，历城（今山东济南）人。辛弃疾出生时，山东已为金兵所占。他 21 岁参加抗金义军，不久归南宋，历任湖北、江西、湖南、福建、浙东安抚使等职。任职期间，他采取积极措施，召集流亡，训练军队，奖励耕战，打击贪污豪强，重视安定民生。辛弃疾一生坚决主张抗金。在《美芹十论》《九议》等奏疏中，他具体分析当时的政治军事形势，对夸大金兵力量、鼓吹妥协投降的谬论，做了有力的驳斥；要求加强作战准备，鼓励士气，以恢复中原。他所提出的抗金建议，均未被采纳，并遭到主和派的打击，曾长期落职闲居江西上饶、铅山一带。晚年一度起用，不久病卒。辛弃疾的词抒写力图恢复国家统一的爱国热情，倾诉壮志难酬的悲愤，对南宋上层统治集团的屈辱投降进行揭露和批判；也有不少吟咏祖国河山的作品。其艺术风格多样，而以豪放为主，热情洋溢，慷慨悲壮，笔力雄厚，与苏轼并称为"苏辛"。词作有《稼轩长短句》。

辛弃疾

老大那堪说。似而今元龙臭味④，孟公瓜葛⑤。我病君来高歌饮，惊散楼头飞雪。笑富贵千钧如发。硬语盘空⑥谁来听？记当时只有西窗月。重进酒，换鸣瑟。　　事无两样人心别。问渠侬⑦神州毕竟，几番离合⑧？汗血盐车无人顾⑨，千里空收骏骨⑩。正目断关河路绝。我最怜君中宵舞⑪，道男儿到死心如铁。看试手，补天裂⑫。

（选自邓广铭笺：《稼轩词编年笺注》，上海，上海古籍出版社，2016）

【注释】

①贺新郎：词牌名，又名《金缕曲》《贺新凉》《乳燕飞》等。此调始见苏轼词，原名《贺新凉》，因词中有"乳燕飞华屋，悄无人，桐阴转午，晚凉新浴"句，故名。后来"凉"字误作"郎"字。该词牌双调116字，仄韵，用入声韵者音节尤高亢。南宋豪放词人多喜作此调，以抒发慷慨激昂之情怀。

②同父：南宋陈亮（1143—1194）字，又写作同甫，学者称为龙川先生，浙江永康人，著有《龙川文集》陈亮。少年时好言"伯王大略"，读书谈兵，倡言改革，力主抗金，是浙东事功派代表人物，历时 11 年与朱熹论争王霸、义利观念，是宋代思想史上一抹靓丽的色彩。绍熙四年（1193）进士第一，授签书建康判官厅公事，未及赴任而卒。

③再用韵答之：淳熙十六年（1189），陈亮自东阳来到信州拜访辛弃疾，留十日，并约朱熹到紫溪聚首，商讨恢复事宜，朱熹因故未至。陈亮遂回返东阳。其间，辛弃疾与陈亮同游鹅湖，后作《贺新郎·把酒长亭说》追记此事，恰陈亮致信索词，故辛弃疾以此词赠陈亮，并作小序言"心所同然者如此，可发千里一笑"。陈亮步其韵，和词《贺新郎·老去凭谁说》酬唱；辛弃疾读陈亮词，又作《贺新郎·老大那堪说》和答；其后一年，陈亮再作《贺新郎·离乱从头说》以见酬。

④元龙：东汉陈登的字。《三国志·魏书·张邈传附陈登传》载，刘表、刘备、许汜共论天下人，许汜认为陈登"湖海之士，豪气不除"，并说"昔遭乱过下邳，见元龙。元龙无客主之意，久不相与语，自上大床卧，使客卧下床"。刘备反驳道："君有国士之名，今天下大乱，帝主失所，望君忧国忘家，有救世之意，而君求田问舍，言无可采，是元龙所讳也，何缘当与君语？如小人，欲卧百尺楼上，卧君于地，何但上下床之间邪？"表大笑。备因言曰："若元龙文武胆志，当求之于古耳，造次难得比也。"臭（xiù）味：气味。

⑤孟公：汉代游侠陈遵的字。陈遵为人嗜酒重气，《汉书·游侠传》："遵嗜酒，每大饮，宾客满堂，辄关门，取客车辖投井中，虽有急，终不得去。"瓜葛：瓜和葛，两种蔓生的植物，能缠绕或攀附在别的物体上，比喻辗转牵连的亲戚关系或社会关系。

⑥硬语盘空：唐代韩愈《荐士》有"横空盘硬语，妥帖力排奡"之句，原指文字矫健刚烈。此处指慷慨激烈的言辞。

⑦渠：代词，他，《三国志·吴志·赵达传》："女婿昨来，必是渠所窃。"渠侬：吴方言，即他、他们。瞿灏《通俗编·称谓》："吴俗自称我侬，指他人亦曰渠侬。古《读曲歌》：'冥就他侬宿。'《孟珠曲》：'莫持艳他侬。'隋炀帝诗：'个侬无赖是横波。'他侬、个侬，犹之云渠侬也。"

⑧离合：分裂、统一。

⑨汗血：《史记·大宛列传》言"（大宛）多善马，马汗血，其先天马子也"。另据应劭解释《汉书·武帝纪》中之"汗血马"曰"大宛旧有天马种，蹋石汗血。汗从前肩髆出，如血。号一日千里"。盐车：即骥服盐车，《战国策·楚策四》之《汗明见春申君》载："夫骥之齿至矣，服盐车而上太行。蹄申膝折，尾湛胕溃，漉汁洒地，白汗交流，中阪迁延，负辕不能上。伯乐遭之，下车攀而哭之，解纻衣以幂之。"

⑩空收骏骨：《战国策·燕策》之"燕昭王收破燕后即位"条记载郭隗谏昭王，曰："臣闻古之君人，有以千金求千里马者，三年不能得，涓人言于君曰：'请求之。'君遣之。三月得千里马，马已死，买其首五百金，反以报君。君大怒曰：'所求者生马，安事死马而捐五百金？'涓人对曰：'死马且买之五百金，况生马乎？天下必以王为能市马，马今至矣。'于是不能期年，千里之马至者三矣。"不久"乐毅自魏往，邹衍自齐往，剧辛自赵往，士争凑燕"。

⑪中宵舞：即闻鸡起舞。《晋书·祖逖传》载："逖与司空刘琨俱为司州主簿，情好绸缪，共被同寝。中夜，闻荒鸡鸣，蹴琨觉曰：'此非恶声也。'因起舞。"

⑫补天裂：即女娲补天，《淮南子·览冥训》载"往古之时，四极废，九州裂；天不兼覆，地不周载；火爁炎而不灭，水浩洋而不息；猛兽食颛民，鸷鸟攫老弱。于是女娲炼五色石以补苍天，断鳌足以立四极，杀黑龙以济冀州，积芦灰以止淫水"。

【阅读提示】

这首词是辛弃疾读陈亮《贺新郎·寄辛幼安和见怀韵》的和词。该词抒发了英雄失意的悲愤情怀，与"廉颇老矣，尚能饭否"表达了同一意趣。

上阕以"老大那堪说"起兴，表现了辛弃疾年近五旬，蹉跎岁月、闲居村野、复国无望的悲情。"似而今元龙臭味，孟公瓜葛"，以陈姓前辈的以天下为己任褒奖陈亮，以纵情诗酒坦言辛弃疾与陈亮深厚的情谊。正是陈亮的同声共气,点燃了辛弃疾的抗争之火,完成了"老夫聊发少年狂"的自我塑造。下文"高歌饮""楼头雪""笑富贵"追忆两人把酒畅言、豪饮使兴的欢宴场景,以及快意恩仇、纵情激烈后的无限落寞,唯有西窗冷月无言。上阕即景叙事,融情以思理。在场景的书写中,塑造了抒情主人公磊落的心胸,表达了无声的愤懑。

下阕抒怀。面对神州陷落,执政者却无心收复故国,空使壮士们拳拳报国之情付之流水,"汗血盐车""收骏骨",无限的苍凉、凄怆。作者只能在想象中怀恋着关河,奈何现实的"路绝"致使想象都是一种奢望。最后两句,升华了整篇词作的精神品格,作者希望复国的志士们仍须努力,择时待机而发,一定能完成匡扶神州的重任,"补天裂"发出了时代的强音。

该词的写作特点是以文为词和用典。以文为词,有力地推动了词体的发展,拓宽了丽句清词的传统写作方式;用典而不拘于典,重在化典为己意,在充实作品的历史文化内涵的同时,也丰富了作品的情感和形象体系。

思考练习

思考题

1. 说明词中几处用典的意味。
2. 结合文章,谈谈"一切景语皆情语"的表达意趣。

拓展阅读

贺新郎

辛弃疾

陈同父自东阳来过余,留十日,与之同游鹅湖,且会朱晦庵于紫溪,不至,飘然东归。既别之明日,余意中殊恋恋,复欲追路,至鹭鸶林,则雪深泥滑,不得前矣。独饮方村,怅然久之,颇恨挽留之不遂也。夜半投宿吴氏泉湖四望楼,闻邻笛悲甚,为赋《乳燕飞》以见意。又五日,同父书来索词,心所同然者如此,可发千里一笑。

把酒长亭说。看渊明风流酷似,卧龙诸葛。何处飞来林间鹊,蹙踏松梢残雪。要破帽多添华发。剩水残山无态度,被疏梅料理成风月。两三雁,也萧瑟。　　佳人重约还轻别。怅清江天寒不渡,水深冰合。路断车轮生四角,此地行人销骨。问谁使君来愁绝?铸就而今相思错,料当初费尽人间铁。长夜笛,莫吹裂。

(选自邓广铭笺注:《稼轩词编年笺注》,上海,上海古籍出版社,2016)

贺新郎
寄辛幼安和见怀韵

陈 亮

老去凭谁说。看几番、神奇臭腐，夏裘冬葛。父老长安今余几，后死无仇可雪。犹未燥、当时生发。二十五弦多少恨，算世间、那有平分月。胡妇弄，汉宫瑟。

树犹如此堪重别。只使君、从来与我，话头多合。行矣置之无足问，谁换妍皮痴骨。但莫使、伯牙弦绝。九转丹砂牢拾取，管精金、只是寻常铁。龙共虎，应声裂。

（选自姜书阁笺注：《陈亮龙川词笺注》，北京，人民文学出版社，1980）

拓展阅读书目

1. 沈祖棻：《宋词赏析》，北京，中华书局，2008。
2. 王水照、朱刚：《苏轼评传》，南京，南京大学出版社，2004。
3. 王国维：《人间词话》，上海，上海古籍出版社，1998。

中国人失掉自信力了吗[①]

鲁迅

【背景知识】

从"五四"起，鲁迅就开始用杂文的形式与反对新文化的各种不同的论调进行斗争。鲁迅说，杂文是"感应的神经"，它能够"对于有害的事物，立刻给以反响或抗争"，从而为新文化、新思想的发展在旧文化、旧思想的荆棘丛莽中开辟出一条蜿蜒曲折的道路。鲁迅杂文在中国现代文学史上的地位是不容抹杀的，它为中国散文的发展开辟了一条更加宽广的道路。

本文发表于 1934 年。此时山河破碎，国难当头，中华民族的生死存亡面临严峻考验。"九一八"事变后，当时驻守东北的由张学良统领的东北军，在接到不抵抗命令后撤至山海关内。日本军队迅速侵占了东北全境。当时，中国民众反

鲁迅

对日本帝国主义侵占中国东北领土的救亡运动遍及全国，但蒋介石政府却寄希望于国际联盟出面调解。1932 年 4 月，国际联盟派出以李顿为首的国联调查团，赴中国东北调查"九一八"事变，并于 10 月 2 日发表国际联盟调查团报告书，其代表西方列强偏袒日本侵略中国的立场流露无遗。这进一步激起了中国人民的愤怒，同时也产生了中国人还有没有"自信力"的问题。

鲁迅写作此文，除了日本侵占中国东北、国际联盟袒护日本的现实背景，还有一个中国人如何应对外敌入侵这一现实挑战的文化背景问题。"一味求神拜佛，怀古伤今"成了应对现实的严峻挑战之道，这使鲁迅忧心忡忡并忍不住要发出自己的声音。应对民族国家危机的文化正途，应该从资源丰厚的中国历史文化传统的精华中去寻找和发掘。

从公开的文字上看起来：两年以前，我们总自夸着"地大物博"，是事实；不久就不再自夸了，只希望着国联[②]，也是事实；现在是既不夸自己，也不信国联，改为一味求神拜佛[③]，怀古伤今了——却也是事实。

于是有人慨叹曰：中国人失掉自信力了[④]。

如果单据这一点现象而论，自信其实是早就失掉了的。先前信"地"，信"物"，后来信"国联"，都没有相信过"自己"。假使这也算一种"信"，那也只能说中国人曾经有过"他信力"，自从对国联失望之后，便把这他信力都失掉了。

失掉了他信力，就会疑，一个转身，也许能够只相信了自己，倒是一条新生路，但不幸的是逐渐玄虚起来了。信"地"和"物"，还是切实的东西，国联就渺茫，不过这

还可以令人不久就省悟到依赖它的不可靠。一到求神拜佛，可就玄虚之至了，有益或是有害，一时就找不出分明的结果来，它可以令人更长久的麻醉着自己。

中国人现在是在发展着"自欺力"。

"自欺"也并非现在的新东西，现在只不过日见其明显，笼罩了一切罢了。然而，在这笼罩之下，我们有并不失掉自信力的中国人在。

我们从古以来，就有埋头苦干的人，有拼命硬干的人，有为民请命的人，有舍身求法的人，……虽是等于为帝王将相作家谱的所谓"正史"⑤，也往往掩不住他们的光耀，这就是中国的脊梁。

这一类的人们，就是现在也何尝少呢？他们有确信，不自欺；他们在前仆后继的战斗，不过一面总在被摧残，被抹杀，消灭于黑暗中，不能为大家所知道罢了。说中国人失掉了自信力，用以指一部分人则可，倘若加于全体，那简直是诬蔑。

要论中国人，必须不被搽在表面的自欺欺人的脂粉所诓骗，却看看他的筋骨和脊梁。自信力的有无，状元宰相的文章是不足为据的，要自己去看地底下。

九月二十五日

（选自鲁迅：《且介亭杂文末编》第 6 卷，北京，人民文学出版社，2006）

【注释】

①本文选自《且介亭杂文》。本篇最初发表于 1934 年 10 月 20 日《太白》半月刊第一卷第三期，署名公汗。

②国联："国际联盟"的简称，第一次世界大战后于 1920 年成立的政府间国际组织。它标榜以"促进国际合作，维持国际和平与安全"为宗旨，实际上是英法等帝国主义国家控制并为其侵略政策服务的工具。1946 年 4 月正式宣告解散。"九一八"事变后，蒋介石即在南京发表讲话，声称"暂取逆来顺受态度，以待国联公理之判决"。国民党政府也多次向国联申诉，要求制止日本帝国主义的侵略，但国联采取了袒护日本的立场。它派出的调查团到我国东北调查后，在发表的《国联调查团报告书》中，指出日本发动"九一八"事变并非"合法之自卫手段"，但居然承认日本在中国东北的特殊利益。国联对日本的侵略未采取任何制裁的措施。

③求神拜佛：当时一些国民党官僚和"社会名流"，以祈祷"解救国难"为名，多次在一些大城市举办"时轮金刚法会""仁王护国法会"等。

④中国人失掉自信力了：当时舆论界曾有过这类论调，如 1934 年 8 月 27 日《大公报》社评《孔子诞辰纪念》中说："民族的自尊心与自信力，既已荡焉无存，不待外侮之来，国家固早已濒于精神幻灭之域。"

⑤"正史"：清高宗（乾隆）诏定从《史记》到《明史》共 24 部纪传体史书为正史，即二十四史。梁启超在《中国史界革命案》中说："二十四史非史也，二十四姓之家谱而已。"

【阅读提示】

这是一篇言简意深的杂文。全文几百字，讨论的却是一个大问题：中国人失掉自信力了吗？鲁迅的回答当然是否定的。在鲁迅看来："说中国人失掉了自信力，用以指一部分人则可，倘若加于全体，那简直是诬蔑。"鲁迅的这一观点不仅仅在当时是正确的，在当下也有其启迪价值。

中国人是否失掉了自信力？这不仅仅是一个现实问题，还是一个中华民族历史文化的课题。从历史上看，中国人从来就没有丧失过自信力。从现实的角度看，"这一类的人们，就是现在也何尝少呢"？从中华民族传统文化的层面上看，中华文化历经风雨，绵延数千年而不绝于世，就证明了它的强大的生命力，这已被历史证明的生命力是中国人挺立于世的自信力的基础。只要中华文化的血脉不断，中国人就永远不会丧失植根于传统的自信力。

当今的中国正"和平崛起"于世界。当然我们还是发展中国家，与世界上的发达国家相比还存在着种种差距。作为中国人，我们不能因为看到自身的差距和问题而减弱自信力，相反，应该发展自信力，追赶上去。

篇幅短小，文字精炼；分析透彻，说理明白；观点鲜明，启人深思——这是鲁迅杂文的基本特色。这篇文章不仅具备了鲁迅杂文的上述"共性"，而且作为鲁迅的后期杂文，还体现了鲁迅接受马克思主义后文章的鲜明"个性"，即贯穿文章始终、渗透文字内里的辩证眼光与由此产生的逻辑力量。

本文首段就列举了三个"事实"，这三个"事实"在时间上有递进关系，勾勒出了历史进程的逻辑链。

第二至第六自然段作者运用了三对二元对立的逻辑概念，即自信力与他信力、切实与玄虚、自信力与自欺力，由此梳理出中国人从相信切实的东西到相信玄虚的神佛、从自信力到他信力再到自欺力的发展过程。

第七至第九自然段是对"中国人"概念的分析，或者说是对谁代表全体的中国人这一问题的解答。鲁迅辩证的眼光显示在现象与本质、表面与深层这些逻辑关系的把握上，其核心则落实到反对将"中国人"视为铁板一块的同质性的概念，主张依据古往今来的事实对中国人"一分为二"地加以考察。

思考和练习

一、填空题

1. 鲁迅的三部小说集分别是_____、_____、_____，散文集和散文诗集分别是_____、_____。

2. 鲁迅 1918 年用笔名"鲁迅"在《新青年》杂志上发表了第一篇白话文小说_____
____。

3. 本文选自杂文集_____，鲁迅一生共写作____部杂文集。

二、思考题

1. 试分析本文的驳论结构。

2. 指出文中所用的比喻及其表达作用。

3. "中国的脊梁"指什么人？为什么他们的牺牲不能为"大家"所知道？

4. "状元宰相""地底下"的含义分别是什么？

拓展阅读书目

1. 鲁迅：《中国小说史略》，上海，上海古籍出版社，1998。

2. 郑振铎：《中国俗文学史》，上海，上海人民出版社，2006。

3.［美］夏志清：《中国古典小说史论》，胡益民等译，南昌，江西人民出版社，2001。

相信未来
食指

【背景知识】

食指，原名郭路生。1948年出生，山东鱼台人。他幼年时经常跟随在于图书馆工作的母亲身边，得到了中国古典诗词方面的熏陶。其中学就读于北京第五十六中学，1969—1971年到农村插队落户，1971年入伍，1973年退伍后一直在北京工作。食指的创作主要集中在20世纪60年代的中后期，这正是"文化大革命"开始并进入高潮的阶段，在那个狂热的年代，食指和当时许多年轻人一样陷入了迷惘和失望之中，现实环境的恶劣和内心理想的冲突，使诗人处于一种矛盾复杂的心态之下。但年轻、热情、执着，又让诗人挣扎着摆脱现实的羁绊，憧憬着美好的未来。

《相信未来》是食指的代表作之一，写于1968年，它给当时人们的心灵投下了一道希望之光。

当蜘蛛网无情地查封了我的炉台，
当灰烬的余烟叹息着贫困的悲哀，
我依然固执地铺平失望的灰烬，
用美丽的雪花写下：相信未来。

当我的紫葡萄化为深秋的露水，
当我的鲜花依偎在别人的情怀，
我依然固执地用凝露的枯藤，
在凄凉的大地上写下：相信未来。

我要用手指那涌向天边的排浪，
我要用手掌那托起太阳的大海，
摇曳着曙光那枝温暖漂亮的笔杆，
用孩子的笔体写下：相信未来。

我之所以坚定地相信未来，
是我相信未来人们的眼睛——
她有拨开历史风尘的睫毛，
她有看透岁月篇章的瞳孔。

不管人们对于我们腐烂的皮肉，
那些迷途的惆怅，失败的苦痛，
是寄予感动的热泪，深切的同情，

还是给以轻蔑的微笑，辛辣的嘲讽。

我坚信人们对于我们的脊骨，
那无数次的探索、迷途、失败和成功，
一定会给予热情、客观、公正的评定，
是的，我焦急地等待着他们的评定。

朋友，坚定地相信未来吧，
相信不屈不挠的努力，
相信战胜死亡的年青，
相信未来，热爱生命。

1968 年

（选自《食指的诗》，北京，人民文学出版社，2000）

【阅读提示】

　　《相信未来》是食指的代表作之一，关于这首诗，食指曾经说："鱼儿跳出水面，落在冰块上，它的前途是死，和这个冰块一起消亡，但它却看不到冰块的消亡。后来我又写出了《相信未来》，相信我们会战胜死亡，这已经进了一步了。我年轻，我能看到冰块消亡的那一天。"正是有了这种信念，诗人才能在 20 岁的时候就写下至今脍炙人口的作品，用朴实平易的文字，将冷静的思考与炽热的感情融入字里行间。

　　诗的第一、第二两节结构类似，作者用几乎相同的句式在对现实进行了象征式描绘后，表达了自己的信念。现实是残酷的，诗人选择的意象也大都带有灰暗的色彩，炉台被蜘蛛网查封，贫困缠绕在周围，紫葡萄化成露水，鲜花也在别人的怀中。这些意象不但给人以强烈的视觉冲击，而且饱含着许多矛盾复杂、难以言明的情感。尽管如此，诗人依然坚持理想、相信未来。特别是"我依然固执地铺平失望的灰烬，用美丽的雪花写下：相信未来""我依然固执地用凝露的枯藤，在凄凉的大地上写下：相信未来"这样的诗句，有一种内在的力量，将现实的残酷、诗人的无助与知不可为而为之的执着和理想糅在一起，表达了诗人绝望中诞生的信念，给人以强烈的震撼和崇高的悲剧感。

　　第三节句式稍有改变，但就是这一微小的差异，却表达出诗人情绪的巨大变化，抒发了一种惊天动地的豪迈情怀，开拓出宏大壮阔的境界。诗人摆脱了前面两节中的灰色、冷峻的一面，尽量采用色彩明亮、气象壮阔的语词，来强调心中永不泯灭的理想。坚定的信念，使诗人豪情万丈，"那涌向天边的排浪"是"我"竖起的"手指"，"那托住太阳的大海"是"我"展开的"手掌"。诗人要用这样的巨手，"摇曳着曙光"，"摇曳着""那枝温暖漂亮的笔杆"，在海天的大幕上，"用孩子的笔体"率真而坚定地写下：相信未来。

　　以上三节可以看作是诗的第一个层次，每一节的最后都由"相信未来"四个字结尾，而且用冒号把它们凸显出来，如音乐中的主题句反复出现，强化了作品的主旋律。

第四至第六节是诗的进一步推进，诗人说出了理由："我之所以坚定地相信未来，是我相信未来人们的眼睛——"这是一个转折点，作品的视角由"我"转向了"她"，"她"就是未来，从未来看现在，现在就变成了历史，诗人期待的是"她"能拨去"腐烂的皮肉"看到"我们的脊骨"，从而能"给予热情、客观、公正的评定"。透过字面，我们可以看出诗人对现实世界的批判精神。同时他又想告诉人们，这一切都是真实的，不可回避的。因此，尽管有"迷途的惆怅"，有"失败的苦痛"，但历史不可抹去，未来将会做出公正的评价。

最后一节是年轻的诗人发自内心的呼喊，诗人放弃了意象的转换，直抒胸臆，以异乎寻常的坚毅、刚强和执着告诉人们，不管人生多么艰辛，无论命运多么坎坷，都应该坚忍不拔，百折不回，相信未来，热爱生命。这一节句式短促有力，节奏也明显加快了，它是作品内在情绪的必然发展，也是其理想与信念的升华。

这首诗歌的写作特点是：1. 含蓄蕴藉、寓意丰富的比喻。《相信未来》一诗显示出强烈的探索精神与浓厚的现代主义色彩，带有一些现代主义的气质和艺术技巧的印记。这突出表现在对比喻的运用上。文中的比喻多有所指，但也有些比喻难以具体地解读，如"美丽的雪花""紫葡萄"等。诗中的比喻喻义深刻而丰富，如第三节中"用孩子的笔体写下：相信未来"，不仅喻指笔体拙笨幼稚，更重要的是体现了作者拥有孩子一样的童心，纯洁真诚，相信未来。又如第四节中的"睫毛""瞳孔"，喻指未来的人有一双明辨是非的慧眼，能够不为假象所惑，能够看到历史真相、生活真情。又如"腐烂的皮肉"表面喻指躯体生命，实则指腐朽保守、不合时宜的思想。再如第六节中的"我坚信人们对于我们的脊骨"中，"脊骨"实则指独立的思想、特立独行的人格。比喻的运用，增加了这首诗的深度和难度，也提升了这首诗的品位与档次。2. 节奏和谐，音律优美。这首诗句式基本整齐，隔行押韵，不少句子开头用字相同，使韵律和谐，有一种固有的音乐美。3. 反复手法的运用。这首诗语言含蓄凝练，反复手法的运用，强化了诗歌的抒情气氛，有力地表现了主旨。

思考练习

思考题

1."我要用手指那涌向天边的排浪/我要用手掌那托住太阳的大海/摇曳着曙光那枝温暖漂亮的笔杆"这几句诗句的精妙之处和所表达的意思是什么？

2."用美丽的雪花写下""用孩子的笔体写下"，有什么含义？

3. 三次"写下""相信未来"有什么变化？表达了诗人怎样的思想感情？

拓展阅读

这是四点零八分的北京

食指

这是四点零八分的北京
一片手的海洋翻动
这是四点零八分的北京
一声尖厉的汽笛长鸣

北京车站高大的建筑
突然一阵剧烈地抖动
我吃惊地望着窗外
不知发生了什么事情

我的心骤然一阵疼痛，一定是
妈妈缀扣子的针线穿透了心胸
这时，我的心变成了一只风筝
风筝的线绳就在妈妈的手中

线绳绷得太紧了，就要扯断了
我不得不把头探出车厢的窗棂
直到这时，直到这个时候
我才明白发生了什么事情

——一阵阵告别的声浪
就要卷走车站
北京在我的脚下
已经缓缓地移动

我再次向北京挥动手臂
想一把抓住她的衣领
然后对她大声地叫喊：
永远记着我，妈妈啊北京

终于抓住了什么东西
管他是谁的手，不能松
因为这是我的北京
这是我的最后的北京

1968 年 12 月 20 日

（选自《食指的诗》，北京，人民文学出版社，2000）

拓展阅读书目

1. 李怡主编：《中国现代诗歌欣赏》，北京，高等教育出版社，2004。
2. 蔡天新主编：《现代诗 100 首》，北京，生活·读书·新知三联书店，2005。
3. 陈圣生：《现代诗学》，北京，社会科学文献出版社，1998。

致橡树

舒婷

【背景知识】

　　舒婷，当代女诗人，原名龚舒婷、龚佩瑜，福建漳州人。1969 年舒婷初中未毕业即去闽西山区插队，1972 年返城做过工人，插队期间开始写诗。1979 年，《诗刊》发表了舒婷 1977 年写作的《致橡树》，从此便将她推向全国。1980 年舒婷至福建省文联工作，从事专业写作。她是与北岛、顾城一起并立诗坛的"朦胧诗"①三巨头之一，出版有诗集《双桅船》《舒婷顾城诗选》《会唱歌的鸢尾花》《舒婷的诗》，散文集《心烟》等。其中，《双桅船》获全国优秀新诗（诗集）奖。

舒婷

我如果爱你——

绝不像攀援的凌霄花

借你的高枝炫耀自己；

我如果爱你——

绝不学痴情的鸟儿

为绿荫重复单调的歌曲；

也不止像泉源

长年送来清凉的慰藉；

也不止像险峰

增加你的高度，衬托你的威仪。

甚至日光，

甚至春雨。

不，这些都还不够！

我必须是你近旁的一株木棉，

作为树的形象和你站在一起。

根，紧握在地下，

叶，相触在云里。

每一阵风过，

我们都互相致意，

但没有人

听得懂我们的言语。

你有你的铜枝铁干，

橡树

像刀，像剑，

也像戟；

我有我的红硕花朵，

像沉重的叹息，

又像英勇的火炬。

我们分担寒潮、风雷、霹雳；

我们共享雾霭、流岚、虹霓。

仿佛永远分离，

却又终生相依。

这才是伟大的爱情，

坚贞就在这里：

不仅爱你伟岸的身躯，

也爱你坚持的位置，脚下的土地！

1977 年 3 月 27 日

（选自北岛、舒婷等：《朦胧诗经典》，武汉，长江文艺出版社，2011）

【注释】

①"朦胧诗"：是新时期的一股诗潮，1980 年前后出现。"朦胧诗"其实并非朦胧，它只是打破了现实主义诗潮的单一格局，被称作"新诗潮"而崛起。"朦胧诗"的代表作品有舒婷的《致橡树》《祖国呵，我亲爱的祖国》《献给我的同代人》，北岛的《回答》《履历》，顾城的《一代人》《远和近》《墙》，江河的《纪念碑》，梁小斌的《雪白的墙》，杨炼的《大雁塔》以及食指、芒克、多多等人的作品。在艺术特征上，"朦胧诗"以现代意识思考人的本质，寻求人的自我价值，追求心灵的自由，由于以往的对于现实或观念的直接解释和说明转向写意，凸显了诗人的主体意识和心灵感应，将经历劫难之后的忧患同激愤有机合成，使诗的社会功利同公民使命感得到契合。"朦胧诗"在艺术上追求朦胧之美，以间接的暗示替代过去的直接显现，注重通过意象的凝聚和组合给对象以分散或整体的象征效果，注重以新奇的意象和联想，以多种多样的象征、印象、变形等手法，使作品扑朔迷离，具有抽象性和超脱性特征，有浓郁的现代派的色彩。

【阅读提示】

　　写于 1977 年的《致橡树》是舒婷的一首开拓爱情诗新境界的名篇。在这首诗中，诗人一反以往爱情诗的含蓄柔婉，而是直抒胸臆，第一句就坦荡而爽直倾诉道："我如果爱你——/绝不像攀援的凌霄花/借你的高枝炫耀自己""绝不学痴情的鸟儿/为绿荫重复单调的歌曲；/……"一连串的否定之后，诗人才表达了自己崭新的、平等的、相濡以沫的爱情观："我必须是你近旁的一株木棉，/作为树的形象和你站在一起。/根，紧握在地下，/叶，相触在云里。""我们分担寒潮、风雷、霹雳；/我们共享雾霭、流岚、虹霓。/仿佛永远分离，/却又终生相依。"其中不仅表白了对爱的诚挚、坚贞和热烈的追求，还表现了诗人对人的价值、人与人之间平等关系的深层次思考和追求。诗中"木棉"和"橡树"两个意象新颖别致。"橡树"的形象象征着刚硬的男性之美，而有着"红硕的花朵"的木棉显然体现着具有新的审美气质的女性人格，她脱弃了旧式女性纤柔、妩媚的秉性，而充溢着丰盈、刚健的生命气息，这正与诗人所歌咏的女性独立自重的人格理想相契合。这首浸染着浓烈感情色彩的爱情诗，因其独特的抒情方式和哲理色彩，有别于舒婷早期哀怨而缠绵的风格，表现出明朗、乐观、坚定的创作特色。作为新时期"朦胧诗"的代表人物之一，舒婷以女诗人特有的细腻情感，写了很多构思新颖、富有浓郁的抒情色彩、语言精美的诗作，在诗歌领域具有鲜明的个人风格。

思考练习

一、选择题

　　1. 舒婷的爱情诗名篇（　　　）表达了一代女性的觉醒和平等的爱情观。

　　A.《双桅船》　　　　　　　　　　　B.《会唱歌的鸢尾花》

　　C.《致橡树》　　　　　　　　　　　D.《这也是一切》

　　2. 舒婷是（　　　）的代表诗人之一。

　　A. 九叶派　　　　　　　　　　　　B. 现代派

　　C. 第三代　　　　　　　　　　　　D. "朦胧诗"派

　　3. 舒婷的诗歌创作善于借鉴西方的现代主义手法，尤其是（　　　）手法来写作，较少直白表达和抒情。

　　A. 象征　　　　　　　　　　　　　B. 夸张

　　C. 隐喻　　　　　　　　　　　　　D. 通感

二、思考题

　　1. 这首《致橡树》中诗人是如何使用象征手法表达爱情理想的？

　　2. 试阅读舒婷的其他诗作，看看这些诗作表现了怎样一种女性主义意识。

拓展阅读

祖国呵，我亲爱的祖国

舒婷

我是你河边上破旧的老水车，
数百年来纺着疲惫的歌；
我是你额上熏黑的矿灯，
照你在历史的隧洞里蜗行摸索；
我是干瘪的稻穗；是失修的路基；
是淤滩上的驳船
把纤绳深深
　　　勒进你的肩膊；
——祖国呵！

我是贫穷，
我是悲哀。
我是你祖祖辈辈
　　　痛苦的希望呵，
是"飞天"袖间
千百年未落到地面的花朵；
——祖国呵！

我是你簇新的理想
刚从神话的蛛网里挣脱；
我是你雪被下古莲的胚芽；
我是你挂着眼泪的笑涡；
我是新刷出的雪白的起跑线；
是绯红的黎明
　　　正在喷薄；
——祖国呵！

我是你十亿分之一，
是你九百六十万平方的总和；
你以伤痕累累的乳房
喂养了
迷惘的我、深思的我、沸腾的我；
那就从我的血肉之躯上
去取得
你的富饶、你的荣光、你的自由；
——祖国呵，

我亲爱的祖国！

1979.4.20

神女峰

舒婷

在向你挥舞的各色花帕中

是谁的手突然收回

紧紧捂住了自己的眼睛

当人们四散离去，谁

还站在船尾

衣裙漫飞，如翻涌不息的云

江涛

　　　高一声

　　　　低一声

美丽的梦流下美丽的忧伤

人间天上，代代相传

但是，心

真能变成石头吗

为眺望远天的杳鹤

而错过无数次春江月明

沿着江岸

金光菊和女贞子的洪流

正煽动新的背叛

　　　与其在悬崖上展览千年

　　　不如在爱人肩头痛哭一晚

1981.6

（两首诗均选自北岛、舒婷等：《朦胧诗经典》，武汉，长江文艺出版社，2011）

拓展阅读书目

1. 吕进：《现代诗学：辩证反思与本体建构》，北京，人民出版社，2016。

2. 蓝棣之：《现代诗歌理论：渊源与走势》，北京，清华大学出版社，2002。

3. 王佐良：《英美现代诗谈》，北京，北京出版社，2018。

平凡的世界(节选)

路遥

【背景知识】

路遥(1949—1992),陕西省清涧县人。1966 年初中毕业,1969 年回乡务农,当过小学教师。1973 年进入延安大学中文系学习,1976 年大学毕业到陕西文艺创作研究室、《延河》编辑部工作。1973 年发表处女作《优胜红旗》,之后陆续发表了《风雪腊梅》《姐姐》《痛苦》《在困难的日子里》《人生》等中短篇小说,其中《惊心动魄的一幕》《人生》获全国优秀中篇小说奖。1986 年发表的长篇小说《平凡的世界》获第三届茅盾文学奖。

从黄原起程的时候,孙少平和他的同伴就知道,他们是属于铜城矿务局大牙湾煤矿的工人。

至于大牙湾是个什么样的地方,他们一无所知。有一点他们深信不疑:那一定是个好地方。

和他一块出发的这四十来个人,全部是从农村招来的。由农民成份变为工人成份,对这些人来说,可是自己人生历史的大转折。毫无疑问,未来的一切在他们的想象中都是光辉灿烂的。

但是,虽然同为农村出身,别人和孙少平的情况却大为不同。在这些人中,只有孙少平一个人是纯粹的农民子弟。其他人的父亲不是公社领导,就是县市的部长局长。在黄原各地,男人在门外工作而女人在农村劳动的现象比比皆是。中国的政策是子女户籍跟随母亲。因此,有些干部虽然当了县社领导,他们的子女依然是农民成份。即使他们大权在握,但国家有政策法规卡着:如今不准在农村招工招干。这些人只能干着急而没办法。现在好不容易煤矿破例在农村招工,当然就非他们的子弟莫属了。吃煤矿这碗饭并不理想,但好歹是一碗公家饭。而大家都知道,公家的饭碗是铁的。再说,只要端上这饭碗,就非得在煤矿吃一辈子不行?先混几天,罢了调回来另寻出路!有的人自己的子弟刚招工还没有到矿,就开始四处活动着打探关系了——对他们来说,孩子到煤矿那仅仅是去转一圈而已。

孙少平就是和这样一群人一同从黄原起身的。

这是九月里的一个早晨,天气已经有了一丝凉意。在黄原城还没有睡醒之前,东关这个旅社的院子里就一片熙熙攘攘了。两辆大卡车已经发动起来,这些即将远行的青年,纷纷和前来送行的家人告别,然后兴奋地爬上了前面的空车。另外一辆卡车装载着这些人的被褥箱子,垒得像小山一般高。

没有人给少平送行。哥哥把妹妹送到这里后,已经返回了双水村。晓霞和兰香、金秀,都先后走了省城,去投奔新的生活。本来朋友金波说好送他,但昨天单位让他去包头出公差——他刚正式上班，不敢耽误工作。

这没有什么。对于一个已经闯荡过世界的人来说，他并不因此而感到孤单和难受。不，他不是刚离巢的小鸟作第一次飞翔；他已经在风雨中有过艰难的行程。此刻，他的确没有因为无人送行而怅然若失，内心反而弥散着欢欣而温馨的情绪。是的，无论前面等待他的是什么，他总归又踏上了人生新的历程。

他也没什么行李。原来的旧被褥在他一时兴奋之中，索性慷慨地送给了可怜的揽工伙伴"萝卜花"。晓霞送他的那床新被褥，他也给了上大学的妹妹，而只留下一条床单以作青春的纪念。就连揽工时买的那只大提包，他也让哥哥带回家里了。

现在，他仍然提着初走黄原时从老家带出来的那只破提包。这提包比原来更加破烂了，断系带上挽结着几颗疙瘩，提包上面的几块补钉还是阳沟曹书记的老婆（险些成为他的丈母娘）给他缝缀的。

他的全部家当都在这只烂黄提包里装着——几件旧衣服，几双破鞋烂袜。当然，晓霞送他的床单也在其中，叠得整整齐齐，用塑料纸裹着；这显然已经不是用品，而是一件纪念品。

他就提着这破包，激动而悄无声息地从喧哗的人堆里爬上了卡车。

汽车在一片话别声中开出了东关旅社。

当汽车穿城而过的时候，夜色还没有褪尽。黄原街上一片寂静，只有几个慢跑的老人沿着人行道踽踽而行，连他们的咳嗽声听起来都是响亮的。小南河对面，九级古塔的雄姿在朦胧中影影绰绰；地平线那边，已有白光微微泛起。

少平两只手扒着车帮，环视着这个熟悉而亲切的城市，眼里再一次含满了泪水。别了，黄原！我将永远记着这里的一切；你留在我心间的无论是忧伤还是欢乐，现在或将来对我来说都已是甜蜜；为此，我要永远地怀恋你，感谢你……

南行的汽车在黄土高原蜿蜒的山路上爬梁跨沟，然后顺着涓涓的溪流，沿着滔滔的大河，经过一整天的颠簸，突然降落似的跃下了高原之脊。绿色越走越深……暮黑时分，汽车终于进入了向往已久的铜城市区。

展现在这些人面前的是一片灿烂的灯火和大城市那种特有的喧嚣。被一整天颠簸弄得东倒西歪躺卧在车厢中的青年，都纷纷站立起来，眼睛里放射着惊喜的光芒，欢呼他们壮丽的生活目的地。

但是他们高兴得太早了。他们真正落脚的地方不是在这里。

当汽车在火车站广场停下后，许多人立刻收拾起了车厢里的东西。但招工的人从驾驶楼里跳出来，对这些兴高采烈的人喊叫说："下来撒泡尿，马上就开车！"

那么，他们要去的地方难道不是这里？

不是。大牙湾煤矿在东面的山沟里，离铜城还有四十华里的路程。

这些兴高采烈的人听说还要坐车走，高涨的情绪便跌落了一些。本来，在他们的想象中，他们要去的正是这样一个灯火辉煌的地方。

铜城气势非凡的夜景只给他们留下一闪而过的印象。汽车很快拐进了东面一条幽黑深邃的山沟里。他们甚至连梦寐以求的火车都没来得及看见，只听见它的一声惊人的长嚎和车轮在铁轨上铿锵的撞击声，接着就被拉进了这条与他们家乡别无二致的土山沟……

一种不安和惊恐的情绪霎时使这个刚才还欢呼雀跃的车厢，陷入了一片沉寂。黑暗中，前面坐着的人堆中传来几声唏嘘叹息。

当又一片灯火出现的时候，这些人再一次从车厢里站起来。这片灯火看起来也很壮观。于是大家的情绪又不由得热烈起来。

这的确是一个煤矿——但还不是大牙湾！

汽车再一次驶入黑暗中。

人们的情绪再一次跌落下来。

接着，汽车又穿过两个矿区，在夜间十点钟左右才驶进了大牙湾煤矿。

从灯火的规模看，大牙湾显然也是个大地方。

车厢里顿时活跃起来。黑暗中有人用很有派势的口气说："哼！看我们是些什么人！他们敢把我们塞在一个不像样的地方！"这些没见过大世面的地方官员的子弟，脑子里只保留着自己父辈在乡县的权威印象，似乎那权威一直延伸到这里甚至更遥远的地方。

汽车拉着黄土高原这些自命不凡的子弟，在矿部前的一个小土坪上停下来。他们不知道，这就是大牙湾的"天安门广场"。旁边矿部三层楼的楼壁上，挂着一条欢迎新工人到矿的红布标语。同时，高音喇叭里一位女播音员用河南腔的普通话反复播送一篇欢迎词。

辉煌的灯火加上热烈的气氛，显出一个迷人的世界。人们的血液沸腾起来了。原来一直听说煤矿如何如何艰苦，看来并不像传说中的那么差劲！瞧，这不像来到繁华的城市了吗？

好地方哪！

可是，当招工的人把他们领到住宿的地方时，他们热烘烘的头脑才冷了下来。他们寒心地看见，几孔砖砌的破旧的大窑洞，里面一无所有。地上铺着常年积下的尘土；墙壁被烟熏成了黑色，上面还糊着鼻涕之类不堪入目的脏物。

这就是他们住宿的地方？

煤矿生活的严峻性初次展现在了他们的眼前。

在他们还来不及叹息的时候，矿上的劳资调配员便像严厉的军事教官一般，吼叫着让他们到另外一个地方去背床板，扛凳子。是的，既然到了煤矿，就别打算让人伺候，一切要自己动手。背床板扛凳子算个屁！更严厉的生活还在后边哩！

一孔窑洞住十个人。大家刚支好床板，劳资调配员便喊叫去吃饭。

他们默默无语地相跟成一串来到食堂。一人发一只大老碗。一碗烩菜，三个馒头。

"有没有汤？"有人问。

劳资调配员嘴一撇，算是回答：得了吧，到这里还讲究什么汤汤水水！

吃完饭以后，这些情绪复杂的人重新返回宿舍，开始铺床，支架箱子。

现在，气氛有所缓和。大家一边拉话，一边争着抢占较好的床位；整理安放各自的东西。不管条件怎样，总算有了工作嘛！

现在，这些县社领导的子弟们纷纷把包裹铺盖的彩色塑料布打开。每人一大包，被褥都在两套以上。整洁簇新的被褥——铺好后，这孔黑糊糊的大窑洞五颜六色，倒有点满室生辉的样子。众人的情绪又随之高涨起来。他们分别打开自己的皮箱或包铜角的大木箱，一次次夸耀似的把里面的东西取出又放回……

只有孙少平一个人沉默不语。他把自己惟一的家当——那只破黄提包放在屋后墙角那张没人住的光床板上。直至现在，这伙人谁也没有理睬他。是的，他太寒酸了，一身旧衣服，一只破提包，竟连一床起码的铺盖也没有。在众人鄙视的目光里甚至含着不解的疑问：你这副样子，是凭什么被招工的？

到现在，少平也有点后悔起来：他不该把那床破被褥送了别人。他当时只是想，既然有了工作，一切都会有办法的。没想到他当下就陷入了困境。是呀，天气渐渐冷了，没铺没盖怎行呢？更主要的是，他现在和这样一群人住在一起！如果在黄原揽工，这也倒没什么；大家一样恓惶，他决不会遭受同伙们的讥笑。

眼下他只能如此了——他身上只剩了几块钱。他想，好在有一身绒衣，光床板上和衣凑合一个来月还是可以的。一月下来，只要发了工资，他第一件事就是闹腾一床铺盖。

现在，同屋的其他人有的在洗脸刷牙；洗漱完毕的已经坐在床边削苹果吃；或者互相递让带嘴纸烟和冒着泡沫的啤酒瓶子。

少平在自己的床边上木然地坐了片刻，便走出这间闹哄哄的住所，一个人来到外边。

他立在院子残破的砖墙边，点燃了一支廉价的"飞鹤"牌纸烟，一口接一口地吸着。此刻已经接近午夜，整个矿区仍然没有安静下来。密集而璀璨的灯火撒满了这个山湾，从沟底一直漫上山顶。各种陌生而杂乱的声响从四面八方传来。沟对面，是一列列黝黑而模糊的山的剪影。

不知为什么，一种特别愉快的情绪油然漫上了他的心头。他想，眼下的困难又算得了什么呢？不久前，你还是一个流浪汉，像无根的蓬草在人间漂泊。现在，你已经有了职业，有了住处，有了床板……面包会有的，牛奶会有的，列宁说。嘿嘿，一切都会有的……

他立在院子砖墙边，自己给自己打了一会气，然后便转身回了宿舍。

现在，所有的人都蒙头大睡了。

少平脱下自己的胶鞋，枕着那个破黄提包，在光床板上躺了下来。

这一夜他睡得很不踏实。各种声响纷扰着他。尤其是深夜里火车汽笛的鸣叫，使他感到新奇而激动。此刻，他想起故乡的村庄，碧水涟涟的东拉河，悠悠飘浮的白云。庙坪那里的枣林兴许已经半红，山上的糜谷也应该泛起了黄色，在秋风中飘溢出新鲜的香气。还有万有大叔门前的老槐树，又不知新添了几只喜鹊窝……

接着，他的思绪又淌回了黄原：古塔山，东关大桥头，没有门窗的窑洞，躺在麦草中裸体的揽工汉……

第二天早晨起床后，同屋的人顾不上其他，先纷纷跑出窑洞，想看看大牙湾究竟是个什么模样。

夜晚灯火造成的辉煌景象消失了。太阳照出了一个令人失望的大牙湾。人们脸上那点本来就不多的笑容顿时一扫而光。矿区显出了它粗犷、杂乱和单调的面目。这里没有什么鲜花，没有什么喷泉、林阴道，没有他们所幻想的一切美妙景象。有的只是黑色的煤，灰色的建筑；听到的只是各种机械发出的粗野而嘶哑的声音。房屋染着烟灰，树叶蒙着煤尘，连沟道里的小河水也是黑的……大牙湾的白天和夜晚看起来完全是两回事！

在大部分人都有点灰心的时候，孙少平心里却高兴起来：好，这地方正和我的情况统一着哩！

在孙少平看来，这里的状况比他原来想象得还要好。他没想到矿区会这么庞大和有气势。瞧，建筑物密密麻麻挤满了偌大一个山湾，街道、商店、机关、学校，应有尽有。雄伟的选煤楼，飞转的天轮，山一样的煤堆，还有火车的喧吼。就连地上到处乱扔的废钢烂铁，也是一种富有的表现啊！是的，在娇生惯养的人看来，这里又脏又黑，没有什么诗情画意。但在他看来，这却是一个能创造巨大财富的地方，一个令人振奋的生活大舞台！

孙少平的这种想法是很自然的，因为与此相比较的，是他已经经历过的那些无比艰难的生活场景。

第二天上午，根据煤矿的惯例，要进行身体复查。

十点钟左右，劳资调配员带着他们上了一道小坡，穿过铁道，来到西面半山腰的矿医院。

复查完全按征兵规格进行。先目测，然后看骨缝、硬伤或是否有皮肤病。有两个人立刻在骨科和皮肤科打下来了。皮肤病绝对不行，因为每天大家要在水池里共浴。

少平顺利地通过一道道关口。

但是，不知为什么，他的心情渐渐紧张起来。他太珍视这次招工了，这等于是他一生命运的转折。他生怕在这最后的关头出个什么意外的事。

正如俗话所说：怕处有鬼。本来，他的身体棒极了，没一点毛病，但这无谓的紧张情绪终于导致了可怕的灾难——他在血压上被卡住了！

量血压时，随着女大夫捏皮气囊的响声，他的心脏像是要爆炸一般狂跳不已，结果高压竟然上了一百六十五！

全部检查完毕后，劳资调配员在医院门诊部的楼道里宣布：身体合格的下午自由安排，可以出去买东西，到矿区转一转；身体完全不合格的准备回家；血压高的人明天上午再复查一次，如果还不合格，也准备回家……

回家？

这两个字使少平的头"轰"地响了一声。此刻如果再量血压，谁知道上升到了什么程度！

他两眼发黑，无数纷乱的人头连同这座楼房都一齐在他面前旋转起来。

命运啊，多么会捉弄人！他历尽磨难好不容易来到这里，怎能再回去呢？回到哪里？双水村？黄原？再到东关那个大桥头的人堆里忧愁地等待包工头来招他？

他不知道自己是怎样走回宿舍的。

孙少平躺在光床板上，头枕着那个破提包，目光呆滞地望着黑糊糊的窑顶。窑里空无一人，大家都出去转悠去了。此刻，他也再听不见外面世界的各种嘈杂，只是无比伤心地躺在这里，眼中旋转着两团泪水。他等待着明天——明天，将是决定他命运的最后一次判决。如果血压降不下来，他就得提起这个破提包，离开大牙湾……那么，他又将去哪里？

有一点是明确的：不能回家去——绝对不能。也不能回黄原去！既然他已经出来了，就不能再北返一步。好马不吃回头草！如果他真的被煤矿辞退，他就去铜城谋生：揽工，掏粪，扫大街，都可以……

他猛然想到，他实际上血压并不高，只是因为心情过于紧张才造成了如此后果；他怎能甘心因这样一种偶然因素就被淘汰呢？

"不！"他喊叫说。

他从床上一跃而起。他想，他决不能这样被动地等待命运的宰割。在这最危险的时刻，应该像伟大的贝多芬所说：我要扼住命运的咽喉，它决不会使我完全屈服！

（选自路遥：《平凡的世界》，北京，北京十月文艺出版社，2017）

【阅读提示】

　　三卷本长篇小说《平凡的世界》是路遥20世纪80年代中期以后创作的一部优秀作品。这部作品结构恢宏，气势磅礴，具有史诗性质。路遥把故事情节放在改革开放前后的时代和历史背景中展开，有意识地用历史的眼光观照、审视现实，弘扬了一种不达目的决不罢休的顽强精神。作者以编年史方式来构架作品，全景式反映了中国城乡社会生活近十年的巨大历史性变迁。作者大跨度地纵观历史，从1975年春的"农业学大寨"一直写到1985年改革开放的纵深发展，中国社会在这十年间的政治风云与重大变革尽收眼底，生活场景既有省城高级干部的领导活动，又有乡村农家的日常生活。小说视野广阔深邃，笔墨纵横捭阖，充分显示了作家驾驭复杂题材、构思宏大结构的深厚功底。

　　同时，小说展现了一系列富有艺术生命力的人物形象，作者所关注与喜爱的农村知识青年仍是他表现的主要对象。他以20世纪70年代末至80年代中期中国城乡经济改革为背景，以双水村农村青年孙少安、孙少平的奋斗史为主线，塑造了一批富有时代气息、具有鲜明个性的人物。小说伊始，哥哥孙少安只是一个勤劳、忠厚、富有家庭责任感的农村青年，但经过农村经济改革的洗礼，终于成长为一名成功的农村企业家。弟弟孙少平，在十年的生活磨难中，默默忍耐，顽强抗争，不仅在肉体上，更在精神上承受了炼狱般的磨难，最终从一个少不更事的农村少年成为一名正直、善良、有责任感的青年工人。小说中其他众多的形象也令人难忘，如温柔多情的润叶，漂亮多才的晓霞，豪爽义气的金波，纯洁善良的兰香、金秀，都有自己的性格特点。另外，作者还成功地塑造了城乡各级政府官员与各类人物。人物之多，个性之鲜明，内涵之丰富，使小说具有了很强的艺术张力。

　　本文是《平凡的世界》第三部卷五第二章，写孙少平终于等到一个机会，由在黄原打工的揽工汉，成为铜城煤矿工人的情景。在这一小节中，孙少平的执着努力奋斗的形象被刻画得极为鲜明可感。小说语言朴素、清新、自然，适度的方言运用，也让人更体会到陕西黄土高原和铜城特殊的地域风貌。作品用第三人称叙述，线索清晰，通过叙述详尽刻画了孙少平刚刚能从农民成为工人的复杂而激动的心情。路遥是黄土地上土生土长的作家，对农村知识青年这一特定人群持强烈的关注与同情，这使他对知识青年有一种天然的亲和感。在贫瘠的陕北农村生活中，路遥也有着在生活底层挣扎奋斗的经历和切身体会，其成长经历逐渐塑造了他的生活感受和人生理念，这些感受和理念在他的小说创作中得到鲜明的体现。

思考练习

思考题

1. 本文描写了孙少平要进煤矿当工人，小说是如何表现孙少平的心境的？
2. 阅读《平凡的世界》全篇，谈谈该如何看待孙少平和孙少安的理想。

拓展阅读书目

1. 路遥：《人生》，北京，北京十月文艺出版社，2009。
2. 陈忠实：《白鹿原》，北京，人民文学出版社，1997。
3. 阿来：《尘埃落定》，北京，人民文学出版社，1998。

论学问

弗朗西斯·培根

【背景知识】

　　弗朗西斯·培根(1561—1626)，英国 16 世纪唯物主义哲学家、散文家。马克思称弗朗西斯·培根为"英国唯物主义和整个现代实验科学的真正的始祖"。培根反对经院哲学和唯心主义，他认为"人是自然的仆人和解释者"，提出"为了控制自然必须服从自然"的原则。培根是近代归纳法的创始人，他想把经验与理性统一起来，提出了"经验—理论—经验"的公式。他强调发展自然科学的重要性，重视知识对人生、对社会的作用，提出"知识就是力量"。他的学说也有不足之处，存在着"神学的不彻底性"。培根还是一位散文作家，他的《论说文集》是一本世界性的名著。

弗朗西斯·培根

　　读书为学底①用途是娱乐、装饰和增长才识。在娱乐上学问底主要的用处是幽居养静；在装饰上学问的用处是辞令；在长才上学问底用处是对于事务的判断和处理。因为富于经验的人善于实行，也许能够对个别的事情一件一件地加以判断；但是最好的有关大体的议论和对事务的计划与布置，乃是从有学问的人来的。在学问上费时过多是偷懒；把学问过于用作装饰是虚假；完全依学问上的规则而断事是书生底怪癖。学问锻炼天性，而其本身又受经验底锻炼；盖人底天赋有如野生的花草，他们需要学问底修剪；而学问底本身，若不受经验底限制，则其所指示的未免过于笼统。多诈的人渺视学问，愚鲁的人羡慕学问，聪明的人运用学问；因为学问底本身并不教人如何用它们；这种运用之道乃是学问以外，学问以上的一种智能，是由观察体会才能得到的。不要为了辩驳而读书，也不要为了信仰与盲从；也不要为了言谈与议论；要以能权衡轻重、审察事理为目的。

　　有些书可供一尝，有些书可以吞下，有不多的几部书则应当咀嚼消化；这就是说，有些书只要读读他们底一部分就够了，有些书可以全读，但是不必过于细心地读；还有不多的几部书则应当全读，勤读，而且用心地读。有些书也可以请代表去读，并且由别人替我作出节要来；但是这种办法只适于次要的议论和次要的书籍；否则录要的书就和蒸馏的水一样，都是无味的东西。阅读使人充实，会谈使人敏捷，写作与笔记使人精确。因此，如果一个人写得很少，那么他就必须有很好的记性；如果他很少与人会谈，那么他就必须有很敏捷的机智；并且假如他读书读得很少的话，那么他就必须要有很大的狡黠之才，才可以强不知以为知。史鉴使人明智；诗歌使人巧慧；数学使人精细；博物使人深沉；伦理之学使人庄重；逻辑与修辞使人善辩。"学问变化气质"[②]。不特如此，精神上的缺陷没有一种是不能由相当的学问来补救的：就如同肉体上各种的病患都有适当的运动来治疗似的。[③]"地球"有益于结石和肾脏；射箭有益于胸肺；缓步有益于胃；骑马有益于头脑；诸如此类。同此，如果一个人心志不专，他顶好研究数学；因为在数学底证理之中，如果他底精神稍有不专，他就非从头再做不可。如果他底精神不善于辨别异同，那么他最好研究经院学派底著作，因为这一派的学者是条分缕析的人；如果他不善于推此知彼，旁征博引，他顶好研究律师们底案卷。如此看来，精神上各种的缺陷都可以有一种专门的补救之方了。

（选自《培根论说文集》，水天同译，北京，商务印书馆，2009）

【注释】

①底：同"的"，文中以下类似。

②"学问变化气质"：直译当作"学问入于性格"。

③此句意为"一如身体百病，皆可借相宜之运动除之"。

【阅读提示】

《论学问》通过对治学目的和治学方法两大问题的论述，阐明了读书治学"要以能权衡轻重、审察事理为目的"，强调读书要针对不同的书采取选读、全读、勤读和精读四种不同的读法，并且要与会谈、写作和笔记结合起来，这样才能增慧明智，获得事半功倍的效果。作者强调读书为学的重要性：学问变化气质，可以弥补精神上的任何缺陷。

文章论述简明扼要，选词用语精辟、洗练，既阐述了深刻的道理，又体现了作者对学问的真知灼见。文章善于运用比喻、排比等修辞手法来增强作品的说理性，同时也增加了作品的表现力。

思考练习

一、选择题

1. 英国唯物主义和整个现代实验科学的真正始祖是（　　）。

A. 培根　　　　　　B. 恩格斯　　　　　　C. 柏拉图　　　　　　D. 罗素

2. 提出"知识就是力量"的人是（　　）。

A. 亚里士多德　　　B. 高尔基　　　　　　C. 歌德　　　　　　　D. 培根

3. 培根的《论学问》中采用最多的修辞手法是（　　）。

A. 排比和对偶　　　B. 排比和比喻　　　　C. 比喻和对偶　　　　D. 比喻和比拟

二、思考题

1. 理解本文论述的治学目的、读书治学的方法。

2. 读过本文，试结合自身学习生活，谈一谈读书治学在生活中到底有没有作用。

拓展阅读书目

1.［美］海明威：《老人与海》，吴劳译，上海，上海译文出版社，2009。

2.［哥伦比亚］马尔克斯：《百年孤独》，黄锦炎译，上海，上海译文出版社，1989。

3.［美］纳博科夫：《洛丽塔》，主万译，上海，上海译文出版社，2005。

我有一个梦想

马丁·路德·金

【背景知识】

马丁·路德·金（1929—1968），美国著名的黑人民权领袖。1964年马丁·路德·金被授予诺贝尔和平奖。1968年4月4日，他被行刺者枪杀。

马丁·路德·金1929年出生在亚特兰大。他的父亲致力于消除种族隔阂，这对马丁·路德·金产生了很大的影响。在宾夕法尼亚州克罗泽神学院上学时，他知道了圣雄甘地，了解到甘地通过"非暴力革命"的斗争

马丁·路德·金

将印度人民从英国统治下解放出来。同时，马丁·路德·金也受到亨利·戴卫·梭罗"非暴力革命"的鼓舞。1948年获得学士学位后，马丁·路德·金又在宾夕法尼亚州克罗泽神学院继续学习，作为优秀毕业生，他获得了普莱福克奖励和J.路易斯·克罗泽奖学金。马丁·路德·金在1953年完成了博士学位所需的功课，两年后完成了毕业论文，获得博士学位，并像他父亲一样接受了牧师的工作。他被称为"金博士"。马丁·路德·金1955年开始参与民权运动，其原因是一位颇有名气的美国黑人裁缝，在下班回家的路上，由于未给一名白人乘车者让座而被捕。

马丁·路德·金和其他美国黑人社区的领袖们要求该市的美国黑人居民步行和自己驾车来抵制汽车公司。美国最高法院宣布阿拉巴马州和地方法令规定的公共汽车上的种族隔离是违法的，从而结束了这次持续381天的抵制。马丁·路德·金通过这次成功的抵制行动表明，非暴力的群众斗争能够改变现状。作为一个民族英雄和对民权运动有举足轻重作用的领袖人物，马丁·路德·金在1957年联合起数名黑人领袖，为后来的南部基督教领导人会议（SCLC）组织奠定了基础。马丁·路德·金被选为该组织的主席，并很快开始组织其他社团一同起来抵制种族歧视。他被《时代》杂志评为1963年年度人物。

1968年4月，马丁·路德·金前往田纳西州的孟菲斯去帮助正在罢工的清洁工们。4月3日他发表了自己的最后一个演讲。次日，当离开汽车旅馆时，马丁·路德·金遇刺身亡。

一百年前，一位伟大的美国人签署了解放黑奴宣言，今天我们是在他的雕像前集会。这一庄严宣言犹如灯塔的光芒，给千百万在那摧残生命的不义之火中受煎熬的黑奴带来了希望。它的到来犹如观乐的黎明，结束了束缚黑人的漫漫长夜。

　　然而一百年后的今天，我们必须正视黑人还没有得到自由这一悲惨的事实。一百年后的今天，在种族隔离的镣铐和种族歧视的枷锁下，黑人的生活备受压榨；一百年后的今天，黑人仍生活在物质充裕的海洋中一个穷困的孤岛上；一百年后的今天，黑人仍然萎缩在美国社会的角落里，并且意识到自己是故土家园中的流亡者。今天我们在这里集会，就是要把这种骇人听闻的情况公之于众。

　　就某种意义而言，今天我们是为了要求兑现诺言而汇集到我们国家的首都来的。我们共和国的缔造者起草宪法和独立宣言的气壮山河的词句时，曾向每一个美国人许下了诺言，他们承诺给予所有的人以生存、自由和追求幸福的不可剥夺的权利。

　　就有色公民而论，美国显然没有实践她的诺言。美国没有履行这项神圣的义务，只是给黑人开了一张空头支票，支票上盖着"资金不足"的戳子后便退了回来。但是我们不相信正义的银行已经破产，我们不相信，在这个国家巨大的机会之库里已没有足够的储备。因此今天我们要求将支票兑现——这张支票将给予我们宝贵的自由和正义保障。

　　我们来到这个圣地也是为了提醒美国，现在是非常急迫的时刻。现在绝非侈谈冷静下来或服用渐进主义的镇静剂的时候。现在是实现民主的诺言的时候。现在是从种族隔离的荒凉阴暗的深谷攀登种族平等的光明大道的时候，现在是向上帝所有的儿女开放机会之门的时候，现在是把我们的国家从种族不平等的流沙中拯救出来，置于兄弟情谊的磐石上的时候。

　　如果忽然忽视时间的迫切性和低估黑人的决心，那么，这对美国来说，将是致命伤。自由和平等的爽朗秋天如不到来，黑人义愤填膺的酷暑就不会过去。1963 年并不意味着斗争的结束，而是开始。有人希望，黑人只要撒撒气就会满足，如果国家安之若素，毫无反应，这些人必会大失所望的。黑人得不到公民的权利，美国就不可能有安宁或平静，正义的光明的一天不到来，叛乱的旋风就将继续动摇这个国家的基础。

　　但是对于等候在正义之宫门口的心急如焚的人们，有些话我是必须说的。在争取合法地位的过程中，我们不要采取错误的做法。我们不要为了满足对自由的渴望而抱着敌对和仇恨之杯痛饮。我们斗争时必须永远举止得体，纪律严明。我们不能容许我们的具有崭新内容的抗议蜕变为暴力行动。我们要不断地升华到以精神力量对付物质力量的崇高境界中去。

　　现在黑人社会充满着了不起的新的战斗精神，但是我们却不能因此而不信任所有白人。因为我们的许多白人兄弟已经认识到，他们的命运与我们的命运是紧密相连的，他们今天参加游行集会就是明证。他们的自由与我们的自由是息息相关的。我们不能单独行动。

　　当我们行动时，我们必须保证向前进。我们不能向后退。现在有人问热心民权运动的人："你们什么时候才满足？"

　　只要黑人仍然遭受警察难以形容的野蛮迫害，我们就绝不会满足。

　　只要我们在外奔波而疲乏的身躯不能在公路旁的汽车旅馆和城里的旅馆找到住宿之所，我们就绝不会满足。

只要黑人的基本活动范围只是从少数民族聚居的小贫民区转移到大贫民区，我们就绝不会满足。

只要密西西仍然有一个黑人不能参加选举，只要纽约有一个黑人认为他投票无济于事，我们就绝不会满足。

不！我们现在并不满足，我们将来也不满足，除非正义和公正犹如江海之波涛，汹涌澎湃，滚滚而来。

我并非没有注意到，参加今天集会的人中，有些受尽苦难和折磨；有些刚刚走出窄小的牢房，有些由于寻求自由，曾在居住地惨遭疯狂迫害的打击，并在警察暴行的旋风中摇摇欲坠。你们是人为痛苦的长期受难者。坚持下去吧，要坚决相信，忍受不应得的痛苦是一种赎罪。

让我们回到密西西比去，回到阿拉巴马去，回到南卡罗来纳去，回到佐治亚去，回到路易斯安那去，回到我们北方城市中的贫民区和少数民族居住区去，要心中有数，这种状况是能够也必将改变的。我们不要陷入绝望而不能自拔。

朋友们，今天我对你们说，在此时此刻，我们虽然遭受种种困难和挫折，我仍然有一个梦想。这个梦想是深深扎根于美国的梦想中的。

我有一个梦想，有一天这个国家会站起来，讲出这个真理——"我们相信人类在上帝面前是平等的，这是显而易见的真理。"

我有一个梦想，从前奴隶的后嗣和奴隶主的后嗣，有一天，可以在乔治亚州红色的山峦上，平起平坐，兄弟相称。

我有一个梦想，即如蒸发着热气的密西西比州、蒸发着不平等的热气、蒸发着欺压者的热气，有一天，将会转化为自由公义的绿洲。

我有一个梦想，有一天，再没有人以肤色来评价我的孩子，而单单看重品格内涵，因为他们将活在一个平等的国家，再没有种族歧视。

今日，我有一个梦想。

我有一个梦想，南部阿拉巴马州，素来充斥着恶毒的种族歧视者，以及他们的总督，嘴唇经常滴下否定和干预的话。有一天，就在南部阿拉巴马州，黑人的男孩女孩，和白人的男孩女孩，可以无拘无束地手牵着手，情同手足。

今日，我有一个梦想。

我有一个梦想。有一天，一切山洼都要填满，大小山岗都要削平，高高低低的要改为平坦，崎崎岖岖的必成为平原，上帝的荣耀必然显现，凡有血气的，必一同看见。

这是我们的希望，这是我们回南部去时要带回的信心。凭借这信心，我们能够把绝望的大山，凿成希望的石块；凭借这信心，我们能够将我们国家吵耳的纷争，转化为歌颂手足深情的优美交响乐章；凭借这信心，我们可以一起工作、一起祈祷、一起挣扎、一起为自由奋斗，因为我们深深知道有一天会一同获得自由。

将会有这样的一天。这样的一天，神的儿女将会带着新意歌唱："我的祖国，一片自由温馨的土壤，属于你的，我要歌唱，这是我先祖逝去的地方，是客旅踩过骄傲足迹的地方，群山各处，让自由高响。"

要是美国要真的成为伟大的国家，这些必须实现。让自由响自新威郡高耸的山巅，让自由从纽约的雄峰响起，让自由响自宾夕法尼亚的亚力恒山！

让自由响自科罗拉多山岭的雪顶！

让自由响自加利福尼亚弯曲的山丘！

岂仅如此，让自由响自乔治亚州的山岭！让自由响自坦尼斯的山岭！

让自由响自密西西比的大山、小山。从群山的四处，让自由响起。

当我们容许自由响起，响遍大村庄、小村落、每州每城，我们会加速看见那天的来临，所有神的儿女，白人黑人，犹太人外邦人，基督徒天主教徒，都手牵着手，同声歌唱那古老的黑人灵歌："自由了！自由了！感谢全能天父，我们终获自由！"

（许立中译）

（选自[美]马丁·路德·金撰，霍玉莲编撰：《我有一个梦想：马丁·路德·金告诉我们》，北京，中央编译出版社，2001）

【阅读提示】

黑人是美洲大陆的特殊居民。他们祖籍非洲，十六七世纪起，被殖民者从非洲大陆大批贩卖到美洲，被迫成为种植园中的奴隶，受到各种非人的待遇。这种状况一直持续了一个多世纪。1783年，美国的建国者决定废除奴隶贸易。南北战争胜利之后，当时的总统林肯签署了《解放黑奴宣言》，黑人终于在法律上获得自由。

但直到20世纪五六十年代，《解放黑奴宣言》签署100多年之后，美国的种族歧视和种族压迫仍然十分严重，黑人仍然是美国社会的二等公民。他们挣扎在社会的底层，生活贫困，得不到良好的教育，不能进入各级各类高层机构，不能参加投票和选举，不能像白人一样享有人格自由和活动自由。尤其在美国南方诸州，黑人不能在白人开的餐馆就餐，许多公共场所挂着"仅供白人使用"的牌子，甚至在公共汽车上，黑人也只能坐在后车厢，车的中部虽然允许黑人坐，但有白人上车，黑人必须给白人让座。在这种情形下，美国黑人以争取平等自由为目标，发起了声势浩大的民权运动。马丁·路德·金就是其中最杰出的领袖。他曾在南方21个城市组织集会，发动黑人争取公民权利。1963年8月28日，在华盛顿特区一次25万人的集会上，他发表了这篇举世闻名的演说。

演讲一开始，马丁·路德·金就以生动的语言阐述了此次集会的起因和目的。他从100多年前林肯签署《解放黑奴宣言》讲起，自然而然地过渡到黑人生活的现状。这里连用排比和大量形象的比喻，把黑人不公正的现实处境揭示在世人面前，现状与当初国家的缔造者"承诺给予所有的人以生存、自由和追求幸福的不可剥夺的权利"的诺言形成了鲜明的对比。因此，作者明确地指出，现在是政府兑现诺言的时候了！

另一方面，作者也反过来提醒自己的黑人同胞，一定要注意斗争的方式和策略。马丁·路德·金深受印度的甘地非暴力思想的影响，主张用和平的方式争取正当的权利，反对"以暴制暴"，提出"不要为了满足对自由的渴望而抱着敌对和仇恨之杯痛饮"，而应当用包容、忍耐和博爱来对抗仇恨。这种"不以恶抗恶"的思想为后来黑人民权运动的胜利奠定了基础。

因为是面对自己的黑人同胞演讲，马丁·路德·金在这一场合还担负着鼓舞同胞士气，帮他们树立信念和理想、团结他们共同前进的任务。因此，接下来的几段，马丁·路德·金用一系列气势磅礴的排比句——四个"只要"清晰而生动地表明了黑人民权运动的目标，那就是斗争一定要彻底，每个人都要有顽强的斗争精神和韧劲，无论在怎样艰难的环境和痛苦的遭遇中都要坚持下去。他充满激情地呼吁大家回到那些最冥顽不化的地方，坚持战斗，不要绝望，胜利的那一天一定会到来。

文章的最后一部分是全文的高潮。作者连用多个"我有一个梦想"，以诗一样的语言和酣畅淋漓的排比句，正面表达了对自由和平等的渴望，抒发了他作为一个黑人内心最热烈的梦想。他呼吁种族平等、人格尊严和兄弟般的情谊能早日到来，他呼吁自由与平等都能得到实现！这几段文字情感充沛，文采斐然，犹如江河直下，一泻千里，不可阻挡，具有极强的感染力。

思考与练习

一、选择题

1. 马丁·路德·金曾于（　　）年获得诺贝尔和平奖。

A. 1963 年　　　　　　B. 1964 年　　　　　　C. 1965 年　　　　　　D. 1967 年

2.《我有一个梦想》中的"一位伟大的美国人"指的是（　　）。

A. 林肯　　　　　　B. 华盛顿　　　　　　C. 艾森豪威尔　　　　　　D. 杰弗逊

3. 演讲一开始，马丁·路德·金就以生动的语言阐述了此次集会的起因和目的，他连用（　　），把黑人不公正的现实处境揭示在世人面前。

A. 排比和对比　　　　B. 排比和比喻　　　　C. 象征和比喻　　　　D. 排比和象征

二、思考题

1. 如何理解马丁·路德·金的非暴力主张？

2. 马丁·路德·金擅长用整句构成排比，试举例说明排比在本文中的表达作用。

3. 朗读这篇演讲词，体味译文传达给你的感受。

拓展阅读书目

1.［奥地利］卡夫卡：《变形记》，叶廷芳、赵登荣等译，杭州，浙江文艺出版社，2003。

2.［法］雨果：《悲惨世界》，李丹、方于译，北京，人民文学出版社，1992。

3.［法］大仲马：《基督山伯爵》，韩沪麟译，上海，上海译文出版社，2016。

为什么要有科学家?

约翰·波拉尼

【背景知识】

约翰·波拉尼,1929 年出生,加拿大化学家、教育家。在加拿大多伦多大学从事科研工作,研究化学反应动力学,获得 1986 年诺贝尔化学奖。

诺贝尔奖获得者要给儿童讲科学,这一设定有很强的挑战性,大道理容易讲,但深入浅出最为难得。科学不一定刻板无趣,也可以意兴盎然。

约翰·波拉尼

我根本就说不清楚,我为什么在小时候就对科学这么感兴趣。也许是因为我总是喜欢提问题吧。每一个小孩每天都要问一百遍:"为什么?"人和动物一样,天生就有好奇心。婴儿好奇,狗和猫也好奇。我们都觉得,在锁住的纸板箱里或石头下面会藏着什么东西,总想去瞧一瞧,去发现些什么东西。这是一件很有吸引力的事情。只要家里的一扇门嘎吱一响,大家便立刻猜起谜来了:谁来了? 我们的母亲? 我们的兄弟? 每一个人的问题都希望不断地得到解释。我们科学家不说"解释",我们说"理论"。

但是我们为什么是这样的? 为什么我们总是想知道一个原因? 为什么我们需要一种理论来说明一切事物? 大约在三千年前,科学家的榜样——希腊人苏格拉底就对他为什么当哲学家这一问题回答说,他必须"研究自己和所有其他的人",否则他的生命就没有意义。

首先,每一个人都觉得自己周围的现实是乱七八糟的,对各种事物都有着各种不同的印象,如阳光、热量、树叶沙沙地作响。只要我们在这个世界上,我们就会想出一些故事,把这些看似互相毫无关联的图像和感觉整理好。我们自然科学家讲的这种故事只是许多种故事中的一种——别人则以童话、戏剧、长篇小说或诗歌的形式讲述故事。在我们的研究人员所讲述的故事中,问题常常涉及,一种事物如何完全出其不意地和另一种完全不同的事物有关联。举一个例子:没有太阳的热射线就吹不起凉风来。还有:没有太阳和风,绿色的树叶和树就没有生命力。

和所有的好故事一样,太阳、风和树的故事也有一种清晰的形态:圆圈儿的形态。你是知道的,人和动物——也包括你和我——都吸入植物放出的氧气。反过来我们大家又呼出二氧化碳,而植物需要二氧化碳。植物养活我们,我们养活植物。大自然巧妙地形成了这种循环，这将会永远循环往复下去。但前提是我们人类不能过多地去干预这种循环。你想象一下吧，如果我们把地球上的全部森林都砍伐光，这不仅会毁掉全部树木，我们同时也就没有了与生命攸关的氧气。如果我们破坏了这个平衡，植物和我们双方都会受到损害。

那么，这就是一个自然科学家所要做的事情吗？整天讲故事并为我们天天经历的所有这些事物寻找一种内在的联系？从根本上来说是的。但是我们的工作还有另外几项内容，它们同样重要，它们带给我们很多的乐趣。

为什么偏偏是我的工作给我带来这么多的乐趣？因为它包含着神奇的力量，这种力量一再激励着我们研究人员做出了不起的成绩。我这并不是想说，我们会耍魔术，因为我们的能力也是有限度的。这使我想起了一群瑞典学生的来信，我在获得诺贝尔化学奖之后的不久，收到了这封来信："亲爱的教授先生，衷心地祝贺您获奖。我们是正在学习化学课程的学生，我们有一个请求：您能不能到我们这儿来一下，把我们的学校炸毁?"对于这些孩子来说，我都成了一个魔术师了，我可以炸毁他们的学校，为他们解闷。但是，其实我在谈到科学的魔力时，我指的是别的东西：这就是数字的魔力。科学是研究人们用某种方法能够数数或计算的东西。譬如，如果让一个科学家来描述你这个人，他就不会说，你好看或诚实，而是说你身高 1.50 米，体重 45 公斤。

现在你也许猜想到了，这些瑞典学生为什么一定要我将他们的学校炸毁。我们描述一个人的方式是极其无聊的。但是它有一个好处：它可以讲述某些绝不可能被人们讲述的故事。譬如有一种我们称之为算术的方法，我们用这种方法虽然不能说出你的同班同学的相貌，但是却可以使我们知道你们的平均身高和体重。你看到了：一方面数字限制我们——譬如尽管有这么多的数字，我却无法对你那有感染力的笑声作出任何说明；另一方面这些数字却增加了我们所作的陈述的精确性。我们自然科学家不说："我的父亲长着一双大脚"，而是说："我的父亲穿 52 号鞋。"

或者让我们举阿尔伯特·爱因斯坦为例。假如爱因斯坦只说，我们称之为质量的东西(某种东西有多重)与某种别的我们称之为能量(一种运动的名称)的东西有关联，那么这听起来虽然很好听，可是，实际上并没有多大用处。然而，由于爱因斯坦通过计算向我们说明了，某一种小的质量能生产出某一种极大的能量来，他也就说出了某种我们能够理解的东西。也许你已经在什么地方听说过著名的"相对论"？我谈的就是这个"相对论"。爱因斯坦的理论百分之百的正确。所以在很短的时间内，许许多多的科学家能够用他的计算方法进行工作，并且产生种种想法，去证明这一理论，这样就改变了世界。

"相对论"首先给我们带来了一种可以炸毁东西的新方法：科学家们研制了原子弹，我们之所以这样称呼它，是因为它把原子核的质量变成能量，并将其当作武器使用。所以研究可能带来极严重的后果——我以后还要再谈到这个问题。同样，把原子核的质量变成能量的技术，也向我们揭示了用极少量的铀生产出大量电能的途径。这将极大地缓解我们日常生活中用电紧张的矛盾。然而这又有另外一种危险，因为原子能(核)发电厂也会爆炸，就像切尔诺贝利核电站那样。但是在某一个时候，我们定将能够从几滴水中提取一些物质，使之产生出大得多的能量——而其危险性则小得多。科学家们还正在研究一台这样的机器，一个聚变反应堆；这只是一个时间问题，科学家们终将会获得成功。

既然我们谈到科学有时会有危险，那么我们也必须考虑，我们如何才能预防这种危险，我们如何确保我们的工作不造成任何严重的后果。我已经说过，我们科学家被某些人当作魔术师。人们已经可以想象，我们就像童话里的魔术师，再也不能停止我们自己的魔术。在正常的情况下，科学会告诉我们一些关于自然界的情况：月亮为什么时而弯月，时而半月，时而满月？为什么住在地球底面的澳大利亚居民不摔下来？为什么没有人会长成 10 米高？我们往往十分机智地去寻找这些问题的答案，所以它们就把我们引向新的、更机智的提问，并引出更机智的答案。

所以当我们谈到对科学的监控时，问题并不在于停止研究，而只在于你和我用新的知识干什么事情。我们是利用爱因斯坦关于把质量变成能量的知识去制造原子弹，并用它们去杀人，还是利用这种知识，使人们的生活过得更加轻松、愉快？作出这个决定的，不只是科学家，而是整个社会，是政治家们，是所有的人们。噢，当然儿童除外，因为你们必须先学习，了解世界如何正常运转，然后你们才可以对应该改变世界上的什么作出决定。

科学家们能够帮助以及向儿童们和所有的其他人解释世界并改造世界。几百年以来，他们一直认为，发现真理比谁发现这个问题更重要。这并不意味着科学家就不互相争辩了——他们像疯了似的争辩。每一个人都想成为下一个诺贝尔奖得主。更为有趣的是，我们之中没有一个人会保守自己的知识：大家分享它，并且相互支持，不管他们来自哪个国家，或者他们信仰哪个上帝。所有科学家的国际共同体有着神圣的使命；我是其中的一员，这是我的莫大光荣。

我因从事研究工作而得到报酬。即使有时候看起来我似乎在玩耍。譬如我有一个最新的玩具，它是一台机器，我用它来拨弄分子。我用一束激光射线瞄准分子，一群紧密地联系在一起的原子；这时我能看到，这些原子如何作出反应：原子一个接一个地脱离群体并组成新的分子。令人气恼的是，这件玩具已经花了我相当多的精力。因为在大多数日子里，它根本就不灵！它相当地令人气恼，尤其是因为人们要求我不断地发现新东西，如果我要继续当研究人员的话——而这是我无论如何一定要当的！

所以你可以想象，当这台痴呆的机器终于做完了它该做的事情的时候，当我的大学生们和我，有一天能够看上一眼，某种迄今还没有哪个人曾经见过的东西的时候，我会多么地激动。我们顿时会联想到，一个像克里斯托夫·哥伦布这样的发现者，在他海上航行了几个月之后，突然又看见了陆地，他一定也曾感觉到巨大的快乐及巨大的欣慰。当我们将我们的分子拆开并又组合在一起的时候，我们将和哥伦布有着同样的感觉。

也许你现在会问我：人们如何才能成为一个研究人员？最重要的是：你必须要有极强烈的愿望！具有非凡的才干和独具个性的人才能成为科学家，但是科学家们都有一个共同点：他们充满热情、全力以赴地进行研究。

如果你现在害怕这些豪情满怀的科学家们，会在今后几年的时间里，把有待于发现的一切都发现了，到头来没有任何东西可让你去发现了，那么我可以让你放心：我们今天所知道的事物，只是我们必须发现的事物中的极其微小的一部分。在人、动物和植物的细胞核里，在原子的内部和在宇宙的边缘，有许多新的"世界"正在等待着人们去发现。也许你就是发现者吧。

（选自［德］贝蒂娜·施蒂克尔编：《诺贝尔奖获得者与儿童对话》，张荣昌译，北京，生活·读书·新知三联书店，2003）

【阅读提示】

　　科学一向让人觉得深奥难懂，但诺贝尔化学奖获得者约翰·波拉尼被要求和孩子们对话，这的确有些为难。但是作者却能深入浅出地讲清楚科学家是干什么的，言语通俗，逻辑清晰，让大读者、小读者都能对作者的工作表示认可。

　　文章一开篇就提出，小孩子总是喜欢问"为什么"的这种兴趣和好奇心就需要科学家来解释。为什么要这样去解释呢？作者举了一个通俗的例子，人和动物呼出二氧化碳而吸入植物释放的氧气，就构成了一个循环。科学家就是要解释一个事物和另一个事物的关联。而接着，作者又从科学家需要有一定的原则来利用知识使人们的生活过得更加轻松愉快入手，说自己不能给写信想炸掉学校的孩子们帮忙。最后，作者说到了科学家的工作也是非常有趣的，而他们所使用的机器就像一个玩具，同时希望孩子们做新的"世界"的发现者。

思考练习

思考题

　　1. 请问你学习的是什么专业？如果回到家中，你如何向家人介绍你的专业？

　　2. 你小时候有梦想吗？如果有，小时候的梦想跟今天所学有多远的距离？

拓展阅读书目

　　1.［美］玛格丽特·米切尔：《飘》，李美华译，南京，译林出版社，2000。

　　2.［英］简·奥斯丁：《傲慢与偏见》，孙致礼译，南京，译林出版社，2010。

　　3.［法］雨果：《巴黎圣母院》，陈敬容译，北京，人民文学出版社，2015。

第五单元　我的艺术世界

　　文学是一门艺术，文学领域也是一个异彩纷呈的艺术世界。徜徉在文学的世界里，优秀的文学作品为我们创造的是一个充满奇思妙想的、美的、情感的世界。沉浸其中，文学能让我们进入一种自由和谐的心灵之境。它给我们的生活增加情趣和诗意，也让我们的身心得到休憩和滋养。在这个世界中，我们所有微妙复杂的情感都能得到真诚的回应；它能让我们感动，能让我们获得丰富而深刻的情感体验，充分享受精神愉悦和满足。

　　《诗经》中的《蒹葭》让我们在体验情感共鸣的同时，带给我们一个意蕴幽微的世界。唐人张若虚的一首《春江花月夜》，让宁静的月亮给我们带来静谧和谐的审美享受。从汉代到元代的六首古诗词，让我们获得了审美感受和人生启迪。沈从文的小说《边城》展现了美好淳朴的湘西世界。当代女作家毕淑敏的一篇《常读常新的人鱼公主》让我们体会到艺术的世界里，不同年龄段的人们有不同的感受。美国作家亨利·戴维·梭罗的《瓦尔登湖》，印度诗人泰戈尔的小诗，日本艺术家东山魁夷的《听泉》，让我们用心静静聆听了大自然宁静的声音。

　　在艺术的世界里，我们在享受艺术熏陶的同时，更应抱着理解、宽容、同情、多元化的审美观去善待整个世界。

蒹葭①

《诗经·秦风》

【背景知识】

　　《诗经》是中国最早的一部诗歌总集，先秦时期称《诗》，又称《诗三百》或《三百篇》，相传由孔子删定，收集了自西周初年至春秋中叶数百年的 305 首诗歌。西汉时被尊为儒家经典，始称《诗经》，并沿用至今。汉时言《诗》有鲁、齐、韩三家诗，后又有《毛诗》，魏晋以后三家诗皆亡佚，唯《毛诗》得以流行，即今本。《诗经》分为"风""雅""颂"三部分，其中"风"是地方民歌，有十五国风，共 160 首；"雅"主要是朝廷乐歌，分大雅和小雅，共 105 篇；"颂"主要是宗庙乐歌，有 40 首。内容上，《诗经》相当广泛地反映了当时社会的经济、政治和民俗等，对后代诗歌发展有深远的影响，是我国古典文学现实主义传统的源头。艺术上，《诗经》以四言为主，重章叠句，灵活使用赋、比、兴的艺术表现手法。

　　蒹葭苍苍，白露为霜。②所谓伊人，在水一方。溯洄③从之，道阻且长。溯游④从之，宛在水中央。
　　蒹葭凄凄⑤，白露未晞⑥。所谓伊人，在水之湄⑦。溯洄从之，道阻且跻⑧。溯游从之，宛在水中坻⑨。
　　蒹葭采采，白露未已⑩。所谓伊人，在水之涘⑪。溯洄从之，道阻且右⑫。溯游从之，宛在水中沚。

（选自余冠英注译：《诗经选》，北京，人民文学出版社，1956）

【注释】

　　①蒹葭(jiān jiā)：芦苇。
　　②苍苍：芦苇聚集生长，非常茂盛，故呈青色或灰白色。后两章"凄凄""采采"与之同义。白露为霜：露珠凝结为霜，说明时间已进入秋季。
　　③溯洄：《毛传》："逆流而上曰溯洄。"
　　④溯游：《毛传》："顺流而涉曰溯游。"
　　⑤凄凄：亦作"萋萋"。
　　⑥晞(xī)：《毛传》："干也。"
　　⑦湄：岸边。《说文解字》："水草交为湄。"
　　⑧跻(jī)：地势逐渐升高。
　　⑨坻(chí)：水中的小块陆地。第三章"沚(zhǐ)"与之同义。
　　⑩已：止。指白露尚未完全干。
　　⑪涘(sì)：水边。

⑫右：曲折。《郑笺》："言其迂回也。"

【阅读提示】

关于这首诗的内容，历来众说纷纭。《毛诗序》道："蒹葭，刺襄公也。未能用周礼，将无以固其国焉。"方玉润的《诗经原始》则认为："盖秦处周地，不能用周礼。周之贤臣遗老，隐处水滨，不肯出仕。诗人惜之，托为招隐，作此见志。"亦有人称这是一首恋歌，由于所追求的心上人可望而不可即，诗人陷入烦恼。

朱熹《诗集传》云："言秋水方盛之时，所谓彼人者，乃在水之一方，上下求之而皆不可得。然不知其何所指也。"然而这首诗最有价值意义、最令人共鸣的东西，不是抒情主人公的追求和失落，而是他所创造的"在水一方"这一具有普遍意义的艺术意境。由于诗中的"伊人"难以确指，而河水的意义又在于阻隔，所以凡世间一切因受阻而难以达到的人生境遇，都可以在这里发生同构共振和同情共鸣。由此观之，我们不妨把"伊人"理解为一种象征，把"在水一方"看作是表达社会人生中可望而不可即情境的一个艺术典型。

诗分三章，今人聂石樵《诗经新注》称其"首章'蒹葭苍苍，白露为霜'，写秋晨露寒霜重之景；二章'蒹葭萋萋，白露未晞'，则写旭日初升，霜露渐融之状；三章'蒹葭采采，白露未已'，则写阳光灿烂，露水将收"。每章前两句借景起兴，第三、第四句点明主题，后四句描述追求境况。全诗充溢着诗人真诚向往、可望而不可求却又越来越迫切的心情，几千年来一直令人叹之不已，心向往之。

思考练习

一、选择题

1.《诗经》是中国古典文学（　　　）的源头。

A. 现代主义　　　　B. 浪漫主义　　　　C. 现实主义　　　　D. 实用主义

2. 根据不同内容的表达需要，《诗经》主要采用了（　　　）的艺术表现手法。

A. 风、雅、颂　　　B. 赋、比、兴　　　C. 浪漫主义　　　　D. 现实主义

3. 体现《蒹葭》的主题，且起到承上启下作用的诗句是（　　　）。

A. 蒹葭苍苍，白露为霜。　　　　　　B. 所谓伊人，在水之湄。

C. 溯洄从之，道阻且右。　　　　　　D. 溯游从之，宛在水中央。

二、思考题

1. 诗的每一章开头都写景，思考这些景物描写的作用。

2. 你认为《蒹葭》的中心意象是什么？这一意象有何象征意义？

3.《蒹葭》中的"伊人"和《关雎》中的"淑女"是不是同一文学形象？为什么？

拓展阅读书目

1. 余冠英译：《诗经选译》，北京，人民文学出版社，1960。

2. 聂石樵主编，雒三桂、李山注释：《诗经新注》，济南，齐鲁书社，2000。

3. 赵逵夫注评：《诗经》，南京，凤凰出版社，2016。

春江花月夜①

张若虚

【背景知识】

张若虚，唐代诗人，扬州人，生卒年、字、号不详，曾任兖州兵曹。唐中宗神龙(705—707)中，张若虚与贺知章、贺朝、万齐融、邢巨、包融俱以文辞俊秀驰名于京都，事迹略见于《旧唐书·贺知章传》。张若虚诗大部分都淹没在岁月的长河中，《全唐诗》仅存其诗二首。一首《代答闺梦还》，为拟闺怨诗，沿袭齐梁体诗风，艳丽工整，又不乏细腻纤丽；另一首即《春江花月夜》，最早被宋人郭茂倩收入《乐府诗集》，是一篇脍炙人口的名作，素有盛誉。闻一多先生誉之为"诗中的诗，顶峰上的顶峰"(《宫体诗的自赎》)。清代学者王闿运评之"孤篇横绝，竟成大家"(《论唐诗诸家源流——答陈完夫问》)。

张若虚

春江潮水连海平，海上明月共潮生。
滟滟②随波千万里，何处春江无月明！
江流宛转绕芳甸③，月照花林皆似霰④；
空里流霜⑤不觉飞，汀上白沙看不见。
江天一色无纤尘，皎皎空中孤月轮。
江畔何人初见月，江月何年初照人？
人生代代无穷已，江月年年望相似；
不知江月待何人，但见长江送流水。
白云⑥一片去悠悠，青枫浦⑦上不胜愁。
谁家今夜扁舟子⑧，何处相思明月楼？
可怜楼上月徘徊，应照离人妆镜台。
玉户帘中卷不去，捣衣砧上拂还来。⑨
此时相望不相闻，愿逐月华流照君。
鸿雁长飞光不度，鱼龙潜跃水成文。⑩
昨夜闲潭梦落花，可怜春半不还家。⑪
江水流春去欲尽，江潭落月复西斜。
斜月沉沉藏海雾，碣石潇湘无限路⑫。
不知乘月几人归，落月摇情⑬满江树。

(选自马茂元、赵昌平选注：《唐诗三百首新编》，长沙，岳麓书社，1985)

【注释】

①春江花月夜：乐府旧题，属《清商曲辞·吴声歌曲》，相传创自南朝陈后主。

②滟滟：水光闪烁貌。

③芳甸：花草遍生的平野。

④霰（xiàn）：细密的雪粒。

⑤流霜：以霜喻月色，比喻月光皎洁如霜，自空泻流大地，一片银辉。

⑥白云：云飘忽，以喻离家的游子。

⑦青枫浦：此指思妇和游子在水路离别的场所，托物寄情，是古诗中常见的惜别意象。

⑧扁（piān）舟子：孤舟，指漂泊在外的游子，与下句中的"明月楼"（闺楼，指思妇）形成互文。

⑨"玉户"二句：将月光拟人化，月光好像怜惜思妇，照在闺楼和捣衣砧上，挥遣不去，却更引起夜不能寐的女子内心的愁思和怅惘。

⑩"鸿雁"二句：鸿雁传书，鱼传尺素，在我国古代，鸿雁、鱼龙都是传递书信的使者。此二句意为鸿雁飞得再远，也飞越不出月光；鱼儿跃得再高，也只是在水面激起阵阵波纹。向来传信的鸿雁和鱼龙也无法为思妇和游子传递音讯。

⑪"昨夜"二句：（游子）昨夜梦见花落幽潭，可惜春天过半，人未还家，依旧漂泊在天涯。

⑫碣石：山名，在今河北省。潇湘：河流名，在今湖南省。这句以碣石山代指北方，潇湘水代指南方，指游子思妇天南海北，相隔遥远。

⑬摇情：摇荡不平的情思。

【阅读提示】

　　张若虚的《春江花月夜》采用乐府旧题，却超越传统题材，赋予其新的内容和思想意义，焕发出不朽的艺术生命力。这首诗通过勾勒一幅春江花月夜的奇丽景色，生发出对宇宙和人生关系的思索，抒写了游子思妇的离愁别绪，将画意、诗情与诗人对人生哲理和宇宙奥秘的探寻融为一体，创造出情、景、理水乳交融的幽美而邈远的意境。诗中虽有对月圆人不圆的惋惜，对人生苦短的感伤，但并不悲哀与绝望，反而更显现出对青春年华的珍惜，对人类生生不息的欣慰，对美好生命与自然和谐统一的追求。全诗基调"哀而不伤"，展现了初盛唐时代蓬勃向上的精神气象。

　　全诗紧扣诗题描摹春、江、花、月、夜的幽美景色，又以"月"为主体，在结构上，以月升到月落的过程为外在线索；在内容上，以月光统摄全篇，描绘了月光笼罩下的一系列如梦如幻的美妙景象和不眠思妇、漂泊游子，并以此为依托抒发离愁别绪和人生感慨，使全诗形神浑融、宛转流畅。

思考练习

思考题

1. 请联系本诗内容层次的展开，谈谈你对"哀而不伤"的情感基调的认识和理解。

2. 请谈谈本诗是如何以"月"为主体贯穿全篇的。

拓展阅读书目

1. 闻一多：《唐诗杂论》，上海，上海古籍出版社，2019。
2.（北宋）郭茂倩编：《乐府诗集》，上海，上海古籍出版社，2016。
3. 王辉斌：《乐府诗通论》，武汉，武汉大学出版社，2017。

古诗词六首

长歌行①

青青园中葵②，朝露待日晞③。

阳春布德泽④，万物生光辉。

常恐秋节至，焜黄华叶衰⑤。

百川⑥东到海，何时复西归？

少壮不努力，老大徒⑦伤悲！

（选自余冠英辑注：《乐府诗选》，北京，人民文学出版社，1953）

【注释】

①长歌行：汉乐府曲调名。这是汉代乐府古诗中的一首名作。这首诗用了一连串的比喻，说明万物盛衰有时，光阴如流水，一去不再回，劝导人们要珍惜青春时光，发奋努力，不要等老了再后悔。这首诗借物言理，出言警策，催人奋起。

②葵：古代的一种蔬菜。

③晞：晒干。

④阳春：就是春天，是阳光和露水充足的时候。布：散布，洒满。德泽：恩泽。

⑤焜黄：色衰枯黄貌。华：同"花"。衰：古音读作（cuī）。

⑥川：河流。

⑦徒：徒然。

观沧海①

曹操②

东临碣石③，以观沧海④。

水何澹澹⑤，山岛竦峙⑥。

树木丛生，百草丰茂。

秋风萧瑟，洪波涌起。

日月之行，若出其中；

星汉灿烂，若出其里。

幸甚至哉，歌以咏志。⑦

（选自陈庆元：《三曹诗选评》，上海，上海古籍出版社，2002）

【注释】

①此诗是曹操乐府组诗《步出夏门行》中的一章，是作者207年在北征乌桓途中登碣石山而作。

这首四言诗借登山望海所见到的自然景物，描绘了祖国河山的雄伟壮丽，既刻画了高山大海的动人形象，更表达了诗人宽广壮阔的襟怀和豪迈乐观的进取精神，是我国古典山水诗中出现较早的名作之一。

②曹操：字孟德，沛国谯人(今安徽亳州)，东汉末年杰出的政治家、军事家和诗人。在文学史上，曹操与其子曹丕、曹植合称"三曹"。

③碣石：碣石山，在今河北昌黎县北，一说在河北沿海地区。

④沧海：即渤海。

⑤澹澹(dàn dàn)：水波动荡的样子。

⑥竦峙(sǒng zhì)：高高耸立。竦，同"耸"，高。峙，挺立。

⑦"幸甚"二句：乐府四言诗常见的形式上的结尾，与诗意并无必然关联。

送孟浩然之广陵①

李白

故人西辞黄鹤楼②，

烟花③三月下扬州。

孤帆远影碧空尽④，

唯见长江天际流。

（选自赵昌平：《李白诗选评》，上海，上海古籍出版社，2002）

【注释】

①孟浩然：唐代诗人，襄阳(今属湖北)人，隐居鹿门山，终身布衣，尤擅五言山水田园诗，与王维并称"王孟"。他与李白曾在襄阳相会，李白对其很钦佩，彼此感情深厚，结为朋友。广陵：即扬州。这是一首送别诗，全诗意境阔大，情深意挚。

②黄鹤楼：故址在今湖北武昌蛇山上，传说曾有仙人于此登仙乘黄鹤而去，故称黄鹤楼。

③烟花：泛指春天的景色。

④碧空尽：消失在碧蓝的天际。

望岳①

杜甫

岱宗②夫如何？齐鲁青未了③。

造化钟神秀，阴阳割④昏晓。

荡胸⑤生层云，决眦⑥入归鸟。

会当凌绝顶，一览众山小。⑦

（选自葛晓音：《杜甫诗选评》，上海，上海古籍出版社，2002）

【注释】

①《望岳》共有三首，分咏东岳(泰山)、南岳(衡山)、西岳(华山)。这一首咏东岳泰山，作者是

唐代大诗人杜甫。此诗写于诗人年轻时北游齐、赵期间，是现存杜诗中年代最早的一首，表现了青年杜甫的雄心壮志以及对未来的乐观与自信。全诗开阔明朗，气势不凡，情调昂扬。

②岱宗：泰山亦名岱山或岱岳，在今山东泰安城北。古代以泰山为五岳之首，诸山所宗，故又称"岱宗"。

③齐鲁：古代齐、鲁两国以泰山为界，山北为齐，山南为鲁。两国疆域即现在山东地区。青未了：指郁郁苍苍的山色无边无际，浩茫浑雄。

④割：分割。此处以夸张手法描写泰山高峻，仿佛在同一时间，山南、山北被分割成黄昏和早晨。

⑤荡胸：涤荡心胸。

⑥决眦(zì)：眼眶(几乎)要裂开。这是形容长时间目不转睛地远望，以致觉得眼眶都要裂开了。

⑦"会当"二句：(我)一定要登上泰山的顶峰，俯瞰群山，群山也会显得渺小了。会当：一定要。凌：登上。小：形容词意动，"以……为小"。

定风波①
苏轼

三月七日②，沙湖③道中遇雨，雨具先去④，同行皆狼狈，余独不觉。已而⑤遂晴，故作此。

莫听穿林打叶声⑥，何妨吟啸且徐行⑦。竹杖芒鞋轻胜马⑧，谁怕？一蓑烟雨任平生。⑨　　料峭⑩春风吹酒醒，微冷，山头斜照却相迎。回首向来萧瑟处⑪，归去，也无风雨也无晴⑫。

（选自王水照选注：《苏轼选集》，上海，上海古籍出版社，1984）

【注释】

①定风波：词牌名，又作《定风波令》。此词作于苏轼被贬黄州后的第三个春天。词中通过野外途中偶遇风雨这一生活中的小事，从大自然的瞬间变化中得到顿悟和启示，于简朴中见深意，于寻常处生奇境，表现出词人旷达超脱的胸襟和清旷豪放的气质，寄寓了不畏人生坎坷的超然情怀。

②三月七日：元丰五年(1082)三月七日。

③沙湖：在今湖北黄冈东南三十里。

④雨具先去：指携带雨具的人先离开了。

⑤已而：过了一会儿。

⑥莫听穿林打叶声：不要听穿过林子、打在树叶上的风雨声。

⑦何妨：不妨。吟啸：吟诗长啸。徐行：慢慢地走。

⑧芒鞋：草鞋。轻胜马：比骑马行走还轻快。此句形容作者搏击风雨的乐观与豪迈。

⑨一蓑烟雨任平生：披着蓑衣在风雨中行走已平生经惯，任其自然，有何可怕？

⑩料峭：形容早春的寒意。

⑪向来：刚才。萧瑟：本义为草木摇落之声，这里引申为经历人生风雨坎坷。

⑫也无风雨也无晴：写雨过天晴的自然景象，却一语双关，指面对社会人生的风云变幻、荣辱得失也如面对这自然界的晴雨一样，等闲视之，无足挂齿，不必悲喜。

【越调·天净沙】秋思①

马致远②

枯藤老树昏鸦，小桥流水人家，古道③西风瘦马。夕阳西下，断肠人④在天涯。

（选自褚斌杰主编：《元曲三百首详注》，南昌，百花洲文艺出版社，2016）

【注释】

①散曲是在元代兴盛的一种新诗体。这首《秋思》是元散曲中的名作，被誉为"秋思之祖"，更被奉为元曲的压卷之作。其写景状物，文简意丰，抒怀言志都极高妙。

②马致远：号东篱，大都（今北京）人，元代著名杂剧家、散曲作家。

③古道：古代的驿道。

④断肠人：指漂泊天涯的羁旅行人。

【阅读提示】

中国是诗的国度，古典诗词是我国古代文化中宝贵的遗产。本篇选取了我国古代不同时期的诗词六首，旨在通过对这些诗词的阅读和欣赏起到抛砖引玉的作用，让我们从古典诗词中获得审美感受和人生启迪。

思考练习

思考题

说说你还阅读了哪些中国古典诗词，这些古典诗词给了你怎样的审美感受和人生启迪。

拓展阅读书目

1. 万震球编：《诗词曲鉴赏通说》，海口，南方出版社，2006。

2. 孙绿江、孙婷：《中国古代诗歌结构演进史》，兰州，甘肃人民出版社，2011。

3. 赵义山、李修生主编：《中国分体文学史·诗歌卷（第三版）》，上海，上海古籍出版社，2014。

边城(节选)

沈从文

【背景知识】

沈从文(1902—1988)，湖南凤凰人。沈从文原名沈岳焕，祖母刘氏是苗族人，其母黄素英是土家族人，祖父沈宏富是汉族人。沈从文是现代著名作家、历史文物研究家。他出生于行伍世家，幼年在湖南湘西生活。1922年受"五四"余波之影响，沈从文只身离开湘西来到北京，升学未成便开始学习写作。1924年年底开始发表作品，1928年在上海与胡也频、丁玲合编文学刊物《红黑》，1930年先后在武汉大学、青岛大学任教。1933年返回北京，9月接编《大公报·文艺副刊》，并主持《大公报》文艺奖，有力地扩大了京派的影响。抗日战争全面爆发后任西南联大教授，胜利后为北京大学教授，并主编《大公报》《益世报》的文学副刊。沈从文这种少年流浪，自学而成为大学教授的经历，使他的文学道路充满传奇色彩。新中国成立后他曾在历史博物馆为展品写标签，后从事文物研究，出版有《中国古代服饰研究》。

沈从文一生创作丰富，作品结集的有80多部，是现代作家中成书最多的一位。1925年他发表第一篇小说《福生》，1926年出版第一部创作文集《鸭子》。沈从文20世纪20年代起蜚声文坛，与诗人徐志摩、散文家周作人、杂文家鲁迅齐名。其代表作有小说《边城》《长河》，学术著作《中国古代服饰研究》。从作品到理论，沈从文后来不仅完成了对自己魂绕梦牵的湘西世界人性美的书写，而且将散发人性美的湘西世界与现代文明熏染的都市世界相对比，完成了他对都市生命形式的对比批判，在此之上提出了他的人与自然"和谐共存"、回归自然的哲学思考。"湘西"所代表的健康、完善的人性，一种"优美，健康，自然，而又不悖乎人性的人生形式"，正是他的全部创作所负载的内容。

一

由四川过湖南去，靠东有一条官路。这官路将近湘西边境到了一个地方名为"茶峒"的小山城时，有一小溪，溪边有座白色小塔，塔下住了一户单独的人家。这人家只一个老人，一个女孩子，一只黄狗。

小溪流下去，绕山岨流，约三里便汇入茶峒大河。人若过溪越小山走去，则只一里路就到了茶峒城边。溪流如弓背，山路如弓弦，故远近有了小小差异。小溪宽约二十丈，河床为大片石头作成。静静的河水即或深到一篙不能落底，却依然清澈透明，河中游鱼来去皆可以计数。小溪既为川湘来往孔道，水常有涨落，限于财力不能搭桥，就安排了一只方头渡船。这渡船一次连人带马，约可以载二十位搭客过河，人数多时则反复来去。渡船头竖了一支小小竹竿，挂着一个可以活动的铁环，溪岸两端水槽牵了一段废缆，有人过渡时，把铁环挂在废缆上，船上人就引手攀缘那条缆索，慢慢地牵船过对岸去。船将拢岸了，管理这渡船的，一面口中嚷着"慢点，慢点"，自己霍地跃上了岸，拉着铁环，于是人、货、牛、

电影《边城》剧照

马全上了岸，翻过小山不见了。渡头为公家所有，故过渡人不必出钱。有人心中不安，抓了一把钱掷到船板上时，管渡船的必为一一拾起，依然塞到那人手心里去，俨然吵嘴时的认真神气："我有了口粮，三斗米，七百钱，够了。谁要这个！"

但不成，凡事求个心安理得，出气力不受酬谁好意思，不管如何还是有人把钱的。管船人却情不过，也为了心安起见，便把这些钱托人到茶峒去买茶叶和草烟，将茶峒出产的上等草烟，一扎一扎挂在自己腰带边，过渡的谁需要这东西必慷慨奉赠。有时从神气上估计那远路人对于身边草烟引起了相当的注意时，便把一小束草烟扎到那人包袱上去，一面说："不吸这个吗？这好的，这妙的，味道蛮好，送人也合适！"茶叶则在六月里放进大缸里去，用开水泡好，给过路人解渴。

管理这渡船的，就是住在塔下的那个老人。活了七十年，从二十岁起便守在这小溪边，五十年来不知把船来去渡了若干人。年纪虽那么老了，本来应当休息了，但天不许他休息，他仿佛便不能够同这一份生活离开。他从不思索自己的职务对于本人的意义，只是静静地很忠实地在那里活下去。代替了天，使他在日头升起时，感到生活的力量；当日头落下时，又不至于思量与日头同时死去的，是那个伴在他身旁的女孩子。他唯一的朋友为一只渡船与一只黄狗，唯一的亲人便只那个女孩子。

女孩子的母亲，老船夫的独生女，十五年前同一个茶峒军人，很秘密地背着那忠厚爸爸发生了暧昧关系。有了小孩子后，这屯戍兵士便想约了她一同向下游逃去。但从逃走的行为上看来，一个违背了军人的责任，一个却必得离开孤独的父亲。经过一番考虑后，军人见她无远走勇气，自己也不便毁去做军人的名誉，就心想：一同去生既无法聚首，一同去死应当无人可以阻拦，首先服了毒。女的却关心腹中的一块肉，不忍心，拿不出主张。事情业已为做渡船夫的父亲知道，父亲却不加上一个有分量的字眼儿，只作为并不听到过这事情一样，仍然把日子很平静地过下去。女儿一面怀了羞惭一面却怀了怜悯，依守在父亲身边，待到腹中小孩生下后，却到溪边吃了许多冷水死去了。在一种近于奇迹中，这遗孤居然已长大成人，一转眼间便十三岁了。为了住处两山多篁竹，翠色逼人而来，老船夫随便为这可怜的孤雏拾取了一个近身的名字，叫作"翠翠"。

翠翠在风日里长养着，故把皮肤变得黑黑的，触目为青山绿水，一对眸子清明如水晶。自然既长养她且教育她，为人天真活泼，处处俨然如一只小兽物。人又那么乖，如山头黄麂一样，从不想到残忍事情，从不发愁，从不动气。平时在渡船上遇陌生人对她有所注意时，便把光光的眼睛瞅着那陌生人，做成随时皆可举步逃入深山的神气，但明白了人无机心后，就又从从容容地在水边玩耍了。

老船夫不论晴雨，必守在船头。有人过渡时，便略弯着腰，两手攀引了竹缆，把船横渡过小溪。有时疲倦了，躺在临溪大石上睡着了，人在隔岸招手喊过渡，翠翠不让祖父起身，就跳下船去，很敏捷地替祖父把路人渡过溪，一切皆溜刷在行，从不误事。有时又与祖父黄狗一同在船上，过渡时和祖父一同动手，船将近岸边，祖父正向客人招呼"慢点，慢点"时，那只黄狗便口衔绳子，最先一跃而上，且俨然懂得如何方为尽职似的，把船绳紧衔着拖船拢岸。

风日清和的天气，无人过渡，镇日长闲，祖父同翠翠便坐在门前大岩石上晒太阳。或把一段木头从高处向水中抛去，嗾使身边黄狗自岩石高处跃下，把木头衔回来。或翠翠与黄狗皆张着耳朵，听祖父说些城中多年以前的战争故事。或祖父同翠翠两人，各把小竹做成的竖笛，逗在嘴边吹着迎亲送女的曲子。过渡人来了，老船夫放下了竹管，独自跟到船边去，横溪渡人，在岩上的一个，见船开动时，于是锐声喊着："爷爷，爷爷，你听我吹，你唱！"

爷爷到溪中央便很快乐地唱起来，哑哑的声音同竹管声振荡在寂静空气里，溪中仿佛也热闹了一些。（实则歌声的来复，反而使一切更寂静一些了。）

有时过渡的是从川东过茶峒的小牛，是羊群，是新娘子的花轿，翠翠必争着做渡船夫，站在船头，懒懒地攀引缆索，让船缓缓地过去。牛羊、花轿上岸后，翠翠必跟着走，站到小山头，目送这些东西走去很远了，方回转船上，把船牵靠近家的岸边。且独自低低地学小羊叫着，学母牛叫着，或采一把野花缚在头上，独自装扮新娘子。

茶峒山城只隔渡头一里路，买油买盐时，逢年过节祖父得喝一杯酒时，祖父不上城，黄狗就伴同翠翠入城里去备办东西。到了卖杂货的铺子里，有大把的粉条，大缸的白糖，有炮仗，有红蜡烛，莫不给翠翠很深的印象，回到祖父身边，总把这些东西说个半天。那里河边还有许多上行船，百十船夫忙着起卸百货，这种船只比起渡船来全大得多，有趣味得多，翠翠也不容易忘记。

<h1 style="text-align:center">二</h1>

茶峒地方凭水依山筑城，近山的一面，城墙如一条长蛇，缘山爬去。临水一面则在城外河边留出余地设码头，湾泊小小篷船。船下行时运桐油、青盐、染色的栀子。上行则运棉花、棉纱以及布匹、杂货同海味。贯穿各个码头有一条河街，人家房子多一半着陆，一半在水，因为余地有限，那些房子莫不设有吊脚楼。河中涨了春水，到水逐渐进街后，河街上人家，便各用长长的梯子，一端搭在屋檐口，一端搭在城墙上，人人皆骂着嚷着，带了包袱、铺盖、米缸，从梯子上爬进城里去，水退时方又从城门口出城。某一年水若来得特别猛一些，沿河吊脚楼必有一处两处为大水冲去，大

家皆在城头上呆望。受损失的也同样呆望着，对于所受的损失仿佛无话可说，与在自然安排下，眼见其他无可挽救的不幸来临时相似。涨水时在城上还可望着骤然展宽的河面，流水浩浩荡荡，随同山水从上游浮沉而来的有房子、牛、羊、大树。于是在水势较缓处税关趸船前面，便常常有人驾了小舢板，一见河心浮沉而来的是一头牲畜、一段小木或一只空船，船上有一个妇人或一个小孩哭喊的声音，便急急地把船桨去，在下游一些迎着了那个目的物，把它用长绳系定，再向岸边桨去。这些诚实勇敢的人，也爱利，也好义，同一般当地人相似。不拘救人救物，却同样在一种愉快冒险行为中，做得十分敏捷勇敢，使人见及不能不为之喝彩。

那条河水便是历史上知名的酉水，新名字叫作白河。白河下游到辰州与沅水汇流后，便略显浑浊，有出山泉水的意思。若溯流而上，则三丈五丈的深潭皆清澈见底。深潭为白日所映照，河底小小白石子，有花纹的玛瑙石子，全看得明明白白。水中游鱼来去，皆如浮在空气里。两岸多高山，山中多可以造纸的细竹，长年作深翠颜色，逼人眼目。近水人家多在桃杏花里，春天时只需注意，凡有桃花处必有人家，凡有人家处必可沽酒。夏天则晒晾在日光下耀目的紫花布衣裤，可以作为人家所在的旗帜。秋冬来时，房屋在悬崖上的，滨水的，无不朗然入目。黄泥的墙，乌黑的瓦，位置则永远那么妥帖，且与四围环境极其调和，使人迎面得到的印象，实在非常愉快。一个对于诗歌图画稍有兴味的旅客，在这小河中，蜷伏于一只小船上，做三十天的旅行，必不至于感到厌烦。正因为处处有奇迹，自然的大胆处与精巧处，无一处不使人神往倾心。

白河的源流，从四川边境而来，从白河上行的小船，春水发时可以直达川属的秀山。但属于湖南境界的，则茶峒为最后一个水码头。这条河水的河面，在茶峒时虽宽约半里，当秋冬之际水落时，河床流水处还不到二十丈，其余只是一滩青石。小船到此后，既无从上行，故凡川东的进出口货物，皆由这地方落水起岸。出口货物俱由脚夫用杉木扁担压在肩膊上挑抬而来，入口货物也莫不从这地方成束成担地用人力搬去。

这地方城中只驻扎一营由昔年绿营屯丁改编而成的戍兵，及五百家左右的住户。（这些住户中，除了一部分拥有了些山田同油坊，或放账屯油、屯米、屯棉纱的小资本家外，其余多数皆为当年屯戍来此有军籍的人家。）地方还有个厘金局，办事机关在城外河街下面小庙里，经常挂着一面长长的幡信。局长则住在城中。一营兵士驻扎老参将衙门，除了号兵每天上城吹号玩，使人知道这里还驻有军队以外，其余兵士皆仿佛并不存在。冬天的白日里，到城里去，便只见各处人家门前皆晾晒有衣服同青菜。红薯多带藤悬挂在屋檐下。用棕衣做成的口袋，装满了栗子、榛子和其他硬壳果，也多悬挂在屋檐下。屋角隅各处有大小鸡叫着玩着。间或有什么男子，占据在自己屋前门限上锯木，或用斧头劈树，把劈好的柴堆到敞坪里去，一座一座如宝塔。又或可以见到几个中年妇人，穿了浆洗得极硬的蓝布衣裳，胸前挂有白布扣花围裙，弓着腰在日光下一面说话一面做事。一切总永远那么静寂，所有人民每个日子皆在这种单纯寂寞里过去。一分安静增加了人对于"人事"的思索力，增加了梦。在这小城中生存的，各人也一定皆各在分定一份日子里，怀了对于人事爱憎必然的期待。但这些人想些什么？谁知道。住在城中较高处，门前一站便可以眺望对河以及河中的景致，船来时，远远地就从对河滩上看着无数纤夫。那些纤夫也有从下游地方，带了细点心、洋糖之类，拢岸时却拿进城中来换钱的。船来时，小孩子的想象，当在那些拉船人一方面。大人呢，孵一巢小鸡，养两只猪，托下行船夫打副金耳环，带两丈官青布或一坛好酱油、一个双料的美孚灯罩回来，便占去了大部分做主妇的心了。

这小城里虽那么安静和平，但地方既为川东商业交易接头处，因此城外小小河街，情形却不同了一点。也有商人落脚的客店、坐镇不动的理发馆。此外饭店、杂货铺、油行、盐栈、花衣庄，莫不各有一种地位，装点了这条河街。还有卖船上用的檀木活车、竹缆与锅罐的铺子，介绍水手职业吃码头饭的人家。小饭店门前长案上，常有煎得焦黄的鲤鱼豆腐，身上装饰了红辣椒丝，卧在浅口钵头里。钵旁大竹筒中插着大把红筷子，不拘谁个愿意花点钱，这人就可以傍了门前长案坐下来，抽出一双筷子到手上，那边一个眉毛扯得极细脸上擦了白粉的妇人就走过来问："大哥，副爷，要甜酒？要烧酒？"男子火焰高一点的，谐趣的，对内掌柜有点意思的，必装成生气似的说："吃甜酒？又不是小孩，还问人吃甜酒！"那么，酽洌的烧酒，从大瓮里用竹筒舀出，倒进土碗里，即刻就来到身边案桌上了。杂货铺卖美孚油及点美孚油的洋灯与香烛纸张。油行屯桐油。盐栈堆火井出的青盐。花衣庄则有白棉纱、大布、棉花以及包头的黑绉绸出卖。卖船上用物的，百物罗列，无所不备，且间或有重至百斤以外的铁锚搁在门外路旁，等候主顾问价的。专以介绍水手为事业，吃水码头饭的，则在河街的家中，终日大门必敞开着，常有穿青羽缎马褂的船主与毛手毛脚的水手进出，地方像茶馆却不卖茶，不是烟馆又可以抽烟。来到这里的，虽说所谈的是船上生意经，然而船只的上下，划船拉纤人大都有一定规矩，不必作数目上的讨论。他们来到这里大多数倒是在"联欢"。以"龙头管事"作中心，谈论点本地时事、两省商务上情形，以及下游的"新事"。邀会的，集款时大多数皆在此地，扒骰子看点数多少轮做会首时，也常常在此举行。真真成为他们生意经的，有两件事：买卖船只，买卖媳妇。

大都市随了商务发达而产生的某种寄食者，因为商人的需要，水手的需要，这小小边城的河街，也居然有那么一群人，聚集在一些有吊脚楼的人家。这种妇人不是从附近乡下弄来，便是随同川军来湘流落后的妇人，穿了假洋绸的衣服，印花标布的裤子，把眉毛扯成一条细线，大大的发髻上敷了香味极浓俗的油类。白日里无事，就坐在门口做鞋子，在鞋尖上用红绿丝线挑绣双凤，或为情人水手挑绣花抱兜，一面看过往行人，消磨长日。或靠在临河窗口上看水手起货，听水手爬桅子唱歌。到了晚间，则轮流地接待商人同水手，切切实实尽一个妓女应尽的义务。

由于边地的风俗淳朴，便是做妓女，也永远那么淳厚，遇不相熟的人，做生意时得先交钱，再关门撒野。人既相熟后，钱便在可有可无之间了。妓女多靠四川商人维持生活，但恩情所结，却多在水手方面。感情好的，互相咬着嘴唇咬着颈脖发了誓，约好了"分手后各人皆不许胡闹"，四十天或五十天，在船上浮着的那一个，同留在岸上的这一个，便皆呆着打发这一堆日子，尽把自己的心紧紧缚定远远的一个人。尤其是妇人感情真挚，痴到无可形容，男子过了约定时间不回来，做梦时，就常常梦船拢了岸，那一个人摇摇荡荡地从船板跳到了岸上，直向身边跑来。或日中有了疑心，则梦里必见男子在桅上向另一方面唱歌，却不理会自己。性格弱一点儿的，接着就在梦里投河吞鸦片烟；性格强一点儿的便手执菜刀，直向那水手奔去。他们生活虽那么同一般社会疏远，但是眼泪与欢乐，在一种爱憎得失间，糅进了这些人生活里时，也便同另外一片土地另外一些年轻生命相似，整个身心为那点爱憎所浸透，见寒作热，忘了一切。若有多少不同处，不过是这些人更真切一点，也更近于糊涂一点罢了。短期的包定，长期的嫁娶，一时间的关门，这些关于一个女人身体上的交易，由于民情的淳朴，身当其事的不觉得如何下流可耻，旁观者也就从不用读书人的观念，加以指摘与轻视。这些人既重义轻利，又能守信自约，即便是娼妓，也常常较之讲道德知羞耻的城市中人还更可信任。

掌水码头的名叫顺顺，一个前清时便在营伍中混过日子来的人物，革命时在著名的陆军四十九标做个什长。同样做什长的，有因革命成了伟人名人的，有杀头碎尸的，他却带着少年喜事得来的脚疯痛，回到了家乡，把所积蓄的一点钱，买了一条六桨白木船，租给一个穷船主，代人装货，在茶峒与辰州之间来往。气运好，半年之内船不坏事，于是他从所赚的钱上，又讨了一个略有产业的白脸黑发小寡妇。数年后，在这条河上，他就有了大小四只船，一个铺子，两个儿子了。

但这个大方洒脱的人，事业虽十分顺手，却因欢喜交朋结友，慷慨而又能济人之急，便不能同贩油商人一样大大发作起来。自己既在粮子里混过日子，明白出门人的甘苦，理解失意人的心情，故凡因船只失事破产的船家，过路的退伍兵士，游学的文人墨客，凡到了这个地方闻名求助的，莫不尽力帮助。一面从水上赚来钱，一面就这样洒脱散去。这人虽然脚上有点小毛病，还能泅水；走路难得其平，为人却那么公正无私。水面上各事原本极其简单，一切皆为一个习惯所支配，谁个船碰了头，谁个船妨害了别一个人别一只船的利益，照例有习惯方法来解决。唯运用这种习惯规矩排调一切的，必需一个高年硕德的中心人物。某年秋天，那原来的执事人死去了，顺顺做了这样一个代替者。那时他还只五十岁，为人既明事明理，正直和平又不爱财，故无人对他年龄怀疑。

到如今，他的儿子大的已十八岁，小的已十六岁。两个年轻人皆结实如小公牛，能驾船，能泅水，能走长路。凡从小乡城里出身的年青人所能够做的事，他们无一不做，做去无一不精。年纪较长的，如他们的爸爸一样，豪放豁达，不拘常套小节。年幼的则气质近于那个白脸黑发的母亲，不爱说话，眉眼却秀拔出群，一望即知其为人聪明而又富于感情。

两兄弟既年已长大，必需在各种生活上来训练他们，做父亲的就轮流派遣两个小孩子各处旅行。向下行船时，多随了自己的船只充伙计，甘苦与人相共。荡桨时选最重的一把，背纤时拉头纤、二纤，吃的是干鱼、辣子、臭酸菜，睡的是硬邦邦的舱板。向上行从旱路走去，则跟了川东客货，过秀山、龙潭、酉阳做生意，不论寒暑雨雪，必穿了草鞋按站赶路。且佩了短刀，遇不得已必须动手，便霍地把刀抽出，站到空阔处去，等候对面的一个，接着就同这个人用肉搏来解决。帮里的风气，既为"对付仇敌必须用刀，联结朋友也必须用刀"，故需要刀时，他们也就从不让它失去那点机会。学贸易，学应酬，学习到一个新地方去生活，且学习用刀保护身体同名誉，教育的目的，似乎在使两个孩子学得做人的勇气与义气。一份教育的结果，弄得两个人皆结实如老虎，却又和气亲人，不骄惰，不浮华，不倚势凌人，故父子三人在茶峒边境上为人所提及时，人人对这个名姓无不加以一种尊敬。

做父亲的当两个儿子很小时，就明白大儿子一切与自己相似，却稍稍见得溺爱那第二个儿子。由于这点不自觉的私心，他把长子取名天保，次子取名傩送。意思是天保佑的在人事上或不免有龃龉处，至于傩神所送来的，照当地习气，人便不能稍加轻视了。傩送美丽得很，茶峒船家人拙于赞扬这种美丽，只知道为他取出一个诨名为"岳云"。虽无什么人亲眼看到过岳云，一般的印象，却从戏台上小生岳云，得来一个相近的神气。

三

两省接壤处，十余年来主持地方军事的，注重在安辑保守，处置还得法，并无变故发生。水陆商务既不至于因战争停顿，也不至于为土匪影响，一切莫不极有秩序，人民也莫不安分乐生。这些人，除了家中死了牛，翻了船，或发生别的死亡大变，为一种不幸所绊倒觉得十分伤心外，中国其他地方正在如何不幸挣扎中的情形，似乎就永远不会为这边城人民所感到。

边城所在一年中最热闹的日子，是端午、中秋和过年。三个节日过去三五十年前如何兴奋了这地方人，直到现在，还毫无什么变化，仍能成为那地方居民最有意义的几个日子。

端午日，当地妇女小孩子，莫不穿了新衣，额角上用雄黄蘸酒画了个王字。任何人家到了这天必可以吃鱼吃肉。大约上午十一点钟左右，全茶峒人就吃了午饭，把饭吃过后，在城里住家的，莫不倒锁了门，全家出城到河边看划船。河街有熟人的，可到河街吊脚楼门口边看，不然就站在税关门口与各个码头上看。河中龙船以长潭某处作起点，税关前作终点，作比赛竞争。因为这一天军官、税官以及当地有身份的人，莫不在税关前看热闹。划船的事各人在数天以前就早有了准备，分组分帮各自选出了若干身体结实手脚伶俐的小伙子，在潭中练习进退。船只的形式，与平常木船大不相同，形体一律又长又狭，两头高高翘起，船身绘着朱红颜色长线，平常时节多搁在河边干燥洞穴里，要用它时，拖下水去。每只船可坐十二个到十八个桨手，一个带头的，一个鼓手，一个锣手。桨手每人持一支短桨，随了鼓声缓促为节拍，把船向前划去。带头坐在船头上，头上缠裹着红布包头，手上拿两面小令旗，左右挥动，指挥船只的进退。擂鼓打锣的，多坐在船只的中部，船一划动便即刻嘭嘭喤喤把锣鼓很单纯地敲打起来，为划桨水手调理下桨节拍。一船快慢既不得不靠鼓声，故每当两船竞赛到剧烈时，鼓声如雷鸣，加上两岸人呐喊助威，便使人想起梁红玉老鹳河时水战擂鼓，牛皋水擒杨幺时也是水战擂鼓。凡把船划到前面一点的，必可在税关前领赏，一匹红，一块小银牌，不拘缠挂到船上某一个人头上去，皆显出这一船合作的光荣。好事的军人，且当每次某一只船胜利时，必在水边放些表示胜利庆祝的五百响鞭炮。

赛船过后，城中的戍军长官，为了与民同乐，增加这节日的愉快起见，便把三十只绿头长颈大雄鸭，颈膊上缚了红布条子，放入河中，尽善于泅水的军民人等，下水追赶鸭子。不拘谁把鸭子捉到，谁就成为这鸭子的主人。于是长潭换了新的花样，水面各处是鸭子，各处有追赶鸭子的人。

船与船的竞赛，人与鸭子的竞赛，直到天晚方能完事。

掌水码头的龙头大哥顺顺，年轻时节便是一个泅水的高手，入水中去追逐鸭子，在任何情形下总不落空。但一到次子傩送年过十二岁时，已能入水闭气氽着到鸭子身边，再忽然从水中冒水而出，把鸭子捉到，这做爸爸的便解嘲似的说："好，这种事有你们来做，我不必再下水了。"于是当真就不下水与人来竞争捉鸭子。但下水救人呢，当作别论。凡帮助人远离患难，便是入火，人到八十岁，也还是成为这个人一种不可逃避的责任！

天保、傩送两人皆是当地泅水划船的好选手。

端午又快来了，初五划船，河街上初一开会，就决定了属于河街的那只船当天入水。天保恰好在那天应向上行，随了陆路商人过川东龙潭送节货，故参加的就只傩送。十六个结实如牛犊的小伙子，带了香烛、鞭炮同一个用生牛皮蒙好绘有朱红太极图的高脚鼓，到了搁船的河上游山洞边，烧了香烛，把船拖入水后，各人上了船，燃着鞭炮，擂着鼓，这船便如一支箭似的，很迅速地向下游长潭射去。

那时节还是上午，到了午后，对河渔人的龙船也下了水，两只龙船就开始预习种种竞赛的方法。水面上第一次听到了鼓声，许多人从这鼓声中，感到了节日临近的欢悦。住临河吊脚楼对远方人有所等待有所盼望的，也莫不因鼓声想到远人。在这个节日里，必然有许多船只可以赶回，也有许多船只只合在半路过节，这之间，便有些眼目所难见的人事哀乐，在这小山城河街间，让一些人嬉笑，也让一些人蹙眉。

嘭嘭鼓声掠水越山到了渡船头那里时，最先注意到的是那只黄狗。那黄狗汪汪地吠着，受了惊似的绕屋乱走，有人过渡时，便随船渡过河东岸去，且跑到那小山头向城里一方面大吠。

翠翠正坐在门外大石上用粽叶编蚱蜢蜈蚣玩，见黄狗先在太阳下睡着，忽然醒来便发疯似的乱跑，过了河又回来，就问它骂它："狗，狗，你做什么？不许这样子！"

可是一会儿那声音被她发现了，她于是也绕屋跑着，且同黄狗一块儿渡过了小溪，站在小山头听了许久，让那点迷人的鼓声，把自己带到一个过去的节日里去。

（选自沈从文：《边城》，太原，山西人民出版社，2018）

【阅读提示】

《边城》是沈从文最负盛名的代表作，原载于 1934 年《国闻周报》第 11 卷上，1934 年 9 月由上海生活书店出版单行本。本篇节选了《边城》的前三小节。

《边城》是沈从文创作的一首美好的抒情诗、一幅秀丽的风景画，也是支撑他所构筑的湘西世界的坚实柱石。关于这篇小说的创作动机，沈从文说得很明白："我要表现的本是一种'人生的形式'，一种'优美，健康，自然而又不悖乎人性的人生形式'。我主意不在领导读者去桃源旅行，却想借重桃源上行七百里路酉水流域一个小城中几个愚夫俗子，被一件普通人事牵连在一处时，各人应有的一份哀乐，为人类'爱'字作一度恰如其分的说明。"贯穿在作品中的"一件普通人事"就是湘西一个古朴的爱情故事，它构成了小说的情节线索。

在小说中，地处湘、川、黔三省交界的边城茶峒，青山绿水，美不胜收。秀丽的自然风光教化着茶峒白塔下两个相依为命的摆渡人。外公年逾古稀，却精神矍铄。翠翠情窦初开，善良而清纯。他们依着绿水，伴着黄狗，守着渡船，向来往船客展示着边城乡民的古道热肠。小说古朴而又绚丽的风俗画卷中，铺衍着一个美丽而又凄凉的爱情故事。小说所欲表现的却是一种理想、一种健全的人生形式。作者无意开掘这一爱情故事的悲剧内涵，刻画悲剧性格，而是意在创造出一支理想化的田园牧歌。因此，作者以诗情洋溢的语言和灵气飘逸的画面勾画出这新奇独特的"边城"，这是一个极度净化、理想化的世界。这里最引人注目的是理想的人生形式和古拙的湘西风情的有机结合和自然交融。

在端午节赛龙舟的盛会上，翠翠与外公失散，幸得夺魁少年、当地船总的小儿子、被人誉为"岳云"的美少年傩送相助，顺利地返回渡口。从此翠翠平添了一件不能明言也无法明言的心事。而傩送的哥哥天保也爱上了翠翠而虔诚地派人说媒。此时，傩送被王团总看上，后者情愿以碾坊为女儿的陪嫁而与船总结为亲家。在这样的情况下，傩送不要碾坊要渡船，与哥哥天保相约唱歌让翠翠选择。天保自知唱歌不是弟弟的对手，也为了成全弟弟，遂外出闯滩，不幸遇难。傩送因哥哥的死悲痛不已，他无心留恋儿女之情也驾舟出走了。疼爱着翠翠并为她的未来担忧的外公终于经不住如此打击，在一个暴风雨之夜溘然长逝，留下了孤独的翠翠。翠翠守着渡船深情地等待着那个用歌声把她灵魂载浮起来的年轻人，"这个人也许永远不回来了，也许明天回来"！

在边城明净的底色中，作者把自我饱满的情绪投注到边城子民身上，重点描绘了乡村世界中的人性美和人情美，塑造了作为"爱"与"美"化身的翠翠形象。

翠翠在茶峒的青山绿水中长大，大自然既赋予她清明如水晶的眸子，也养育了她清澈纯净的性格。她天真善良，温柔恬静，在情窦初开之后，便矢志不移，执着地追求爱情，痴情地等待着情人，不管他何时回来，也不管他能不能回来。翠翠人性的光华，在对爱情理想的探寻中显得分外娇艳灿烂。结尾处所状白塔下、绿水旁翠翠伫立远望的身影，是具有熠熠动人的人格力量的。

作品中其他人物如老船工的古朴厚道，天保的豁达大度，傩送的笃情专情，顺顺的豪爽慷慨，杨马兵的热诚质朴，作为美好道德品性的象征，都从某一方面展现了理想人生形式的内涵。作为这些人物的活动背景，作者还浓墨重彩地渲染了茶峒民性的淳厚：这里的人们无不轻利重义、守信自约。酒家屠户，来往渡客，人人均有君子之风，"即便是娼妓，也常常较之讲道德知羞耻的城市中人还更可信任"。总之，这里的"一切莫不极有秩序，人民也莫不安分乐生"，俨然是一派桃源仙境。

沈从文之所以对边城人性美和人情美做理想化的表现，其意就在于从道德视角出发，为湘西和整个中华民族的文化精神注入美德和新的活力，并观照民族品德重造的未来走向。他期待着将这种理想化的生命形式"保留些本质在年青人的血里或梦里"，去重造我们民族的品德。作者的这一创作追求无疑是建立在批判现代文明扭曲人性的基础之上的。联系沈从文的全部小说来看，与《边城》相对立的，正是那个物欲横流、道德沦丧的"衣冠社会"。

古拙的湘西风情既是健全的人生形式借以寄托的不可或缺的背景，又是这一理想本身有机的组成部分。小说开头三节集中笔力描绘了湘西的山水图画和风俗习惯。幽碧的远山、清澈的溪水、溪边的白塔、翠绿的竹篁等山水风景与端午赛龙舟、捉鸭子比赛及男女唱山歌等民俗事象相互交融，呈现出未受现代文明浸染的边城整体生活风貌，既为故事、人物的刻画做了环境的铺垫，又使边城茶峒拥有了自己独特的文化品格。整整三节用万字篇幅介绍湘西风情，而没有进入情节叙事，使我们充分感受到边地的安静和平、淳朴浑厚的文化氛围。在做了充分的静态描述之后，才在整体谐和的文化氛围中，较为集中地描写了一个美丽而令人忧愁的爱情故事。面的渲染和点的凸显，故事的推进与情感的浓化，画面的组接与意境的转换，以及对朴拙的古语和流利的水上语言的使用，共同推动着《边城》走向圆熟静穆、完美和谐的审美境地。《边城》是一颗晶莹圆润的艺术之珠，其人性美与艺术美珠玉生辉，达到高度的统一。

思考练习

一、选择题

1. 沈从文是（　　）的代表作家之一。

A. 海派　　　　　B. 京派　　　　　C. 鸳鸯蝴蝶派　　　D. 战国策派

2. "（　　）世界"是沈从文在小说中着力表现的理想世界。

A. 湘东　　　　　B. 湘西　　　　　C. 湘南　　　　　D. 湘北

3. 沈从文自称是（　　）。

A. 乡下人　　　　B. 城里人　　　　C. 教书匠　　　　D. 启蒙者

二、思考题

1. 如何理解沈从文所描绘的"湘西世界"？

2. 翠翠的形象有什么样的特点？她是否能代表沈从文的理想世界？

拓展阅读书目

1.《沈从文全集》，太原，北岳文艺出版社，2009。

2. 张新颖：《沈从文精读》，上海，复旦大学出版社，2006。

3. 凌宇：《看云者：从边城走向世界》，长沙，湖南文艺出版社，2018。

常读常新的人鱼公主[①]

毕淑敏

【背景知识】

　　毕淑敏，女，汉族，1952 年 10 月出生于新疆伊宁，祖籍山东文登。毕淑敏自 1969 年起在高原部队当兵 11 年，从事医疗工作。后来她专注于文学写作，曾有多部文学作品获奖。她的创作主要集中在小说和散文两个方面。毕淑敏是国家一级作家，内科主治医师，北京作家协会副主席，北京师范大学文学硕士，心理学博士方向课程结业，注册心理咨询师。著有长篇小说《红处方》《血玲珑》，中短篇小说集《女人之约》，散文集《婚姻鞋》等。毕淑敏的小说和散文，其内容一是反映藏北军旅生活，二是反映医生的生活。她的作品始终关怀着人的生存状态，其散文真实、率性、自然，读来有一种亲切之感。

毕淑敏

　　我在成年之后，还常常读童话。每当烦心的时候，从书架上随手扯出的书，必是童话。比如安徒生的《海的女儿》，我就读过多遍，它也被翻译成"人鱼公主"。比较起来，我更喜欢"人鱼公主"这个名字。海的女儿，好像太阔大太神圣了些。人鱼呢，就显得神秘而灵动，还有一点点怪异。

　　大约八岁的时候，第一次读到人鱼公主的故事。读完后泪流满面，抽噎得不能自已。觉得那么可爱和美丽的公主，居然变成了大海上的水泡，真是倒霉极了。从此在很长一段时间内，看到了湖面上河面上甚至脸盆里的水泡就有些发呆（那时没有机会见到大海，只有在这些小地方寄托自己的哀思），心中疑惑地想，这一个水泡，是不是善良的人鱼公主变成的呢？看到风把小水泡吹破，更是万分伤感。读的过程中，最焦急的并不是人鱼公主的爱情，而是最痛她的哑。认定她无法说出话来，是一生未能有好结局的最主要的根源。突然奇想，如果有一个高明的医生，拿出一剂神药，给人鱼公主吃下，以对抗女巫的魔法，事情就完全是另外的结局了。而且还想出补救的办法，觉得人鱼公主应该要求上学去，学会写字。就算她原来住在海底，和陆地上的国家用的文字不同，以她那样的聪慧，学会普通的表达，也该用不了多长时间吧？比如我自己，不过是个人类的普通孩子，学了一二年级，就可以看童话了，以人鱼公主的天分，应该很快就能用文字把自己的身世写给王子看，王子看到了，不就真相大白了吗！

　　大约十八岁的时候，又一次比较认真地读了人鱼公主。也许是情窦初开，这一次很容易地读出了爱情。喔喔，原来，人鱼公主是一篇讲爱情的童话啊。你看你看，她之所以能忍受那么惨烈的痛苦，是为了自己所爱的人。她忍受了非人的折磨，在刀尖样的甲板上跳舞，她是宁肯自己死，也不要让自己所爱的人死。这是一种多么无私和高尚的不求回报的爱啊！心里也在琢磨，那个王子真的可爱吗？除了长得英俊，有一双大眼睛之外，好像看不出有什么太大的本领啊。游泳的技术也不怎么样，在风浪中要不是人鱼公主舍身相救，他定是溺水必死无疑的了。他也没啥特异功能，对自己的救命恩人一点精神方面的感应也没有，反倒让一个神殿里的女子，坐享其成。当然啦，那个女孩子不知道内情，也就不怪她。但王子怎么可以这样的糊涂呢？况且，人鱼公主看他的眼神，一定是含情脉脉，他怎么就一点"放电"的感觉也没有呢？好呆！心里一边替人鱼公主强烈地抱着不平，一边想，哼！倘若我是人鱼公主，一定要在脱掉鱼尾变出双脚之前，设几个小计谋，好好地考验一下王子，看他明不明白我的心。因为从鱼变成人这件事，是单向隧道，过去了就回不来的。要把自己的一生托付出去，实在举足轻重。不过，真到了故事中所说的那种情况——由于王子的不知情，没有娶到人鱼公主，公主的姊妹们从女巫那儿拿了尖刀，要人鱼公主把尖刀刺进王子的胸膛，让王子的鲜血溅到自己的双脚上，才能重新恢复鱼尾……局面可就难办了。思来想去，只有赞同人鱼公主对待爱情的方法，宁可自己痛楚，也要把幸福留给自己所爱的人……

　　到了二十八岁的时候，我已经做了妈妈。这时来读人鱼公主，竟深深地关切起人鱼公主的家人来了。她的母亲在生了六个女儿之后去世了，我猜这个女人临死之前，一定非常放心不下她的女儿，不论是最大的还是最小的。她一定是再三再四地交代给公主的祖母——老皇后，要照料好自己的孩子，特别是最小的女儿。老皇后心疼隔辈人，不单在饮食起居方面无微不至地看顾孩子们，而且还给她们讲海面上人类的故事。可以说，老皇后一点也不保守，甚至是学识渊博呢。当人鱼公主满十五岁的时候，老皇后在她的尾巴上镶了八颗牡蛎，这是高贵身份的标志和郑重的成人典礼啊。当人鱼公主遇到了危难的时候，老皇后的一头白发都掉光了，她不顾年迈体弱，升到海面上，看望自己的孙女……我强烈地感受到了这位老奶奶的慈悲心肠和对人鱼公主的精神哺育。人鱼公主的勇气和聪慧，包括无比善良的玲珑之心，都不是从天上掉下来的，诸多得益于她的祖母啊。

　　到了三十八岁的时候，因为我也开始写小说，读人鱼公主的时候，不由自主地探讨起安徒生的写作技巧来了。我有点纳闷儿，安徒生在写作之前，有没有一个详尽的提纲呢？我的结论是——大概没有。似乎能看到安徒生的某种随心所欲，信马由缰。当然了，大的轮廓走向他是有的，这个缠绵悱恻一波三折既有血泪也有波浪的故事，一定是在他的大脑里酝酿许久了。但是，连续读上几遍之后，感到结尾处好像有点画蛇添足。试想当年：安徒生很投入地写啊写，把这么好的一个故事快写完了，突然想起，咦，我这是给孩子们写的一个童话啊，怎么好像和孩子们没多少关系了？不行，我得把放开的思绪拉回来。他这样想着，就把一个担子，压到了孩子们的头上。他的故事里说：你喜欢人鱼公主吗？猜到小孩子一定说——喜欢。然后他接着说，然后他接着说，人鱼公主变成了水泡，你难过吗？断定大家一定说——难过。那么好吧，安徒生顺理成章地说，人鱼公主变成的水泡，升到天空中去了，她在空中听到一个低低的声音告诉她，三百年之后，她就可以为自己造一个不朽灵魂了。三百年，当然是一个很久很久的时间了。幸好还有补救的办法，那就是——如果人鱼公主在空中飞翔的时候，看到一个能让父母高兴的小孩子，那么她获得不朽灵魂的时间就会缩短。如果她看到一个顽皮又品行不好的孩子，就会伤心地落下泪来，这样，她受苦受难的时间就会延长……我不知道安徒生是否得意这个结尾，反正，我有点迟疑。干嘛把救赎工作，交到每一个读过人鱼公主的故事的小孩子身上啊？是不是太沉重了？

现在，我四十八岁了。为了写这篇文章，又读了几遍人鱼公主。这一次，我心平气和，仿佛天眼洞开，有了一番新的感悟。这是一篇写灵魂的故事。无论海底的世界怎样瑰丽丰饶，因为没有灵魂，所以人鱼公主毅然离开了自己的亲人。她本来把希望寄托在一个爱她能胜过爱任何人的王子身上，那么王子就可以把自己的灵魂分给她，她就从王子手里得到了灵魂。为了这份与灵魂相关联的爱情，人鱼公主付出了自己所能付出的一切，她的勇敢、善良、舍身为人……都在命运燧石的敲打下，大放异彩。但是，阴差阳错啊，她还是无法得到一个灵魂。人鱼公主是顽强和坚定的，她选定了自己的道路就绝不回头，终于，她得到了自己铸造一个灵魂的机会。在一个接一个严峻的考验之后，在肉体和精神的磨砺煎熬之后，人鱼公主谁都不再依靠，紧紧依赖着自己的精神，踏上了寻找不朽灵魂的漫漫旅途。

这个悲壮而凄美地寻找灵魂的故事，是如此的动人心弦，常读常新。有时想，当我五十八岁……六十八岁……一〇八岁（但愿能够）的时候，不知又读出了怎样的深长？

（选自毕淑敏：《话说孩子》，长春，时代文艺出版社，2008）

【注释】

①人鱼公主：也叫海的女儿、美人鱼。她是丹麦童话作家安徒生（1805—1875）的童话《海的女儿》中的主人公。《海的女儿》是安徒生的代表作之一，脍炙人口，广为流传，也被译为《人鱼公主》。

【阅读提示】

人鱼公主就是安徒生著名童话《海的女儿》的主人公。这个童话讲的是海王国有一位美丽而善良的美人鱼，她爱上了陆地上英俊的王子，为了追求爱情幸福，不惜忍受巨大痛苦，脱去鱼尾，换来人腿。但王子最后却和人间的女子结了婚。巫婆告诉美人鱼，只要杀死王子，并使王子的血流到自己腿上，美人鱼就可回到海里，重新过上无忧无虑的生活。可她却为了王子的幸福，自己投入海中，化为泡沫。毕淑敏的这篇文章，就是围绕人鱼公主的故事而写成的，作者写到了自己在8岁、18岁、28岁、38岁、48岁读人鱼公主故事的不同感受。8岁时，看到美丽的公主变成泡沫，不由得就有很多少儿有的幻想，希望能挽救人鱼公主；18岁时读出的是爱情，也愿意为爱牺牲；28岁时因为做了母亲，读出的是长辈对孩子的爱；38岁因为已经开始写作，读出的是安徒生故事的结构；48岁看到了人鱼公主追求灵魂的执着。由于年龄和心境的不同，对一篇童话的认识也不同，因此，人鱼公主也是常读常新。在这里毕淑敏并不是要展示一篇知名童话如何经典，而是想展示看问题的角度在人生的不同时间段是不同的，也让人有很深的思索。如果能够宏观地、多元地、用不同角度去看待世界，也许这个世界就会更加丰富多彩。这篇文章以时间来贯穿全文，结构脉络清晰。毕淑敏的文字朴素、自然，甚至还有些口语色彩，让人读来亲切自然。

思考练习

1. 毕淑敏在每个阶段读出的人鱼公主故事有怎样的不同？
2. 通过这篇文章，你是如何看待人生不同阶段对同一事物的不同认识的？

拓展阅读书目

1.《毕淑敏文集》，桂林，漓江出版社，2008。

2.《毕淑敏自述人生》，长春，时代文艺出版社，2010。

3. 温奉桥主编：《文学的医心——毕淑敏作品研究及其他》，青岛，中国海洋大学出版社，2011。

瓦尔登湖（节选）

亨利·戴维·梭罗

【背景知识】

亨利·戴维·梭罗（1817—1862），美国著名作家，19世纪超验主义①运动的代表人物之一。梭罗出身于小业主家庭，早年毕业于哈佛学院（今哈佛大学），后来做过教师、工人，是一个热爱自然，全身心投入大自然中的人。梭罗在写作上以散文为主，作品很多，一般都是对自然的观察和描写。其代表作《瓦尔登湖》是一部长篇的记述散文，描写了他在美国康科德附近瓦尔登湖畔的生活经历，详细记录了他的所见所闻、所思所想，充分体现出回归自然的主旨，在文学史上有重要地位。

瓦尔登的风景是卑微的，虽然很美，却并不是宏伟的，不常去游玩的人，不住在它岸边的人未必能被它吸引住；但是这一个湖以深邃和清澈著称，值得给予突出的描写。这是一个明亮的深绿色的湖，半英里长，圆周约一英里又四分之三，面积约六十一英亩半；它是松树和橡树林中央的岁月悠久的老湖，除了雨和蒸发之外，还没有别的来龙去脉可寻。四周的山峰突然地从水上升起，到四十至八十英尺的高度，但在东南面高到一百英尺，而东边更高到一百五十英尺，其距离湖岸，不过四分之一英里及三分之一英里。山上全部都是森林。所有我们康科德地方的水波，至少有两种颜色，一种是站在远处望见的，另一种，更接近本来的颜色，是站在近处看见的。第一种更多地靠的是光，根据天色变化。在天气好的夏季里，从稍远的地方望去，它呈现了蔚蓝颜色，特别在水波荡漾的时候，但从很远的地方望去，却是一片深蓝。在风暴的天气下，有时它呈现出深石板色。海水的颜色则不然，据说它这天是蓝色的，另一天却又是绿色了，尽管天气连些微的可感知的变化也没有。我们这里的水系中，我看到当白雪覆盖这一片风景时，水和冰几乎都是草绿色的。有人认为，蓝色"乃是纯洁的水的颜色，无论那是流动的水，或凝结的水"。可是，直接从一条船上俯看近处湖水，它又有着非常之不同的色彩。甚至从同一个观察点，看瓦尔登是这会儿蓝，那忽儿绿。置身于天地之间，它分担了这两者的色素。从山顶上看，它反映天空的颜色，可是走近了看，在你能看到近岸的细砂的地方，水色先是黄澄澄的，然后是淡绿色的了，然后逐渐地加深起来，直到水波一律地呈现了全湖一致的深绿色。却在有些时候的光线下，便是从一个山顶望去，靠近湖岸的水色也是碧绿得异常生动的。有人说，这是绿原的反映；可是在铁路轨道这儿的黄沙地带的衬托下，也同样是碧绿的，而且，在春天，树叶还没有长大，这也许是太空中的蔚蓝，调和了黄沙以后形成的一个单纯的效果。这是它的虹色彩圈的色素。也是在这一个地方，春天一来，冰块给水底反射上来的太阳的热量，也给土地中传播的太阳的热量溶解了，这里首先溶解成一条狭窄的运河的样子，而中间还是冻冰。在晴朗的气候中，像我们其余的水波，湍急地流动时，波平面是在九十度的直角度里反映了天空的，或者因为太光亮了，从较远处望去，它比天空更蓝些；而在这种时候，泛舟湖上，四处眺望倒影，我发现了一种无可比拟、不能描述的淡蓝色，像浸水的或变色的丝绸，还像青锋宝剑，比之天空还更接近天蓝色，它和那波光的另一面原来的深绿色轮番地闪现，那深绿色与之相比便似乎很混浊了。这是一个玻璃似的带绿色的蓝色，照我所能记忆的，它仿佛是冬天里，日落以前，西方乌云中露出的一角晴天。可是你举起一玻璃杯水，放在空中看，它却毫无颜色，如同装了同样数量的一杯空气一样。众所周知，一大块厚玻璃板便呈现了微绿的颜色，据制造玻璃的人说，那是"体积"的关系，同样的玻璃，少了就不会有颜色了。瓦尔登湖应该有多少的水量才能泛出这样的绿色呢，我从来都无法证明。一个直接朝下望着我们的水色的人所见到的是黑的，或深棕色的，一个到河水中游泳的人，河水像所有的湖一样，会给他染上一种黄颜色；但是这个湖水却是这样地纯洁，游泳者会白得像大理石一样，而更奇怪的是，在这水中四肢给放大了，并且给扭曲了，形态非常夸张，值得让米开朗琪罗②来作一番研究。

瓦尔登湖

水是这样的透明，二十五至三十英尺下面的水底都可以很清楚地看到。赤脚踏水时，你看到在水面下许多英尺的地方有成群的鲈鱼和银鱼，大约只一英寸长，连前者的横行的花纹也能看得清清楚楚，你会觉得这种鱼也是不愿意沾染红尘，才到这里来生存的。有一次，在冬天里，好几年前了，为了钓梭鱼，我在冰上挖了几个洞，上岸之后，我把一柄斧头扔在冰上，可是好像有什么恶鬼故意要开玩笑似的，斧头在冰上滑过了四五杆远，刚好从一个窟窿中滑了下去，那里的水深二十五英尺，为了好奇，我躺在冰上，从那窟窿里望，我看到了那柄斧头，它偏在一边头向下直立着，那斧柄笔直向上，顺着湖水的脉动摇摇摆摆，要不是我后来又把它吊了起来，它可能就会这样直立下去，直到木柄烂掉为止。就在它的上面，用我带来的凿冰的凿子，我又凿了一个洞，又用我的刀，割下了我看到的附近最长的一条赤杨树枝，我做了一个活结的绳圈，放在树枝的一头，小心地放下去，用它套住了斧柄凸出的地方，然后用赤杨枝旁边的绳子一拉，这样就把那柄斧头吊了起来。

湖岸是由一长溜像铺路石那样的光滑的圆圆的白石组成的；除一两处小小的沙滩之外，它陡立着，纵身一跃便可以跳到一个人深的水中；要不是水波明净得出奇，你决不可能看到这个湖的底部，除非是它又在对岸升起。有人认为它深得没有底。它没有一处是泥泞的，偶尔观察的过客或许还会说，它里面连水草也没有一根；至于可以见到的水草，除了最近给上涨了的水淹没的、并不属于这个湖的草地以外，便是细心地查看也确实是看不到菖蒲和芦苇的，甚至没有水莲花，无论是黄色的或是白色的，最多只有一些心形叶子和河蓼草，也许还有一两张眼子菜；然而，游泳者也看不到它们；便是这些水草，也像它们生长在里面的水一样的明亮而无垢。岸石伸展入水，只一二杆远，水底已是纯粹的细沙，除了最深的部分，那里总不免有一点沉积物，也许是腐朽了的叶子，多少个秋天来，落叶被刮到湖上，另外还有一些光亮的绿色水苔，甚至在深冬时令拔起铁锚来的时候，它们也会跟着被拔上来的。

（选自［美］亨利·戴维·梭罗：《瓦尔登湖》，徐迟译，上海，上海译文出版社，2004）

【注释】

①超验主义：也叫美国超验主义或"新英格兰超验主义"或"美国文艺复兴"，是美国的一场文学和哲学运动。与拉尔夫·沃尔多·爱默生和玛格丽特·富勒有关，它宣称存在一种理想的精神实体，超越于经验和科学之外，要通过直觉把握。超验主义的领导人是美国思想家、诗人拉尔夫·沃尔多·爱默生，而亨利·戴维·梭罗则以自己的实践被称为超验主义的集大成者。

②米开朗琪罗：意大利文艺复兴时期的雕塑家、画家。

【阅读提示】

梭罗的文章是写大自然的，写他在大自然中的生活，写他对自然的观察和感受，但是他的文章却是很难阅读的，甚至会让人感觉沉闷、乏味。读梭罗的书，需要内心十分安宁，排除尘世的纷扰和纠葛，这时就可以和梭罗对话了。

本篇选的是《瓦尔登湖》中有关湖的一段描写。在梭罗的眼中，湖水的颜色让他着迷，湖既可以远观，也可以近观，可以透过玻璃去观察，也可以看到湖水在蓝天、在绿地，甚至是在黄沙的衬托下，都拥有清澈透明的蓝。湖水在不同季节和不同时间，只有层次的变化，而不会变换它明净的蓝绿色。梭罗也写到了人在湖中的感受，斧头神奇地浮在水与冰面之间，以及没有任何泥泞的湖岸，都好像在向我们证明瓦尔登湖的通透纯净，没有半点杂质和污垢。

梭罗描写的大自然非常的细腻、具体，让人能回味更多的东西，这是一般散文很难达到的艺术境界。

思考练习

思考题

1. 梭罗通过哪些角度来描述了他生活的瓦尔登湖？
2. 梭罗的生活态度你认为是否可取，有何利弊？

3. 梭罗笔下的瓦尔登湖在读者的接受过程中经历了一个由嘲讽、批判到广为接受、赞誉不绝的过程，谈谈你对这一现象的理解。

拓展阅读书目

1.〔美〕斯蒂芬·哈恩：《梭罗》，王艳芳译，北京，中华书局，2014。

2.《梭罗散文精选》，王光林译，北京，长江文艺出版社，2013。

3. 陈才忆、邓亚雄：《梭罗研究》，北京，外语教学与研究出版社，2012。

飞鸟集（节选）

泰戈尔

【背景知识】

泰戈尔（1861—1941），印度著名诗人、文学家、艺术家、哲学家，印度民族主义者。1913年泰戈尔获得诺贝尔文学奖，是第一位获得该奖的亚洲人。在印度之外，泰戈尔一般被看作是一位诗人，而很少被看作一位哲学家，但在印度这两者往往是相通的，他的诗中含有深刻的哲学见解。他的诗在印度享有史诗的地位，他被许多印度教徒看作圣人。泰戈尔12岁开始写诗，在60余年的笔耕生涯中，创作了大量作品，其中有诗歌上千首，歌词1100余首，他还为其中大多数歌词谱了曲；中长篇

泰戈尔

小说12部，短篇小说200多篇，戏剧38部，还有许多有关哲学、文学、政治的论文及回忆录、书简、游记等；此外还创作了2700余幅画。他给印度乃至世界留下了一笔异常丰富的文化遗产。泰戈尔的代表作有《吉檀迦利》《飞鸟集》《新月集》《园丁集》等。泰戈尔被誉为"孩子的天使"，读他的诗就"能知道一切事物的意义"，就觉得和平，觉得安慰。泰戈尔的作品之所以流行，之所以能引起全世界人们的兴趣，一方面在于他思想中高超的理想主义，另一方面在于他作品中文学的庄严与美丽。

夏天的飞鸟，飞到我的窗前唱歌，又飞去了。
秋天的黄叶，它们没有什么可唱，只叹息一声，飞落在那里。

世界上的一队小小的漂泊者呀，请留下你们的足印在我的文字里。

世界对着它的爱人，把它浩瀚的面具揭下了。
它变小了，小如一首歌，小如一回永恒的接吻。

是大地的泪点，使她的微笑保持着青春不谢。

无垠的沙漠热烈追求一叶绿草的爱，她摇摇头笑着飞开了。

如果你因失去了太阳而流泪，那末你也将失去群星了。

跳舞着的流水呀，在你途中的泥沙，要求你的歌声，你的流动呢。你肯挟瘸足的泥沙而俱下么？

她的热切的脸，如夜雨似的，搅扰着我的梦魂。

有一次，我们梦见大家都是不相识的。
我们醒了，却知道我们原是相亲相爱的。

忧思在我的心里平静下去，正如暮色降临在寂静的山林中。

有些看不见的手，如懒懒的微风吹过，正在我的心上奏着潺潺的乐声。

"海水呀，你说的是什么？"
"是永恒的疑问。"
"天空呀，你回答的话是什么？"
"是永恒的沉默。"

静静地听，我的心呀，听那世界的低语，这是它对你求爱的表示呀。

创造的神秘，有如夜间的黑暗——是伟大的。而知识的幻影却不过如晨间之雾。

不要因为峭壁是高的，便让你的爱情坐在峭壁上。

我今晨坐在窗前，世界如一个过路人似的，停留了一会，向我点点头又走过去了。

这些微飐，是绿叶的簌簌之声呀；它们在我的心里欢悦地微语着。

你看不见你自己，你所看见的只是你的影子。

神呀，我的那些愿望真是愚傻呀，它们杂在你的歌声中喧叫着呢。
让我只是静听着吧。

我不能选择那最好的。
是那最好的选择我。

（选自《泰戈尔诗集（典藏本）》，郑振铎译，武汉，武汉出版社，2011）

【阅读提示】
　　《飞鸟集》是泰戈尔的代表作之一，也是世界上最杰出的诗集之一。它由 325 篇短小精悍的小诗组成，这里选取了 20 篇。《飞鸟集》以短小清丽的小诗道出了精深博大的哲理，抒发出对大自然、人类，以及整个宇宙间的美好事物的赞颂，道出了深刻的人生哲理，引领世人探寻真理和智慧的源泉。这些富有哲理的小诗，不同的人读会有不同的感悟，而且相同的人在不同的时间、不同的阅历之下也往往有不同的感悟。阅读这些小诗，如同在暴风雨过后的初夏清晨，推开卧室的窗户，看到一个淡泊清透的世界，一切都是那样的清新、亮丽，但其中的韵味却极为厚实，耐人寻味。泰戈尔的诗形式自由，语言精湛，笔法清隽朴素，在艺术上堪称杰作。

思考练习

一、选择题

1. 第一位获得诺贝尔文学奖的亚洲作家是（　　）。

A. 川端康成　　　　B. 泰戈尔　　　　C. 东山魁夷　　　　D. 莫言

2.（　　）不是泰戈尔的散文诗集。

A.《飞鸟集》　　　B.《新月集》　　　C.《家庭与世界》　　D.《园丁集》

二、思考题

试找出《飞鸟集》中的一句，说说泰戈尔是如何用短小的句子来表现博大精深的哲理的。

拓展阅读书目

1. 吴文辉：《泰戈尔》，成都，四川人民出版社，1999。

2.《泰戈尔诗集》，李鲜红译，南京，江苏文艺出版社，2018。

3. 何乃英：《泰戈尔和他的作品》，武汉，华中科技大学出版社，2018。

听泉
东山魁夷

【背景知识】

东山魁夷(1908—1999)，日本著名画家、散文家，原名新吉，画号魁夷。东山魁夷 1931 年毕业于东京美术学校，1934 年留学德国，在柏林大学哲学系攻读美术史。其早年绘画作品《冬日三乐章》《光昏》分别获得 1939 年第一回日本画院展一等奖和 1956 年日本艺术院奖。1969 年东山魁夷获文化勋章和每日艺术大奖。其代表作有 1968 年创作的《京洛四季组画》，及 1975—1981 年创作的《唐招提寺障壁画》等。他还长于散文写作，著有《东山魁夷文集》11 卷。

东山魁夷

东山魁夷的散文在日本与川端康成的作品被并称为"双璧"。平淡的文字里，流淌着作者炽热的生命激情。作者自己就有这样的自白："也许越深刻地探求人的行为之善恶、剧烈和苦恼，就越发不得不采取纯洁而优雅的姿态。"

作为日本著名的散文家和风景画家，东山魁夷的文章与绘画有着同样的清新自然的风格。他的鲜明的创作特色与神奇的艺术魅力在于，即使你是它的初读者，也不会因此而与它有着丝毫的距离。而这一切，则是源于作者丰盈如泉水的文化品格，与明澈若泉流的心灵境界。

鸟儿飞过旷野。一批又一批，成群的鸟儿接连不断地飞了过去。

有时候四五只联翩飞翔，有时候排成一字长蛇阵。看，多么壮阔的鸟群啊！……

鸟儿鸣叫着，它们和睦相处，互相激励，有时又彼此憎恶，格斗，伤残。有的鸟儿因疾病、疲惫或衰老而失掉队伍。

今天，鸟群又飞过旷野。它们时而飞过碧绿的田原，看到小河在太阳照耀下流泻；时而飞过丛林，窥见鲜红的果实在树荫下闪灼。想从前，这样的地方有的是。可如今，到处都是望不到边的漠漠荒原。任凭大地改换了模样，鸟儿一刻也不停歇，昨天，今天，明天，它们继续打这里飞过。

不要认为鸟儿都是按照自己的意志飞翔的。它们为什么飞？它们飞向何方？谁都弄不清楚，就连那些领头的鸟儿也无从知晓。

为什么必须飞得这样快？为什么就不能慢一点儿呢？

鸟儿只觉得光阴在匆匆忙忙中逝去了。然而，它们不知道时间是无限的，永恒的，逝去的只是鸟儿自己。它们像着了迷似地那样剧烈，那样急速地振膈翱翔。它们没有想到，这会招来不幸，会使鸟儿更快地从这块土地上消失。

东山魁夷画作 1

鸟儿依然忽喇喇拍击着翅膀，更急速，更剧烈地飞过去……

森林中有一泓清澈的泉水，发出叮叮咚咚的响声，悄然流淌。这里有鸟群休息的地方，尽管是短暂的，但对于飞越荒原的鸟群说来，这小憩何等珍贵！地球上的一切生物，都是这样，一天过去了，又去迎接明天的新生。

鸟儿在清泉旁歇歇翅膀，养养精神，倾听泉水的絮语。鸣泉啊，你是否指点了鸟儿要去的方向？

泉水从地层深处涌出来，不间断地奔流着，从古到今，阅尽地面上一切生物的生死，荣枯。因此，泉水一定知道鸟儿应该飞去的方向。

鸟儿站在清澄的水边，让泉水映照着身影，它们想必看到了自己疲倦的模样。它们终于明白了鸟儿作为天之骄子的时代已经一去不复返了。

鸟儿想随处都能看到泉水。这是困难的。因为，它们只顾尽快飞翔。

鸟儿想错了，它们最大的不幸是以为只有尽快飞翔才是进步，它们以为地面上的一切都是为了鸟儿而存在着。

不过，它们似乎有所觉悟，这样连续飞翔下去，到头来，鸟群本身就会泯灭的，但愿鸟儿尽早懂得这个道理。

东山魁夷画作 2

我也是鸟群中的一只，所有的人们都是在荒凉的不毛之地上飞翔不息的鸟儿。

人人心中都有一股泉水，日常的烦乱生活，遮蔽了它的声音。当你夜半突然醒来，你会从心灵的深处，听到幽然的鸣声，那正是潺湲①的泉水啊！

回想走过的道路，多少次在这旷野上迷失了方向，每逢这个时候，当我听到心灵深处的鸣泉，我就重新找到了前进的标志。

泉水常常问我：你对别人，对自己，是诚实的吗？我总是深感内疚，答不出话来，只好默默低着头。

我从事绘画，是出自内心的祈望：我想诚实地生活。心灵的泉水告诫我：要谦虚，要朴素，要舍弃清高和偏执。

心灵的泉水教育我：只有舍弃自我，才能看见真实。

舍弃自我是困难的，甚至是不可能的，我想。然而，絮絮低语的泉水明明白白对我说：美，正在于此。

（选自《东山魁夷散文选》，陈德文选译，天津，百花文艺出版社，1989）

【注释】

①潺湲：流水声。

【阅读提示】

《听泉》是一篇散文，也是东山魁夷散文中很有代表性的篇目之一。在《听泉》一文中，作者通过描写群鸟飞过原野和丛林，然后在林间的一泓清泉旁休憩歇息，临水照影，听泉水叮咚，进而反躬自省，观照人类的生命。

人类的确需要自省的生活。儒家说："吾日三省吾身。"在东山魁夷写来就是"听泉"。一种枯燥的道德课程，被画家用精美的文字绘制下来：一群鸟儿，不停地飞翔，它们被清澈叮咚的泉流吸引，停下来倾听，然后就知道了飞去的方向。一幅美丽清新的鸟儿听泉图，原来是劝勉人们自省的道德课。我们再联系开头对鸟儿生存状况的揭示：壮阔；有时和睦相处，互相激励；有时又彼此憎恶、格斗、伤残，我们就会想到战争和暴力不断的人类社会，的确需要深刻地反省自己。这种以物寓意的写作方法和画家清新自然的写实风格融为一体，使文章形成了恬淡、自然、含蓄的审美特点。作者是一位画家，他的艺术品格通过文字传达得惟妙惟肖，真正达到了"诗为心声，画为心境"的审美境界，其文字魅力跃然纸上。

文章从鸟儿倾听泉水的声音看到了生命的真谛。当我们细读东山魁夷的散文时，的确受到了一种唯美的艺术境界的吸引。他用极其简洁而又澄净的文字，记录了他对自然的沉思，对人生的感悟。可以说，风景画是他的眼睛，他把最美的自然之躯完美地勾勒了出来；而散文则是他的心声，把最恬静、最诗情的心境传达。透过东山魁夷的散文，一个纯粹的艺术家的胸襟和才华毫无保留地向世界展示出来。

本文意蕴深远，巧妙运用象征手法，以鸟群象征人类。鸟群方向的迷失象征人类奔忙的盲目，作者以此提醒现代人应该停下匆忙的脚步，倾听心泉，反思自己的生活，更好地走向未来。散文以"倾听泉水的絮语"为中心，从鸟类写到人类，由自由的泉水写到心灵的泉水，表达了作者对人生的独特看法：不要被日常烦乱的生活遮蔽了自己的心灵，人应恪守诚实、谦虚、朴素的生活态度，舍弃清高和偏执。

东山魁夷的散文是与其画作融为一体的。

东山魁夷说："人人心中都有一股泉水，日常的烦乱生活，遮蔽了它的声音。当你夜半突然醒来，你会从心灵的深处，听到幽然的鸣声，那正是潺湲的泉水啊！"东山魁夷经常从这心灵的清泉领受到："要谦虚，要朴素，要舍弃清高和偏执"，"只有舍弃自我，才能看见真实"……

舍掉自我，才能发现真实，抵达至美。陶渊明的"采菊东篱下，悠然见南山"所体现的"无我之境"是不是近似于此？然而"舍弃自我是困难的，甚至是不可能的"，于是，人的一生便应前行在向善向美的路上，永无止境。而这本身又未尝不是一种美，一种壮怀激烈的美。

东山魁夷特别注重心灵与自然的契合，注重心灵境界的净化和提升飞跃，所以也便有了其与众不同的艺术气质。每一帧风景都是一种心境。自然的风景以充实的生命活力映现在东山魁夷的眼帘，他因此获得了"风景打开心灵之门的体验"。指向生命之美的风景犹如一轮朗月照拂他的诗心，沐浴心灵的四隅。

在东山魁夷的美文中，有一种古老而熟悉的东方美——融禅意、诗意于一体的古典的东方美。这在中国的古典诗文中也可以看到，在川端康成及东山魁夷的文中也可以看到。读东山魁夷的散文，欣赏一个风景画家眼中的风景，更是一个全新的发现美、感受美的过程。

思考练习

一、选择题

1. 东山魁夷的散文在日本与（　　　　）的作品被并称为"双璧"。

A. 夏目漱石　　　　B. 川端康成　　　　C. 小林多喜二　　　　D. 芥川龙之介

2. 东山魁夷特别注重＿＿＿＿＿＿与＿＿＿＿＿＿的契合。（　　）

A. 心灵与自然　　　B. 心灵与理想　　　C. 物质与精神

3. 下列对原文的理解，不正确的选项是（　　　）

A. 在文中，鸟儿只是一个意象，它是人类自身的写照，是一个渺小又勤勉，同时又迷惘的形象。

B. 作者尖锐指出，鸟儿的飞行虽然是有目标的，但由于它们的领头鸟对此不清楚，有时会误入歧途。

C. 作者认为，只顾尽快飞翔是鸟儿最大的不幸，言下之意，人类若不做到这一点，那也同样很可悲。

D. 作者是著名的风景画家，他写的《听泉》其实也如一幅恬淡而意味悠长的风景画，可以带给人们深深的思考。

二、思考题

1. 作者是如何通过"鸟儿"和"泉水"两种自然物象的对比来揭示生活哲理、生命真谛的？

2. 本文的作者东山魁夷是一位崇拜大自然、崇拜人性的艺术家，又受到佛教的影响，所以，他能够领略自然界的泉水之美，并赋予它深刻的引发人认识心灵美的象征意义。谈谈你读了该文之后的感受。

拓展阅读书目

1. 叶渭渠、康月梅：《物哀与幽玄：日本人的美意识》，桂林，广西师范大学出版社，2002。

2. 刘晓路编著：《东山魁夷》，北京，人民美术出版社，2003。

3. [日]川端康成、东山魁夷等著：《美的交响世界》，林少华译，青岛，青岛出版社，2017。

附录一：中国文学史概述

中国的历史源远流长，历史纪年从公元前21世纪的夏开始。中国的文学也同样历史悠久，在数千年的发展进程中，取得了光辉灿烂的成就，屹立于世界文学之林。

一、上古至战国时期文学

远古时代，文字还没有产生，但老百姓中已经流传着神话和民间歌谣等口头文学。先秦时期，我国古代文学揭开了辉煌的一页，出现了我国第一部诗歌总集《诗经》。《诗经》收诗305篇，共有"风""雅""颂"三部分。《诗经》中灵活运用赋、比、兴三种表现手法，初步形成诗歌创作的艺术传统，为后世文学创作奠定了发展的基础。《诗经》中的篇章大都具有鲜明的时代感和人民性，自西周初至春秋中叶数百年的丰富复杂的社会生活，以及当时人民多种多样的思想感情，都得到了真实生动的反映。

战国后期，在南方产生了具有楚文化独特风采的新体诗——楚辞，以六言、七言为主，长短参差，灵活多变，多用语气词"兮"。伟大的爱国诗人屈原，运用楚辞形式创作了《九歌》和《九章》。其代表作《离骚》，是我国古代文学史上最宏伟壮丽的长篇抒情诗。《诗经》和楚辞，在文学史上并称"风骚"，是中国古典诗歌现实主义和浪漫主义的两大源头，对后世文学发展产生了深远的影响。

春秋战国时期，列国纷争，游说之士蜂起。在百家争鸣的政治文化环境中，产生一批政治家和思想家，他们写作了大量的说理透辟、逻辑严密、言辞锋利、善用比喻的诸子散文。《论语》警策，《孟子》雄辩，《墨子》谨严，《荀子》淳厚，《韩非子》犀利，《庄子》文学性最强，文笔汪洋恣肆。与诸子散文同时代交相辉映的，是以记事记言为主的历史散文，如《左传》《国语》《战国策》，或以时为序，或以国为别，其中的优秀篇章，情节曲折，人物生动，剪裁得体，有很高的艺术性。《战国策》的人物描写更有个性，技巧高明，言辞铺张，是历史散文中价值最高的一部。

二、秦汉文学

秦代实行文化专制政策，焚书坑儒，经过二世，几乎无文学可言。李斯的《谏逐客书》是这一时期少有的优秀散文篇章。

两汉时期，大一统帝国君臣追求物质和精神享乐，用文学来歌颂升平，弘扬国威，于是辞赋这种文体应运而生。汉赋经过了骚体赋、大赋、抒情小赋几个发展阶段，对魏晋辞赋和唐宋文赋产生了直接的影响。两汉文学中最有价值的是乐府诗。乐府本是建于西汉武帝时的官方采诗机构，其所采集的民歌即为乐府诗。乐府民歌多有"感于哀乐，缘事而发"的现实主义精神，深刻反映了两汉社会生活的各个侧面，体现了当时劳动人民的心态、愿望和要求。有的控诉了统治者穷兵黩武的政策，如《战城南》《十五从军征》；有的揭露了封建礼教、封建家长制的罪恶，表达了对真挚爱情的向往，如《孔雀东南飞》《上邪》《有所思》；有的对社会下层人民的不幸表示深切同情，如《东门行》《妇病行》《孤儿行》等。其着力反映和表现社会生活的精神和赋、比、兴各种手法的互补运用，与《诗经》一脉相承；而它长于叙事铺陈，语言富于生活气息，句式以杂言和五言为主，又体现了诗歌艺术的新发展。在汉乐府民歌的哺育下，汉代文人五言诗也由酝酿而逐渐发展成熟。东汉末年出现的《古诗十九首》是文人五言诗成熟的标志。这种抒情短诗，抒发了动乱社会中下层士子的牢骚不平，情调难免感伤。与汉乐府民歌多为叙事诗不同，《古诗十九首》长于抒情，委婉含蓄，自然质朴中显出精练工切，被后人誉为"五言之冠冕"。

两汉文学的另一个重要成就是散文创作。代表两汉散文最高成就的是司马迁的《史记》，它开创了纪传体这种以人物为中心的史书编写体例。《史记》不虚美，不隐恶，它的实录精神为人们所称道。从文学的角度看，司马迁以饱满的情感和丰富的历史知识，塑造了一大批出身不同、性格各异的人物形象，使《史记》成为我国传记文学的典范。如《项羽本纪》中的西楚霸王项羽，《李将军列传》中的飞将军李广，《廉颇蔺相如列传》中的爱国政治家蔺相如等，个个栩栩如生，闪耀着鲜明独特的性格光彩。《史记》刻画人物的高超技艺，谋篇布局的多样和巧妙，语言的非凡表现力，都对后世叙事散文起到了示范作用。鲁迅用"史家之绝唱，无韵之离骚"热情地评价《史记》杰出的史学和文学成就。汉代另一部历史巨著是班固的《汉书》。《汉书》具有较明显的正统色彩，记事详赡，有些部分写得颇为精彩，也有自己的特色，但总的成就稍逊于《史记》。

三、魏晋南北朝文学

魏晋南北朝时期，文学日益摆脱经学的影响而获得独立的发展。文学开始进入自觉的时代，诗歌、散文、辞赋、骈文、小说等文学样式，在本时期都取得了显著成就。诗歌的地位仍然是最重要的。汉末魏初，在"世积乱离，风衰俗怨"的背景下，文人诗歌创作进入了"五言腾踊"的大发展时期，以曹操、曹丕、曹植父子为核心，加上"建安七子"孔融、陈琳、王粲、徐干、阮瑀、应玚、刘桢组成的邺下文人集团，形成了众星拱月的局面。建安文人的作品具有"慷慨任气"的共同风格，其中以曹植和王粲的诗歌成就最为突出。

魏晋之交，随着世风变易，阮籍、嵇康、左思的作品或沉郁艰深，或风调峻切，或气骨遒劲，在精神上继承建安文学，推动了诗歌创作的发展。西晋文学代表人物陆机、张协、潘岳等人的作品渐多丽辞缛采。东晋玄言诗泛滥一时，能超拔出群的大诗人是陶渊明。陶诗多写田园生活，风格自然冲淡，对唐代山水田园诗派有直接影响。

其散文和小赋数量不多，却十分出色，著名的有《桃花源记》《归去来兮辞》。

南北朝时期，许多文人致力于诗歌和骈文的创作。南有谢灵运、谢朓，多作描绘自然景色的山水诗。鲍照擅用七言古体诗抒发愤世嫉俗的情怀，颇有气魄。北有庾信，其诗在北方比较沉寂的文苑中独标清新，粲然可观，在诗歌形式上可称为六朝诗歌的集大成者。骈文则是这一时期的流行文体，规矩虽多，亦有些佳作。

此外，南北朝乐府民歌也足以与乐府诗前后辉映。因南北地域、民族、文化及心理的差异，南朝吴歌、西曲大都具有明丽柔婉的风格，北朝少数民族歌曲却刚健亢爽，如裘马大风。魏晋南北朝开始出现小说创作和文学理论批评，颇引人注目。小说以晋干宝的志怪小说《搜神记》和刘宋时刘义庆的轶事小说《世说新语》为代表，它们开后世笔记小说之先声。文学理论批评以曹丕的《典论·论文》、陆机的《文赋》、刘勰的《文心雕龙》、钟嵘的《诗品》为代表，它们是我国文学理论批评史上具有划时代意义的论著。

四、隋唐五代文学

隋的统一，使入唐以后，我国古代文学的发展进入高峰时期。唐代国家统一，国力空前强盛，社会意识开放，确立了科举制度，中外文化交流频繁，使得社会的经济和文化都得到长足发展。唐代文学作家作品数量之多，成就之高，影响之大，都是前未曾有的。尤其诗歌创作空前繁荣，堪称诗歌史上的黄金时代。古体诗、近体诗争奇斗艳，各种风格流派异彩纷呈，初、盛、中、晚各期，都名家辈出，星驰云涌。

"初唐四杰"王勃、杨炯、卢照邻、骆宾王和稍后的陈子昂，上承汉魏风骨，力扫齐梁宫体诗颓风，使唐诗开始走向社会、贴近现实，发为清新健康的歌唱。他们在诗歌形式和表现手法上的大胆探索，为唐诗的空前发展铺平了道路。

盛唐，是指唐玄宗开元、天宝年间，这期间出现了两大诗歌流派。以王维、孟浩然等人为代表的山水田园诗派，多写闲情逸致，但格调高雅，意境幽美，"诗中有画"，有很高的审美价值。以高适、岑参、王昌龄等人为代表的边塞诗派，其作品多描绘雄奇的边塞风光和艰苦的军旅生活，或悲壮，或奇峭，特色鲜明。接着李白与杜甫先后崛起，成为中国诗歌史上雄视今古的"双子星座"。李白诗歌颂祖国的大好河山，反映个人理想与社会现实的矛盾，感情奔放炽烈，风格豪放飘逸，因而李白有"诗仙"之称。杜甫号称"诗史"，他的诗感情内在深沉，风格沉郁顿挫。李白与杜甫，也被认为分别是中国诗歌浪漫主义和现实主义的代表。

中唐是安史之乱后。唐宪宗元和年间（806—820），以白居易、元稹为首，倡导了一场新乐府运动。他们以"文章合为时而著，歌诗合为事而作"为创作纲领，以巨大热情投入到新乐府的创作实践中，他们的新乐府选择具有典型意义的社会现象加以集中概括，对时弊进行讽喻批评，形象鲜明，具有强烈的社会性。白居易的《长恨歌》《琵琶行》，堪称古代长篇诗歌中的杰作。和元、白诗风格不同的，有以韩愈、孟郊为首崇尚险怪、以理入诗的一派。此外，颇具艺术个性的诗人尚有柳宗元、刘禹锡、贾岛等。在中晚唐之交出现的李贺，以其诡异的诗风独树一帜，并启迪了晚唐诗歌。

晚唐的诗歌气格趋于卑弱，染上了浓厚的感伤色彩。这一时期最有成就的诗人是杜牧和李商隐。杜牧长于七绝，内容多伤春伤别和咏史怀古，风格俊爽高绝，少数写景小诗也自然清丽。李商隐的七律沉博绝丽，爱情诗独擅胜场，其"无题"诗工于比兴，用典甚多，意蕴深永，耐人寻味，有些作品则未免晦涩难解。

散文是唐代文学的又一重大收获。唐初骈文盛行，虽不断有人提倡简古实用的散文，但影响不大。到中唐时，韩愈、柳宗元以"古文运动"相号召，致力于恢复散文的主导地位，领导了一场文学革新运动。在这种思想指导下，他们的散文有比较充实的思想内容，努力去关心社会现实问题，感情真切，内容形式都达到了推陈出新的境地。晚唐散文应以罗隐、皮日休、陆龟蒙等所写的小品文为代表。由于古文运动的濡染，晚唐还产生了散文化的赋，如杜牧的《阿房宫赋》。

诗歌、散文之外，唐代传奇的成就也令人瞩目，标志着我国古代小说艺术的渐趋成熟。

词是唐代随燕乐而起的新诗体，最早起源于民间，敦煌曲子词是现存最早的民间词。盛唐以后，文人才士倚声填词渐成风气，据传李白、白居易等都作过词。五代词人中成就最高的是南唐后主李煜，以词写亡国之恨，感慨遥深，情真意切，语言朴素自然又珠圆玉润，多属艺术精品。

五、宋代文学

宋代在政治、军事上十分软弱无力，外有辽、金等少数民族政权长期威胁，内部党争不断，但在经济、文化方面却相对繁荣，词发展到了鼎盛时期，成为一代文学的主要标志。《全宋词》收有词作 20000 余首，词人 1400 余位。唐诗、宋词堪称中国文学的双璧。

北宋初期，朝廷上下耽于享乐，词在上层士大夫文人晏殊等人手里，成为娱宾遣兴的工具，词风属于花间一派的婉约绮靡。晏殊之子晏几道由于个人遭遇不幸，词风异于晏殊，较多低回感伤色彩。范仲淹有革新思想，又经历丰富，写出了境界开阔、格调苍凉之作，给宋初词坛注入了一些新鲜气息。

在柳永手里，宋词进行了第一次革新。他从都市下层人民生活中汲取创作素材，以写相思旅愁见长，大量创制并写作了慢词，富于平民色彩，在百姓中传唱极盛，《八声甘州(对潇潇暮雨洒江天)》《雨霖铃(寒蝉凄切)》等词借景寓情，俗而能雅，极为经典。

苏轼作为词的革新家，不满于柳永词沉吟于风花雪月之中，肆力打破诗词界限，把艺术的笔触伸向了广阔的现实生活和个人极其丰富的内心世界，扩大了词的题材，提高了词的意境，丰富了词的表现手法，使词成为独立的抒情诗体。这就是所谓"以诗为词"。在苏轼的词里，无意不可入，无事不可言，除通常的写景、抒情外，他还用词来怀古、感旧、记游，甚至说理谈禅。苏词风格多样，《江城子(十年生死两茫茫)》《水龙吟·次韵章质夫杨花词》词笔细腻，风情婉转；《念奴娇·赤壁怀古》《水调歌头(明月几时有)》高歌入云，逸怀浩气，都有很高的艺术成就。当然，主要是激烈变化的社会现实和词人复杂独特的生活、性格促成了豪放清旷的词风，给宋词带来了新气象，启迪了南宋豪放词派的诞生。

集北宋婉约词之大成的是周邦彦，他的作品标志着宋词艺术的深化和成熟。周邦彦基本承袭了柳永的余风，仍表现男女恋情和羁愁行役等传统内容，但由于他妙解音律，有很高的艺术修养，在使词艺趋于精美化的方面功不可没。南宋的格律派、风雅派词人，无不在艺术上受到他的熏染。除柳永、苏轼之外，秦观、贺铸、黄庭坚、周邦彦、李清照等词人，都分别对宋词的发展做出了贡献，共同创造了北宋词坛多种风格相互竞争的繁荣局面。我国古代最优秀的女词人李清照，其词意境深厚，感情婉曲，造语清新，尤其是南渡以后的作品如《声声慢（寻寻觅觅）》等，将国破家亡的悲愤与身世漂泊的伤痛融为一体，抑郁满腹，感人肺腑，审美价值大大超过了其早期写闺情的词作。

宋室南渡以后，感时伤乱、抗金爱国成为词的一大主题。南宋伟大的爱国主义词人当推辛弃疾，他使宋词的思想境界和精神面貌达到了光辉的高度，在词的艺术表现手法方面也有新的突破和创造。他的词多种风格并存，或壮怀激烈、豪气逼人，或缠绵哀怨、清新活泼。属于辛派的词人还有陈亮、刘过等，风格似辛而不免剑拔弩张。辛派之后则有刘克庄、刘辰翁。

在宋金对峙、政局相对稳定的南宋后期，有一些词人宗法周邦彦，走上了尚风雅、主格律的创作道路。姜夔的词作意境清空，格调骚雅，音律严整，在艺术上冠绝一时。史达祖、高观国等人是他的羽翼。吴文英词格偏于密丽的风格，可谓一枝独秀。

宋诗成就不必与唐诗并论，自有特色。概言之，唐诗主情韵，宋诗主理致。宋初诗人学李商隐，号西昆体。王禹偁、梅尧臣、苏舜钦等起而矫之，奠定了宋诗健康发展的基础。到欧阳修手里，宋诗注重气骨、长于思理的倾向愈益明显。北宋诗坛上影响最大的诗人是苏轼和黄庭坚。苏诗说理抒情，自由奔放，发展了宋诗好议论、散文化的倾向，代表了北宋诗歌革新运动的最高成就。黄庭坚重视诗歌语言的创造，有"点铁成金""夺胎换骨"之说，其诗宗尚杜甫，瘦硬生新，成为江西诗派的宗主。南宋诗人的杰出代表是陆游、杨万里和范成大，他们都出于江西诗派，终能自成一家。陆游是宋代最突出的爱国诗人，留下诗作近万首，唱出了那个时代的最强音。

散文在唐代古文运动以后渐呈颓势，至宋初仍未改观。宋仁宗庆历年间（1041—1048），在政治革新潮流的鼓荡下，诗文革新运动随之兴起，浮华文风得以革除，宋代散文取得了足与唐文媲美的杰出成就。欧阳修是诗文革新运动的领袖，宋代散文的奠基人。他极力提倡平易通达的文风，所作散文极富情韵。在他的提携指引下，文坛人才辈出，王安石、曾巩、苏洵、苏轼、苏辙，都是这时期散文创作的佼佼者。其中苏轼成就最著，散文诸体兼善，自由挥洒，如行云流水，姿态横生。其《前赤壁赋》，是宋代文赋的代表作。欧阳修、王安石、曾巩、三苏六家加上唐代的韩愈、柳宗元，被后人尊崇为"唐宋八大家"，他们的作品一直是人们学习古代散文的典范。

随着城市经济的繁荣，宋代的通俗文学也得到了发展。在唐代讲唱文学的基础上演化产生的话本，成为后世白话小说的源起。

六、元代文学

元代诗文创作相对衰落，没有出现杰出的作家作品。而经过自宋至元的长期酝酿，元杂剧以它高度的社会价值、杰出的艺术成就和独特的形式体制，开辟了我国戏曲文学的黄金时代。关汉卿的《窦娥冤》、王实甫的《西厢记》等，都是元杂剧中璀璨夺目的明珠。元末杂剧衰微，南戏又复盛行，出现了高明的《琵琶记》这样的杰作。南戏的兴盛为明清传奇奠定了基础。

由于北方少数民族乐曲传入中原地区，元代还出现了一种配合当时流行曲调清唱的抒情诗体——散曲。一般所说的元曲，是杂剧与散曲的合称。散曲有小令和套数两种，小令是单支曲子，套数由两支以上属同一宫调的曲子依次连缀而成。散曲作品具有浓厚的市民通俗色彩，给诗坛注入了一股清新空气。元代前期散曲作家以关汉卿和马致远为代表，作品通俗平易，诙谐泼辣；后期代表作家是张可久与乔吉，他们一改前期散曲的本色，趋于雅正典丽。马致远的小令《天净沙·秋思》、睢景臣的套曲《哨遍·高祖还乡》，是元散曲中不可多得的佳作。张养浩的《山坡羊·潼关怀古》具有鲜明的民主倾向，在元曲中也不可多得。

七、明代文学

明代是一个高度中央集权的朝代，统治阶级在思想文化领域实行严厉的控制政策，这不能不影响到文学创作。但城市经济的高度发展，资本主义萌芽的出现，市民势力的增长，又为明代文学创作提供了新的因素和有利条件，尤其是适应市民思想感情和文化娱乐需要的通俗文学如小说、戏曲等发展昌盛，而正统的诗文创作不免相形见绌。

中国古典四大名著中的三部都是在明代出现的。明代出现的长篇章回小说是由一种宋元讲史话本发展而来的小说形式。章回小说的开山之作，是明初罗贯中在民间流传的三国故事基础上整理加工而成的《三国志通俗演义》，这部作品以宏大的结构、曲折的情节展现了东汉末年和整个三国时期各封建统治集团之间的军事、政治斗争，描绘了一幅生动的历史画卷。书中鲜明的"拥刘反曹"倾向反映了封建正统观念，但主要人物诸葛亮、刘备、曹操、关羽、张飞等都刻画得鲜明生动。明代另一部长篇巨著是施耐庵的《水浒传》，它艺术地表现了北宋末年以宋江等 36 人为首的一场波澜壮阔的农民起义，突出了"官逼民反"的进步主题。不少农民起义首领被写得个性鲜明、活跃生动。全书也渗透着浓厚的忠义思想，后半部在艺术上不及前半部。

明中叶以后，长篇小说创作出现高潮，讲史小说、神魔小说、世情小说、公案小说，各有佳作问世，留传至今的尚有五六十部之多。其中如吴承恩所作神魔小说《西游记》，描写了唐僧师徒去西天取经的艰难历程，通过寓人于神、人神合一的孙悟空形象，表现了广大人民群众对美好理想的不懈追求，以及战胜自然、克服困难的无畏精神，具有鲜明的浪漫主义艺术特征。兰陵笑笑生的《金瓶梅》，直接取材于明代社会生活，对当时官场市侩某些世态人情的深刻表现，在古代小说中具有开创性意义。但其中有些色情描写，颇有争议。

明代短篇小说的主要形式是拟话本，这是一种文人模仿民间话本而创作的案头文学。著名的拟话本有"三言""二拍"，即冯梦龙的《喻世明言》《警世通言》《醒世恒言》，以及凌濛初的《初刻拍案惊奇》《二刻拍案惊奇》。拟话本作者的艺术笔触，涉及明代社会生活，着重对市民阶层中的商人、手工业者和妓女的生活及心态进行了描绘。其中最精彩的篇章有《杜十娘怒沉百宝箱》《卖油郎独占花魁》等。

在戏曲方面，明传奇取代了杂剧的主导地位，尤其在明后期，传奇创作出现了新的高潮，产生了杰出的剧作家汤显祖。汤显祖所写的爱情剧《牡丹亭》，是我国戏曲史上的浪漫主义杰作。作品通过杜丽娘和柳梦梅生死离合的爱情波折，表现了古代青年男女争取自由幸福的曲折过程，揭示了反封建礼教的主题，体现了个性解放的时代精神。该剧细腻的心理描写，瑰奇的艺术境界，优美动人的曲辞，显示出作家卓越的艺术才华。明代其他传奇作家作品有李开先的《宝剑记》、梁辰鱼的《浣纱记》等。明代杂剧里还有康海的《中山狼》和徐渭的《四声猿》。

诗文领域里，明初刘基、宋濂、高启的作品较有社会现实内容。但接着以朝廷辅弼大臣为主的"台阁体"诗派兴起，歌功颂德、空廓浮泛的诗文，统治文坛几十年。明中叶以后，发生了拟古主义与反拟古主义的斗争，先后出现了不少文学流派，力量相互消长，直至明亡。以李梦阳、何景明为首的"前七子"，以及以李攀龙、王世贞为首的"后七子"，以复古相号召，提出"文必秦汉，诗必盛唐"的主张，但其末流陷于模拟，了无生气。反对"前后七子"复古倾向的，有提倡唐宋古文的王慎中、唐顺之、茅坤、归有光等，被称为"唐宋派"。"唐宋派"中成就最高的是归有光。他的散文如《项脊轩志》等，善写日常生活琐事，即事抒情，淡而有味，浅中有深。接着起来反对拟古主义的，有著名思想家李贽，和以三袁（袁宗道、袁宏道、袁中道）兄弟为代表的"公安派"。他们提出"独抒性灵，不拘格套"的主张，给拟古倾向以猛烈的冲击。之后，晚明小品文特盛，代表作家作品有张岱的《陶庵梦忆》《西湖梦寻》。在明末民族矛盾和阶级矛盾日益尖锐的时代气氛中，出现了复社、几社领袖的爱国诗文，陈子龙、夏完淳是其杰出代表作家。

八、清代文学

清朝是中国最后一个封建王朝。清代也是中国古代文学史上距现在最近的一个重要阶段，可以说是中国古代文学最末的一个时间段。清代小说、戏曲继明代之后取得了巨大成就，诗、词、散文领域作家众多，流派林立，进入了需要全面回顾总结的时期。一般认为，中国古代文学以 1840 年鸦片战争为下限，此后便是近代文学阶段。

清代文学成就最大的当属小说，作品的思想性和艺术性都达到了新的高度。就长篇章回小说而言，清中叶出现了曹雪芹的《红楼梦》，以贾、史、王、薛四大家族由盛而衰的过程为背景，以贾宝玉、林黛玉的爱情悲剧为中心，表现了具有叛逆倾向的青年与传统思想的尖锐冲突，揭示了封建社会走向没落的必然趋势。作者巨大的艺术才能，主要体现在通过对日生活琐事和人物内心活动的精微、深刻的描写，塑造了一批活生生的典型形象，使《红楼梦》成为我国古典小说艺术的高峰。另一部长篇巨著吴敬梓的《儒林外史》，刻画了一批面目各异的封建知识分子形象，展示了社会的种种病态，批判的矛头指向以八股取士的科举制度，是我国文学史上少有的讽刺杰作，对晚清谴责小说有极大影响。就文言短篇小说而言，最优秀的是清初蒲松龄的《聊斋志异》。它继承了六朝志怪小说和唐宋传奇小说的创作成果，用众多的花妖狐魅故事，曲折地反映现实、抨击时弊、歌颂爱情，情节曲折离奇，引人入胜，即使是写非现实世界的人物，也极富人情味。在封建社会的没落时代，文人用讽刺、曲折的手法来抨击现实，《儒林外史》《聊斋志异》堪称代表。

清代戏曲创作也有重要的收获。清初有吴伟业的《秣陵春》、李玉的《清忠谱》，反映了明亡之际的民族矛盾和社会现实。清代传奇的杰作当推洪昇的《长生殿》，它对唐明皇、杨贵妃的爱情悲剧这一传统题材进行了新的演绎，注入了更为丰富的社会生活内容，思想倾向较进步，情节动人，并富于抒情气氛。孔尚任的《桃花扇》以侯方域、李香君的离合之情为主线叙写南明王朝兴亡的历史，达到了艺术真实与历史真实的较好统一。清代传奇在出现了"南洪北孔"的创作高潮之后，便日趋衰微，殊无足观了。

清代的诗、词、散文，虽然总的成就未能超越前代，但是名家迭出，流派众多。明末清初的诗坛上，遗民诗人黄宗羲、顾炎武、王夫之等不满民族压迫和专制统治，所作诗歌往往悲壮沉郁，感慨深远。钱谦益、吴伟业也是清初有特色的诗人。王士禛提倡"神韵说"，成为当时诗坛领袖。清中叶以后，一般文人屈服于朝廷的政治压力，纷纷钻入故纸堆，形成盛极一时的考据学风，影响到诗坛。虽然各种诗说、诗派蜂起，但都远离现实斗争，特别重视学古、尊古，重视形式和学问，如沈德潜的"格调说"，翁方纲的"肌理说"，大旨不外乎此。只有郑燮反映民生疾苦之作，袁枚直抒性情之作，黄景仁独写哀怨之作，较有特色。词至清代，经过元、明的衰微以后，重又呈"中兴"气象，词家辈出，词作繁富，探讨创作之风特盛。清初词坛，陈维崧效法苏轼、辛弃疾之豪放，开"阳羡词派"。朱彝尊推崇姜夔、张炎之清空，开"浙西词派"。纳兰性德善作小令，长于白描，其词风似南唐李煜，在清初自成一家。清中叶乾隆、嘉庆之交，以张惠言、周济为代表的"常州词派"起而纠正浙派之偏，论词主张比兴寄托，重视词的社会作用，其影响直到近代。

散文方面，清初重要作家有魏禧、侯方域、汪琬，被称为"国初三大家"。侯方域所作人物传记《马伶传》，写伶人刻苦学艺故事，略有短篇小说特点。清中叶出现了著名散文流派"桐城派"，其代表人物方苞、刘大櫆、姚鼐，讲究古文"义法"，以"清真雅正风格"为宗，但所作散文较为贫乏。另一个散文流派"阳湖派"，以恽敬、张惠言为代表，实是"桐城派"的一个支流。清代骈文也呈复兴之势，较有成就的作家有陈维崧、袁枚、洪亮吉、汪中等。

在创作繁荣的前提下，清代的文学理论批评相应得到了发展。从宋元开始出现的诗话、词话，在这一时期又产生了许多具有全面性、系统性和多样性特点的著作。小说理论和戏曲理论也成绩卓著。清代曲论就理论而言，当推李渔的《闲情偶寄》。清代文学理论批评成果是我国古代文学领域一份具有民族特色的遗产，值得我们重视和发掘，其对后世的文学研究也有深远影响。

九、近代文学

随着鸦片战争的爆发，中国逐渐沦为半殖民地半封建社会，这一时期的文学发生了重要变化，被称为近代文学。这是一个向新文学过渡的阶段。一方面，反帝爱国和民主主义成为文学的基本主题，显现出强烈的政治性、战斗性；另一方面，维护封建统治、抗拒新思潮的正统文学，虽然日渐陷于窘境，但仍在不断挣扎。

在诗文领域，启蒙思想家和早期改良主义人物的诗文作品值得重视。杰出的启蒙思想家龚自珍是首开文学新风气的人物，他的诗富有政治敏锐性，又能独辟蹊径，代表作是《己亥杂诗》。接着，魏源、林则徐、张维屏等也写了许多富于时代色彩和历史意义的作品。太平天国领袖们的诗文，在"弃伪存真"文化纲领的指导下，批判封建主义的陈词滥调，提倡朴实明朗的文风，直接为革命斗争服务。戊戌变法前后，改良主义运动代表人物梁启超力倡"诗界革命""文界革命"，并推崇黄遵宪"我手写我口"的新派诗，他的散文则导源于龚自珍，打破了传统古文的格局，提倡平易畅达，在当时风靡一时，号为"新文体"。《少年中国说》《论毅力》等说理文章，气势磅礴，铺张淋漓，颇有鼓动力量。辛亥革命时期，南社诗人柳亚子、陈去病、苏曼殊等人的作品洋溢着充沛的爱国主义和民主主义精神。秋瑾是当时杰出的女诗人，她的诗作慷慨激昂，富有巾帼英雄气概。还有宣传革命的邹容、陈天华、章炳麟等，古文与白话兼用，自成一格。同时，以守旧复古为特征的传统诗文，仍活跃一时，诗歌方面先后有"宋诗运动"和"同光体诗派"，古文创作则产生了梅曾亮、曾国藩、黎庶昌等名家，号称"桐城派"中兴。曾国藩原受"桐城派"影响，又重经世之学，追随者不少，或另称"湘乡派"。这些诗文流派大都只是在某些观念和形式技巧上或模拟、或翻新，始终没有找到新的出路。

近代小说，在初期仍承袭清代，以格调不高、平庸的狭邪小说和侠义公案小说为主导。在梁启超"小说界革命"的倡导之下，近代谴责小说得以盛行，代表作有李宝嘉的《官场现形记》、吴趼人的《二十年目睹之怪现状》、曾朴的《孽海花》、刘鹗的《老残游记》，被称为清末四大谴责小说。这些作品突出暴露了封建官场的黑暗腐朽，广泛宣传了社会改良，在内容和题材上较古代小说有明显的开拓，有的还吸收了西方小说的技法，但艺术成就不高。辛亥革命后出现的"鸳鸯蝴蝶派小说"和"黑幕小说"，思想和艺术价值都不高。林纾等人用古文翻译了不少外国小说，在当时有广泛影响。

戏曲趋于定型成熟，京剧则成为影响深广的全国性剧种。在外国文化影响下，话剧开始在我国兴起，辛亥革命前后出现的春柳社、进化团等话剧团体在宣传革命方面发挥了不小的作用。

十、现代文学

中国现代文学是指从 1917 年 1 月文学革命开始，到 1949 年 7 月新中国成立前第一次中华全国文学艺术工作者代表大会召开这一时间段内所发生的文学运动、文学论争、文学思潮以及在此期间出现的文学社团、流派和不同类型作家的文学创作。

中国现代文学经有 32 年的历史，大致经历了三个大的发展时期，即通常所说的"三个十年"。

第一个十年，从 1917 年至 1927 年，包括了"五四"时期和第一次国内革命战争时期的文学，一般称"五四"时期文学。这一时期文学的基本特征是：从文学革命向革命文学发展，即由文学形式的外在改革逐渐转向思想内涵的深刻变化。

1917 年 1 月，胡适发表《文学改良刍议》，系统地提出了文学改革的主张。之后，陈独秀在《新青年》杂志上发表《文学革命论》一文，高举起文学革命的大旗，标志着文学革命运动的正式兴起。随后，钱玄同、刘半农、鲁迅、李大钊等人积极响应，共同推动文学革命的发展。1918 年以后，"十月革命"后马克思主义传入中国，中国工人阶级作为独立的力量登上了政治舞台，新文化运动爆发。文学革命反对封建蒙昧主义和专制主义，提倡科学和民主；反对文言文，提倡白话文；向封建旧文学展开了猛烈进攻，中国文学从内容到形式都开始发生巨大变革，一个文学发展的新时期到来了。

最早发生变化的是诗歌创作。胡适、刘半农、沈尹默在《新青年》上发表了第一批白话诗，胡适的《尝试集》是"五四"时期第一部白话诗集。代表新诗创始期最高成就的是创造社主将郭沫若，他的诗集《女神》表现了"五四"时期狂飙突进的时代精神，具有典型的浪漫主义风格。风格与之相近的诗人，还有成仿吾、蒋光慈、冯至等。20 世纪 20 年代后期，"新月派"崛起，试图使自由诗格律化，代表诗人是闻一多，他的诗集《红烛》《死水》中的不少作品，喷发出火热的爱国激情，有震撼人心的艺术力量。徐志摩、朱湘也是"新月派"中很有成就的诗人。这一时期兴起的象征派，其代表人物李金发，以法国象征主义诗歌为模式，追求诗歌的音乐美和形式美，语言趋向欧化。

"五四"以后，小说创作获得了丰收。鲁迅的《狂人日记》，提出了家族制度和封建礼教"吃人"这一重大问题，是现代白话小说的发端之作。鲁迅的短篇小说集《呐喊》和《彷徨》，以熟练老到又丰富多样的艺术手法，塑造了一系列各社会阶级、阶层的典型形象，概括了异常深广的社会历史内容，奠定了中国现实主义小说创作的坚实基石。在鲁迅的开拓和带动下，出现了一大批新体小说作家。文学研究会主张"为人生的文学"，倾向于现实主义，有成就的小说作家有冰心、叶圣陶、王统照等。创造社作家则走上另一条创作道路，其中郁达夫成就较高，他的自叙传小说《沉沦》，以热烈大胆的情怀袒露和夸张的陈述咏叹构成了作品的浪漫主义基调。

1918 年后，外国剧作和戏剧理论被大量译介，新的戏剧团体纷纷成立，1919 年胡适受易卜生影响写成独幕剧《终身大事》，标志着中国现代戏剧的开端。中国现代戏剧文学以话剧为主体。20 世纪 20 年代初，话剧团体纷纷成立，涌现出一批专门从事现代话剧创作的戏剧家，如欧阳予倩、熊佛西、郭沫若、田汉、洪深、陈大悲、丁西林等。

现代散文创作，是在吸收外来思潮和继承中国古代优秀散文传统的基础上发展起来的。"五四"思想启蒙运动促使大量议论散文诞生，李大钊、陈独秀、胡适等刊登在《新青年》杂志上的短文即属此类作品。叙事抒情类的散文随之兴起，以鲁迅、冰心、朱自清、郁达夫、废名、梁遇春等为著名。郁达夫的散文，文笔优美、感情真挚，《钓台的春昼》描山摹水，清丽婉约；鲁迅的散文诗《野草》为中国现代散文诗的成熟奠定了基础；冰心的《寄小读者》，思想纯净，文字纯美；朱自清的《背影》及后来的很多名篇，感情真切，语言流畅。而后，文艺通讯及报告文学开始萌发，代表作家是瞿秋白。

第二个十年，从 1927 年到 1937 年，通常也称"左联"时期的文学。决定本时期文学基本面貌的是革命文学的文学思潮及其文学创作和人文主义文学思潮及其文学创作。在这两种文学思潮中，人文主义文学思潮是承继"五四"文学的"人的文学"的潮流，而无产阶级革命文学则是新兴并迅速高涨的文学发展主潮。

1928 年前后，为适应无产阶级革命文学的蓬勃发展，以创造社和太阳社为主的文学社团，积极倡导无产阶级革命文学运动，并得到了广大进步作家的积极响应。20 世纪 30 年代初成立的中国左翼作家联盟等左翼文学团体，把这一运动推向高潮，使无产阶级革命文学运动成为这一时期重要的现象和内容。

"左联"的成立促进了小说创作的进一步发展，这些作品注重反映重大题材。茅盾的长篇小说《子夜》，体现了中国现代小说反映现实的深广度和艺术的成熟程度，是这一时期出色的创作成果。鲁迅的历史题材小说《故事新编》在思想和艺术上都有大胆而有意义的探索。丁玲、张天翼、柔石、沙汀、艾芜、萧军等也在这一时期初露锋芒。"左联"以外的进步作家同样成绩斐然，巴金的《家》（加上后来写成的《春》《秋》，合称"激流三部曲"），老舍的《骆驼祥子》，叶圣陶的《倪焕之》，沈从文的《边城》，都为中国现代小说的成熟做出了贡献。

20 世纪 30 年代初"左联"成立后，新诗的现实主义精神得到发扬，殷夫、蒋光慈、胡也频等人以极大热情写作革命诗歌，讴歌无产者的光辉形象。在"左联"领导下，还出现了现代文学史上第一个革命诗歌社团——中国诗歌会，成员有穆木天、杨骚等。当时著名的诗人还有艾青、田间和臧克家。艾青的《大堰河——我的保姆》，田间的《给战斗者》，臧克家的《罪恶的黑手》，都是一时名作。受象征主义诗风影响的戴望舒，则是著名的"现代派"诗人，以早年诗作《雨巷》著名，在本时期也有多部优秀作品问世，《我的记忆》是以诗歌本身韵律写成的散文体式的诗歌，《我用残损的手掌》致力于对个人和民族的坚贞气节的追求。徐志摩、闻一多代表了"新月派"诗歌；朱湘、陈梦家、卞之琳、臧克家等独具风格，也为本时期诗歌的发展做出了应有的贡献。

这个时期的现代散文处于发展壮大时期。鲁迅、瞿秋白、唐弢、徐懋庸等人的杂文，林语堂的小品文，何其芳、李广田、丽尼、陆蠡等的美文，夏衍、宋之的、范长江的报告文学，郁达夫、朱自清、巴金等的游记，共同构成了本时期散文创作万紫千红的繁荣局面。鲁迅从在《新青年》上发表《随感录》开始，一直到与国民党反动派的文化"围剿"展开英勇顽强的韧性战斗，先后写了 17 部杂文集。本时期是鲁迅杂文的丰硕期。夏衍的《包身工》是本时期报告文学的典范性作品。现代文学史上的重要作家如郭沫若、茅盾、巴金、老舍、叶圣陶、徐志摩、沈从文等，都有精彩的散文篇章传世。他们以或沉静或热烈的情感，或写实或象征的手法，或粗犷或细腻的笔致，或淡雅或绚丽的色调，造就了现代散文园地多品种、多风格的艺术世界。

戏剧创作在这个时期走向成熟。除洪深、田汉、李健吾等继续创作之外，还出现了一批有才华的新人，如曹禺、夏衍、阿英、于伶、陈白尘等，他们创作了一批著名的剧作。特别是曹禺的作品，如《雷雨》《日出》《原野》等，是我国现代戏剧成熟的标志。

第三个十年从 1938 年到 1949 年，通常称为抗日战争和解放战争时期的文学。这个时期的重要特点是民族战争和阶级斗争对文学发展产生了越来越明显的作用和影响。

从抗战时期到解放前期，沦陷区和国统区的小说创作各有特色。张天翼的《华威先生》、沙汀的《淘金记》、艾芜的《山野》、茅盾的《腐蚀》、老舍的《四世同堂》、巴金的《寒夜》等，从各个不同的侧面揭露了反动统治的黑暗腐朽。在沦陷区，张爱玲的《倾城之恋》《金锁记》等小说也是一道亮丽的风景。钱锺书的《围城》等长篇小说别具一格。在抗日根据地和解放区，作家努力深入生活，与人民群众逐步结合，他们创作的中长篇小说，反映了中国共产党领导下广大农村天翻地覆的变革，着力刻画了工农兵新人的形象，著名的有丁玲的《太阳照在桑干河上》、赵树理的《小二黑结婚》《李有才板话》、孙犁的小说集《白洋淀纪事》等。

20 世纪 40 年代，抗日根据地和解放区在毛泽东的《在延安文艺座谈会上的讲话》的指导下，诗歌创作特别活跃，优秀作品有李季的《王贵与李香香》、田间的《赶车传》（第一部）、张志民的《死不着》、阮章竞的《漳河水》。国统区也有"七月诗派"等一批诗人以诗歌为战斗武器，揭露和抨击国民党反动统治下的种种腐朽没落的社会现象，歌唱人民美好的明天。抗战期间，地处西南联大的"九叶派"诗人在继承和发扬现代派诗歌方面也进行了可喜的探索与追求。

随着民主革命的深入，戏剧家队伍中又增添了一批有才华的作者，出现了一批有影响的剧作，其中有夏衍的《上海屋檐下》、于伶的《夜上海》、陈白尘的《岁寒图》等。抗战时期历史剧大放异彩，其中郭沫若的《屈原》、阳翰笙的《天国春秋》、欧阳予倩的《忠王李秀成》等较为著名。在革命根据地，由于文艺为工农兵服务的方向的指引，新秧歌剧和新歌剧得以勃兴，贺敬之等人执笔的《白毛女》是具有鲜明斗争精神和为群众喜闻乐见的民族化风格的新歌剧典范之作。

1949 年，中华人民共和国宣告成立，中国文学从此掀开了全新的篇章。

十一、当代文学①

中国当代文学一般是指 1949 年以后的中国文学。1949 年 7 月 2 日至 19 日，中华全国文学艺术工作者代表大会（以下通称第一次文代会）在北平召开，后来这被当作中国当代文学的起点。它在对 20 世纪 40 年代解放区和国统区的文艺运动与创作的总结、检讨的基础上，把延安文学所代表的文学方向，指定为当代文学的方向，并对这一性质的文学创作、理论批评、文艺运动的方针政策和展开形式，制定了规范性的纲要和具体的细则。

通常中国当代文学分为三个时期。

第一个时期从 1949 年到 1966 年，这个时期亦称"十七年文学"时期，也是红色经典文学绽放的时期。这一时期主要小说作品有"三红一创，保林青山"，即吴强的《红日》，罗广斌、杨益言的《红岩》，梁斌的《红旗谱》，柳青的《创业史》，杜鹏程的《保卫延安》，曲波的《林海雪原》，杨沫的《青春之歌》，周立波的《山乡巨变》，在当年独领风骚。与此同时，还有一些充满人情味的、相对个人化的作品，如茹志鹃的《百合花》、路翎的《洼地上的战役》、孙犁的《铁木前传》、萧也牧的《我们夫妇之间》等。1956 年前后，"双百"方针期间，出现了王蒙的《组织部来了个年轻人》、流沙河的《草木篇》、陆文夫的《小巷深处》、邓友梅的《在悬崖上》、刘绍棠的《西苑草》、秦兆阳的《沉默》、耿龙祥的《入党》、丰村的《美丽》、宗璞的《红豆》、李国文的《改选》、白危的《被围困的农庄主席》、耿简的《爬在旗杆上的人》等作品。这些作品在 1957 年之后受到批判，但 20 年后，这些被批判的"毒草"转而成了"重放的鲜花"而被大家认可。

伴随着新中国成立，当代中国诗歌创作也进入了一个新的历史时期。从新中国成立初期至"文化大革命"之前，诗歌在曲折中发展前进。在新中国成立初期，诗歌经历了颂歌的时代，来自不同区域的诗人艾青、田间、柯仲平、何其芳、李季、郭沫若、胡风、绿原、臧克家等在新时代的召唤下，都放声为新生活歌唱。但之后受"反右"影响，诗歌也经历了曲折的发展历程。很多诗人为此不能放声歌唱，但同时一批年轻诗人进入了他们的创作旺盛期。郭小川的《甘蔗林——青纱帐》、贺敬之的《雷锋之歌》、闻捷的叙事诗《复仇的火焰》，都是代表这一时期创作成就的优秀作品。

在散文方面，当时代表性的作家是杨朔、秦牧、刘白羽，他们的作品分别代表了 20 世纪五六十年代散文写作的三种主要模式。

戏曲、话剧和歌剧是中国当代戏剧的三大主要剧体，每种剧体在本时期也有一定发展。这时期的突出剧作是田汉的《谢瑶环》《关汉卿》，孟超的《李慧娘》，吴晗的《海瑞罢官》，老舍的《茶馆》，曹禺的《明朗的天》，郭沫若的《蔡文姬》《武则天》等。这时期的新编历史剧成绩特别突出，从根本上说，写作历史剧、历史小说的作家的意图，并非要重现历史，而是借历史以评说现实。

第二个时期从 1966 年到 1976 年，本时期也称"文化大革命文学"时期。"文化大革命"时期，文学作品通常是组织写作小组集体创作，表达"文化大革命"时期意志，其中一种创作方式是"三结合"，即"党的领导"、"工农兵群众"和"专业文艺工作者"的结合。在具体的创作方法上出现了"三突出"原则，即在所有人物中突出正面人物，在正面人物中突出英雄人物，在英雄人物中突出主要英雄人物的创作原则，以实现"根本任务"，即把创造新人形象作为"中心任务"或"根本的"任务的"有力保证"，来进行创作。以这样的原则创作的代表作品是"八个样板戏"，即京剧《红灯记》《智取威虎山》《海港》《沙家浜》《奇袭白虎团》，芭蕾舞剧《红色娘子军》《白毛女》，交响音乐《沙家浜》。

"文化大革命"期间还存在着另一种文学，写作处于秘密或半秘密状态中。这类作品常见的存在方式是以手抄本形式在读者中流传，也有以手稿形式保存的，当时没有以任何形式发表。这种文学，有的研究者使用了"地下文学"这一概念，也有称之为"潜在写作"的。它们为 20 世纪 80 年代出现的重要文学潮流做了准备。

"手抄本小说"主要有张扬的长篇小说《第二次握手》。靳凡的《公开的情书》、礼平的《晚霞消失的时候》、赵振开的《波动》这三部中篇小说对现实的不合理性的批判，主要从精神悲剧的角度进行。诗歌方面，在"文化大革命"期间，有一些被迫失去写作权力的诗人，曾以非公开的形式写下他们当时的体验，如蔡其矫、牛汉、曾卓、绿原、流沙河、黄永玉、郭小川、穆旦等。诗的秘密写作的另一群体是当时革命浪潮中的"知青"。写作较早而影响最大的是郭路生（食指），形成一定规模和群体性的是"白洋淀诗群"，他们中有根子（岳重）、多多（栗士征）、芒克（姜世伟）、林莽（张建中）、宋海泉、方含（孙康）等。另外还有北岛（赵振开）、江河（于友泽）等人在这一时期有诗歌创作。

第三个时期从 1976 年至今，本时期也称"新时期文学"时期。中国当代文学发展的新阶段，是伴随着 1976 年月 10 月粉碎"四人帮"的历史性胜利一起到来的。1978年《光明日报》发表了特约评论员文章《实践是检验真理的唯一标准》，为此，全国展开了关于"真理标准"的讨论。1979 年 10 月召开的第四次全国文代会，解开了文艺界的"冰冻"。

20 世纪 80 年代初期出现了"伤痕文学""反思文学""改革文学"等不同的潮流。"伤痕文学"是以发表于 1977 年 11 月的短篇小说《班主任》（刘心武）和发表于 1978 年 8月短篇小说《伤痕》（卢新华）为标志的。此外，较著名的"伤痕小说"还有张洁的《从森林里来的孩子》、王蒙的《最宝贵的》、王亚平的《神圣的使命》、肖平的《墓场与鲜花》、李驼的《愿你听到这支歌》、宗璞的《弦上的梦》、陈国凯的《我该怎么办》、韩少功的《月兰》、从维熙的《大墙下的红玉兰》、周克芹的《许茂和他的女儿们》等。"伤痕文学"在中国当代文学史上具有不可或缺的开拓性意义，揭示了文学"解冻"的一些重要特征，如对个人的命运、情感创伤的关注，作家对于"主体意识"的寻找的自觉等。

"伤痕文学"是"反思文学"的源头，"反思文学"是"伤痕文学"的深化。比较著名的反思小说有鲁彦周的《天云山传奇》，刘真的《黑旗》，高晓声的《李顺大造屋》，古华的《芙蓉镇》，张弦的《被爱情遗忘的角落》，路遥的《人生》，叶文玲的《心香》，张一弓的《犯人李铜钟的故事》，韩少功的《西望茅草地》，李国文的《月蚀》《冬天里的春天》，王蒙的《布礼》《蝴蝶》《相间时难》，谌容的《人到中年》，梁晓声的《这是一片神奇的土地》《今夜有暴风雪》《雪城》，方之的《内奸》，史铁生的《我的遥远的清平湾》，李存葆的《高山下的花环》等。

与此同时还出现了"改革文学"，发表于 1979 年的蒋子龙的短篇小说《乔厂长上任记》是开"改革文学"风气之作。"改革文学"的代表作品有张锲的《改革者》，张一弓的《赵镢头的遗嘱》，水运宪的《祸起萧墙》，柯云路的《三千万》《新星》，张洁的《沉重的翅膀》，李国文的《花园街五号》，蒋子龙的《燕赵悲歌》，王润滋的《鲁班的子孙》，张炜的《秋天的愤怒》《古船》，贾平凹的《鸡窝洼人家》《腊月·正月》《浮躁》，何士光的《乡场上》，王蒙的《坚硬的稀粥》，路遥的《平凡的世界》等。

20 世纪 80 年代中后期，又出现了"寻根文学""现代派小说""先锋小说""新写实小说"的潮流。1985 年发表的韩少功的《文学的"根"》后来被看作"寻根文学"运动的宣言。其主旨在于突出文学存在的"文化"意义，试从传统文化心理、性格上推进"反思文学"的深化，并发掘、重构民族文化精神，以此作为文学发展的根基。"寻根文学"的代表作品有贾平凹的"商州"系列，阿城的《棋王》《遍地风流》，郑义的《远村》《老井》，韩少功的《爸爸爸》《女女女》，王安忆的《小鲍庄》，扎西达娃的《西藏，系在皮绳扣上的魂》，此外还有张承志、史铁生、陆文夫、邓友梅、冯骥才等人的一些小说。

产生于这一期间的"现代派小说"，代表作有刘索拉的《你别无选择》《蓝天绿海》《寻找歌王》，徐星的《无主题变奏》，莫言的《红高粱》《球状闪电》《透明的红萝卜》，残雪的《苍老的浮云》《黄泥街》，洪峰的《奔丧》等。

本时期的"先锋小说"，重视的是"文体的自觉"，即小说的"虚构性"，以及叙述方法上的意义和变化，代表作有洪峰的《极地之侧》，格非的《迷舟》《褐色鸟群》，苏童的《平静如水》《我的帝王生涯》，孙甘露的《访问梦境》，余华的《现实一种》《鲜血梅花》《古典爱情》等。

与此同时，"新写实小说"出现。池莉的《烦恼人生》《不谈爱情》《太阳出世》《冷也好热也好活着就好》，刘恒的《狗日的粮食》《伏羲伏羲》，通常被看作"新写实小说"的代表作。

宏观地看新时期以来的诗歌发展，大致可以分为恢复当代诗歌艺术传统和多样化发展这样两个阶段。20世纪80年代，在诗歌创作的构成上，是复出的"归来诗人"和青年诗人的"朦胧诗"占主导。贺敬之、艾青、李瑛、池北偶、雷抒雁、公刘等深化了对现实和现实主义的理解，使诗歌回复了本身的艺术传统。而"朦胧诗"是1980年前后出现的，它打破了现实主义诗潮的单一格局，被称作"新诗潮"而崛起。它在内容上以现代意识思考人的本质，寻求人的自我价值，追求心灵的自由。在艺术形式上追求朦胧之美，则成为诗歌创作的一种潮流，其代表作家作品有舒婷的《致橡树》《祖国呵，我亲爱的祖国》《献给我的同代人》，北岛的《回答》《履历》，顾城的《一代人》《远和近》《墙》，江河的《纪念碑》，梁小斌的《雪白的墙》，杨炼的《大雁塔》，以及食指、芒克、多多等人的作品。

新时期散文的发展显得较为平缓，它既不像小说那样引起"轰动效应"，也不像诗歌那样纷争四起，但却是厚积薄发，稳步前行。这一时期散文发展大体可以概括为：以怀人忆旧为其发端，以对文化的体悟和反省而助其深化，以个人率性率情之作而臻其盛境。在这一时期，散文走过了从"本体复归"到"异向分流"的过程，散文创作渐趋繁荣，艺术风格竞相争艳，忆旧散文深沉蕴藉，游记散文境界洞开，文化散文博识精警，心境散文洒脱率真，随笔博采世事、见微知著，杂文针砭时弊、率直犀利。散文文体不拘一格，手法渐至多样，以其多样的品类、不同的题材、不同的风格赢得了读者，并在20世纪80年代后期到90年代形成满园生色的散文热潮。

【注释】

①当代文学的近期发展还无法定论，所以在阐述时把时间段断代在21世纪之前。

附录二：外国文学概述

外国文学泛指中国以外的世界各国文学，按地域和文化渊源的关系可分为欧美文学和亚非文学。

一、欧美文学

（一）欧洲古代文学

古希腊和古罗马是欧洲文学的发源地。古希腊文学是奴隶制社会的产物，其占统治地位的是奴隶主阶级的文学。奴隶是社会财富的主要创造者，但他们的理想和愿望、生活和斗争，一般只能间接曲折地通过奴隶主和自由民的文学反映出来。

西方古代文学包括：古希腊罗马文学和早期基督教文学。古希腊罗马文学和早期基督教文学中分别体现出来的世俗与人本色彩、神圣与超越色彩共同构成西方文学（和文化）的两个源头。恩格斯说："没有希腊文化和罗马帝国的基础，也就没有现代的欧洲。"

古希腊文学的发展大体分为三个时期。

第一时期（由氏族社会向奴隶社会过渡时期）史称"荷马时代"（英雄时代），主要成就是神话、史诗。代表作家作品是赫西俄德的教谕诗《工作与时日》，它是现存最早的以现实生活为题材的诗作。叙事诗《神谱》是最早的比较系统地叙述宇宙起源和神的谱系的作品。

第二时期（奴隶制社会形成至全盛时期）史称"古典时期"。这时期戏剧成就最大，另外还有抒情诗、散文、寓言、悲剧、喜剧、文艺理论等。抒情诗中琴歌成就重大，代表诗人是萨福，柏拉图称她为"第十位文艺女神"。独唱琴歌的代表诗人有阿那克瑞翁，他创造了"阿那克瑞翁体"。合唱琴歌的代表诗人为品达，他的代表作是《胜利颂》。《伊索寓言》（散文体）主要反映奴隶制社会劳动人民的思想感情，是劳动人民生活教训和斗争经验的总结，有名的寓言有《农夫和蛇》《乌龟和兔子》等。奴隶制全盛时期欧洲文学史上著名的三大悲剧诗人是埃斯库罗斯、索福克勒斯、欧里庇得斯，喜剧诗人有阿里斯托芬。几次著名的战役后，出现了正式的历史著作，有"历史之父"希罗多德的《希腊波斯战争史》。雄辩家有苏克拉底和狄摩西尼。文艺理论家有柏拉图（西方客观唯心主义的始祖）和亚里士多德。柏拉图反对民主制，创立了"理念论"，代表作有《对话录》。亚里士多德的代表作是《诗学》。

第三时期（奴隶制衰亡时期）史称"希腊化时期"，主要成就是新喜剧。新喜剧不谈政治，以描写爱情故事和家庭关系为主要内容，又称"世态喜剧"。最著名的新喜剧作家是米南德（雅典人）。此外还有田园诗（牧歌），主要作家是忒俄克里托斯。

古罗马文学继承并模仿古希腊文学，并在此基础上得到发展。其主要成就是喜剧，代表作家是普劳图斯和泰伦斯。诗歌和散文的成就也比较高，产生过散文家西塞罗，诗人、哲学家卢克莱修，抒情诗人卡图鲁斯等。文艺理论也取得新的成就，代表作家作品是维吉尔的《伊尼德》、贺拉斯的《诗艺》。

公元1世纪后古罗马文学开始衰落，接着兴起的是早期基督教文学。前者偏重于现实和理性，后者偏重于感情、理想和心灵。

（二）欧洲中世纪文学

欧洲历史上的中世纪，从476年奴隶制的西罗马帝国灭亡开始，到17世纪英国资产阶级革命爆发为止。这是欧洲封建社会形成（5—11世纪）、兴盛（12—15世纪）和衰落（15—17世纪）的时期。在中世纪的文学中，宗教文学作品占有突出地位，此外还有骑士文学、英雄史诗及城市文学等。

1. 教会文学

欧洲中世纪文化的主体是基督教，在文学方面，教会文学的发展十分突出。

2. 骑士文学

中世纪的骑士文学，充分表现了封建贵族阶级的精神特征，也是世俗的贵族阶级文学的主要成就。法国是骑士文学最兴盛的地方。骑士文学的主要体裁有抒情诗和叙事诗（诗体传奇）。

3. 英雄史诗和民谣

英雄史诗是在民间文学的基础上发展起来的，内容主要反映民族的重要历史事件和歌颂杰出的英雄人物的事迹。最著名的英雄史诗有日耳曼人的《希尔德布兰特之歌》（仅存68行），盎格鲁·撒克逊人的《贝奥武甫》（是流传至今最完整的一部早期英雄史诗），法国的《罗兰之歌》，西班牙的《熙德》，德国的《尼伯龙根之歌》，古罗斯的《伊戈尔远征记》等。同英雄史诗相比，从中世纪流传下来的一些民间歌谣，特别是俄国的英雄歌谣和英国的谣曲，更多地反映出人民的愿望和他们对自己的英雄人物的赞颂。俄罗斯关于穆罗姆人伊里亚的歌谣，英国的"罗宾汉谣曲"，对后世有较大的影响。

4. 城市文学

城市文学也是在民间文学的基础上发展起来的。关于列那狐的故事诗是中世纪市民文学最重要的成就之一。13世纪以后，出现了市民抒情诗。14世纪，城市戏剧也发展起来。

另外，中世纪产生了一位伟大的作家——意大利诗人但丁（1265—1321），其代表作是《神曲》。《神曲》分为三部：《地狱》《炼狱》《天堂》。恩格斯指出："封建的中世纪的终结和现代资本主义纪元的开端，是以一位大人物为标志的。这位人物就是意大利人但丁，他是中世纪的最后一位诗人，同时又是新时代的最初一位诗人。"这段话准确地指出了但丁在欧洲文学史上的地位。

（三）文艺复兴时期文学

从14世纪至17世纪初，随着欧洲资本主义的萌芽和发展，新兴资产阶级打着恢复古希腊罗马文化的旗号，掀起了一场规模浩大的反封建、反教会的思想文化解放运动，这就是著名的文艺复兴运动。欧洲文化的历史由此摆脱了漫长的中世纪而迅速进入新时期。这一时期产生的新思想——人文主义，目的在于摧毁以"神"为中心的封建意识形态，建立以"人"为中心的资产阶级人文主义新思想、新文化。人文主义成为近代西方文艺发展的指导思想。在此基础上，欧洲文学迎来了继古希腊罗马之后的第二个文学高峰期。人文主义作家在借鉴古代文学的基础上，以近代意识去理解和反映生活，他们继承了古希腊罗马文学的优良传统，并加以创新，以自由的结构形式、众多的人物形象，大大丰富了人类文化宝库，形成近现代资产阶级文学的第一座高峰。在意大利、法国、西班牙、英国等地，文学取得了较大成就。其主要作家作品有：意大利的乔万尼·薄迦丘和他的杰作《十日谈》，这是一部勇敢地向教会的禁欲主义提出挑战的著作，其采用的框形结构和短篇小说的形式，对欧洲后来的小说影响很大；法国的弗朗索瓦·拉伯雷及其长篇小说《巨人传》；西班牙的塞万提斯及其讽刺灭亡了的骑士制度的长篇小说《堂·吉诃德》；英国的杰弗利·乔叟和他的诗体代表作《坎特伯雷故事集》。同时，英国产生了代表文艺复兴时期欧洲戏剧最高成就的作家威廉·莎士比亚，其代表作有《哈姆莱特》《李尔王》《奥赛罗》《罗密欧与朱丽叶》《威尼斯商人》等。文艺复兴时期的文学是欧洲近代文学的开端，也是继古希腊罗马文学之后的欧洲文学的又一次高峰。

（四）17 世纪文学和古典主义

17 世纪中期的英国资产阶级革命标志着中世纪的终结和世界近代史的开端。17世纪中期到 18 世纪末是资产阶级革命的时代。17 世纪的欧洲处在新兴的资本主义生产关系与旧的封建制度继续斗争的时期。随着文艺复兴的运动的衰落，西欧文坛上，先后兴起了巴洛克文学和古典主义思想。

这一时期的文学，以英、法两国的成就最为突出。巴洛克文学因巴洛克建筑风格而得名。巴洛克文学起源于意大利、西班牙，兴盛于 17 世纪的法国。这类文学作品追求形式，内容空虚，它们偏向写信念的危机和悲观颓丧的思想，常用的主题是对宗教的狂热、人类在"上帝"面前的无能为力和顶礼膜拜，在形式上讲究语言的雕琢矫饰，手法怪诞夸张，形式混乱破碎。意大利的马里诺、西班牙的贡哥拉、法国的伏瓦蒂尔等，都是巴洛克文学的代表。

17 世纪的古典主义文学是资产阶级与封建贵族势均力敌、资产阶级与王权妥协的历史条件下的产物，同时也是对文艺复兴后期片面追求个性自由而导致社会道德水准下降、社会秩序混乱的反拨。它强调理性与秩序，推崇古罗马的国家观念，体现了理性与统一的历史趋势。古典主义是本时期最主要的文学思潮，其影响持续达两个世纪之久。古典主义文学以法国成就最高，戏剧方面的成就最为卓著，悲剧有法国古典主义悲剧的创始人彼埃尔·高乃依的代表作《熙德》，让·拉辛的代表作《安德洛玛刻》和《费德尔》；喜剧代表作家是莫里哀，其代表作《伪君子》的锋芒直接指向教会，具有强烈的揭露性。英国出现了杰出的诗人约翰·弥尔顿，其主要作品《失乐园》共 12 卷，取材于《圣经》。此外还出现了清教徒作家约翰·班扬，代表作是讽喻小说《天路历程》。

（五）18世纪文学和启蒙运动

18世纪是欧洲历史发展的重要时期。随着各国资本主义生产关系的迅速发展和资产阶级力量的不断壮大，资产阶级和广大人民的反封建斗争空前激烈。在18世纪，逐渐酝酿和准备着一场深刻的社会变革，其标志就是法国大革命。在法国大革命到来之前，欧洲发生了一场影响深远的具有全欧性质的反封建思想文化运动——启蒙运动。这是西方资产阶级继文艺复兴之后所进行的第二次反对教会神权和封建专制的文化运动。它是在资本主义经济发展、广大人民反封建斗争高涨的历史条件下，在自然科学和唯物主义哲学的影响下产生的。启蒙运动家以先进的思想教育民众，追求政治思想上的自由，提倡科学技术昌盛，把理性推崇为思想行为的基础。"启蒙"一词意为启迪，在启蒙运动中引申为用近代哲学、文学艺术和科学精神照亮被教会和贵族专制的迷信和欺骗所造成的愚昧落后的社会，树立理性至高无上的权威。启蒙运动提出了自由、平等、博爱等一套纲领，形成一个完整的思想体系，打破了长期以来的传统观念，启迪了人们的思想，传播了新的观念，是一场资产阶级推翻封建阶级的政治革命，也是一场为资本主义的全面发展做思想舆论准备的思想运动。启蒙运动是文艺复兴运动在新的历史条件下的继续和发展，由于发展阶段不同，两次运动的特点也不尽相同。由于各国资产阶级革命的发展情况和文学传统的不同，启蒙运动在各国又各有其独自的发展过程和特点。

1. 英国文学

英国文学中现实主义的长篇小说成就最高，为欧洲19世纪批判现实主义长篇小说的繁荣发展做了有益的准备。主要作家作品有丹尼尔·笛福的《鲁滨孙漂流记》，乔纳森·斯威夫特的《格列佛游记》。

2. 法国文学

18世纪初，古典主义在法国剧坛上仍占统治地位，但已渐趋衰微，从18世纪20年代起，启蒙文学登上文坛。主要作家作品有：阿兰·勒内·勒萨日，代表作《吉尔·布拉斯》；孟德斯鸠，其代表作《波斯人信札》是用书信体写成的一部小说，开18世纪哲理小说之先河；伏尔泰，其作品有《老实人或乐观主义》；法国18世纪最杰出的启蒙思想家之一让-雅克·卢梭，其重要的作品有书信体长篇小说《新爱洛伊丝》，政治论著《社会契约论》，详尽阐述了卢梭关于培养"自然人"的教育思想的《爱弥儿》。

3. 德国文学

在18世纪40年代之前，德国启蒙文学的主要内容是在古典主义原则下进行戏剧改革，代表人物是高特舍特。到了启蒙运动高潮时期，德国民族文学才开始走向繁荣，奠基人是莱辛。18世纪70年代，德国发生了声势浩大的狂飙突进运动，赫尔德是狂飙突进运动的理论家，参加这场运动的主要作家有席勒和歌德。席勒的成名作是《强盗》和《阴谋与爱情》，歌德的代表作有《浮士德》《少年维特之烦恼》《五月歌》《野玫瑰》等。其中《浮士德》不仅是德国文学史上空前伟大的成就，而且与荷马的史诗、但丁的《神曲》等齐名，被列为世界文学史上的伟大史诗之一。

（六）19世纪浪漫主义文学

浪漫主义是产生于18世纪末、繁荣于19世纪上半叶欧美文坛的文学运动和流派，它是法国大革命、欧洲民主运动和民族解放运动高涨时期的产物。浪漫主义文学具有鲜明的艺术特征。第一，浪漫主义强调个人感情的自由抒发，有强烈的主观性。第二，浪漫主义对各种艺术形式进行了卓有成效的探索，其中最引人注目的是对民间文学的重视以及诗体长篇小说的创造。第三，浪漫主义文学惯用对比和夸张手法，重视丑的美学价值，大力提倡想象。雨果把艺术对照原则运用于小说、诗歌和戏剧的创作，他对丑的美学价值的认识对后世文学产生了重大影响。第四，忧郁感伤的情调为浪漫派作家所爱好。作家们因与周围现实不相协调而精神忧郁，无论是有贵族倾向的作家，还是有资产阶级倾向的作家，对现实都感到失望，表现出了程度不同的忧郁的"世纪病"症状。浪漫主义文学在英国、法国、俄国取得了较高的成就，在德国、波兰、匈牙利、美国也获得了相当大的发展。

19 世纪浪漫主义文学的重要作家作品在英国有以华兹华斯、柯勒律治和骚塞为代表的"湖畔派"，之后兴起的英国杰出的浪漫主义诗人有拜伦(代表作《恰尔德·哈洛尔德游记》)和雪莱(其杰作是抒情诗剧《解放了的普罗米修斯》)。此外，还有诗人济慈和历史小说家、诗人司各特等。在法国有夏多布里昂和斯达尔夫人。之后有最杰出的浪漫主义作家维克多·雨果，代表作是《悲惨世界》《巴黎圣母院》等。19 世纪三四十年代，出现了乔治·桑和大仲马。在俄国，出现了伟大的民族诗人普希金。普希金既是俄国浪漫主义文学的主要代表，又是俄国批判现实主义文学的奠基人，其代表作是《叶甫盖尼·奥涅金》《自由颂》《渔夫和金鱼的故事》。在美国，最杰出的浪漫主义诗人是瓦尔特·惠特曼，代表作为《草叶集》。

(七)19 世纪批判现实主义文学

19 世纪 30 年代，在法国、英国等先进的资本主义国家里，出现了一股新的文学潮流——批判现实主义。随后，它迅速发展成为全欧性的"19 世纪一个主要的，而且是最壮阔、最有益的"文学潮流。

西欧批判现实主义文学是资本主义确立、发展时期的产物，是这一时期激荡复杂的社会历史的艺术记录。其基本特征：一是比较广阔、比较真实地展示了社会生活的各个方面，对现实矛盾的揭示具有相当的深度；二是博爱思想成为这一时期资产阶级人道主义的突出特征；三是"除细节的真实外，还要真实地再现典型环境中的典型人物"。

在批判现实主义作家的笔下，长篇小说创作出现了空前的繁荣。

1. 在法国，有第一部批判现实主义杰作司汤达的《红与黑》；巴尔扎克的《人间喜剧》；还有一位风格独特的作家梅里美。之后有 19 世纪 50 年代走上文坛的福楼拜，代表作是《包法利夫人》。他承前启后，对自然主义的形成产生过直接的影响。

2. 在英国，有杰出的批判现实主义文学的奠基人狄更斯，其主要作品有《艰难时世》《双城记》《大卫·科波菲尔》《远大前程》；有女作家夏洛蒂·勃朗特，代表作《简·爱》；有威廉·萨克雷的主要作品《名利场》。19 世纪五六十年代成就较高的有盖斯凯尔夫人，她是欧洲文学史上最早反映劳资矛盾的作家，其代表作是《玛丽·巴顿》。

3. 在俄国，继普希金之后，俄国批判现实主义文学的重要代表是果戈理，代表作是《死魂灵》(第一部)。重要诗人有米哈依尔·莱蒙托夫，代表作是《当代英雄》。19

世纪 40 年代，杰出的代表作家之一是陀思妥耶夫斯基，代表作是《罪与罚》《死屋手迹》《卡拉马佐夫兄弟》等。到了 19 世纪 60 年代，杰出的作家作品有屠格涅夫的《猎人笔记》《罗亭》《贵族之家》《前夜》《父与子》，有平民知识分子作家车尔尼雪夫斯基的《怎么办》，有达到批判现实主义文学高峰的杰出代表托尔斯泰的《安娜·卡列尼娜》《战争与和平》《复活》。俄国批判现实主义文学最后一个杰出的作家是契诃夫，他的短篇小说和戏剧创作特别突出，代表作有《苦恼》《第六病室》《套中人》《樱桃园》等。

4. 在东欧、北欧，批判现实主义文学也有发展。挪威的戏剧家亨利克·易卜生，被誉为"现代戏剧之父"，代表作是《玩偶之家》。丹麦的代表作家有安徒生等。

5. 在美国，杰出的作家有马克·吐温，作品《竞选州长》是其早期的一篇优秀短篇小说，长篇小说《哈克贝利·费恩历险记》也是其代表作品。

(八)19 世纪后期非主潮文学

从 19 世纪 70 年代到 20 世纪初的 30 年间，是欧美一些发达国家由自由资本主义向垄断资本主义，即帝国主义阶段的过渡时期，也是其文学史的一个转折时期。此时文坛的显著特点是主潮式的文学发展模式受到冲击，多元格局初步形成，批判现实主义文学仍继续发展，同时无产阶级文学、自然主义文学、唯美主义文学、象征主义文学等流派与其分庭抗礼，构成多足鼎立之势。重要作家作品有：巴黎公社文学的杰出代表之一欧仁·鲍狄埃，代表作《国际歌》；法国的夏尔·波德莱尔，他开启了象征主义的先河，被公认为现代主义文学的先驱；爱弥尔·左拉，他是法国著名的自然主义小说家和理论家，代表作有《卢贡-马卡尔家族》等。

(九)20 世纪文学

19 世纪末至 20 世纪初，世界资本主义的发展进入帝国主义阶段。在 20 世纪，人类遭受了两次世界大战的浩劫。1914—1918 年的第一次世界大战加深了原有的危机和资本主义固有的一切矛盾，促使人民群众进一步觉醒。第二次世界大战后，传统的现实主义文学又有新的发展。在风云变幻和扑朔迷离的现实社会中，20 世纪文艺思潮和流派名目繁多，但大体可分为传统派和现代派。现实主义和现代主义是 20 世纪文学发展中的两大潮流。

1. 现实主义文学的重要作家作品有：法国现实主义作家罗曼·罗兰，代表作是《约翰·克利斯朵夫》。美国有杰出的现实主义小说家西奥图·德莱塞，主要作品有《嘉丽妹妹》《珍妮姑娘》《美国的悲剧》；有被称为"迷惘的一代"的代表作家海明威，代表作《永别了，武器》《老人与海》。奥地利有施蒂芬·茨威格，他被认为是 19 世纪"世纪末"文化的最后一批代表之一，其代表作品有《最初的经历》《马来狂人》《恐惧》《感觉的混乱》等。在俄国有伟大的无产阶级作家马克西姆·高尔基，其代表作品有《童年》《在人间》《我的大学》《母亲》等；有苏联无产阶级诗歌的奠基人符拉基米尔·马雅可夫斯基，最重要的作品是 1925 年发表的长诗《列宁》；有苏联著名的作家米哈依尔·肖洛霍夫，代表作品是《静静的顿河》，共四部八卷。

2. 现代主义文学的重要作家作品有：被誉为 20 世纪最优秀的作家之一的捷克作家弗朗茨·卡夫卡，其重要作品有《变形记》《美国》《审判》《城堡》；英国籍作家托马斯·艾略特是现代西方重要的诗人、戏剧家和批评家，他的《荒原》被认为是现代西方诗歌发展中的里程碑；美国的威廉·福克纳的代表作《喧哗与骚动》，第一次成功地运用了多角度叙述手法，并把这种手法同意识流和象征手法结合起来，为小说创作开辟了新的艺术道路；爱尔兰的著名小说家之一詹姆斯·乔伊斯运用象征结构和"意识流"手法，创立了一种全新的小说文体，其代表作是《尤利西斯》；法国著名的哲学家、文学家和社会活动家让-保罗·萨特是存在主义哲学的代表人物，在西方当代思想文化史上占据十分重要的地位，主要作品有短篇小说《墙》、哲学论著《存在与虚无》、戏剧《他人就是地狱》；罗马尼亚裔法国作家欧仁·尤涅斯库是荒诞派戏剧的主要创始人和代表作家之一，他的《秃头歌女》是一部典型意义上的"反戏剧"。此外，还有拉丁美洲魔幻现实主义文学的杰出代表作家加西亚·马尔克斯，其重要作品是长篇小说《百年孤独》。

二、亚非文学

（一）上古亚非文学

亚洲和非洲历史悠久，文化和文学成就辉煌，是古代世界文明的摇篮，也是世界文学的重要组成部分。学术界一般把大约公元前 5000 年到公元 5 世纪的文学称上古亚非文学。

人类最早的文学产生于西亚两河流域的苏美尔、阿卡德，在公元前 4 世纪已获得很大发展。之后在古巴比伦、古埃及、古希伯来、古波斯、古印度和中国都出现了上古文学的繁荣，产生了丰富的神话传说、各类诗歌、散文故事和文人创作的戏剧，其中尤以古巴比伦、古埃及、古希伯来和古印度成果卓著。犹太教的经典《旧约》是一部希伯来的古代文学总集。印度有享有世界声誉的古典梵语诗人和剧作家迦梨陀娑，其代表作是七幕诗剧《沙恭达罗》。

（二）中古亚非文学

中古亚非文学是指从 5 世纪中叶至 19 世纪中叶亚非地区封建社会产生、发展、衰落时期的文学。这一时期亚非各国封建社会的发展是不平衡的，各自有不同的历史传统和发展路径，但在共同的生产方式制约下，各国的文化表现出大致相同的特质。亚非地区的三大文化体系（中国文化体系、印度文化体系、阿拉伯—伊斯兰文化体系）逐渐成熟和完备，它们彼此交融，在文学上呈现出一派欣欣向荣的景象，堪称当时世界文学的高峰。其重要作品有：日本的第一部诗歌总集《万叶集》；日本平安时代的著名女作家紫式部写的长篇小说《源氏物语》，这是世界上第一部长篇写实小说；有阿拉伯的民间故事集《一千零一夜》；有伊朗的大诗人萨迪的重要作品《果园》《蔷薇园》等。

（三）近代亚非文学

近代亚非文学是指从 19 世纪初至 20 世纪 20 年代的文学。亚非国家进入近代社会的时间较晚，封建社会的解体普遍晚于西方各国。许多国家到 19 世纪，有的甚至到 19 世纪末才跨入近代历史的发展阶段。这一时期，在东方，除日本外，很多国家都被西方列强变为殖民地、半殖民地。西方的殖民统治给东方人民带来苦难的同时，也带来了西方的近代文明，客观上对东方社会的觉醒起到了催化作用。这一时期的文学，各国发展不平衡，文学道路也互不相同，各具特色，但都是在反帝反封建和反殖民主义的近代历史进程中产生的。

这个时期是一个转型的时期，亚非文学一方面继承了自古以来的优秀文学传统，积极吸收西方文化、文学的营养，打破了处于停滞状态的中古末期文学的沉寂局面；另一方面，又以民族思想、民主意识、近代观念促进了民族文学的新生，为现代亚非文学的蓬勃发展奠定了基础。其重要作家作品有：日本近代著名作家二叶亭四迷，他是现实主义文学奠基者之一，代表作是《浮云》，此外日本还出现了岛崎藤村的《破戒》，夏目漱石的《我是猫》；印度有伟大的诗人、作家、哲学家和艺术家泰戈尔，他被誉为东方的"诗哲"，其最著名的诗集有《吉檀迦利》《飞鸟集》《新月集》《园丁集》等；黎巴嫩有著名的诗人、散文作家、画家纪伯伦，其代表作是散文诗集《先知》。

(四) 现当代亚非文学

现当代亚非文学指 20 世纪初以来的亚非各民族文学，包括进步的资产阶级文学和无产阶级文学。由于社会生活的不断发展，文学领域也不断发展和迅速变化。在现当代亚非各国，文学流派之多、艺术风格之多、写作手法之多、文学体裁和题材之多，都是空前的，文学呈现出多元化、多样化的发展局面。但其基本上存在着三种主要的创作流派：1. 无产阶级现实主义文学，如日本的小林多喜二，给他带来世界荣誉的是中篇小说《蟹工船》。2. 现实主义文学，如印度的杰出作家普列姆昌德，其最优秀的作品是长篇小说《戈丹》，它广泛地反映了印度民族解放运动三次高潮以后的社会变迁。3. 现代派文学，如日本第一位获诺贝尔文学奖的作家川端康成，其代表作有《雪国》《伊豆的舞女》《千只鹤》《古都》《睡美人》等。

附录三：常用实用文写作简介

决 议

1. 适用范围

决议是党政领导机关就重大决策事项，经会议讨论通过，要求贯彻执行的重要指导性公文。《党政机关公文处理工作条例》第二章第八条指出："决议。适用于会议讨论通过的重大决策事项。"

2. 特点

决议是一种高规格公文，具有权威性和指导性的特点。决议是经过党的会议讨论通过才能生效并由党的领导机关发布的，它是党的领导机关意志的反映。决议的内容事关重大决策事项，一经公布，全党、全国上下都必须坚决执行。决议所表述的观点和对事项的评价都有着极其重要的指导意义。

3. 结构与写法

①标题：包括完整式（发文机关＋事由＋文种）和省略式（事由＋文种）。

②成文日期：决议正式通过的日期，写在标题正下方，小括号内注明会议名称及通过日期，也可以只写年、月、日。

③正文：一般包括缘由、事项、结语。决议的缘由，一般简要说明有关会议审议、决议涉及的事项，指出决议的原因、根据、背景、目的或意义；决议的事项，写明会议通过的决议事项；结语，一般紧扣决议事项有针对性地提出希望、号召或执行要求。

决 定

1. 适用范围

《党政机关公文处理工作条例》第二章第八条指出："决定。适用于对重要事项作出决策和部署、奖惩有关单位和人员、变更或者撤销下级机关不适当的决定事项。"

2. 种类

部署性决定：对重大行动做出安排的决定。有的是由机关直接发出，有些特别重大的决定是由机关制文并要经过会议讨论通过才可以发出的，如《全国人民代表大会常务委员会关于召开第十二届全国人民代表大会第一次会议的决定》。

奖惩性决定：如《国务院关于大兴安岭特大森林火灾事故的处理决定》《中共上海

市委关于表彰上海市先进基层党组织和优秀共产党员的决定》。

公布性决定：由会议直接公布某个议案的具体内容的决定，或直接公布某一机构对某一问题的处理的决定，如《海南省工商行政管理局关于撤销海南京灏实业有限公司变更登记的决定》。

3. 结构与写法

①标题：决定的标题由发文机关（或通过决定的会议名称）、事由、文种三部分组成。

②发文字号：机关代字＋年份＋序号。

③主送机关：应知照的单位或群体。如果是在一定范围内发布的，就要写主送机关；如果是普发性公文，可以不写主送机关。

④正文：包括缘由、事项、结语。

⑤发文机关署名。

⑥成文日期：A. 未经会的决定，发文机关署名下方编写成文日期。B. 会议讨论通过的决定，须在标题下方以小括号的形式标明会议时间和名称。C. 有的决定，会议通过日期和决定生效日期不一致，须在小括号里标明何时通过，何时生效；也有的决定把施行日期作为决定事项的一项内容，写在决定正文里，"本决定自×年×月×日起施行"；有的生效日期和公布日期一致，则在末尾写"本决定自公布之日起施行"。

通　知

1. 适用范围

通知是各级党政机关、企事业单位、社会团体在公务活动中最为常用的一个文种，它"适用于发布、传达要求下级机关执行和有关单位周知或执行的事项，批转、转发公文"。

2. 特点

①应用广泛，使用频率高。在所有公文中通知的数量居于首位，其原因有二。其一，通知不受内容轻重繁简的限制，可用于布置工作，传达重要指示，也可用于交流信息，告知一般事项，或用于转发、批转公文，任免与聘用干部，很灵活、很实用。其二，通知的作用广泛，一切机关与社会组织均可制发通知，不受机关或组织性质、级别的限制。

②内容单纯，行文简便。一个通知一般只布置或通知一项工作，对写作的格式没有什么严格要求，与其他指令性公文相比，显得灵活简便。

③具有执行性。通知多用于下行文，其内容是要求下属单位予以执行或办理的事项，用于布置工作，用于转发或批转公文，要求所属单位予以学习讨论和执行、办理。即使是会议通知或任免干部的通知也同样要求受文者服从通知的安排，执行通知所述的事项。

3. 种类

①发布性通知：上级机关发布一般行政法规、条例、办法等所用的通知，往往是那些不适宜用"命令"发布，而用"通知"发布的公文。

②指示性通知：上级机关对下级机关的某项工作有所指示，要求办理或执行，而根据公文内容又不适合用命令、决议、决定等文种时，则用指示性通知。

③知照性通知：向有关单位告知某件事情、交代有关事项、不需要办理或执行时使用的通知。这类通知重在传递信息，比如人事任免，庆祝节日，成立、调整或撤销某个机构，启用新印章，变更电话、作息时间等。

④转发性通知：转发上级、同级或不相隶属机关的公文。

⑤批转性通知：批转下级机关的公文。

⑥会议通知：上级机关召开比较重要的会议，不宜用电话或其他形式通知，可提前向所属有关单位发会议通知。

通　报

1. 适用范围

通报是告知性下行文，"适用于表彰先进、批评错误、传达重要精神和告知重要情况"。

通报和通知都具有传达和告知的作用，从这一点上来看，它们都属于传达和告知性公文。但是，通报还可以用于表扬和批评。因此，它又属于奖励和告诫性公文。

2. 种类

①表彰通报：用于在一定范围内表扬先进人物和先进事迹，树立榜样，宣传典型，总结、推广成功经验。

②批评通报：用于在一定范围内批评错误、事故等反面典型，纠正不良风气，端正工作作风，吸取教训，引以为戒。

③情况通报：多用于向有关方面告知应该掌握和了解的信息、动态，以供工作参考。

请　示

1. 适用范围

请示"适用于向上级机关请求指示、批准"。请示属于呈请性的、强制回复性的上行文，它的使用范围比较广泛。请示可用于以下几个方面。

①工作中出现了新情况、新问题，需要处理而又无章可循，可请求上级指示如何开展工作。

②对上级领导机关发布的方针、政策、法规、规章以及决定、指示等，有不理解或难以执行而要求做某些变通处理的问题或事项，请求予以指示与认可。

③请求审核批准或批转本机关制订的法规、规章或所做的决定、报告等。

④工作中需要解决的实际问题，如有关人力、物力、财力的困难，具体如请求批准人员编制、机构设置与调整、干部任免、领导班子组成与调整、经费预算以及对于重大事件（事故）和人员的处理等属于本机关无力或无权处理的重要事项。

2. 特点

①事前发文。下级机关向上级发出请示的时间，应在有关工作开展之前。请求批

准的事项，在上级给予肯定性答复之前，不能擅自去做，即不可"先斩后奏"。

②一文一事。请示的事项高度集中，一篇请示只能围绕一件事情，即不可"一文多事"。

③主送单一。请示的主送机关只能是一个主管机关，不可越级请示，不可送领导者个人，不可"多头请示"。

3. 结构与写法

①标题：请示的标题在使用动词时，不能与文种词语意义重复，如《关于请求批准购买……的请示》这个标题就是错误的，应该将"请求批准"四个字去掉。

②主送机关：请示只能写一个主送机关。受双重领导的下级机关写请示，标明主送和抄送；不得抄送下级机关。

③正文：请示的缘由要言简意赅；请示的具体事项要明确，最好提出自己对需解决问题的态度或意见，可供上级选择；请示的结语必须有，如"以上意见是否妥当，请批示（指示）""（以上所请）当（妥）否，请批示（指示）""如无不妥（当），请批准""特此请示，望批准""特此请示，请予审批"等。

批　复

1. 适用范围

批复"适用于答复下级机关请示事项"。批复属于答复性的下行文，是针对下级机关报来的请示被动制发的文件，专指性强。

2. 特点

①被动性。批复须依赖于请示而存在，任何一份批复都是针对请示而制发的。

②针对性。谁请示，就批复谁；请示什么事项，就批复什么事项。

③权威性。上级机关通过批复表态，下级机关必须执行上级的批复意见。

3. 结构与写法

批复的正文一般包括批复引语、批复事项、批复结语三个部分。

①批复引语（引叙来文）：先引标题，后引发文字号。如"你局《关于……的请示》（＊＊发〔2018〕＊号）已收悉"。引叙来文是为了说明批复的根据，点出批复对象，而后以"现批复如下"之类的过渡句开启下文。

②批复事项（答复意见）：针对请示中提出的问题，给予下级单位明确具体的答复。同意或不同意、原则上同意后又有什么具体要求，都应态度鲜明、直截了当，不可含糊其辞、模棱两可，也不可避而不答。

③批复结语：使用"此复""特此批复""专此回复"等公文惯用语。

会议纪要

1. 概念

它"适用于记载会议主要情况和议定事项"。会议纪要是在会议记录的基础上概括、提炼写成的，是择要反映会议精神和情况的纪实性和指导性的公文。它可以上呈，向上级机关汇报会议情况和结果；也可以平送或下达，用以传达会议精神和议定的事项，或要求相关单位遵守、执行。会议纪要有沟通情况、交流经验、统一认识、指导工作的作用。

2. 特点

①纪实性。会议纪要须如实记录会议的内容和议定事项，不能把没有经过会议讨论的问题写进会议纪要。"纪实"是会议纪要的特点，也是撰写会议纪要的基本原则。

②提要性。会议纪要不是会议记录，而是在记录的基础上提炼、总结而成，需要对繁杂的会议情况和内容进行综合、概括、整理，概括出主要精神，归纳出主要事项，体现出中心思想，使人易于把握会议精髓。

③指导性。会议纪要和其他公文一样具有法定效力，一经下发，便要求与会单位和相关人员遵守、执行。在这一点上，会议纪要和党务决议基本一致，只不过比决议的规范性、严肃性程度较低。

3. 结构与写法

①标题：单行标题，"事由＋文种"，如《全国农村工作会议纪要》；双行标题，以正副标题的形式出现，正标题提出问题或点明主旨，副标题多为"会议名称＋文种"，如《穷追猛打 除恶务尽——××市扫黄扫黑工作会议纪要》《以十九大精神为指导 开创乡镇企业工作新局面——××县乡镇企业工作会议纪要》，这种标题常见于报刊发表的纪要写作。

②正文：行文程式为"会议概况—议定事项—结尾"。

③日期：可写在正文之后，也可写在标题之下。会议纪要可以不加盖印章。

计　划

1. 概念

计划是根据党和政府的有关方针、政策以及上级的指示、要求，依据本部门的实际情况，对未来一定时期内的工作、生产、学习等拟订目标、内容、步骤、措施和完成期限的一种实用性文书。计划是计划类文书的统称。根据内容和适用时间的不同，计划还有几种"衍生形式"，即不同的叫法。

①规划、纲要：规模较大、范围较广、时间较长，是国家或单位制订的具有全局意义的长远的计划，如《国家中长期科学和技术发展规划纲要（2006—2020年）》《中华人民共和国国民经济和社会发展第十四个五年规划和2035年远景目标纲要》。

②打算、安排：时间较短、范围较小、内容很具体，是对短期内的工作进行的要点式计划，如《本学期学生会开展各项活动的打算》《××学院暑假值班安排》。

③方案、策划：规定较为详尽、实操性较强，是为做好某项工作而事先设计的，包括目的、要求、方式、方法、步骤等，如《××学院中华经典诗词诵读大赛实施方案》。

④部署：通常是上级向下属机关布置工作、交代政策，具有指导性和权威性的计划。

⑤设想：是某项工作的一种初步的、尚未成熟的、草案性的非正式计划。

⑥要点：对某些内容进行了着重强调的计划，如《××学院2022年下半年工作要点》。

在拟写计划时，应根据具体情况选择恰当的名称。

2. 特点

计划具有预见性、可行性、指导性。

3. 结构与写法

①标题：A. 完整式标题，"单位名称＋时限＋内容＋文种"，如《××大学 2022 年招生工作计划》；B. 省略式标题，省略时间或（和）单位，如《2010—2015 年城市规划》《毕业生分配工作计划》《××局关于治理商业贿赂的实施方案》等。

②正文：计划的主体部分，一般由前言（"为此，特制订计划如下"）、目标与任务（回答"做什么"）、措施和步骤（回答"怎么做"）三部分构成。

③落款：在正文右下方署上制订计划的单位名称，在署名的下一行写上日期。

调查报告

1. 概念

调查报告是对客观事物进行调查研究后写成的书面报告。它是对某一现象、问题或事件，经过深入细致的实地调查和认真严肃的分析研究后形成的，能够反映客观事物，揭示其本质和规律。它是政府机关、企事业单位、社会团体使用频率较高的实用性文体。

2. 种类

①经验调查报告：以介绍先进的典型经验为主，在于推广经验，指导工作。

②情况调查报告：反映某地区、单位、行业或某一方面的基本情况、发展状态的调查报告。它涉及的内容很宽泛，这类报告对正确制订路线、方针、政策有重大的意义。

③问题调查报告：用大量的事实，揭露某不良倾向，指出问题的严重性，引起有关部门和大众的注意，以提高认识、吸取教训、推动工作。

3. 调查研究的方法

①普遍调查法：在一定范围内，对所有对象进行全面的调查，以获得完整、系统的数据。它全面、准确、误差小。有些调查的性质决定了必须采取这一方法，比如全国人口普查。

②典型调查法：在总体范围内，选择能够代表总体状况的典型深入地开展调查。选好典型，是此方法的关键。所谓"典型"就是有普遍性、代表性的，而非特殊的、个别的。

③抽样调查法：在需要调查的客观事物的总体中抽取一部分进行调查，以此来推断总体的情况。这个抽样具有随机性，它省时、经济，排除主观选择结论，结论较为客观可靠。

④实地观察法：亲身深入调查第一线，通过观察、访谈等方式，获取真实、可靠的材料。

附录四：中国历史朝代简表

朝代（国号）			起讫年代	第一代帝王姓名	庙号	国都所在地	名号年号	干支	备注
夏			约前 2070—前1600	禹		安邑（今山西夏县西北）	王公名号		
商			前 1600—前 1046	汤		亳（今河南商丘北）、殷（今河南安阳）	王公名号		[1]
周	西周		前 1046—前 771	姬发	（武王）	镐京（今西安西南）	王公名号		[2]
	东周		前 770—前 256	姬宜臼	（平王）	洛邑（今洛阳）	王公名号	辛未	
	（春秋）		前 770—前 476				王公名号		[3]
	（战国）		前 475—前 221				王公名号		[4]
秦			前 221—前 206	嬴政	（始皇）	咸阳（今陕西咸阳东北）	王公名号	庚辰	[5]
汉	西汉		前 206—25	刘邦	高祖	长安（今西安）	年号纪年	乙未	[6]
	东汉		25—220	刘秀	光武帝	洛阳	建武	乙酉	[7]
三国	魏		220—265	曹丕	文帝	洛阳	黄初	庚子	
	蜀		221—263	刘备	昭烈帝	成都	章武	辛丑	
	吴		222—280	孙权	大帝	建业（今南京）	黄武	壬寅	
西晋			265—317	司马炎	武帝	洛阳	泰始	乙酉	
东晋十六国	东晋		317—420	司马睿	元帝	建康（今南京）	建武	丁丑	
	十六国		304—439 汉（前赵）、成（成汉）、前凉、后赵（魏）、前燕、前秦、后燕、后秦、西秦、后凉、南凉、北凉、南燕、西凉、北燕、夏						[8]
南北朝	南朝	宋	420—479	刘裕	武帝	建康（今南京）	永初	庚申	[9]
		齐	479—502	萧道成	高帝	建康（今南京）	建元	己未	
		梁	502—557	萧衍	武帝	建康（今南京）	天监	壬午	
		陈	557—589	陈霸先	武帝	建康（今南京）	永定	丁丑	

续表

朝代（国号）			起讫年代	第一代帝王姓名	庙号	国都所在地	名号年号	干支	备注
南北朝	北朝	北魏	386—534	拓跋珪	道武帝	平城（今大同），493年迁都洛阳	登国	丙戌	
		东魏	534—550	元善见	孝静帝	邺（今河北临漳县南近漳河）	天平	甲寅	
		北齐	550—577	高洋	文宣帝	邺（今河北临漳县南近漳河）	天保	庚午	
		西魏	535—556	元宝炬	文帝	长安（今西安）	大统	乙卯	
		北周	557—581	宇文觉	孝闵帝	长安（今西安）	/	丁丑	
隋			581—618	杨坚	文帝	大兴（今西安）	开皇	辛丑	[10]
唐			618—907	李渊	高祖	长安（今西安）	武德	戊寅	
五代十国		后梁	907—923	朱温	太祖	汴（今开封）	开平	丁卯	[11]
		后唐	923—936	李存勖	庄宗	洛阳	同光	癸未	
		后晋	936—947	石敬瑭	高祖	汴（今开封）	天福	丙申	
		后汉	947—950	刘知远	高祖	汴（今开封）	天福	丁未	
		后周	951—960	郭威	太祖	汴（今开封）	广顺	辛亥	
		十国	902—979	吴、前蜀、南唐、吴越、楚、闽、南汉、后蜀、荆南（南平）、北汉					[12]
宋		北宋	960—1127	赵匡胤	太祖	开封	建隆	庚申	[13]
		南宋	1127—1279	赵构	高宗	临安（今杭州）	建炎	丁未	
辽			907—1125	耶律阿保机	太祖	上京（今辽宁巴林左旗附近）	神册	丁卯	
西夏			1038—1227	元昊	景宗	兴庆府（今银川）	广运	甲戌	
金			1115—1234	完颜阿骨打	太祖	中都（今北京）	收国	乙未	
元			1271—1368	忽必烈	世祖	改国号为元，1272年迁都大都（今北京）	至元	辛未	
明			1368—1644	朱元璋	太祖	应天（今南京），1421年迁北京	洪武	戊申	[14]
清			1644—1911	福临	世祖	北京	顺治	甲申	

注：①自汤 14 代孙盘庚迁都到殷，商朝也称殷朝。

②其中共和行政元年，约当公元前 841 年庚申，中国历史开始有纪年。

③从周平王元年(前 770)辛未，至周敬王四十四年(前 476)乙丑，为春秋时期。

④从周元王姬仁(前 475)丙寅至秦灭齐统一全国(前 221)庚辰，为战国时期。

⑤秦子婴元年(前 207)甲午。

⑥西汉刘彻开始年号纪年"建元"元年(前 140)辛丑。西汉纪年包括王莽建立的新王朝(9—23)。

⑦东汉章帝刘炟元和二年始用干支纪年乙酉；一说新朝王莽首先采用。

⑧[成]李雄建兴元年，[汉]刘渊元熙元年(304)甲子—北凉永和七年(439)乙卯。

⑨建都南京的六朝，除孙吴和东晋以外，还有宋、齐、梁、陈，为时均很短暂。

⑩杨坚原为北周之随国公，废周帝为"随"，忌讳"走之"，改为"隋"。

⑪907 年在开封称帝建国，909 年迁都洛阳。

⑫前蜀王建天复 7 年、吴杨渥天祐 4 年、吴越钱镠天祐 4 年都是后梁开平元年(907)—南平高保融显德 7 年(960)。

⑬赵匡胤在后周时封宋州节度使，所以国号宋。

⑭朱元璋原为农民起义军领袖小明王(韩山童之子韩林儿)部下，封吴国公，明教有明王出世的传说，所以称明朝。